MEXT3-1901

文部科学省平成30年度委託調査研究報告書

定時制・通信制課程における多様なニーズに応じた指導方法等の確立・普及のための調査研究

編著　全国定時制通信制高等学校長会

目　次

巻頭言

定時制通信制高等学校における多様なニーズに対応した教育への期待 …… 4
国立特別支援教育総合研究所　上席総括研究員　横 倉　久

I　調査研究にあたって …… 9
全国定時制通信制高等学校長会　理事長　奥 村　英 夫
（東京都立荻窪高等学校長）

II　調査研究への取組について …… 12
全国定時制通信制高等学校長会　教育課程委員長　渡 邊　範 道
（東京都立南葛飾高等学校長）

III　実践報告

❶ 不登校生徒、中途退学を経験した生徒のニーズに応じた指導方法等の調査研究 …… 17
宮城県美田園高等学校 /17　埼玉県立戸田翔陽高等学校 /24
東京都立六本木高等学校 /29　愛媛県立松山南高等学校 /35
宮崎県立延岡青朋高等学校 /41

❷ 特別な支援を必要とする生徒のニーズに応じた指導方法等の調査研究 …… 50
青森県立北斗高等学校 /50　新潟県立出雲崎高等学校 /57
岐阜県立華陽フロンティア高等学校 /64　福井県立大野高等学校 /71
兵庫県立西宮香風高等学校 /78　兵庫県立阪神昆陽高等学校 /84

❸ 外国籍生徒、日本語の指導が必要な生徒のニーズに応じた指導方法等の調査研究 …… 90
札幌市立札幌大通高等学校 /90　群馬県立太田フレックス高等学校 /96
静岡県立浜松大平台高等学校 /101　愛知県立刈谷東高等学校 /107
三重県立飯野高等学校 /113

❹ 経済的に困難を抱える生徒のニーズに応じた指導方法等の調査研究 …… 119
大阪府立桃谷高等学校 /119　鳥取県立鳥取緑風高等学校 /125
沖縄県立泊高等学校 /132

❺ 非行・犯罪歴を有する生徒のニーズに応じた指導方法等の調査研究 …… 136
岩手県立杜陵高等学校 /136　栃木県立宇都宮高等学校 /142
長野県松本筑摩高等学校 /148

IV　調査研究のまとめ …… 155
全国定時制通信制高等学校長会　教育課程委員長　渡 邊　範 道
（東京都立南葛飾高等学校長）

V　参考資料

都道府県からの報告 …… 175

「生徒の多様な学習ニーズに応える特色ある取組」に関する調査を踏まえた私見 …… 257
日本大学商学部非常勤講師　田 中　幸 治

執筆者一覧

巻 頭 言

定時制通信制高等学校における多様なニーズに対応した教育への期待

国立特別支援教育総合研究所　上席総括研究員　横倉　久

1　定時制通信制高等学校のチャレンジ

定時制通信制教育（以下、定通教育）については、戦後、就業等のために全日制高等学校に進学できない青年に、後期中等教育の機会を提供するものとして制度化され、積極的な取組を続けてきた。こうした営為を経て、定通教育は大きな成果を上げ、期待される役割を着実に果たしてきたという高い評価がある一方、近年は、経済社会の変化や少子化の進行等に伴い、働きながら学ぶ勤労青年の数が急激に減少する中、全日制課程からの進路変更等に伴う中退経験者などの編入学や、不登校経験者の転入学、さらには過去に高等学校教育を受ける機会がなかった者の入学など、様々な入学動機や学習歴を持つ生徒が多くなっており、制度発足当初とは著しく異なった様相を呈し、いわゆる「多様化」、「複雑化」が一層の深まりを見せている。

定通教育は、時代の進展とともに大きく様変わりし、従来からの勤労青年のための教育機関としての役割のほか、多様な学びのニーズへの受け皿としての役割が強く期待されている。現在では、学校教育のセーフティネットとしての機能、更には生涯学習社会の一翼を担う機能を併せ持つことが求められるようになってきている。学校現場においては、「小中学校時代をほとんど不登校で過ごした生徒」、「特別な教育的ニーズのある生徒」、「日本語の修得が不十分なために学習が思うように進まない外国籍生徒」、「経済的に困難な状況にある生徒」、「非行や犯罪歴のある生徒」への対応や相談支援機能の充実が強く期待されるようになってきている。こうした定通教育に求められる課題は大きく、しかもより専門的になっている。

こうした状況を踏まえ、全国定時制通信制高等学校長会では、文部科学省より委託を受け「多様な学習ニーズに応じた指導方法等の調査研究」をテーマに掲げ、上記の「多様な学びのニーズへの受け皿としての役割と相談支援機能の充実」のための５つの課題に対する、定時制通信制高等学校現場の取組事例の収集や事例の分析を進めるなど、調査研究活動に取り組んでいる。各校での課題解決に向けた着実な実践が高いレベルで全国に共有され、多様な生徒への指導・支援の充実や生徒を取り巻く環境の整備につながることを期待する。

以下の稿においては、これまで定通教育が担ってきた教育の中身を踏まえつつ、今年度より制度化された「高等学校における通級による指導」について述べる。

2　高等学校における「通級による指導」の制度化と意義

(1)「通級による指導」と定通教育

平成28年3月に高等学校における特別支援教育の推進に関する調査研究協力者会議において「高等学校における通級による指導の制度化及び充実方策について（報告)」がまとめられた。それを受けて、平成28年12月に学校教育法施行規則の一部を改正する省令等の公布（施行は、平成30年4月1日）がされ、高等学校における通級による指導が制度化された。同報告では、「通級による指導の導入は、障害のある生徒を特別な場に追いやるものであってはならない。障害のある生徒の自立や社会参加に向けた主体的な取組を支援するという視点に立ち、一人一人の教育的ニーズを把握し、その持てる力を高め、障害による学習上又は、克服するための適切な指導及び必要な支援を行うという特別支援教育の基本理念を改めて認識し、障害のある生徒の在籍する全ての高等学校において、特別支援教育が一層推進されることを期待する。」と示されている。

同報告でいう「(略）…自立や社会参加に向けた主体的な取組を支援するという視点に立ち、一人一人の教育的ニーズを把握し、その持てる力を高め、(略）…学習上又は、克服するための適切な指導及び必要な支援を行う（略）…」という考え方は、定通教育で取り組んでいる「多様な学習ニーズに応じた指導方法等の調査研究」と重なる。そうした意味で、高等学校における通級による指導は、校内の特別支援教育を推進する機能と役割を担うとともに定通の「多様化」「複雑化」に伴う課題の改善に寄与するものと期待されている。

したがって、指導を担当する教員だけではなく、すべての教職員がその意義や目的、基本的な考え方について共通理解をし、通常の学級における指導や支援の連続性を考えておく必要がある。

(2)「通級による指導」導入の効果

国立特別支援教育研究所（平成30年）が実施した教育委員会アンケートでは、通級指導に期待される成果として、通級を利用する生徒にとっては、「個に応じた相談、指導・支援が受けられるようになる」、「社会性、コミュニケーション能力が高まる」、「対人関係が円滑になり集団参加がスムーズになる」、「自己理解が促進される」等が挙げられた。また、教員にとっては、「個々の生徒の実態に応じた指導・支援に関する理解が深まる」、「生徒の実態に応じた進路指導や生徒指導を進めることができる」、学校や地域にとっては、「校内体制づくりが推進される」、「生徒指導がより充実する」、「どの生徒にも学びやすい環境が整備される」「関係機関とのネットワークづくりが進む」等が多く挙げられた。

高等学校において通級による指導が実施されることにより、対象生徒に対して、障害による学習上や生活上のつまずき（困難）に着目したよりきめ細かい指導・支援が可能となることにより、その改善・克服を図ることができる。これにより、自立や社会参加を図るために必要な能力の育成、通常の学級における授業の理解促進や、生徒指導上の課題の解決につながる。これらにより、生徒本人の学習意欲や自己肯定感の向上につながることが期待される。その他、教員や保護者等への効果として、学校全体で特別支援教育に取り組む体制が整備されることで教職員・保護者等の理解が深まり、保護者等との信頼関係の醸成につながり、関係機関とのネットワークが活用等の効果も期待される。

（3）特別の教育課程について

高等学校において障害に応じた特別の指導を行う必要があるものを教育する場合には、文部科学大臣が別に定めるところにより、特別の教育課程によることができる旨、定められている（学校教育法施行規則 140 条）。この「文部科学大臣が別に定めるところ」として、今回の改正後の告示では、障害に応じた特別の指導を、「障害による学習上又は生活上の困難を改善し、又は克服することを目的とする指導」と定め、「これを高等学校の教育課程に加え、又はその一部 に替えることができる」とされている。

これが同規則に規定する「特別の教育課程」の具体的な内容となる。「加える」とは、生徒全員に適用されるものとして配当された教科・科目等以外に、一部の生徒について通級による指導を実施することを意味する。「替える」とは、生徒全員に用されるものとして配当された選択教科・科目の一部を通級による指導の対象となる生徒については実施せず、その時間帯で通級による指導を実施することを意味する。小・中学校等とは異なり、高等学校においては、通級による指導を「替えて」実施する場合には、高等学校における教育の共通性の確保の観点から、必履修教科・科目等とは代替できないことに留意しなければならない。

（4）自立活動について

「障害による学習上又は生活上の困難を改善し、又は克服することを目的とする指導」とは、特別支援学校における自立活動に相当する内容の指導を意味する。特別支援学校における「自立活動とは、生徒が自立を目指し、障害による学習上又は生活上の困難を主体的に改善・克服するために必要な知識、技能、態度及び習慣を養い、もって心身の調和的発達の基盤を培う」ことをねらいとして、特別支援学校の教育課程において特別に設けられた指導領域である。内容としては、特別支援学校学習指導要領において、以下の６区分 27 項目が設定されており、各教科・科目のようにその全てを取り扱うのではなく、個々の生徒の状態や発達の程度等に応じて必要とする項目を選定し、それらを相互に関連付けて指導内容を設定することとされている。

1 健康の保持

（1） 生活のリズムや生活習慣の形成に関すること。
（2） 病気の状態の理解と生活管理に関すること。
（3） 身体各部の状態の理解と養護に関すること。
（4） 障害の特性の理解と生活環境の調整に関すること。

（5） 健康状態の維持・改善に関すること。

2 心理的な安定

（1） 情緒の安定に関すること。

（2） 状況の理解と変化への対応に関すること。

（3） 障害による学習上又は生活上の困難を改善・克服する意欲に関すること。

3 人間関係の形成

（1） 他者とのかかわりの基礎に関すること。

（2） 他者の意図や感情の理解に関すること。

（3） 自己の理解と行動の調整に関すること。

（4） 集団への参加の基礎に関すること。

4 環境の把握

（1） 保有する感覚の活用に関すること。

（2） 感覚や認知の特性についての理解と対応に関すること。

（3） 感覚の補助及び代行手段の活用に関すること。

（4） 感覚を総合的に活用した周囲の状況についての把握と状況に応じた行動に関すること。

（5） 認知や行動の手掛かりとなる概念の形成に関すること。

5 身体の動き

（1） 姿勢と運動・動作の基本的技能に関すること。

（2） 姿勢保持と運動・動作の補助的手段の活用に関すること。

（3） 日常生活に必要な基本動作に関すること。

（4） 身体の移動能力に関すること。

（5） 作業に必要な動作と円滑な遂行に関すること。

6 コミュニケーション

（1） コミュニケーションの基礎的能力に関すること。

（2） 言語の受容と表出に関すること。

（3） 言語の形成と活用に関すること。

（4） コミュニケーション手段の選択と活用に関すること。

（5） 状況に応じたコミュニケーションに関すること。

（5）教育課程別の指導の在り方

① 定時制課程の指導の在り方

文部科学省の調査（平成 21 年）によれば、定時制高等学校に進学する生徒全体に対して、学習上又は生活上の困難のある生徒が占める割合は約 14.1％と推計されており、定時制の課程においても、自校通級、他校通級、巡回指導といった多様な形態を活用し、通級による指導の導入を検討することが求められる。定時制の課程において通級による指導を実施する場合であっても、その取扱いは全日制の課程において実施する場合と基本的に同様であるが、通級による指導を高等学校の教育課程に「加え」て実施する場合においては、対象となる生徒の授業以外の時間の都合等を勘案の上、適切な時間帯に設定する必要がある。

②　通信制の指導の在り方

通信制の課程で行う教育の具体的方法については、添削指導、面接指導及び試験によることとされている。文部科学省の調査（平成 21 年）によれば、通信制高等学校に進学する生徒全体に対して、学習上又は生活上の困難のある生徒が占める割合は約 15.7％と推計されており、通信制の課程においても、自校通級、他校通級、巡回指導といった多様な形態を活用し、通級による指導の導入を検討することが求められる。

通信制の課程において通級による指導を実施する場合であっても、その取扱いは全日制の課程において実施する場合と基本的に同様ですが、その添削指導の回数や面接指導の単位時間数については、各学校において、対象とする生徒の障害の状態や教育上必要な支援等を総合的に勘案し、適切に定められることとなっている。ただし、障害による学習上又は生活上の困難を改善・克服するという通級による指導の性質に鑑みれば、添削指導を中心とすることは不適切である。このため、面接指導による指導を中心とし、そこでの学習成果を発揮したり、定着度を確認する手段として添削指導を活用したりすることが適切である。

文献

・文部科学省「高等学校学習指導要領」平成 30 年
・文部科学省「高等学校における通級指導実践事例集」平成 29 年
・国立特別支援教育総合研究所 「小学校・中学校通常の学級の先生のための手引き書」（ジアース教育新社）平成 30 年
・国立特別支援教育総合研究所「発達障害のある生徒の実態に応じた高等学校における指導の在り方に関する研究―導入段階における課題の検討」平成 30 年

I 調査研究にあたって

全国定時制通信制高等学校長会　理事長　奥村　英夫
（東京都立荻窪高等学校長）

定時制高校は、昭和23年の新制高等学校と同時で発足した。中学校を卒業して様々な理由で全日制の高等学校に進めない青少年に対し、高等学校教育を受ける機会を与えるために設けられた。通信制の高校は、当初は現在のものとは異なり、通信による教育だけですべての高等学校教育が完了することはなく、高校を卒業するには定時制と通信制を併修することが必要だった。そして、昭和30年に通信制も全日制や定時制と同じように高校卒業資格を得ることができるようになった。定時制も通信制も勤労青少年の教育機関として大きな役割を果たしてきた。

定時制や通信制の高校は、その後の社会状況の変化に伴い、全日制の中退者や多様な理由による不登校経験者、外国籍生徒、精神疾患や発達障害など特別な配慮を必要とする生徒、経済的に困難を抱える生徒、非行・犯罪歴を有する生徒など多種多様な生徒が年齢層も幅広く在籍している。また、そのニーズは、義務教育段階からの学び直しから大学受験の指導まで広がりをもっている。いずれにしても、定時制・通信制は、「教育のセーフティネット」として全日制に進めない者に高等学校の教育を受ける機会を保障してきた。そして、現在においても高等学校の教育を受ける機会を保障するという存在意義は決して失われていない。さらに、多様な困難を抱える生徒の学び直しや立ち直りの機会を与えるだけではなく、生徒のコミュニケーションを高め、社会参加への不安を和らげるなど、きめの細かい指導を行い、社会的に自立できるように生徒を支援している。

ところで、多様な困難を抱える生徒たちに即した指導は、当然、一様ではなく、教職員は各学校の実態に応じて工夫を重ねて実践している。また、学校の所在地の違いなどにより、生徒の抱える困難はおのずと違いがある。外国籍の生徒の割合が高い学校や、非行・犯罪歴のある少年の更生施設が近くにある学校などは、それぞれの生徒の課題に即した教育実践をしている。

そこで、全国定時制通信制高等学校長会は、その全国組織を活用して、多様な困難を抱える生徒の実態と指導方法等を調査し、定時制・通信制生徒の指導方法を確立し普及を図る文部科学省の調査研究事業に協力することとした。

本校長会の教育課程委員会（渡邊範道委員長）が中心となり、全国の47都道府県の定時制・通信制課程を有する学校すべてに調査にご協力いただき、その中から、それぞれのテーマにおいて、特に成果が上がっている取組や工夫をされている学校に報告書の作成をお願いした。報告書をご執筆いただいた校長先生方をはじめ、調査にご協力いただいた全国の校長先生方に厚く御礼申し上げる。

次期高等学校学習指導要領を見据え、全国の定時制・通信制課程の高校で、その特性を活かした効果的な学習プログラムのモデルの構築に、この調査研究が貢献できれば幸いに思う。

1　要　旨

文部科学省、平成30年度「高等学校における次世代の学習ニーズを踏まえた指導の充実事業」実施にあたり、全国定時制通信制高等学校長会は「定時制・通信制課程における多様なニーズに応じた指導方法等の確立、普及」と題して調査研究をおこなった。全国の定時制通信制課程の高等学校では多様なニーズを有する生徒の指導に苦慮し、すべての学校の教職員がゼロからの研修と究極の指導法を求めて日々努力を重ねている。本研究では全国の優れた実践例を掘り起こし、すべての定時制通信制高校に紹介し、指導法の確立を図ることが大切と考える。

2　調査研究の内容

本調査研究では多様な生徒のニーズを以下の５点に絞って調査を実施した。

（１）不登校生徒、中途退学を経験した生徒のニーズ
（２）特別な支援を必要とする生徒のニーズ
（３）外国籍生徒、日本語の指導が必要な生徒のニーズ
（４）経済的に困難を抱える生徒のニーズ
（５）非行・犯罪歴を有する生徒のニーズ

3　研究調査の方法

全国定時制通信制高等学校長会の加盟校639校に各都道府県の連絡理事を通してアンケート調査を実施して、集計した。

その結果を助言者と検討委員が上記、５つの課題別に点検、分析し、優れた教育実践を行っている高等学校22校を選出した。改めて、優れた教育実践校の指導内容、指導方法、シラバス等を報告書にまとめていただいた。

4　助言者

田中　幸治　日本大学商学部非常勤講師
徳重　　隆　全国高等学校定時制通信制教育振興会事務局長

5　検討委員会

代表者
奥村　英夫　全国定時制通信制高等学校長会理事長（東京都立荻窪高等学校長）
事務局担当
富田　正次　全国定時制通信制高等学校長会事務局長

検討委員

服部幸一郎　全国定時制通信制高等学校長会副理事長（東京都立一橋高等学校長）

渡邊　範道　全国定通校長会教育課程委員長（東京都立南葛飾高等学校長）

鴻野　　誠　全国定通校長会教育課程副委員長（東京都立中野工業高等学校長）

林　　眞司　全国定通校長会教育課程委員（東京都立六本木高等学校長）

原田　能成　全国定通校長会生徒指導委員長（東京都立雪谷高等学校長）

事務局補佐

林　由記子　全国定時制通信制高等学校長会書記

II 調査研究への取組について

全国定時制通信制高等学校長会　教育課程委員長　渡邊　範道
（東京都立南葛飾高等学校長）

1　調査研究について

全国定時制通信制高等学校長会（以下「本会」）事務局は、文部科学省初等中等教育局初等中等教育企画課教育制度改革室中高一貫教育支援係が所管し委託する「高等学校における次世代の学習ニーズを踏まえた指導の充実事業（定時制・通信制課程における多様な学習ニーズに応じた指導方法等の確立・普及）」の公募に応じ、企画提案書を提出した。文部科学省に設置された審査・評価委員会における書類選考の結果、本会が契約予定者となり、事業計画書の提出等を経て事業契約者となった。契約期間は、平成31年3月14日までの約1年間である。

本会事務局は、文部科学省の本事業の趣旨を踏まえ、企画提案書において委託事業に応じて想定する生徒の多様なニーズと、併せて調査研究の内容と方法について以下の通り示した。

（1）不登校生徒、中途退学を経験した生徒のニーズ

不登校や中途退学の経験等があるために、学習が遅れがちな生徒、基礎学力が十分に身に付いていない生徒の実態やそうした生徒への指導内容や指導方法の工夫等をアンケート等で把握するとともに、調査研究校の取組等を調査研究する。

（2）特別な支援を必要とする生徒のニーズ

身体的な障害を有する生徒、発達障害等の生徒の実態やそうした生徒への指導内容や指導方法の工夫、関係諸機関との連携、スクールカウンセラー（SC）やスクールソーシャルワーカー（SSW）等の活用方法等をアンケート等で把握するとともに、調査研究校の取組等を調査研究する。

（3）外国籍生徒、日本語の指導が必要な生徒のニーズ

外国籍生徒等の日本語の指導が必要な生徒の実態やそうした生徒への日本語指導、基礎学力の養成、取り出し授業等指導形態や指導方法の工夫等をアンケート等で把握するとともに、調査研究校の取組等を調査研究する。

（4）経済的に困難を抱える生徒のニーズ

家庭の経済状況等の困難さから修学に困難を抱える生徒の実態やそうした生徒への指

導方法等の工夫、奨学金や支援金の支給状況、アルバイト等就労支援の状況等をアンケート等で把握するとともに、調査研究校の取組等を調査研究する。

（5）非行・犯罪歴を有する生徒のニーズ

非行・犯罪歴を有する生徒の実態、非行・犯罪歴の把握やそうした生徒への学習支援、指導方法等の工夫、指導計画の作成、少年院等関係機関との連携等を調査研究する。

2　調査研究の主体と研究テーマについて

調査研究は、本会教育課程委員会が事務局とともに進めていくこととなった。教育課程委員会は、研究テーマを「**定時制・通信制課程における多様なニーズに応じた指導方法等の確立・普及のための調査研究**」とし、研究の進め方と研究スケジュールについて共通理解を図った上で、全国理事会、総会にて活動方針（研究テーマ）として提案し了承され、調査研究を開始した。

3　調査研究の方法について

生徒の多様なニーズの調査研究における先行事例を収集するために、平成30年８月８日から10日までの３日間にわたり、京都府立朱雀高等学校、大阪府立桃谷高等学校、兵庫県立阪神昆陽高等学校、兵庫県立西宮香風高等学校の４校を訪問した。

また、同年10月、全国的な実態把握と事例の収集を行うため、各校の取組の概要及び成果と課題等について、各校が自由記述で回答し各都道府県の理事が都道府県ごとに集約する形態のアンケート調査を実施した。アンケート回答校数は、43都道府県405校であった(私立高等学校10校も含む)。文部科学省の平成30年度学校基本調査によると、全国の定時制高等学校数は公立私立合わせて639校であるから、全国の定時制高等学校の63.4%の回答を得たこととなる。

回答校を上記１に示したニーズ別に課程別にまとめたものが以下の表である。なお、昼夜間定時制課程は昼夜のコースをまとめて１課程とし、定時制課程と通信制課程を併置する学校は課程ごと別々に１課程として集計した。

生徒の多様な学習ニーズ		回答課程数	割合
（１）	不登校生徒、中途退学を経験した生徒のニーズ	331	29.09%
（２）	特別な支援を必要とする生徒のニーズ	334	29.35%
（３）	外国籍生徒、日本語の指導が必要な生徒のニーズ	167	14.67%
（４）	経済的に困難を抱える生徒のニーズ	207	18.19%
（５）	非行・犯罪歴を有する生徒のニーズ	99	8.70%
回答都道府県43、回答校数405校		1,138	

具体的な回答の内容や回答傾向等の分析等については、155ページ以降の「Ⅳ　調査研究のまとめ」において報告する。

さらに、教育課程委員会及び事務局は、全国から収集した回答をもとに、把握した実態や傾向等、及び訪問校における先行事例等のなかから、特徴的かつ優れた実践として22校を選定し、実践報告の作成を依頼した。実践報告は、15ページ以降に示したとおりである。

以上、全国アンケート調査、先行校視察、先行校実践報告等により、定時制課程や通信制課程で学ぶ様々な生徒のニーズとそのニーズに対応した指導方法や指導内容、教育課程における位置付け、専門職との連携、外部機関との連携等について、各校の取組における成果を中心に課題についても明らかにしていく。この調査研究が、定時制や通信制課程で学ぶ多様な生徒のニーズに応える有効なものとなるよう取り組んでいく。

III 実践報告

1　不登校生徒、中途退学を経験した生徒のニーズに応じた指導方法等の調査研究

「多様な困難さを抱えた生徒の学習継続や社会的自立を支える取組の推進」

－新県立高校将来構想第三次実施計画を踏まえた取組－

宮城県美田園高等学校長　岡　　達三

1　学校概要

(1) 沿　革

本校は宮城県内唯一の公立通信制の単独校（普通科・単位制）である。県内唯一の公立の通信制課程をもつ高校であった仙台第一高等学校の通信制課程が平成24年3月に閉講となり、平成24年4月に美田園高等学校として開校した。東日本大震災の影響もあり、開校2年目の平成25年4月に現在の名取市美田園にある教育・福祉複合施設「まなウェルみやぎ」に移転した。今年で創立から7年目を迎え、これまでに1,000名を超える卒業生を輩出している。

(2) 教育活動の特色

本校の教育目標は「自分および他者の存在をかけがえのないものとして理解し、尊重する態度を育てるとともに、人とのかかわりをとおして主体的に生きる力を身につけ、志をもって社会に貢献する人間を育成する。」であり、校訓は「能動・発見・創造」である。また、県の「基礎学力充実支援事業」「通信制課程との学校間連携のあり方の研究」「マナーアップ運動推進校」の指定を受けるなど、特色ある教育活動を行っている。

(3) 学校の規模

在籍生徒数（平成30年5月1日現在）は934名である。教員は、教頭1名、教諭23名、養護教諭1名など、教職員の総数は非常勤職員を含め49名である。

2　不登校生徒、中途退学を経験した生徒の学習ニーズに応じた指導について

(1) 生徒の現状と課題

10歳代の割合が近年高まっているものの、本校には、60歳を超える方まで、幅広い年齢の生徒が在籍している。中学校等において不登校を経験した生徒、高校等を中途退

学している生徒など、何らかの困り感を持っている生徒が在籍する一方で、勤労青少年の学びの場としての役割は継続している。不登校を経験した生徒の中には不登校が長期間に及ぶ生徒もおり、義務教育段階の学び直しを必要とする生徒も一定数いる。生徒の学習ニーズは、義務教育段階の学び直しから大学受験まで多様である。

① 現 状

本校の在籍生徒を年齢別にみると、「10 歳代」の割合が 58%（平成 20 年度）から 76%（平成 30 年度）へと大きく高まっている。一方で、入学時点における「既就職者・主婦」の割合は、ここ 10 年で大きく変化しておらず、約 1 割である。今年度の入学生（279 名）に占める入試種別毎の割合は、中学校からの一般入学が 36%、高校からの編入学・転入学がそれぞれ 54%・10%となっている。

中学校等で不登校を経験した生徒、高校等を中途退学した生徒など、多様な学習歴をもつ生徒が在籍しているが、他の通信制高校の生徒と同様に、高校卒業を目指し、「通信制の学び」に意欲的に取り組もうとする生徒が多く在籍している。

② 課 題

義務教育段階の学び直しから大学受験まで多様な学習ニーズへの対応が求められることに加えて、多様な困難さを抱えた生徒の学習継続や社会的自立を支える様々な取組が

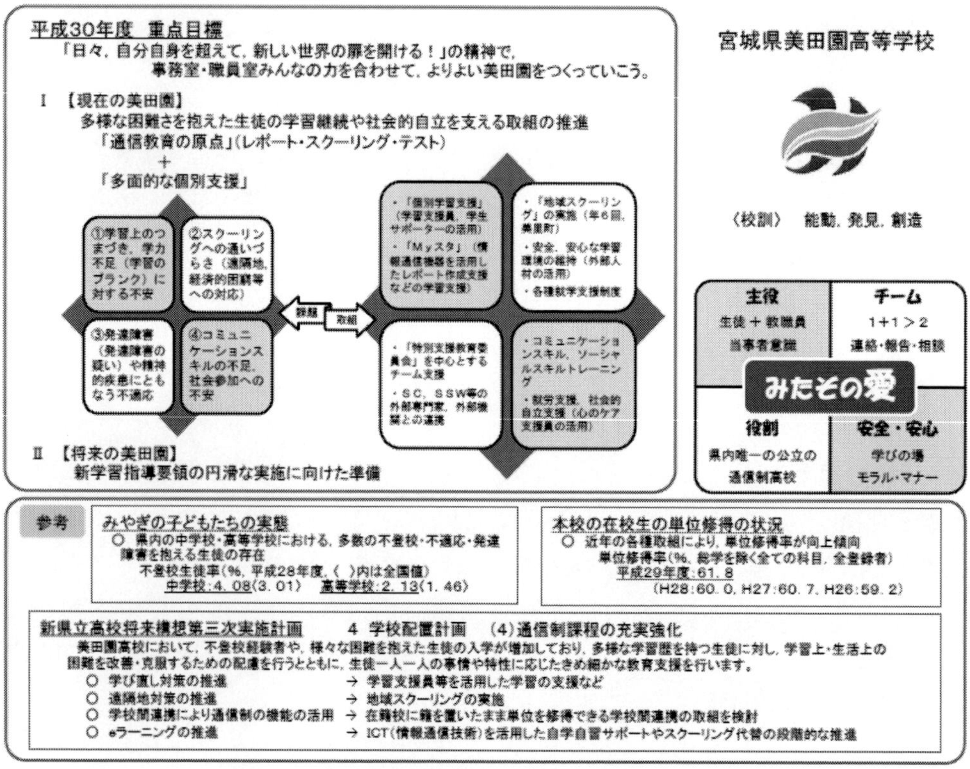

資料1 職員会議配布資料（重点目標等の共有化）

求められている。**資料１**に示したように、特に、中学校等で不登校を経験した生徒、高校等を中途退学した生徒などの多様な学習歴をもつ生徒の中には、様々な課題を抱えている生徒もいる。その課題を次の４点に整理するとともに、教職員全体で共通理解を図りながら、それら４つの課題をクリアーするための取組を組織的に行っている。

１．学習のブランクによる学習上のつまずきや学力不足に対する不安

２．遠隔地・経済的困窮などによるスクーリングへの通いづらさ

３．発達障害（発達障害の疑い）や精神疾患等にともなう不適応

４．コミュニケーションスキル、社会参加への不安

（２）生徒の学習ニーズに応じた取組の状況

生徒自身のニーズに応じた本校での学び方を自分自身で選択することができ、自分のペースで学習などに取り組めるよう、**「単位制のメリットを生かすなどの学校全体の仕組みを整えること」「全体の仕組みだけで対応できないことについては個別に対応していくこと」**を**基本**にしながら、「『自ら求め自ら進む』そんなあなたを応援します！」をキャッチフレーズに、学校として様々な工夫を行っている。

①　学習継続を支える主な取組

国語・数学・英語の３教科に関しては、義務教育段階の学び直しのための学校設定科目の設定や必履修科目における習熟度別の科目設定を行っている。また、一斉指導を中心とする日･月のスクーリングに加えて、水曜日には、担当教員に直接質問ができる「個別スクーリング」や遠隔地対策としての「地域スクーリング」を設定している。さらに、

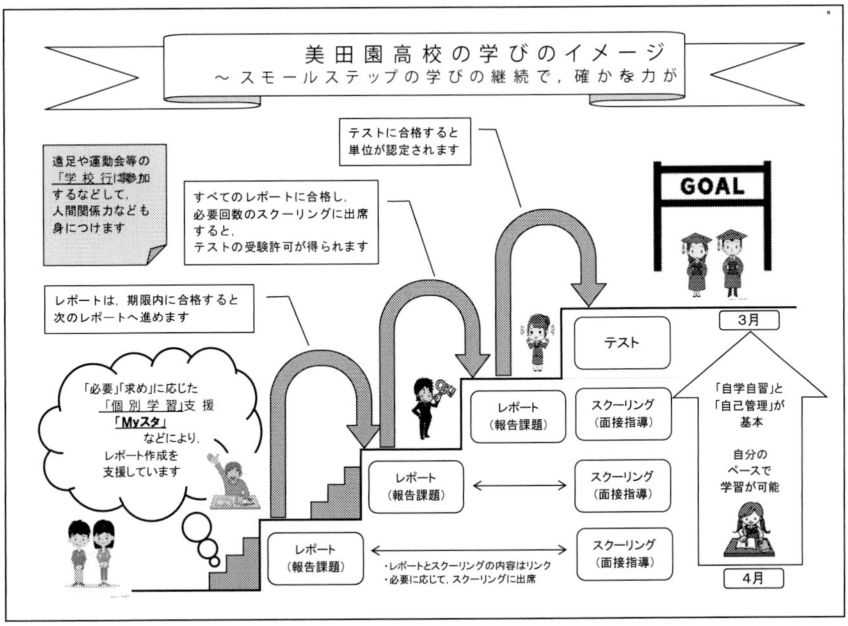

資料２　広報用資料（本校の学びのイメージ）

資料2に示したように、スクーリングとレポートの学習内容をリンクさせるとともに、レポートは期限内の合格で次のレポートに進むという仕組みとしている。生徒に対してあらかじめ年間の学習計画を明示し、計画的な学習を行うよう働きかけをしている。

一方で、学力に不安があるなどで、レポートを期限までに提出することが難しい生徒のために、学習支援員等による「個別学習支援」や情報通信機器を活用した「My スタ」などのレポート作成支援を行っている。

②　社会的自立を支える主な取組

時数認定をする特別活動（生徒会活動、遠足・運動会・企業見学会・地域見学会などの学校行事、入学年度毎のホームルーム活動）に加えて、時数認定を行わない特別活動に準じた様々な活動を提供している。例えば、進学希望生徒のための「進学学習ガイダンス」「小論文講座」「進学講演会」など、就職希望生徒のための「就職応募説明会」「就職探究講座」「インターンシップ」など、コミュニケーションスキルに不安がある生徒のための「キャリア講座C」（ソーシャルスキルトレーニングを行う）「みたぞのカフェ」（臨床心理士をファシリテータにグループトークを行う）などである。

一方で、身体・精神等の面で進路達成に困難さを抱えている卒業予定生に対して、今年度から「自立支援会議」（対象生徒一人ひとりの支援の在り方等を検討する）を中心とした就労支援を行っている。

（3）「個別学習支援」と「My スタ」

資料1に示したように、新県立高校将来構想第三次実施計画（宮城県教育委員会、平成29年2月策定）で「美田園高校において、不登校経験者や、様々な困難を抱えた生徒の入学が増加しており、多様な学習歴を持つ生徒に対し、学習上･生活上の困難を改善･克服するための配慮を行うとともに、生徒一人一人の事情や特性に応じたきめ細かな教育支援を行います。」と「通信制課程の充実強化」の観点が具体的取組とともに明示された。そのうち県教委の支援を受けて取り組む2つの取組を紹介する。

①　「個別学習支援」

学習継続に困難さを抱える生徒（学習習慣が身についていない生徒、基礎学力が乏しく小・中学校の学習内容が十分に身についていない生徒、コミュニケーション力が弱く自ら質問することが困難な生徒など）に対して、一人ひとりの困り感に寄り添う形での学習支援を行い、通信制の学びの継続に欠かせない「自学自習」「自己管理」ができる力を育成し、単位修得につなげていこうとするものである。

ア、取組状況

県の「基礎学力充実支援事業」の指定を受けて平成27年度から実施している。日・月のスクーリング（各18回（年間））と並行した時間帯に、学習支援室において、本校の教職員に加えて、「学習支援員」（元特別支援学校長、元小学校長の2名）、「学生サポーター」（宮城教育大学、７名登録、各実施日２名程度）が、生徒の学習ニーズ（義務教育段階の学び直しを中心に大学受験まで）に応じたレポート作成等の支援を行っている。今年度で４年目をむかえ個別学習支援の取組も教職員・生徒・保護者等にも定着してきており、利用生徒数等も着実に増加している。

イ、成果

（ア）生徒の学習意欲や自己肯定感の向上がみられる。

学習支援を受ける生徒たちは、学習支援員や学生サポーターに会うことも楽しみに、継続して学習支援室に足を運んでいる。以下は、学習支援室利用生徒の感想である。

【Aさん】 学習室の利用で先生方や大学生の方々に勉強の仕方や大学での生活、受験対策などについて教えてもらい、学習のモチベーションを高めることができた。

【Bさん】 自分であまりできなかったことが、個別で教えてもらえることにより、レポートも次々とできるようになった。

（イ）学習継続に役立っている。

平成29年度の単位修得率（人数ベース）は学校全体で約72%であったが、学習支援室利用生徒に限ると約90%であった。学習支援室を利用する生徒の多くが様々な困難さを抱えている生徒であることを考慮すると、生徒の学習継続に大きく役立っているものと考えられる。

（ウ）学生サポーターの成長につながっている。

学生サポーターは、教員を目指す大学生である。個別学習支援を通じて多くの学びを得て、本県の教壇に立っている。以下は、学生サポーターの感想である。

【Cさん】 学習室に来る生徒たちの目の前の課題を何とか達成しようとする真剣な姿に心を打たれた。この真剣さに応える中で、「できないこと」ではなく「できること」に着目し、一人ひとりのよさや得意なところからアプローチできるような支援を考えるようになった。このような体験は４月からの教員生活に役立つと確信している。

② 「My スタ」

「My スタ」とは、美田園高校の情報通信機器を活用した学習支援システム（Mitazono your study/system）のことであり、「美田園高校でのあなたの学び（your study）を支援・応援したい。みなさん自身の学び（my study）をより充実させてほしい。」という思いを込めた略称、愛称である。生徒一人ひとりに割り振っているIDと自分のパ

スワードを用いて活用する仕組みとなっている。

ア、取組状況

（ア）M−e ラーニング

スクーリングで配布したプリント、レポートのヒント・解説などのレポート作成支援のためのコンテンツを掲載しているものである。生徒は、自分のスマートフォン等の情報通信機器を活用し、「いつでも、どこでも、何度でも」学習することが可能である。平成 27 年度からの３年間は県教委・業者・学校の３者による実証研究として、今年度は県の予算措置を受けて取り組んでいる。

（イ）宮城県通知アプリ

レポートの提出状況やスクーリングの出席状況等の情報をリアルタイムに確認することを可能とする生徒の「自己管理」支援のためのアプリである。昨年度から実証研究を始めている。

イ、利用状況

導入当初は一部科目のみの運用であったが、活用の度合いは担当により差はあるものの、今年度は非常勤講師も含めてすべての教科科目で何らかのコンテンツを掲載して活用している。My スタの取組も教職員・生徒・保護者等に定着してきており、利用生徒数も年々増加してきている。

ウ、成果

例えば、「国語総合（基礎）」の昨年度の単位修得率（人数ベース）は、全体が約 53%、システム利用生徒が約 84%となっており、生徒の学習継続に大きく役立っているものと考えられる。

以下は、「My スタ」利用生徒の声である。

〈M − e ラーニング〉

- 「レポートでつまずいたところが理解できた。」
- 「出席しなかったスクーリングの回のレポート作成に役立つ。」
- 「いつでも、何回でも、レポート作成のヒントが見られて、レポート作成に役立っている。」

〈宮城県通知アプリ〉

- 「レポートの合格やスクーリングの出席数が以前より早くわかる。」
- 「外出先で確認ができて便利である。」
- 「より計画的に学習が進められる。」

3　まとめ

本校は「県内唯一の公立の通信制高校であること」「多様な生徒の実態に対応すること」という２つの視点からの取組が求められる学校である。県内全域の「通信制の学び」を必要とする生徒たちの多様な学習ニーズ（義務教育段階の学び直しから大学受験まで）に対応するため、学校全体の仕組みを整えることに加えて個への支援の充実を図る、上記のような各種取組を組織的に行っているところである。
　今後も、全教職員が「今、やっていることをしっかりやる。」ことを意識しながら、常に時代に即応した新しい教育の実践にチャレンジしていく所存である。

1　不登校生徒、中途退学を経験した生徒のニーズに応じた指導方法等の調査研究

「昼夜開講三部制の定時制、総合学科、単位制の魅力を生かした指導」

−成長したい・学びたい生徒を社会で必要とされる『人材』に育てる−

埼玉県立戸田翔陽高等学校長　佐藤　成美

1　学校概要

(1) 沿　革

本校は、埼玉県戸田市にある、昼夜開講三部制の定時制、総合学科、単位制の高等学校である。県の再編整備計画により、平成17年4月、戸田高校（昭和39年設立）をベースに浦和商業高校（定）・与野高校（定）・蕨高校（定）を合わせた南部地区パレットスクールとして、このタイプの学校としては埼玉県で初めて設置された。今年で創立から14年目を迎え、旧戸田高校からこれまでに合わせて約1万5千名の卒業生を輩出してきた。

(2) 学校の規模

生徒数は、平成30年5月1日現在、Ⅰ部235名、Ⅱ部228名、Ⅲ部214名で、生徒総数は677名である。ホームルーム編成については、1年次生は生徒40名に対して正担任2名の2人担任制、2年次以上は1クラス20名前後の少人数体制をとっている。そのため、1年次では6クラス、2年次・3年次は9クラス、4年次は4クラス編成である。

教職員数は、校長、副校長、教頭、事務室長以下95名である。県教育委員会からスクールカウンセラー、スクールソーシャルワーカー、教育相談員を配置されており、各年次の担当教員、養護教諭とともに教育相談部会を定期的に行って生徒の情報を共有し、状況に応じた適切な指導ができるようにしている。

(3) 教育活動の特色

目指す学校像は、「基礎的な知識・技能の習得を基本に、主体的に取り組む意欲、多様性を尊重する態度、他者と協働するための資質・能力を身につけた『人財』の育成を

目指す学校」である。創立以来、学ぶ意欲と熱意のある者が、自らの学習スタイルと興味・関心や進路希望に合わせて、いつでも学べる学校として、地域に定着してきた。

本校教育活動の大きな特色として、総合学科の特色を生かし、自分の興味関心、適性、進路の希望に応じて、自分の意志で科目を選び、自分だけの時間割を作ることが可能である。

生徒はⅠ部からⅢ部までのいずれかの部に所属しており、自分の所属する部を「自部」、自部以外の部を「他部」という。自部20時間の他に他部履修を1年間に10単位まで認めており、74単位以上の修得で卒業を認定する。そのため、3年間での卒業も可能である。今年度の3年次生は入学した生徒の約85％が3年間で卒業する見込みである。

また、近年、大学進学する生徒のうち、理系大学への進学を希望し、積極的に理系科目を選択する生徒がわずかながら増えてきている。これまでの本校の教育課程では、他部履修の10単位を加えても数学Ⅲの他に理科科目を選択することが難しかったため、埼玉県教育局とも相談のうえ、平成31年度入学生からは他部履修を12単位まで認めることとした。このことにより、生徒の授業選択の幅は一層広がり、進路選択の幅も広がった。

2　多様な生徒の、多様な学習ニーズに応じた指導について

（1）生徒の現状と課題

本校は開校以来、次のように様々な事情や課題を抱えた生徒たちが入学してきている。

○ 不登校経験のある生徒・・・中学校までに不登校を経験した生徒は、在籍者の約4割である。

○ 特別な支援を要する生徒・・・学習障害、自閉症スペクトラム、ADHDを含む発達障害。

○ 健康上配慮を要する生徒・・・起立性調節障害、てんかん、糖尿病、喘息、アナフィラキシー、アレルギーなど。

○ 日本語を母国語としない生徒・・・中国やフィリピンなどの国籍を有し、日本語の理解が十分でない。

○ 経済的困難を抱える生徒・・・公的な保護を受けている世帯で、生徒自身もパートやアルバイトに追われている。

学習面においても学力到達度、興味・関心、意欲等に大きな差があり、それぞれの生徒が思い描く将来の目標、希望する進路もまた大きく異なっている。

在籍生徒の進路希望状況は大学・短大希望者、専門学校希望者、就職希望者が概ね3分の1ずつといった割合で、この数字はここ10年間ほど大きく変化していない。しかし、過去3年間の進学実績を見ると、5年ほど前までには見られなかった筑波大学、宇都宮大学等の国立大学、明治大学、立教大学といったG-MARCHクラスの大学、東京理科大学のような理系専門大学への進学を実現している者がいる。

学校にとって喜ばしい半面、学力や学習ニーズの格差が一層広がったと感じられる。

以上の要件が様々に相まって、多様な生徒の多様な学習ニーズが生じ、それらに対応することが学校に求められている。

（2）生徒の学習ニーズに応じた取組の状況について

本校では県教育委員会の支援や地域との連携協力により、基礎的な知識・技能の習得及び社会適応力の育成を重点にして、教育活動を展開している。

①　基礎的な知識・技能の習得に向けた取組について

ア、「コア科目」の設定

本校教育活動の特色として一人一人が自分だけの時間割を作り、多様な学びの機会を得る一方で問題となるのが、苦手な科目の勉強をおろそかにして基礎・基本の土台の無いまま偏った科目選択をしてしまう、という失敗である。その結果、進路選択の時期になって学力不足に陥ったり、受験に必要な科目を履修していなかったりして進路実現を阻まれてしまう。そのような事態を避けるため、本校では「コア科目」で基礎・基本固めをさせている。

すなわち、総合学科として必履修科目の他に設定している総合選択科目のうち、国語・数学・英語の基本的な学習内容を含む科目を「コア科目」と名付け、卒業までに４単位以上履修することを定めている（現代文Ａ②、古典基礎②、国語表現②、数学Ａ②、数学Ⅱ④、数学Ｂ②、数学活用②、コミュニケーション英語Ⅱ④、英語表現Ⅰ②、チャレンジ英語②※○数字は単位数）。特に英語については２年次で２単位以上を必ず履修することとしている。

イ、少人数習熟度別授業の実施

特に学力差の大きい１年次において、国語、数学、英語を中心に「学び直し」の授業を実施している。

具体的には、国語総合、数学Ⅰ、コミュニケーション英語Ⅰ（各３単位）において、２クラス３展開の少人数習熟度別授業を行い、定期考査ごとに授業クラスの再編成を行っている。

上記の科目以外にも選択科目の多くは少人数のクラスとなっており、教員の目が届きやすく、きめ細かな授業を実施している。

ウ、学習サポーター、特別支援教育巡回支援員、多文化共生推進員の配置

県の「学習サポーター制度」「共生社会の形成に向けた特別支援教育推進事業」、「多文化共生推進事業」を積極的に活用している。

今年度、学習サポーターは本校OBの大学生等を中心に７人来ていただき、授業サポートや学習の遅れがちな生徒の取り出し授業を行っている。

特別支援教育巡回支援員については、都内の短期大学専任講師（臨床発達心理士）の方に年間８～10回程度、学校に来ていただいている。支援が必要だと思われる生徒の実態把握や指導・支援のポイントについての教員への助言、特別支援教育についての研修会講師として平成25年度から大変お世話になっている。

多文化共生推進員については、中国語のわかる方に週3日6時間（3学期は4時間）来ていただき、日本の文化・風習や日本語検定受検指導、その他の相談をきめ細かく支援していただいている。

② リアルな体験を取り込んだ教科の指導

ア、福祉科

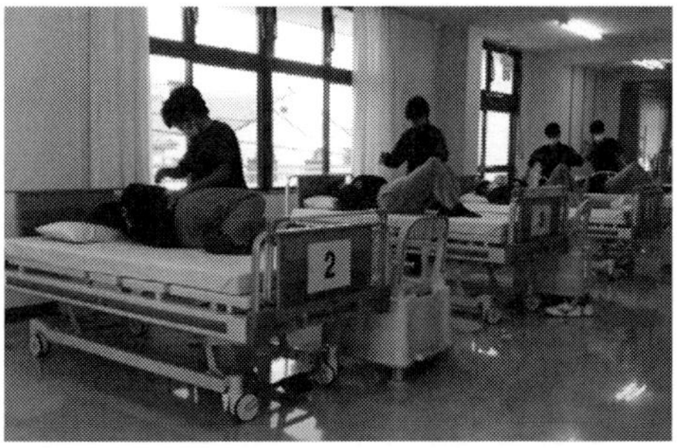

福祉科では目標の一つに「福祉への興味関心を高め他者に情報を発信できる人材の育成」を掲げている。

それは、福祉分野は生活上の困難に直面し当事者になって初めて“困った状態”で情報を求めることが多く、そんな人が周囲にいた時に手を差し伸べられる人材を育てたいという思いからである。福祉に関する多くの事象をもとに、様々な意見や立場がある事を知ったうえで、生徒一人ひとりがその事柄について考え自分なりの福祉観を持てることを目指している。

授業では視聴覚教材や新聞記事等様々な教材を活用している。また、社会福祉協議会と連携して外部講師として施設職員や福祉人材センターの方、オムツを作っている企業や製薬会社の方等に講演をお願いしている。

今年度は卒業生に依頼して、在校生と座談会形式で福祉の仕事の実際や本人の高校時代に考えていたこと等を話す機会を設けた。

イ、商業科

昨年度より、県の事業を通じて企業の課題を探求する「クエストエデュケーション」プログラム（株式会社　教育と探求社）を「マーケティング」の授業で導入している。

「クエストエデュケーション」プログラムは、現実社会と連動しながら「生きる力」を育む探求型学習プログラムである。実在する複数の企業から「ミッション」が与えられ、自分たちが選んだ企業の「ミッション」に対し、チームを組んで調査や企画、プレゼンテーションを行う。正解のない問いにチームで挑み、自ら感じ、考え、表現していく中で、生徒たちは「探求」という学び方を実践する。

授業には企業の担当者にも折に触れて参加していただき、社員としてリアルな視点で批評していただく。生徒たちはそこからまた改善のヒントなど、様々な気づきを得て、働くことの意義や経済活動、自らの生き方について学びを深めていくのである。

平成29年度は、パナソニックの課題に取り組んだチームが埼玉県予選を経て、立教大学で行われた全国大会に出場した。さらに、その時のプレゼンテーションを高く評価していただき、大阪のパナソニック本社に招かれ、社員の皆様の前で発表する機会を得ることができた。

3　まとめ

平成17年度に設立された本校も平成30年度で14年目を迎えた。近隣地域では、「不登校経験者に学び直しや立ち直りの機会を与えてくれる学校」「徹底した生徒指導ときめ細かな教育相談で一人一人の生徒の面倒見が良い学校」として評価されている。しかしながら、今後も引き続いて取り組むべき課題も多く残っている。

（1）日本語を母国語としない生徒の指導について

埼玉県の在留外国人数は、16万7,245人（平成29年12月末）。平成28年12月末と比べると、14,759人増加している。特に本校のある県南部には中国、韓国、フィリピン等の国籍を持つ在留外国人の方が多く居住している地域もあり、本校でも年々入学者が増えてきている。

現在は県の多文化共生推進事業を活用しているが、県全体の需要が増加して県予算が足りず、今年度は3学期の時間数を削減されてしまった。基本的な語彙の習得に時間のかかる者もいるので、事業活用だけでカバーできない生徒の指導をどうしていくかが課題である。

（2）単位修得率の向上と中途退学者の削減

生活の乱れや学習意欲の低下により、他部履修科目を中心に途中であきらめてしまうケースが少なくない。経済的困難を抱え、生活の軸足が学校よりもパートやアルバイトに置かれてしまい、学習に集中できない生徒もいる。

本校の教育相談室には教育相談員及びスクール・ソーシャル・ワーカー（SSW）が常駐しており、本校の教育活動を側面から支えてくれている。

今後も、こうした学校外部の機関のお力をお借りしつつ、校内体制を一層強化し、学校の指導力を着実に高め、生徒の「他者と協働するための資質・能力を身につけた人財としての成長」のために尽力してまいりたい。

1　不登校生徒、中途退学を経験した生徒のニーズに応じた指導方法等の調査研究

「チャレンジスクール（3部制・単位制総合学科高校）取組」

－生徒の可能性を高める教育－

東京都立六本木高等学校長　林　眞司

1　学校概要

(1) 沿　革

本校は、東京都港区にある、３部制・単位制総合学科の高等学校である。平成17年４月に「港地区チャレンジスクール基本計画」に基づき、都立城南高等学校（全日制）、都立日比谷高等学校（定時制）、都立三田高等学校（定時制）、都立芝商業高等学校（定時制）、都立青山高等学校（定時制）、および都立第一商業高等学校（定時制）を発展的に統合して３部制・単位制による総合学科高校（定時制）として、都立城南高等学校敷地内に開校した。チャレンジスクールは小・中学校時代に不登校を経験した生徒や高等学校を中途退学した生徒を含め、これまでの教育の中では自己の能力や適性を十分に生かしきれなかった生徒に対して、生徒一人ひとりが自分の目標を見つけ、それに向かってチャレンジしていくために多様な教育活動を行っている。

(2) 教育活動の特色

教育目標は、「見つけて、磨いて、未来を拓く」であり、創立以来、「学習や部活動を通じ、自分のやりたいこと、自分に合うこと、安らぎの場所、友人を見つける」ことや「共に学びあう中で、自分の個性や能力を伸ばし、自分を鍛え、力を蓄えていく」こと、「大きな可能性を持つ自分を認め、未来に向かって更なる挑戦をする意欲や態度を身に付ける」ことを基本理念としている。また、特色ある教育活動としては、多様な専門科目・総合科目の設置や大学・高等専門学校・専修学校における学修、知識及び技能審査（各種検定試験）、ボランティア実践、インターンシップなどを単位認定している。また、短期集中講座として総合研究（各年次１単位）、特別な日程による授業として夏期休業中に「海洋エコツーリズム」などの体験的な授業など多様な単位修得ができるようになっ

ている。平成30年度は文部科学省の「不登校児童生徒等又は療養等による長期欠席生徒等を対象とする特別の教育課程を編成して教育を実施する学校に関する指定校」や都の「ボランティア活動推進校」や「学力向上推進校」、「文化部新設置推進校（吟詠剣詩舞部門）」等の指定を受けている。不登校対策として担任によるマンスリー面談やスクールカウンセラー・学校支援チーム（ユースソーシャルワーカー）・スクールソーシャルワーカー・大学や精神科医など専門機関と連携した教育相談体制を充実させている。

（3）学校の規模

生徒数は、Ⅰ部185名、Ⅱ部203名、Ⅲ部123名で、生徒総数は511名、クラス総数は21クラスである。教員は、副校長2名、教員数は44名で、教員総数は46名である。

2　不登校生徒、中途退学を経験した生徒の学習ニーズに応じた指導について

（1）生徒の現状と課題

本校は、不登校や中途退学を経験し十分な学習機会を得られなかった生徒が多く在籍する。中には小学校1年生から登校できなかったなど、長期間の不登校を経験している生徒もいる。そのため、入学当初に行うアンケートからは学習に不安を抱えている生徒が非常に多いことがうかがえる。

①　現　状

入学してくる生徒は自己肯定感が低く、様々な活動に挑戦することを回避しようとする傾向が強い。しかし、様々な経験を積むことで、自信を持ち新たなことに挑戦を行うようになっていく。さらに、学力不足に不安を抱えて入学しながらも、本校のカリキュラムの中で学びの楽しさを知り、探求心を高める生徒も少なからずいる。

②　課　題

ここ数年の卒業者数は、80～100名前後と150名の入学者数の5～7割に留まっている。ただし、本校は、3年間で全員が卒業を目指す学年制の学校でないため、一概に数値だけでは判断できない。卒業に結びつかない原因は多岐にわたり、学習が直接の原因とはいえない。しかし、学習指導において、自信を持たせ、将来に向けて希望を持つことができたなら、卒業に向けたモチベーションになりうると考える。そのような視点から、現在の課題を考えていく。

ア、継続性、発展性のあるカリキュラムの編成

現在の設置講座は一つ一つが魅力的かつ独創的であるにもかかわらず、教科ごとに講座の設置が委ねられているため、教科間の繋がりが希薄である。そのため、継続性を意識した時間割の作成や教科横断的に全体を見通したカリキュラムの編成を行う必要がある。

（ア）モデル時間割の作成

現在、100以上の講座があるが、それぞれ単独で時間割に組み込まれているため、

生徒は継続性をあまり意識せず時間割を作っている。生徒一人ひとりの進路や伸ばしたい力を意識したモデル時間割を示すことで、生徒の能力を継続して伸長させる時間割の作成が必要である。それによって、得意を伸ばすことにつながり、生徒の自信に結び付けられる。

（イ）教科横断的カリキュラムの編成

単一教科の継続性だけではなく、教科横断的カリキュラムの編成を行うことで、生徒の視野を広げるとともに、教科科目にとらわれず広く課題解決を行う力を培うことができると考える。本校の生徒は、広い視野で課題解決に取り組むことが苦手である。広い視野を持ち様々な課題に対応する力を身に付けることは、現在または将来の壁を乗り越える力の源になる。

イ、キャリア教育の推進

不登校を経験した生徒は、学校に通い学習することが目的になってしまい、それで満足してしまう。そこで､あくまで高校は通過点であることを意識したキャリア教育を行っていく。

（ア）不登校対策とキャリア教育

本校は、総合学科であることから多様な講座設定ができる。例えば、「キャリアサクセス」など、進路指導に直結した科目も存在する。また、「産業と社会」では、年次ごとの現状にあわせた学習内容を取り扱うことが可能である。そのような、柔軟なカリキュラムが編成できる本校だからこそ、組み立てることができる講座内容の充実を図ることで、生徒が現状で満足することなく、未来に向け努力を続ける力の育成を大切にする必要がある。

（2）生徒の学習ニーズに応じた取組の状況について

様々な課題はあるものの、現状においても様々な特色ある取組を続けている。本校で行っている「学び直し」と「登校を促す講座設置」について取組の状況を紹介する。

①　学び直しについて

不登校を経験した生徒の中には、適切な学習を受けることもできず、入学してくる生徒が多くいる。本校では、入学前までのつまずきについてできるだけ寄り添い、高校の学習に少しでもスムーズに移行できるよう様々な取組を行っている。

ア､「キャリアスタディ」（1年次　1単位）

「キャリアスタディ」は、本校入学後、全員がすぐに受ける授業である。担任のもと、クラスまたは部ごとに行うため、担任が生徒の学力やつまずいた箇所を把握することが可能な授業でもある。

（ア）基本的な学習方法の習得

教室での授業に参加する経験が少なかった生徒にとって、ノートの取り方や箇条書きの方法、暗記法など、本来学校生活の経験の中で身に付ける力であるものが身に付けられずにいた生徒が多く存在している。そのため、高校での授業を受けるにあたり基本的な学習方法をまず学ぶことで、授業にスムーズに取り組めるようにしている。

（イ）小テストによる指導

授業では毎回、検定方式の小テストを繰り返し、自分のつまずきの確認を行う。小テスト範囲は毎週の宿題と課し、家庭での学習習慣を身に付けるとともに、自らのつまずきに気づき克服しようとする学習意欲の向上に結びつけている。小テストで、合格点に達しなかった場合は追試を行うとともに、つまずきのポイントを補習することで、弱点の克服につなげている。

イ、スタディルームの設置

本校には、教員に積極的に質問できない生徒も多くいる。その理由としては、わからないことへの恥ずかしさ、わからないことへの執着の無さ、遠慮など様々である。そこで、スタディルームを設置して、教員という立場の大人だけでなく、年齢の近い大学生による学習支援やパソコンを用いた個別学習を行っている。

（ア）大学生による学習支援

毎週、決まった曜日と時間に学習支援のために大学生に来校してもらっている。もちろん、学習支援が主な目的であるが、年齢の近い大学生と交流することで、近い将来への目標にもなっている。また、話しやすい立場の大人であることから、学習面以外でも身近な相談相手となり、心理面での支援にもなっている。

（イ）パソコンソフトを用いた個別学習

パソコンを用いて段階的に学習することができるソフトを使い、自学自習形式の個別学習ができるよう、場所と時間を確保している。自学自習形式の個別学習では、理解が深められない生徒に対しては、スタディルーム担当の教員が学習支援を行っている。

②　登校を促す講座の設置について

学校に通うことが困難な生徒に対して、苦手科目や不得意科目を含めて全ての授業を促すことは難しい。まず、学校での居場所、学習への興味関心を持たせることが必要である。そのために、短期集中講座や多種多様な講座の中から、生徒のニーズに合わせた授業へ参加を促すことで登校するきっかけとしている。

ア、短期集中講座（各年次　1単位）

総合研究として年間9日間の講座であり、教科の枠にこだわらず、教員の得意とする内容を講座として設定することができる。そのため、様々な内容の講座ができるとともに、教員と共通の内容を深めることで、普段の教員との関係性とは違う面を見せる講座である。

（ア）体験の重視

短期集中講座には「生き物を見に行こう」という水族館や動物園など外部施設での講義・実習を行う講座や「パン作りを楽しむ」「総合芸術を楽しもう」など普段の授業内ではできないこと、深めたい内容を体験を通じて行っている。自分の興味関心の持てる講座を選択することができるため参加しやすく、登校へのきっかけとなっている。また、教科書に捉われることなく学習することで生徒のより深い学びにつなげるようにしている。

（イ）講義の重視

通常の授業内容をより深める講座も設置している。週２時間では、なかなか学ぶことができない内容をこの講座を受講することで、学習することができる。例えば、「学力養成講座」など基礎学力の充実を目的とした講座や「情報系検定」といった検定試験に向けた講座、「テニス」といった自分の興味関心があるものをじっくり集中的に行っている。自分の好きな教科内容を選択することで、苦手意識に悩むことなく登校につながっている。

イ、多種多様な講座設定（総合科目　自由選択）

総合学科の特徴を最大限に活かして、100 講座を超える様々な講座を設定している。自分の得意や好きを伸ばすことで、学校に前向きに通えるようになった生徒も多くいる。好きだから学びたい、楽しいから学びたいという学びに向かう力を育成している。

（ア）市民講師による授業（２単位）

多様な講座設定を支えているのは、その道のプロの市民講師である。例えば、「華道」「茶道」「香道」など、その道で、生計を立て、極めているからこそ、生徒へ本物を経験させることができる。面白さや奥深さを追求させることができている。深みのある授業だからこそ、生徒は魅力を感じ、学ぶに向かう力を育成している。その他にも「声優基礎」「演劇表現」など生徒の興味関心の高い講座を設置して、専門性の高い市民講師に担当していただいている。

（イ）特別な日程による授業（１単位）

特別な日程による授業では、夏季休業日を活用して、現地に足を運び、本物に触れる体験を通じて直接学ぶことを大切にしている。例えば、「海洋エコツーリズム」では御蔵島まででかけ、海洋実習を行っている。また、「環境と共生演習」では多摩川実習など自然との触れ合いや現地での学びを重視している。知識を座学で学び、体験を通じて実物に触れることで、深い学びになって結びつけている。学びを深めることで、学ぶことの楽しさを知り、さらにその先の学びにつながるようにしている。

３　取組の成果及び今後の見通しについて

（１）取組の成果及び生徒の変容について

学び直しの「キャリアスタディ」については、学力不足の生徒は基礎基本を身につけることができ、他の科目の授業についていけるようになるなど、一定の成果を上げることができている。また担任が授業で直接指導をすることで、入学時に不安を抱えている時期に寄り添えることができるため、生徒の心の安定や担任との信頼関係づくりの上でも重要な機会となっている。スタディルームでは、普段の授業では質問しない生徒が、個別に聞きにくるようになるなどの効果があった。また、校内で個別指導が受けられるという認識が広まったためか、職員室などに質問にくるなど、いままでにない現象が起き始めている。短期集中講座では得意分野を伸ばし、他の生徒や教員に認めてもらうことで、自信をつけて学校生活が送れる役割を果たしている。多種多様な設置講座では、生徒が本物に触れる機会を大切にし、本物の世界を体験的に学習し、生徒自らに考えさせる学習の場となっている。またそれぞれの講座は、生徒の進路選択にも影響を与えており、職業の適性を知る上でも重要な要素となっている。

（2）今後の取組の見通し及び課題について

「キャリアスタディ」は、一斉に取り組む形式のため、学力が一定以上ある生徒にとっては不向きである。こういった生徒が学習への高いモチベーションを保たせるための指導方法などの工夫が必要となる。スタディルームについては、一部の生徒のみの利用や、考査前にしか利用しない、継続的に学習に臨めていないなど、定着度が低いことが課題である。また、大学生による学習支援の体制を整えたので、定着度を上げていくためには学習以外できっかけをつくり生徒と結び付けることが必要である。短期集中講座や多種多様な講座については、生徒がただ学ぶことで終わらないよう、レポート等などでまとめさせて、学びを深めていくきっかけを作っていく必要がある。また、学習の継続性を考慮に入れたモデル時間割を導入することで、一人一人の生徒が持つ能力を伸長させていきたい。また、大学進学を希望する生徒が増えてきており、将来の新テスト等への対応も考えていく必要がある。特に本校に入学してもなかなか登校ができない生徒に対して、通信の方法を用いた単位認定を行うなど、登校ができるようにするために学校へ目を向ける方法なども検討していく必要がある。その上で、今後はこれら不登校生徒や中途退学を経験した生徒が持つ、様々な学習ニーズに応じた指導の手立てをもとに、学校のグランドデザインを構築して、方向性を定めていきたい。

4　まとめ

本校では３部制・単位制の総合学科という柔軟なカリキュラムが作成できる利点を十分に生かして、不登校生徒、中途退学を経験した生徒の学習ニーズに応えてきた。開校以来様々な取組を実施しているが、これからも様々な学習ニーズに沿った魅力ある学校づくりを目指し、卒業しても自らの力で生きていける人材を育てていきたい。これから社会はグローバル化やAI化、少子高齢化などの進展で、さらなる変化が予測される。そのなかにあっても、生徒が学校に登校するのが楽しみになるよう、学校として授業におけるアクティブ・ラーニングの実践や教科横断的なカリキュラム・マネジメントの策定を進めていき、不登校や中途退学を経験した生徒が過去を振り返らずに、これからの将来に向けて希望を持てるよう様々な取組を行っていきたい。

「多様化する生徒に応じた教育の充実」
ー進路指導を通じてー

愛媛県立松山南高等学校長　染田　祥孝

1　学校概要

(1) 沿　革

本校定時制は、愛媛県松山市にある普通科の高等学校である。全日制、定時制及び分校（全日制のデザイン科）を併置する本校は、明治24年に私立愛媛県高等女学校として開校し、今年度127年目を迎えた。明治34年の県立移管を機に、現在の地に校舎を構える愛媛県立松山高等女学校となり、戦後まで女学校としての歴史を積み重ねた。昭和23年には学制改革により男女共学となり、愛媛県立第二高等学校と改称され、定時制普通科も開校された（開校時の定時制は女子が対象：48名入学）。翌24年に愛媛県立松山南高等学校となり、昭和25年から定時制に男子の入学も許可され、その後、様々な経緯を経て現在に至る（最大定員：昭和35年、600名）。

(2) 教育活動の特色

校訓は「自らを律せよ」

重点努力目標は

「志の教育　―夢に向かい自ら伸びゆく力を育む―」

1．愛情と厳しさをもった指導

2．個々に寄り添い人格を育てる指導

3．率先垂範・師弟同行の指導

であり、「生徒も教員も生き生きと」「心を耕し、言葉を磨こう」を合言葉に、こまめな教育相談の実施や部活動、各種学校行事の充実、進路実現に向けた個別指導等、教員間の情報共有も図りながら、愛情と厳しさのある個に寄り添った指導を行っている。また、生徒、教員がともに準備し、ＰＴＡや同窓会の方々を招いて実施する「いも炊き観月祭」や進路指導の一環として実施している「卒業生を囲んでの座談会」など、卒業後の社会生活にもつながる特色ある教育活動の充実に努めている。

（3）学校の規模

生徒数は、1年次生28名、2年次生14名、3年次生21名、4年次生3名で、生徒総数は66名（平成30年5月1日現在）、クラス総数は5クラスである。教員は、教頭1名、教諭（養護教諭を含む）13名、非常勤講師3名で、教員総数は17名である。

2　不登校生徒、中途退学を経験した生徒の学習ニーズに応じた指導について

（1）生徒の現状と課題

在籍生徒66名の本校定時制への入学（転編入を含む）動機は、①学校に通えなくなった経験あり:32名(48.5%)、②全日制高校中途退学等:28名(42.4%)、③その他:6名(9.1%)となっており、ほとんどの生徒が何らかの理由により小中学校や前籍高校に通えなくなるなどの経験を持って本校に入っている。

本校入学後は、多くの生徒が自身の努力と周囲の支援により、意欲的に登校することができているものの、入学の経緯から、高校生としての最低限の学力が身に付いていない、大勢の中での人間関係の形成が苦手である、自己肯定感に課題があり自信がない、目標が定まらないなどの傾向を有する生徒は少なくない。

さらに、学力や学習意欲に個人差があるため、できれば習熟度別の学習機会を設けることが望ましいが、教員数等の関係から、直ちに実現することは困難な状況にある。

このような現状を踏まえ、可能な限り、生徒のニーズに応じた始業前の個別指導や長期休業中の補習等を実施し、個に寄り添った指導を心掛けているところであるが、今後一層、卒業及び進路実現を図ることを目指しつつ、学習活動等を通じて、自己肯定感やコミュニケーション能力を育むなど、社会で生き抜く力を身に付けさせることも必要となっている。

（2）生徒の学習ニーズに応じた取組の状況について

①　進路概況と課題について

平成29年度は、空前の「売り手市場」ということもあり、就職希望者の内定率は100%となった。また､進学についても愛媛大学（国公立大学合格は7年ぶり）を含めて、各生徒が希望する進学先への合格を果たした。全教員が進路指導に関わる中で、確かな出口保障ができている。一方で、残念ながら早期の離職者や退学者が出ていることも実情である。

平成30年度については、卒業予定者18名のうち、進学希望者が7名、就職希望者が11名であり、高知工科大学をはじめ、少しずつ進路内定者が増えているところであるが、中には進路実現に向けた一歩を踏み出せない生徒もおり、進路課やホームルーム担任を中心に支援しているところである。

②　進路指導の具体について

ア、進路希望調査の実施と進路の手引の作成・活用

進路希望調査を年に２回実施している。１回目は年度当初に実施するため、新入生には未定と回答する生徒が多いが、年次が上がるにつれて徐々に具体的な将来像を描くことができるようになってくる。

また、近年の進路先一覧、第１回の進路希望調査結果、各教科の学習法、進学、就職への取組方、卒業生からのアドバイスなどを掲載した進路の手引を年度当初に作成し、総合的な学習の時間等の中で進路指導に活用している。

イ、卒業生を囲んでの座談会

平成29年度より、新たな試みとして、卒業生を年に２回招いて座談会を実施している。人前で話すことが不得手な卒業生もいるため、その選定には時間を要するが、近年卒業した身近な先輩方から会社や進学先のことを直接聞けるということで、在校生は毎回、真剣に先輩の話に聞き入り、自身の将来像を描く上で貴重な機会としている。

【卒業生を囲んでの座談会の様子】

ウ、進路通信の発行

原則月１回、進路通信を発行している。その時期に応じた内容を掲載しているが、９

月以降は進路先内定者の紹介を主に作成している。成功体験を実感させ生徒の達成感・自己肯定感を育むとともに、１・２年次生の進路に対する意識の高揚を図ることや、まだ進学や就職に一歩踏み出せない３年次生への後押しの目的もある。

この進路通信はホームページにも掲載しており、今後の入学生への情報提供にもつながっていると考えている。

エ、進路指導室の開放による自学の奨励と個別指導の実施

本校は全日制と施設を共有しているため、学習意欲の高い生徒に対する始業前指導を行う部屋が限られている。以前の進路指導室は、単に「進路の資料が置かれている部屋」というイメージだったが、平成 29 年度から生徒に開放し、受験個別指導や自学自習をする部屋として活用している。平成 29 年度は、愛媛大学理学部を目指す生徒に対して化学や数学の個別指導を実施し、見事合格を果たした。

今年度もほぼ毎日、午後２時頃から生徒が登校し、始業前には進路指導室が満室になる状況となっている。学習内容は生徒によって異なり、自学奨励を目的としているが、教員が適宜声掛けを行うことで学習意欲を高めている。

③　進学への対応について

ア、進学模試の実施

進学希望者に対して、年３回の模試を実施している。また、３年次生については、予定した３回のほかに、希望があれば追加実施している。本校は、一般入試より AO 入試や推薦入試による進学が多いため、小論文模試も希望に応じて実施している。

今年度は１年次生の受験希望者が多くなっており、必ずしも生徒が満足する結果は得られていないが、中学校に十分通えなかった生徒なども積極的に受験しており、学習意欲を高める上で貴重な機会となっている。

イ、長期休業中の補習の実施

長期休業中（夏期・冬期）に希望者対象の補習を実施している。昨年度より、３年次生には受験対策中心の補習を、１・２年次生には基礎・基本を中心とした補習を実施している。今年度初めての試みとして、数学と理科教諭の対応により「中学数学」を開講したところ、中学校の基礎学力を身に付けたい生徒に大変好評であった。

（参考：平成 30 年度夏期補習の時程等）

時　程	３年次生	１・２年次生	３年次生又は １・２年次生
11:00 ～ 12:00	世界史Ｂ	国　語	生　物（３年次生）
12:40 ～ 13:40	数　学	英　語	
13:50 ～ 14:50	国　語	数　学	中学数学（１・２年次生）
15:00 ～ 16:00	理科基礎		
16:10 ～ 17:10	英　語		
17:20 ～ 18:20	倫　理		

④　**就職への対応について**

ア、キャリア教育の充実

ジョブカフェ愛 work から講師を派遣していただき、全校生徒対象の講演を実施している。働く意義や正社員になることのメリットなど、本校生徒の実態に合わせた内容で構成されており、生徒の進路選択の一助となっている。

1．平成 29 年度 「自分の将来を考える〜働く意義や学ぶ意義〜」
講師　福本由美　先生（キャリアコンサルティング技能士）

2．平成 30 年度　第 1 回「しなやかマインドで自分の将来を考えよう
〜求められる人材になるためには〜」
講師　天野淑子　先生（人財育成専門家）
第 2 回「シゴト☆ジブン発見カードセミナー」
講師　天野淑子　先生（人財育成専門家）

イ、卒業生の就職先訪問

夏期休業中に前年度の卒業生の就職先を訪問し、その仕事ぶりや様子を窺っている。早期離職防止につなげるとともに、今後の卒業生の就職を見据え、事業所との連携を密にすることを目的としている。

ウ、面接指導

就職希望者については、履歴書の作成が完了した時点から面接練習を開始している。「担任 → 進路課 → 学年主任 → 教頭」を基本の流れとして、可能な限り多くの教員で面接指導を実施している。生徒は事前に面接練習の予約を取り、面接実施後は面接カードに各教員からのアドバイスや注意点を記入した上で面接練習を繰り返し行い、就職試験本番に臨んでいる。

4　まとめ

本校においても全国的な定通制高校の傾向と同様に、何らかの事情により小学校や中学校を休みがちだったことから、基礎学力が十分身に付いていない生徒や、全日制の進学校から転編入し、一定の学力を有する生徒もいるため、その学力や学習意欲に差がある。3・4 年次生となって、明確に目標設定し国公立大学を目指す生徒もいれば、なかなか自身の目指す方向が見えてこない生徒もいるのが現状である。

また、本校入学までの経緯から、自己肯定感やコミュニケーション能力等に課題を抱えている生徒が多く、教員としては、生徒が登校できること、それを続けられること、そして卒業できること、進路実現を果たすこと、さらには、将来的に社会で生きぬく力を身に付けさせることを意識しながら日頃の教育活動に臨んでいるところである。

このような中、進路指導を通じた取組として、長期休業中に実施している補習では、以前から習熟度に応じた取組をしているが、今年度、生徒の要望により初めて開講した「中学数学」には多くの生徒が集まり、基礎学力を身に付けさせる方法の一つとして、新たな成果が見られた。

また、「卒業生を囲んでの座談会」（年２回・今年度、実施２年目）における、進学・就職を果たした先輩方からの体験談には、在校生が真剣に傾聴し、自身の将来を描く上で貴重な機会となっており、身近な先輩の話は現実的なものとして捉えられているようである。

本校では、「生徒も教師ものびのびと」「心を耕し、言葉を磨こう」を合言葉に日頃から定時制教育に向き合っているところであり、今後とも、教員が生徒の身近な存在となり、温かな雰囲気の中で教育活動を推進していきたい。

「不登校生徒、中途退学を経験した生徒の学習ニーズに応じた指導法」

宮崎県立延岡青朋高等学校長　小田　史郎

1　はじめに

本校のある宮崎県延岡市は、宮崎県北部の中心都市である。人口約12万人、宮崎県内においては宮崎市・都城市に次ぐ３番目の都市である。延岡市に入るとまず目にするのは、赤と白の煙突（高さ180 m）であり、旭化成を中心とした工業都市であり、企業城下町でもある。また、九州山地を背に、日向灘にも面しており、海・山・川の自然にも恵まれ、海産物を始め、鮎・チキン南蛮などの食べ物も美味しい、「山紫水明」の言葉が似合う都市である。

（1）本校の歩み

昭和23年（1948年）	宮崎県立延岡恒富高等学校として創立。
昭和44年（1969年）	宮崎県立延岡第二高等学校として二部制（夜間部、昼間部）の独立校となる。
平成13年（2001年）	通信制課程を開設。単位制を導入し、定時制、通信制の２課程となる。
平成18年（2006年）	宮崎県立延岡青朋高等学校として校名を改称。 定時制：通信制の２課程、定時制は昼夜開講型二部制となる。
平成30年（2018年）	創立70周年を迎える。

（2）学校の教育目標･･･（キャリア教育の充実による『生きる力』の育成）

学校経営の柱として３Ｋ＝『関心・感動・感謝』というスローガンを掲げており、「自主自立・友愛協調・規律責任」という校訓の下、全員が“チーム青朋”となり、日々の教育活動に取り組んでいる。

重点教育目標は、「確かな学力」:「豊かな心」:「健やかな体」の育成の３つであり、特に、本校での高校生活においては、キャリア教育の充実を通して『心の教育』を推進し、何事にも知的好奇心を持って取り組み、感性を磨き、人間性豊かで社会性のある生徒の育成を目指している。

2　学校の概要

（1）生徒の実態

本校は、定時制〔84 名〕と通信制〔329 名〕を有する学校である。生徒の実態として、定時制の特別な配慮を要する生徒の割合は、全体の 10.3%（全国平均 14.1%）である。通信制では、全体で 34.2%（全国平均 15.7%）であり、通信制の場合は、18.5% も全国平均を上回っている状況にある。さらに、教育相談担当者からの報告によると、専門医による診断書等は出ていないが、一般的に言われるグレーゾーンの生徒や何らかの理由による不登校等の経験者は、定時制で全体の約 40%：通信制においては、約 70%を超える数になっているとのことである。

（2）平成 29 年度の進路状況

	卒業者	就　職	進 学 等	その他
定 時 制	29 名	16 名	6 名 （短大 2 名と専学 4 名）	7 名 （パート：未定）
通 信 制	93 名	14 名 （公務員 1 名あり）	21 名 （四大 7 ：短大 4 ：専学 10）	58 名 （パート：未定）

【課題】 上記進路状況からも考察できる通り、その他の欄に該当する生徒達への支援策として、本校では、**次の 2 点を重点項目として、個人面談も多用しながらその取組を推進**している。

① **自己肯定感を育み基礎学力の向上を図ること**

② **社会性の育成と自立心の高揚を図ること**

【施策】 定時制においては、学び直しの教科科目として、『国語入門』と『数学入門』を学校設定科目として、週に 2 時間配置している。（入学時の基礎力判断テストをもとに受講させる。）

さらに、発達段階（各学年）に応じたキャリア教育を、地域・外部関係諸機関との連携の下に、その取組を推進している。・・・〔例〕臨床心理士講話：マナー礼法講話　等々

また、生徒理解・生徒支援をさらに推進するために、**統一した質問票も準備し**、各学期の初めに（5 日間）の個人面接週間を設定し実践している。（いじめ相談：進路相談：学習相談等）

通信制においては、8 年前から実施している **“チャレンジスクールの時間”（毎週火曜日）** を有効活用しながら、**教科科目を通した学習支援と SST（ソーシャル・スキル・トレーニング）を念頭に置いた心の教育を実践**している。

3　本校通信制の特徴 ～チャレンジスクール～

通信制は、毎日登校する必要はなく、最低限必要な時間のスクーリングを受講するスタイルである。本校の現況としては、全日制の高校に進学をしたものの、人間関係のトラブルや家庭環境の問題等々、それが原因で心の悩みを抱えて本校へ転学してくる生徒、

小中学生徒時からの不登校や人間関係の構築が苦手な生徒等、心の悩みを背景に「発達障がい」（またはそれが疑われる）がある場合も多い。実際、本校において発達障がいや精神疾患の診断が出ている生徒や疑われる生徒が、全体の約34％在籍している。このような生徒については、これまでの通信制高校への主たるニーズ、すなわち『「卒業」を念頭に置いて指導していくこと』、それだけで良いのかという疑念があった。そんな生徒への「指導」ではなく「支援」をしていくことを目指したのが本校独自の取組である「チャレンジスクール」であり、今年で８年目の取組である。

（１）活動の実際（日常）

普段の活動は、毎週火曜日９：30に生徒が登校して実施している。火曜日の曜日設定については、レポート提出締め切り日であるからである。参加生徒は、本校教育相談部内において入学する生徒の引き継ぎ資料（学校での活動・出席状況・学習状況など）から支援が必要であると認められる生徒で「レポート支援を含めた学習活動に参加してみてはどうか」と声かけをして参加してくれた生徒である。まずは「レポート支援」を個別的に実施して、その週のレポートを完成させ、残りの時間（30分から60分程度）をSSTや学校に設けてある畑での活動、学校近隣でのゴミ拾いなど「他の人との距離の取り方や適切なコミュニケーションの取り方」や「自分と社会が関わっているということを実感できる活動」を実践している。

【活動の例】＊毎回、指導案の略案を作成し、全職員に配布している

時　間	学　習　内　容	備　考
9：30	**朝の会**　①挨拶②本日の学習内容の確認（個別で違う）	朝の会進行
9：45	**レポート学習**　＊教科別に各教室に職員を配置	A
11：30	**本日の活動** 「感情をコントロールするスキル」 ねらい：生徒たちは、適切な気持ちのコントロールができず、人間関係に支障をきたすこともある。感情を出すことが悪いことではなく表現の仕方が問題であることを認識させる。 ①自分の感情に気づく。 ②モデリングを通して怒りの伝え方が違う例を提示する。 ③「怒り」の下にある一次的な感情を知る。 「怒り」は二次的な感情であることも知る。 ④「怒り」をコントロールする代表的な方法の紹介 （１）深呼吸（２）間をとる （３）その場から離れる （４）相手に自分の気持ちを伝える ⑤「怒りの正体」を知る	モデリング A B
12：00	**帰りの会**　①挨拶②ふりかえり③予告	

※SSTの流れ
（１）言語的教示（どんなことをするのか、目的の説明）
（２）モデリング（教師による模範）
（３）ロールプレイ（実際にやってみる）
（４）フィードバック（どんな自己紹介の仕方がよかったかの振り返り）
（５）一般化・定着化（今後に繋がるよう、話し方を学ぶ）

（2）交流などを含めた校外などでの活動

学習活動や学校行事等、学校での経験が少ない生徒が本校では多く見受けられる。「学校」という場所が「きつい場所」「行きたくない場所」という刷り込みがなされているケースも多く、少しでも学校が「楽しくて、新たな出会いや発見がある場所である」という気持ちで、次のステップに進んでほしい気持ちがある。また、そもそも他者との関わりが希薄な中で生活をしている生徒が多く、校内でのSSTなどで学習したコミュニケーションの実践として支援学校との交流や季節ごとの活動をチャレンジスクールでは計画・実行している。このような会はチャレンジスクール参加の生徒はもちろん、広く他の生徒にも参加を促して実施している。

この活動を契機として、これまで活動が滞っていた生徒が活動を始めることができたり、支援学校との交流から「福祉」や「教育」に興味関心を持ち始め、進路選択の一助にした生徒もいる。それまで自分以外の人間に頼ったり、頼られたことの無かった生徒が学校の外での活動で、それまでの自分の殻を破って主体的に活動している様子や、それまで見せたことがないような表情や他者との関わりの仕方が随所に見られ、思わぬ生徒の長所を発見することができ、計画している我々としてもこのような実践をともなう活動の大切さに改めて気づかされる。

【平成30年度に実施した交流・校外などでの活動】

実施日	活動内容	場所
5月15日	「季節行事：畑の耕作・秋に向けての野菜作り」	校内設置の畑
6月13日	「季節行事：田植え」	校外
7月12日	「交流活動：支援学校夏祭りのお手伝い」	校外：支援学校
10月25日	「季節行事：稲刈り」	校外
11月15日	「季節行事：収穫祭」 （稲刈りしたお米をみんなで調理する）	校内
11月27日	「交流活動：お芋掘り」 （校内設置の畑において支援学校の生徒と一緒にお芋掘りをして一緒に調理をする）	校内設置の畑・調理室
12月13日	「交流活動：支援学校お餅つきの手伝い」 （支援学校で実施する餅つきや餅きりの手伝い）	校外：支援学校
12月20日	「季節行事：お餅つき」 （田植え・稲刈りでは餅米の田植え・収穫も行ったので、その餅米を使った餅つき）	校内
1月16日	「花育（生産者参加型の活動JA主催）」 （JAの企画で花を使った体験研修をともなう活動。フラワーアレンジメントを実施）	校内

≪成果と課題≫

◆「学校は安全な場所で自分たちを包んでくれる場所だ。」と理解してくれた生徒は、外の社会との関わりができ始める。それが、このチャレンジスクールの活動を通して見られる生徒が卒業後、自己実現を果たしている（卒業生にそのような生徒が多数見られている）。

◆ 校内でのSSTやその他コミュニケーションを主体とした活動を実践し、それを様々な人との繋がりの中で、校内外での様々な活動をとおして実施することができた。その活動の中で、生徒自身が主体的に活動する様子が多々見受けられた。

◆ チャレンジスクール自体は、正規のスクーリング参加などにカウントされない分、自由な活動ができる反面、本来は参加して欲しい生徒に継続して欲しい生徒が、参加していない場合に参加を促す手立てがない。スクーリング出席として認められ、かつ自由に参加できるような方策を通信制高校のシステムも含め考えていく必要がある。〔原稿執筆時県教育委員会と協議中〕

4　SST（ソーシャルスキルトレーニング）の取組

※「SSTの手法を取り入れた国語教育の可能性」

学校生活全般で優秀だった生徒が、卒業後入社した企業をほどなく退職していた。その理由は同僚との人間関係のこじれだという。その事情を聞くと、そのトラブルが解決しがたい絶望的なものというよりは日常的に起こりそうな些細なすれ違いのようにも思えた。

私たちにとって「些細なこと」と思えるトラブルが、生徒にとっては仕事を辞めざるを得ない「重大な」事態となる。私たちが見落としていたことや不足していることは何だったのかを改めて考え直すきっかけとなった。

5　問題と目的

近年、若者のコミュニケーション能力の低下が指摘されている。それは少子化・核家族化・都市化・遊びの質の変化など、社会状況の影響を受けて、家庭や地域社会での子どもの人間関係が希薄になっていることが原因だと考えられている。そこで対人関係のトラブルの予防、児童・生徒の社会性の育成などを目的としてソーシャルスキルトレーニング（Social Skills Training；以下SST）の実践研究が増えてきている。

青年期・成人期を迎える生徒たちがSST実践に触れる意義は、現在の適応状態の改善ばかりでなく、将来にわたる対人関係の構築やトラブルの予防・回避などが期待できることにある。生徒たちは、国語科の授業や学校生活全体でSSTを学ぶ機会が日常的にあれば、良好な人間関係を築く契機となる。

そこで本研究では通信制国語科のスクーリングやレポート学習で、SSTの手法を取り入れた授業ではどのようなことが可能で、どのような力をつけることができるのか、その可能性を探りたい。SSTを授業に取り込みやすい特性が国語科にはあると考え、今回は本校の学校設定科目「国語入門」において、基礎学力の定着と向上とともに、SSTの手法を生かした学びには、どのような工夫の余地があるのか検討する。

6　取組の概要

（1）学校設定科目「国語入門」での SST

①　学校設定科目導入の理由

本校では平成 26 年度まで「国語総合」の単位修得率が 3 割弱程度にとどまっていた。通信制の学びのシステム上、最初につまずくとその後の学習が継続しない傾向も見られた。そこで、「国語総合」履修の前に学校設定科目「国語入門」を導入し、「国語総合」へのブリッジ的役割を持たせることとした。学校設定科目は、生徒の実態に合わせて取り扱う内容の検討・調整が可能なため、SST の長所を活用しながら柔軟に学習内容を取り込むこととした。

②「国語入門」における SST 指導導入に関する検討事項

各単元で取り扱う SST 指導の検討（自己開示、あたたかい言葉かけ、断り方・頼み方のスキルなど）SST の手法を学校教育全般に拡充する指導のあり方の工夫（LHR、チャレンジスクールでの活用）

SST の流れ

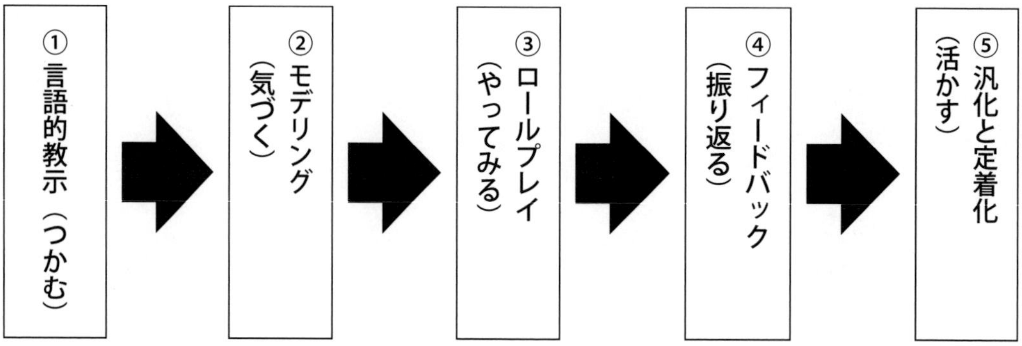

7　指導例（一部抜粋）……※単元「はじめまして！よろしく」―　自己紹介をする

実施日	平成 30 年 5 月 7 日
指導学級	本校（延岡地区）
科目名	国語入門
使用教材等	国語入門レポート・名刺
単元名	「はじめまして！よろしく」（自己開示・関係開始スキル）
ターゲットスキル	場に応じた自己紹介が楽しくできるようにする
指導計画	（2 時間連続）1 時間目：レポート作成　2 時間目：自己紹介
生徒の実態及び指導観	通信制の集団の学びは連続性がないために、周囲の人との関係を築きにくい。SST の場面を活用して初対面の人へ自己開示や関係維持できるようにし、学校生活の契機とする。

本時の目標	初対面の人と楽しく自己紹介ができる。(関心・意欲・態度) 自分の話したい内容を的確に伝えることができる。(話す能力) 相手の話を積極的に聞くことができる。(聞く能力) 自己評価や相互評価により、よりよい人間関係の構築に繋がることを学ぶ。(知識・理解)		
評価の観点	a　関心・意欲・態度	b　話す・聞く能力	e 知識・理解
	国語で伝え合う力を進んで高めるとともに、言語文化に対する関心を深め、国語を尊重してその向上を図ろうとする。	目的や場に応じて効果的に話し的確に聞き取ったり、話し合ったりして、自分の考えをまとめ、伝えている。	言葉の特徴やきまりなどについて理解し、知識を身につけている。

学習指導過程								
過程	時間	学習内容	学習活動	指導上の留意点	評価方法	観点別評価		
						a	b	e
①言語的教示 (単元目標の説明) 「つかむ」	5分	約束事の確認	『笑わない・恥ずかしがらない・ふざけない』ことを確認	話を聞くことは、情報を与えるとともに、態度や姿勢、相づち、目線、表情などで相手に与える影響もあることを気づかせる。	行動の観察	○	○	
		本時の目標	・目的や場に応じて効果的に話したり的確に聞き取ったりする。・楽しく自己紹介をする。	楽しく自己紹介をするにはどんな点に気をつければよいか考える。				
②モデリング 「気づく」	5分	手本を見る	良い話し方、良くない話し方、良い聞き方、良くない聞き方の違いを知る。	相違点を明らかにして、自己紹介の参考にする。				○
③ロールプレイ 「やってみる」	5分	名刺を作成する	名刺に自分の長所や特技を一言記入して、自己開示のきっかけを作る。	いただく名刺はどのようなものが嬉しいか考えて記入させる。	記述の確認	○		
	15分	名刺交換	声の大きさ、表情、目線、相づちなど①の言語的教示と②のモデリングで習得したことを参考にする。	できるだけ多くの人と話をするようにする。	行動の観察	○	○	
④フィードバック 「振り返る」	10分	振り返り	話し方・聞き方の良かった点を互いに称賛する。	交換した名刺を使ってどのような会話ができ、自己開示できたかを発表してもらい、今後の参考にする。	自己評価と相互評価をワークシートに記入			○
⑤汎化と定着化 「活かす」	5分	学習内容の確認と応用	本時で学んだことを学校生活やその他の場面でどのように活かすことができるかを想像する。	④のフィードバックで学んだように、どのようにしたら上手な自己紹介ができるかを知識としたい。	まとめの確認	○	○	○
				今後どのような場面で活かそうと思うか意見発表する。				

8　課題と展望

医療・福祉・障害児教育など幅広く治療や療育として研究されているSSTの手法を、国語の教科に組み込んでいくには更なる研修が必要である。今回の言語活動は、SSTでなくともこれまでの教育活動の中で展開されてきたことである。しかし、授業の中で「言語的教示」、「モデリング」、「ロールプレイ」、「フィードバック」、「汎化・定着化」のパターンの模範を繰り返し授業の柱にしていくことは、基礎学力を定着させていくとともに人間関係の構築の手立てとして一つの試金石になるのではないだろうか。

この実践が、生徒の心身の健やかな成長やその人らしく生きることの後ろ盾になると信じ、SSTのどのようなプログラムが国語の基礎力の定着やスキルの獲得に繋がるのか、通信制の学びの中で今後も模索しつつ取り入れていきたい。

9　定時制における取組

(1)昼夜開講型3部制・・・生徒のニーズに応じて、Ⅰ部(3修制)13:45～、Ⅱ部(3修制)15:25～、Ⅲ部(4修制)17:55～のカリキュラム編成をしている。

(2)少人数クラス編成・・・1年生1～3組各10名(Ⅰ部)、4組3名(Ⅱ・Ⅲ部)のように、各クラス10名以内という少人数のクラス編成をしている。

（3）**学び直しの教科科目**…『国語入門』と『数学入門』という学校設定科目によって、中学校時代に身についていない基礎学力の学び直しをしている。

（4）**個人面談週間**… 各学期の始めの２週間を面談週間とし、各クラス担任が、学校・家庭生活、学習面、進路、その他の悩みについての統一した質問事項によって面談を行っている。

（5）**生徒理解研修**… ４月に新入生を中心とした情報提供、６月・10月に個人面談を通しての情報交換を行い、各生徒の特性を理解するための研修を行っている。

（6）**読書や読み聞かせ**… 読書週間を定期的に設定し、10分間読書や校内一斉放送を利用して、全生徒に読み聞かせを行っている。

（7）**キャリア教育**… 卒業後の社会生活を意識した常時指導を行うとともに、総合的な学習の時間を利用して、コミュニケーション能力や集団生活におけるマナーの育成を行っている。

（8）**各種講演・講座**… 進路講演会、性教育講演会、喫煙防止教室、ペアレント授業、人権学習、着こなし講座などを通して、将来必要な知識やモラル、マナーを身につけている。

（9）**体験発表会**… 各学年で生活体験発表会を行い、全生徒が自分のことについて発表を行っている。また、進路体験発表会では自分の進学・就職試験の体験談を発表している。

（10）**TPO**… 入学式や卒業式などの儀式における服装やマナー、文化祭、体育的行事における自主的な取組を通してTPOを身につけている。〔全職員の支援体制〕

10　生徒から見た本校

生徒による学校評価アンケートの推移（平成26年度～平成29年度）

アンケートの各問いに対して、下記の４つの選択肢のうち、A・Bを選択した生徒の割合

A：よくあてはまる　B：ややあてはまる　C：あまりあてはまらない　D：まったくあてはまらない

	質問項目	H26	H27	H28	H29
(1)	生徒と先生が協力してよい雰囲気の学校を作っている。	91.4%	94.2%	93.1%	★最高 94.3%
(2)	知識・技能を学ぶ教育の場になっている。	90.4%	91.3%	★最高 93.2%	86.5%
(3)	単位制高校にふさわしい選択科目が設定されている。	94.3%	93.2%	★最高 97.7%	97.3%
(4)	授業はわかりやすい。	89.5%	89.3%	★最高 90.9%	85.1%
(5)	授業はよい雰囲気が保たれている。	★最高 88.5%	86.4%	84.1%	85.1%

≪ おわりに ≫

ここ数年、延岡青朋高校（定時制・通信制）は、共に非常に落ち着いた雰囲気が保たれており、地域・保護者・近隣中学校等からも徐々に高い評価を受けるようになってきている。単位の修得率も、定時制・通信制ともに向上傾向にあり、本校で『自己実現』や『進路実現』を図るために自分の将来（生き方・在り方）について真剣に考える生徒達が増えてきている。小中学校時代には、諸々の事情により、なかなか学校に来れなかったり、授業について行けなかったりした生徒達が、本校に入学し、新しい友と出会い、自分の居場所と新たな学習スタイルを見つけ、歩幅は小さいけれど、一歩一歩前に進みながら学校生活を充実させ、**“学ぶ楽しさ”や“成長できる喜び”**を実感できるようになってきている。こうした生徒達の変容は、全職員が“チーム青朋”となって、様々な仕掛けづくりにチャレンジし、邁進してきた成果であると確信している。

今後も、定時制と通信制の良さが最大限に発揮されるよう、さらに全職員で知恵を出し合い、今まで以上に生徒たちにとっては、“魅力ある学校”であり、保護者や地域からは、“信頼される学校”創りに積極的に取り組んでいきたいと考えている。

2　特別な支援を必要とする生徒のニーズに応じた指導方法等の調査研究

「『通級による指導』を通して学ぶ」
－体制作りと連携の取組－

青森県立北斗高等学校長　飛内　文代

1　学校概要

(1) 沿　革

本校は、青森県青森市にある単位制普通科の高等学校である。昭和7年に青森市立青森青年学校として開校。教育制度や設置者の変遷を受け校名や校舎を変え、昭和57年に青森県立北斗高等学校となり、86年目を迎えた。平成11年から通信制課程を併置。平成18年には定時制課程が午前部・午後部・夜間部の三部制に再編された。これまでに定時制4,612名、通信制2,140名の卒業生を輩出している。

(2) 教育活動の特色

昭和28年に生徒の手によって掲げられた「自主・協和・研学」は、現在まで校訓として受け継がれている。「心身ともに健康で、正しい価値観を持ち、主体的に判断し行動できるたくましい人間を育成する」を教育目標とし、「社会人としてしっかりと生きていける力をつける教育」と「それぞれが抱えた課題を乗り越え、何事にも明るく前向きに努力する生徒の育成」を目指し、学校全体で取り組んでいる。

これまでに、文部科学省の「高等学校における個々の能力・才能を伸ばす特別支援教育事業」（平成26～28年度）及び「高等学校における特別支援教育推進のための拠点校整備事業」（平成29年度）の研究指定校となり、県教育委員会の「青森県立高等学校教育改革推進計画第1期実施計画」（平成29年7月）を受け、定時制において平成30年度から「高等学校における通級による指導」を実施している。

この「通級による指導」に取り組むにあたり、さまざまな困難を抱えている生徒たちにきめ細かな指導を行うことが求められている本校の現状を鑑み、これを教員の「学び」の機会とし、その成果を特別な支援を要する生徒だけでなく他の多くの生徒にも還元できるようにしたいと考えている。

なお、本稿では「通級による指導」が中心となるため、特に記述のない場合は定時制についてである。

（3）学校の規模

平成30年9月末時点での定時制の生徒数は、午前部125名、午後部114名、夜間部43名で、生徒総数は282名、18クラスである。通信制は後期入学生9名を加え143名、8クラスとなった。

教員は、定時制が教頭2名、教諭28名、臨時講師8名、非常勤講師7名、通信制が教頭1名、教諭7名、臨時講師3名、非常勤講師等10名で、このほか事務職員等が6名おり、教職員総数は72名である。

2　特別な支援を必要とする生徒の学習ニーズに応じた指導について

（1）生徒の現状と課題

5月1日時点で、在籍する生徒のうち20歳以上は3名のみで、18歳以下が98％を占めている。

正規の職に就いている生徒はほとんど無いが､ほぼ1／3が継続的にアルバイトを行っている。

一方、発達障害等のある生徒、不登校経験のある生徒等の割合は高い。ただし、本校入学後の出席状況は良好で、昨年度1年間の退学・転出等は4％で、今年度の授業の平均出席率は93.5％である。

①　さまざまな課題を抱える生徒

在籍生徒のうち、中学校からのデータを確認できる280名についてまとめると、中学校3年間の欠席日数の合計が100日を超える者は89名（午前21、午後48、夜間20）、31.7％を占める。そのため、義務教育で学ぶべき内容が抜け落ちている生徒や集団活動の経験の乏しい生徒も少なくない。

これまでに「発達障害・精神疾患等」の診断がある生徒は75名（午前25、午後34、夜間16）、26.8％である。このほか、知的障害、身体障害、てんかんや大腸過敏症等で学校生活上配慮を要する生徒、また診断はないものの、学校生活を通じて発達障害等が疑われる生徒を加えると約半数に上る。

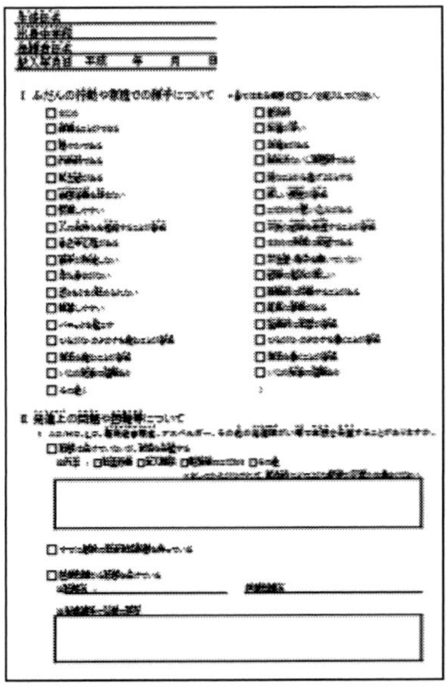

高校生活支援シート

②　保護者や中学校との連携

特別な支援が必要か否かの判断には、本人や保護者が障害認知の有無が大きく関わる。そこで、生育歴や学習歴、本人や保護者の「困り感」を把握するため、本校では新入生全員を対象に、二つのシートによって情報を収集している。この内容は、入学前に全員の出身中学校を訪問し、聞き取った情報や入学後の諸検査面談の結果等と合わせて、校内グループウェアの「生徒個人情報」に入力し、整備・管理している。

- **高校生活支援シート**

  保護者が記入する。入学者説明会で配付し、入学後に回収する。表紙を含めA4判で3枚。発達上の問題のほか、高校生活での配慮の要望、心身の健康や不安等についても記述できる。

- **中・高連携連絡支援シート**

  出身中学校が記入する。A4判で1枚。合格通知とともに郵送し、3月中の中学校訪問の際に回収する。

北斗高等学校・高連携連絡支援　中学校
(ふりがな)(　)性別　男・女　記載者 職・氏名
氏名
下記事項について、中学校でお気づきの点をご記入ください。
高校入学後、保護者と個別に面談をする場合がありますので、保護者が引き継ぎを希望している事項があれば番号に　○をつけてください。
保護者が高校に引き継ぎを希望している事項
①行動　②登校状況　③欠席理由　④他機関　⑤発達
1　【行動や様子（レ点でチェックを入れてください。）
□まじめ　□意欲的　□頑張ることができる
□友達が多い　□穏やかである　□幼稚さがある
□内向的である　□無気力ないし消極的　□孤立感がある
□嫌なことから逃げようとする　□集団活動を好まない　□新しい環境が苦手
□緊張しやすい　□こだわりや思い込みがある　□人の気持ちを理解することが苦手
□不快な感情を表現することが苦手　□自己中心性がある　□まわりの刺激に敏感である
□集中が持続しない　□不注意・指示を聞いていない　□落ち着きがない
□感情の起伏が激しい　□怒りをうまく収められない　□衝動的に行動することがある
□興奮しやすい　□乱暴な言動がある　□パニックを起こす
□全般的に学習が苦手　□ひらがな・カタカナを読むことが苦手　□ひらがな・カタカナを書くことが苦手
□いじめ被害の経験あり　□漢字を読むことが苦手　□漢字を書くことが苦手
□いじめ加害の経験あり　□その他(　)
2　【登校時の利用状況】
□保健室によく行く　□相談室によく行く　□学校内の適応指導教室　□特別支援学級
□学校外の適応指導教室　□その他(　)
＊具体的な利用状況について(　)
3　【欠席がみられた理由（欠席が多い場合、または不登校の傾向がある場合）
□病気・身体の不調(　)　□友人関係の問題　□学業上の問題
□学校環境の変化　□家庭環境の変化　□その他(　)　□不明
4　【教育相談関係機関等との連携について】
□該当なし　□市学校教育センター(□カウンセリング・教育相談　□適応指導教室)
□県総合学校教育センター(□カウンセリング・教育相談　□適応指導教室)　□医療機関
□その他(　)
5　【発達上の問題（LD、ADHD、高機能自閉症、アスペルガー、その他の発達障害の傾向について
□診断は受けていないが、支援の必要性を感じる
□医療機関から診断を受けている
(具体的な診断名　)(医療機関名　)
□個別の教育支援計画・指導計画を作成した
6　【学校生活全般、学習面、健康面、家庭生活について、お気づきのことや配慮
(また、保護者の協力等について答えられる範囲でご記入ください。)
スペースが不足な場合には裏面にお書きください。

中・高連携連絡支援シート

③　ユニバーサルデザインの視点に立った「わかる」授業づくり

平成26年度から、授業の時間の構造化や見える化、板書の工夫などを取り入れたUDの視点に立った「わかる」授業づくりを行っている。

このほか、さまざまな教科でタブレット型端末や教材提示装置（書画カメラ）などの機器を活用した授業等を行い、効果を上げている。

（2）通級による指導の準備・計画について

平成26年度から取り組んだ2つの事業の成果が、「通級による指導」を実施する基盤となっている。

高等学校においては「入学者選抜」と「卒業後の就労」という課題があることから、平成29年度に、①中学校・高等学校・特別支援学校及び関係機関との連携、②校内委員会による教育課程等の具体的準備・検討、③教職員の特別支援教育に対する理解促進と校内指導体制の構築の3つを柱に取り組んだ。

①　中学校・高等学校・特別支援学校及び関係機関との連携について

学校間の連携では、中・高の通級指導の共通点と相違点や特別支援学校からのサポートについての情報交換を行い、計画や情報公開に取り入れた。

労働・福祉の関係機関からは、精神障害者保健福祉手帳の取得や関係機関の利用、就労体験等についての情報を得て、生徒・保護者・教職員を対象とする「高校生のための就労支援の手引き」を作成した。

②　校内委員会による教育課程その他の具体的準備・検討について

担当教諭３名を中心に各分掌の代表を加えた校内の検討委員会を立ち上げ、「教務的内容」（教育課程・学校設定科目・単位数など）、「具体的指導」（保護者・生徒への周知の方法や対象生徒の選定の手続き、指導内容や指導方法等）の２つを柱に、年間で12回開催し、以下の概要を決定した。

- 自校通級を、本校に入学した生徒で、本人と保護者がともに希望した生徒に対して実施する
- 科目名は「自立・基礎」「自立・応用」とし、必履修科目の多い１・２年次は「自立・基礎」１～４単位を「加える」（所属する部以外の時間帯に指導を受ける）形で、選択科目の増える３・４年次は「自立・応用」２～４単位を他の選択科目と「替える」形か「加える」形かのどちらかを選んで受ける
- 年度途中での開始・終了も認める

③　教職員の理解促進と協力体制の構築について

「通級による指導」を受ける生徒はほとんどの時間を通常の授業を受けることから、教職員に当事者意識をもたせ協力体制を作るため、校内外での研修と自立活動の参観を計画的に行った。

校内研修として、大学教授を始め外部講師による研修会を４回実施したほか、通級指導の担当教員が本校の計画や対象となるさまざまな障害について説明する研修を、定例の職員会議終了後に20分程度の時間を設け、年間で12回行った。

また、教員の希望と経験等に応じて、県総合学校教育センターの発達障害や特別支援教育に関する研修講座を計画的に受講させ、同センターの「こころの教育相談センター」の見学も行った。

さらに、３名の生徒が前年度から継続して自立活動の指導を受けていたため、その指導の様子を参観したり、一緒に活動に参加したりする機会も設けた。

自立活動 (調理・サービス)

④　通級による指導についての説明会の開催

中学校や特別支援学校との情報交換の中で、既に「入学者選抜に『通級枠』が設けられる」「通級指導を受ける生徒は北斗高等学校に優先的に入学できる」等の誤った情報が広まりつつあることもわかった。

入学者選抜とも関わることから、県教育委員会主催の説明会を開催し、県教育委員会からは制度の概要等を、本校からは通級による指導の内容の説明を行った。学校関係者や保護者等111名が参加した。

（3）通級による指導の実践について

本来「通級による指導」を実施するにあたっては丁寧なアセスメントを必要とするが、本校では、生徒の現状を鑑み、学校生活に馴染み授業に参加できることを優先し、可能な限り早く始めることとした。

①　対象生徒の決定

新入生73名中、中学校での欠席が3年間で100日～299日が15名、300日以上が7名であった。

また、特別支援学校出身者3名、特別支援学級在籍者5名、適応指導教室等参加者12名、別室登校等経験者4名で、30％の生徒が何らかの形で通常学級以外での指導を受けていた。

この新入生に対して、平成30年3月26日の入学予定者説明会での概要を説明し希望調査を配付して、4月6日の入学式後に希望の有無を確認したところ、希望者は5名（通常学級在籍2名・特別支援学級在籍3名）であった。4月13日に第1回の通級指導委員会（教頭・特別新教育コーディネーター・三部の主任による）を開催し、全員を対象とすることを校長が決定し、4月末から自立活動の指導が始まった。

教職員に対しては、4月4日の年度初めの職員会議で「UDの視点に立った『わかる』授業づくり」の説明を行い、4月21日の職員会議でガイダンスと指導計画（案）を説明した。その後、個別の教育支援計画・指導計画を作成し、5月18日の職員会議で合理的配慮についての周知を行った。

②　実施の計画と準備

ア、指導場所と環境の整備

それぞれの障害や目標に応じた個別指導が中心となること、集中できる固定した環境が望ましいこと、生徒の心情に配慮し他の生徒の目につきにくいこと、指導のためのPCなどの物品や資料の保管・管理が容易であること等を考慮し、指導場所として普通教室のない2階のプログラミング実習室と準備室を使用することとした。

イ、通級指導委員会による計画の作成

スケジュールと、生徒の時間割、担当者及びそれぞれの役割等を検討・決定し、今後の課題を洗い出すとともに、校内での周知や協力体制づくりを計画した。

生徒	所属	科目	単位	時間割
A	午前・入	基礎	2（加）	火⑤・木⑤
B	午前・入	基礎	2（加）	火⑤・木⑤
C	午前・入	基礎	2（加）	水⑤・金⑤
D	午前・入	基礎	2（加）	水⑤・金⑤
E	午後・入	基礎	2（加）	水⑨・金⑨
F	午前・中	応用	2（替）	水③・金②
G	午前・中	応用	2（替）	水③・金②
H	午後・卒	応用	1（加）	水④

生徒時間割

- **担当者と役割**

特別支援教育コーディネーター（3名）は、年間指導計画等を作成し、自立活動の指導を行う。

担任は、コーディネーターと「個別の教育支援計画」・「個別の指導計画」を作成し、授業等を行う。

- 科目と内容

「自立・基礎」は主に学校環境への適応を、「自立・応用」は主に社会的自立や就労を目指し、ともに自己理解・他者理解・コミュニケーションを学ぶほか、「基礎」では場面認識・心理的安定等、「応用」ではライフスキル・集団参加等の内容を扱う。

- 評価・単位認定等

文章により、前期・後期終了時に総合的に評価する。

単位は、年間4単位まで履修でき、成績会議を経て校長が単位を認定する。単位認定に満たない実施時間数は、翌年に合算して認定することもできる。

長期休業や校外での自立活動は事前に計画し、校長が認めた場合実施できる。

（4）取組の成果について

平成30年度の取組から3点紹介する。なお、生徒A～Hは、（3）②イの時間割と一致する。

①　通級指導の卒業

入学年次のAは、小・中学校での不登校経験から学校生活に強い不安を持っており、通級による指導を希望した。「適切な関わり方で自分の意見を伝えることができる」ことを目標に4月から指導を受けたところ、クラスへの適応が順調に進み、アルバイトも可能になったため、通級指導委員会で検討し、段階的に指導の回数を減らし7月に通級を終了した。指導時間数は15時間なので単位は認定しない。

②　就労へ繋げる

中間年次のF・Gと卒業年次のHは、中学校では特別支援学級に在籍し、入学以来自立活動の指導を受けていた。3名はそれぞれ夏季休業中に就労移行支援事業所で体験実習を行い、その結果を今後の進路選択に繋げようとしている。Hはこの経験から卒業後に、実習先を利用することとなった。

③　理解を進める

今年度は問い合わせや研究会等での発表の要請、見学や参観の希望が多い。必要な情報をわ

かりやすく提供し説明の統一を図るため、通級指導委員会が中心となってリーフレット（A4判・4ページ）を作成し、学校説明会をはじめいろいろな場で活用している。

校内では、職員会議後の通級指導に関わる研修を継続している。

この他、6月に生徒と保護者を対象に、「人権教育学習会」を行った。発達障害者支援センターの職員と発達障害当事者から、発達障害やその困り感について講演してもらい、好評を得た。

3　まとめ

（1）青森県の現状と課題

本校には、青森県教育委員会の施策として非常勤職員の「スクールライフサポーター」と「校内支援アドバイザー」が配置されている。前者は生徒の学習や学校生活の支援を行うもので平成29年度から、後者は高等学校の校内支援体制を構築するための指導・助言をするもので、平成30年度から導入された。

校内支援アドバイザーの巡回指導の記録からは、高等学校では「通級による指導」についての認知度がまだ低く自校の課題として捉えられていない例が多いことがわかる。また、地域や中学校等に対し、中・高での通級指導の違いや入学者選抜との関係等を含め、正確な情報を広く発信することも必要である。「通級による指導」の拡充や充実とともに、県全体での周知と協力体制づくりも急がれる。

（2）北斗高等学校の今後の取組と課題

通級による指導の対象となった生徒の多くは卒業まで指導を受けるため、しばらくは毎年人数が増えると予想される。「加える」形の場合、生徒の負担を考えると5校時または9校時にしか設定できない。指導の場所や指導者の確保、本人や保護者の自尊感情や理解不足から希望しない場合の対応、就労に際して不利にならないよう企業や関係機関の理解と協力を得ること等、本校でも検討すべきことは多い。

今回の「通級による指導」の実践を契機に、教職員が特別支援教育についての理解を深めその手法を学ぶことが、さまざまな課題を抱える本校の多くの生徒や他校にも敷衍できるものとなれば幸いである。

2 特別な支援を必要とする生徒のニーズに応じた指導方法等の調査研究

「多様なニーズを持つ生徒を支える学校づくり」
－特別支援教育の分掌化を中心に－

新潟県立出雲崎高等学校長　森川　幸彦

1　学校概要

(1) 沿　革

本校は、新潟県三島郡出雲崎町（人口約4千5百人）にある定時制課程による単位制普通科の高等学校である。昭和23年に西越村立新潟県西越高等学校として設立され、昭和27年に県立移管、新潟県立西越高等学校に改称された。平成14年4月に単位制による定時制課程に改組、あわせて新潟県立出雲崎高等学校と改称された。平成30年10月13日に創立70周年記念式典を挙行した。地域の熱意によって村立学校として創立された経緯から、現在も、町に存在する唯一の高等学校として地域から愛着と期待、支援をいただいている。

(2) 教育活動の特色

教育目標として「自主・自立の精神に富む生徒の育成」「情操豊かな生徒の育成」「希望に輝く生徒の育成」の三つを掲げている。特徴ある教育活動としては、創立以来の「心耕」精神に基づいた取組がある。前身の西越高等学校創立のもととなった心耕学園（昭和7年創設）における「心を耕す」教育を目指した「魂の教育」「労作教育」の実践に由来するものである。現在もこの精神は教育活動全般に受け継がれているが、学校設定科目の「地域の自然環境」や「日本文化茶道」、「救急法」といった経験を通して情操を育む授業の開設もこの一つである。

平成20、21年度には、文部科学省の「高等学校における発達障害モデル事業」に指定された。この間に、校内組織の整理や関係機関との連携、校内研修の推進、学びのユニバーサルデザイン（UDL）やソーシャルスキルトレーニング（SST）の推進などが進められた。

本校の最大の特色は、特別支援教育を担当する組織を委員会レベルではなく、独立した分掌「支援教育部」に位置づけていることである。これにより、校内的には、主任・

主事から構成される運営委員会などの重要な会議に特別支援教育コーディネーターが参加し、学校全体の運営計画に積極的に関わると同時に、他の分掌の活動にも特別支援教育の視野を与えている。対外的にも、学校として特別支援教育に積極的に取り組む姿勢と窓口を示すことができ、保護者や関係機関との連携が図りやすくなっている。

（3）学校の規模

生徒数は、1年次39名（2クラス）、2年次37名（2クラス）、3年次47名（2クラス）、4年次3名（1クラス）で、生徒総数は126名（7クラス）である。全日制課程等が併設されない単独課程のみで、分校ではなく独立校である。なお、平成28、29年度は4年次生が在籍しておらず6クラスであった。

教員は、教頭1名、教諭22名、養護教諭1名、実習助手1名で、教員総数は25名である。県のスクールカウンセラー活用事業により、臨床心理士の資格を所有するスクールカウンセラー（SC）が週2回（各4時間）来校している。

2　特別な支援を必要とする生徒の学習ニーズに応じた指導について

（1）生徒の現状と課題

出雲崎町は県内第2の都市である長岡市を始め、柏崎市等の中核都市に三方を囲まれ、人口流出が続いており、中学生もこれらの都市の伝統校等への進学指向が強い。本校は数年来入学定員を下回っており、学力に下限が無い状態である。一方で、町村部の落ち着いた環境にある小規模校であることと、特別支援教育への取組が評価され、いわゆる「面倒見の良い」学校として学力や対人関係、健康状態等に不安のある生徒の進学先として（時に特別支援学校との選択肢として）のニーズが高まっている。午前部ということもあり、家庭の不安定な経済状況からアルバイトをする生徒は多いものの、勤労のために選択した生徒より、学習や人間関係において困難を抱える生徒が多く在籍している。生徒の出身中学校は7市町村31校と広範囲にわたっており、様々な中学校から少数ずつ入学してきている。

①　現　状

本校の生徒は、中学校までに不登校経験のある生徒、知的障がいや発達障がいが認められる（あるいは疑いがある）生徒などが多く入学し、年々増加する傾向にある（図1）。ほぼすべての生徒が何らかの困難を抱えている状況である。

図1　入学年度別生徒状況

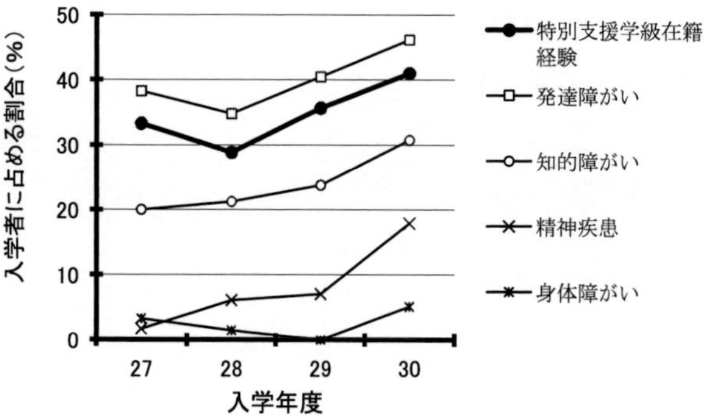

② 課 題

ア、学習について

様々な障がいや不登校など原因はそれぞれであるが、ほとんどの生徒において基本的な学力と学習習慣が身についていない。したがって、まず安定した学校生活を送りつつ、基本的な学習内容を復習しながら、学習への自信と興味を喚起しなければならない。

イ、社会性について

生徒の社会性や対人スキルの未熟さは様々な問題を生じさせている。約４割の生徒が発達障がいの傾向を示しているが、これらに起因する生活指導上の問題も多い。自己肯定感や自己有用感の低さも問題となっており、他者には攻撃的でありながら、自身は被害感情が強い生徒も多数いる。家庭環境に問題を抱える生徒も多く、担任や養護教諭、SC の面談や聞取りからは、愛着障がいが認められる生徒や、場合によっては虐待への対応が必要となる生徒もいる。

ウ、キャリア形成に関して

過去５年間の卒業生の進路状況は表１のとおりである。進学率（特に４年制大学）は低下傾向にある。１割程度の生徒が進路未定のまま、社会につながらずに卒業してしまっている。

近年、療育手帳等の取得を踏まえた就労支援に力を入れることで一定の成果を上げているが、生徒・保護者の障害受容が進まず、進路決定につながらないこともある。

表１　卒業生進路状況　（人）

進路	卒業年度				
	25	26	27	28	29
大学	5	2	4	1	1
短期大学	0	0	0	0	0
専門学校	19	19	16	19	14
就職	17	15	22	19	22
その他	0	3	3	2	5
計	41	39	45	41	42

（２）生徒の学習ニーズに応じた取組の状況について

多様な学習ニーズを持った生徒を支えるために重視されるのは、学校全体として統一された取組を行うことで、このためには、教職員による生徒の理解と情報の共有が何にも増して重要である。

出雲崎高校の取組を２項目に整理し、以下に述べる。第一は教育支援部を中心とした支援教育・UDL 推進の取組であり、第二は生徒に安心で安定した学校生活と学習環境の提供である。

① 支援教育部を中心とした組織的取組について

支援教育部はコーディネーター１名と年次から１名ずつの４名で構成、3、４年次の部員は進路指導・就労支援も兼務している。

ア、支援教育部の業務

（ア）教育相談及び生徒理解に関する業務

校内の相談体制・計画に関する調整や、SC の相談計画や連絡調整を行っている。

個別の相談内容の記録・管理、ケース個票や支援計画の管理・保存を行い、ケース会議において情報の整理と提供を行う。また、「生徒理解の会」や教育相談週間などの計画・実施を担当している。

(イ)教育的支援活動

授業や環境の改善によるUDLの推進や、SSTを中心とした生徒の重点取組目標（月毎）作成、総合的な学習の時間において「心を耕す」（障がい理解等）の計画と実施等を行っている。

表2　分掌組織

部	係	人
教務	庶務・情報管理	7
	渉外	3
生徒指導	生活指導	6
	生徒会	4
進路指導	進学・就職指導	4
	就労支援	3
保健環境	保健・清掃指導	4
支援教育	**特別支援教育 教育相談**	4

※担任＝1分掌、副任＝2分掌

(ウ)支援教育のための手引き

「特別支援教育のための手引き」ファイルが全職員に配布されている。「支援・指導の工夫・生徒理解」「学習支援・授業方法・ユニバーサルデザイン化」「就労支援」「一般生徒理解」「教育相談･面談」「アセスメント・心理検査」「SST」「研修・保護者の理解・啓発」などで構成されている。

イ、情報交換会、研修会について

生徒の情報共有と対応に焦点を当てて、教職員が共通した認識と対応をとるための場である。状況の理解と目標の共有は、年度始めなど機会に応じて一定の時間をかけて開催される会議・研修会によるものと、日々の教育活動を通して行われるものがある。

(ア)生徒理解の会

在籍全生徒を対象とした「生徒理解の会」を年3回（4、6、10月）開催している。中学校からの引継ぎ事項、障がいや健康状態、各種検査の結果や療育手帳の取得状況、家庭の状況などの状況の他、どのような対応が望ましいか等について一覧にまとめ、共有する。資料をもとに説明と質疑が行われ、個々の生徒について教職員が共通認識を持つ重要な場となっている。

(イ)保護者座談会・個別相談会

夏休みの期間を利用し、保護者（希望者）を対象に、障がい理解や対応に関する講義と、保護者・教職員の情報交換の機会を設けている（図2）。SCも参加し、講演とグループワークにおけるアドバイスを行っている。保護者同士がざっくばらんに語り合うことで、悩みを抱え込まず、気持ちを共有する機会となっている。また、就労体験などの相談にも応じている。

図2　保護者座談会

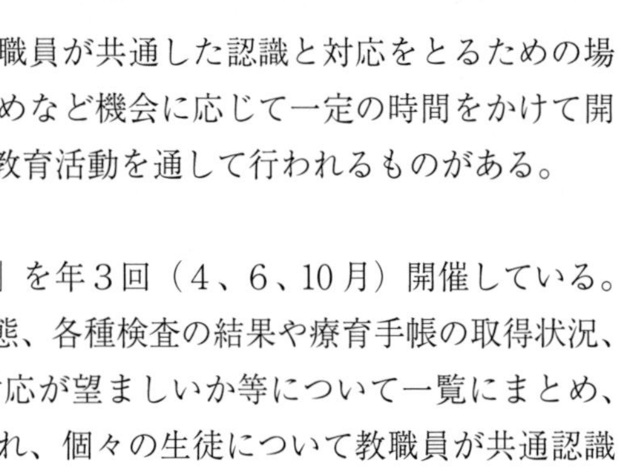

(ウ)職員研修会

特別支援教育職員研修会を年2回（4、2月）、事例検討会を年1回（8月）実

施している。研修会は支援教育部の職員が講師を務め、事例検討会ではSCからも助言を得ている。平成30年度はカリキュラム委員会と合同で「授業改善・UDL研修会」を1月に実施した。

ウ、UDLの推進

職員全員がUDLへの必要性を実感し、情報を交換し合いながら進めている。掲示物などについての配慮は生徒の負担を減らし、安心感を与え、教職員の意識の定着にも効果がある。

(ア) 掲示による配慮

校舎の方向を示す看板等の設置(図3左)や、教室の掲示物を整理・統一(図3右)を行った。後者は集中の困難な生徒への負担を減らすが、選択授業のため教室移動が多い学校では特に重要であろう。右図に見られるように、SSTの月目標も掲示してある。

図3　UDLに配慮した掲示

(イ) ICT機器の活用

校舎が古いこともあり映像機器などの環境は十分ではないが、支援教育部に配当された予算でも可搬式のスクリーンやプロジェクターを複数用意し、授業に活用できるようにしている。

エ、就労支援と外部専門機関との連携

進路活動の重要な選択肢として早めの理解と活用を促すため、今年度より就労支援は支援教育部から進路指導部に移管されたが、密接に連携を取りながら実施している。自立就労相談会を年3回開催、6、9月は卒業年次生の実習を中心に、12月は1、2年次生を主な対象に実施している。

また、年1回、関係市町村の福祉課、支援センター、就労体験先企業の職員との会議を開催し、障がいをもつ生徒の就労支援の仕組みなどについて意見交換を行っている。

②　安心して安定した学校生活を提供するために

生徒をしっかりと見守るため、二人担任制をとり、朝と夕方のショートホームルームを実施しているが、教師も生徒も全員が互いの顔が分かる環境である。教員は全員職員室常駐である。

定時制ではあっても、基本的な規律・規範、社会性は生徒自身の心身の健康を守ることにつながると考える。服装は自由であるが、頭髪指導などはしっかりと行う。生徒間のトラブルに対しては、弱い生徒を守る観点からもささいな悪口や衝動的な攻撃行動などをこまめに注意し、互いを尊敬しあえるような社会性の育成に力を入れている。生徒それぞれの背景や特性に配慮し、一方的な指導にならないよう、時間をかけて対話を続けながら、粘り強い指導を行っている。特別指導においても、必要に応じて支援教育部と連携してSCとの面談を設定したり、本人の特性に応じたワークシートや作文用紙、SST教材を使用したりするなどの配慮を行っている。

卒業後の社会生活も視野に、安定した生活リズムをつくれるよう配慮した時程を組んでいる。選択科目の増える2年次以降も原則として空き時間を生じさせない履修指導を行っており、ほとんどの生徒が3年で卒業している。生徒それぞれの興味関心に応じた授業が選択できるよう、カリキュラムを工夫するとともに特徴的な学校設定科目を設けている。また、低学力や対人関係に不安をもつ生徒も多いため、1年次は国数英の三教科において少人数・習熟度別授業を実施、原則として1年次生だけが履修できるよう時間割を組んでいる。対人スキルの低い生徒が多い中で、ある程度人間関係を限定し、小集団から人間関係を構築できるよう時間割の面からも配慮している。

3　取組の成果及び今後の見通しについて

（1）取組の成果及び生徒の変容について

文部科学省の「高等学校における発達障害モデル事業」に指定されてから、ちょうど10年が経過した。この間、学校全体として生徒のニーズに応じた教育活動を行おうとする意識は定着したといえる。支援教育部を中心とした業務の分担も安定して運営が進む一方で、分担の見直しや取組の適宜見直しもみられる。一部の職員が抱え込んでいた就労支援も、負担の分散と全体化が図られている。

表3　過去5年間の中途退学者数

年　度	26	27	28	29	30
退学者数	11	12	13	9	1
割合（%）	6.8	7.4	8.4	6.2	0.8

※平成30年度は12月末現在

一方で、生徒の様子も僅かずつであるが変化がみられる。中途退学者数、休学者数、特別指導件数などにおいても質・量の変化があるように感じられる。特別指導の件数には年度でばらつきがあるが、特定の生徒による問題行動が繰り返しによる変動の傾向があり、総じて生徒全体の状況は落ち着いたものとなってきている。UDLを踏まえた学習環境の提供や生徒の特性を踏まえた生徒対応が生徒のストレスを減らし、また、教職員の一致した方向性と密な情報交換による早期の対応が事件・事故の予防や軽減に効果を発揮していると考えられる。

中学校や保護者の出雲崎高校に対する認識の変化に伴い、入学する生徒の層が変わってきている可能性もある。今後ますます困難を抱えた生徒の入学が予想され、さらなるインクルーシヴ教育の実現に取り組まなければならない。

5、11月に実施している学級満足度調査（Hyper Q-U）では、満足群に位置する生徒の割合は約50%である。他者への配慮は高い一方、関与する力が弱い傾向がみられる。アサーションなどを含めたSSTを日常生活の中で取り入れ、生徒が自信をもって他者に関われる力を育成していく必要がある。平成30、31年度にかけて、上越教育大学大学院と協働したアサーション学習にも取り組む予定である。

（2）今後の取組の見通し及び課題について

県の再編整備計画では平成32年度入学生より募集定員が1クラス（35人）規模となる計画であることから、今後より特色ある教育課程の編成を進めるとともに、地域との連携をより深め、地域資源等の効果的活用を図る必要がある。

4　まとめ

本校がこれまで取り組んできた教育活動は、新学習指導要領において育成したい資質･能力として整理された「個別の知識･技能」「思考力･判断力･表現力等」「学びに向かう力、人間性等」の３項目と矛盾するものではない。むしろ、定時制高校において、多くの困難を抱え、悩み、苦しんできた生徒たちと向かい合うとき、これらにこそ焦点を当ててきたといえる。

「社会に開かれた教育課程」において、教育課程は何よりもまず、将来、社会を構成する生徒たちの未来に対して開かれたものでなければならない。その上で、出雲崎高等学校が所属する地域社会において求められている役割に応えるものでなければならない。状況を正確に分析、ニーズを把握し、自校の目標を明確化して内外に発信し、実現するために組織を構築し、不断の改善を繰り返しながら、出雲崎高等学校の使命を果たしていく所存である。

2 特別な支援を必要とする生徒の学習ニーズに応じた指導方法等の調査研究

「高等学校における通級指導」
－少人数コミュニケーション講座を中心に－

岐阜県立華陽フロンティア高等学校長　林　　雅浩

1　学校概要

(1) 沿　革

本校は岐阜市にある、旧制夜間中学の伝統を受け継いだ定時制課程と昭和55年設置の通信制課程を併設する、創立87年目を迎えた普通科単位制高校である。平成8年度に単位制に改編されると同時に、午後から夜間にかけて授業を行う定時制高校として生まれ変わり、更に平成12年4月に多様な学習ニーズに対応するため、三部制（午前・午後・夜間）高校として岐阜市西鶉の地に移転し、華陽高校から現在の校名に改称した。平成27年4月からは半期単位認定制度を導入し、現在に至っている。

(2) 教育活動の特色

「いつでも・誰でも・元気に・いろいろ」学べる学校として、県の定通教育の中心校の役割を担ってきた。特色ある活動として、定時制の学校設定科目「演劇表現」があり、演劇を通した自己表現力・コミュニケーション能力・社会性を育成する取組を平成17年度より行っている。

(3) 学校の規模

定時制生徒数は、Ⅰ部223名、Ⅱ部233名、Ⅲ部106名で生徒総数は562名、総学級数は20学級である。通信制生徒総数は349名、総学級数は12学級である。教員は、校長1名、副校長1名、教頭定通各1名の他、定時制教員45名、通信制教員20名で、教員総数は69名である。

2　特別な支援を必要とする生徒の学習ニーズに応じた指導について

（1）生徒の現状と課題

①　現　状

本校で発達障がい等の診断のある生徒の割合は、今年度定時制で2.8%、通信制で2.0%、診断はないものの発達障がい等が疑われる生徒は、定時制で8.5%、通信制で7.0%となっている。また、中学校・前籍校より個別の教育支援計画を引き継いだ者の割合は、定時制で4.4%、通信制で1.0%であり、定通における特別な支援に対するニーズは今後さらに高まる事が予想される。

②　課　題

これまで本校では、校内支援体制の整備や、ユニバーサルデザインの授業づくり等を通して、発達障がいのある生徒等への支援の充実を図ってきた。加えて、専門家派遣や特別支援学校のセンター的機能の活用、研修会の実施、特別支援教育支援員の配置等も進めているが、今後、要支援生徒が増加傾向にある中、個々の生徒の特性や困り感を把握し、より適切な支援につなげるために、高校教員の専門性の向上や校内の支援体制の構築が喫緊の課題となっている。

一方、本校が所在する岐阜地区は県内最多の高校数を抱え、学区内の各校においても、発達障がい等により困難を抱えたり、自己肯定感の低下など二次的な課題が生じている生徒が多数在籍している状況がある。このことは全定通を問わず、高校全体の課題となっている。

（2）生徒の学習ニーズに応じた取組の状況について

こうした中、岐阜県が進める「高校における通級指導」に向けた取組の中で、本校で他校型（他校の生徒を対象とした指導）を推進することとなった。以下主として通信制課程の取組を中心にその歩みを振り返りたい。

①　平成29年度の取組

平成29年３月、県教育委員会は県の特別支援教育推進計画として「新子どもかがやきプラン」を策定し、「発達障がい等のある児童生徒への支援強化」を重点政策とする中で「発達障がいのある生徒を対象とした新たな学びの場」として高校における「少人数コミュニケーション講座」の実施を発表した。

ア、趣　旨

岐阜県では「通級による指導」という表現は用いず「少人数コミュニケーション講座」として取組を進めている。県教育委員会は平成29年度に自校型（自校の生徒を対象とした指導）として西濃地区の全日制普通科である不破高校、他校型として本校通信制をそれぞれモデル校に指定した。特に本校の指定は、岐阜地区の他校で学ぶ生徒を対象として、日曜スクーリング時の通信制に本講座を開設するもので、自校の仲間に知られない時間と場所で必要な指導を受けられる「多様な学びの場」を目指す新しい試みであった。

イ、人材育成と人事交流

モデル校として指導内容の開発や教育課程の編成等の研究を推進するために、特別支援学校籍の教諭が通信制に２名（うち１名が専任担当教員）配置されるとともに、元特別支援学校長が合理的配慮協力員として配置され、専任担当教員への指導と共同研究を行う体制が整えられた。

ウ、プレ講座の実施

７月～９月に本校定時制・通信制の生徒、12月～１月に岐阜地区の他校生徒を対象としたプレ講座を実施した。各校に募集後、在学校の特別支援教育コーディネーターと連携を図り、５名の受講生徒を決定した。指導内容については、一人一人の実態や課題に合わせ、体験活動やSST等の活動を行い、講座終了後には、岐阜大学教授の指導助言を受け、本格実施に向けて準備を整えた。

エ、地域におけるネットワークの構築

岐阜地区の高校の特別支援教育コーディネーターとの連携を図るため、県教育委員会と連携し、特別支援教育コーディネーター研修を年２回実施した。特に２回目は、他校型のプレ講座実践報告をした上で県教育委員会より平成30年度実施の「少人数コミュニケーション講座・他校型」の募集要項の説明を行い、他校型対象校となる地区の高校への周知を図るとともに、県教育委員会・本校・地区の高校及び特別支援学校コーディネーターとのネットワーク作りの基礎を築いた。

②　講座の実施まで

ア、対象生徒の決定

募集から指導実施までの流れ（H30）

<table>
<tr><th>県教育委員会</th><th>指導校（本校）</th><th>在学校・本人・保護者</th></tr>
<tr><td>1月25日　募集</td><td></td><td></td></tr>
<tr><td colspan="3">2月16日　岐阜地区特別支援教育コーディネーター研修開催
・募集要綱、要項詳細説明　・プレ講座実践報告</td></tr>
<tr><td></td><td>・計画書作成
・計画書配付</td><td>2月～3月
・生徒・保護者への全体募集、説明、合意形成
・校内委員会にて決定、応募</td></tr>
<tr><td>4月　受講決定通知</td><td colspan="2">4月～5月　指導詳細説明、面談</td></tr>
<tr><td></td><td>・指導内容の決定、個別の指導計画の作成
・指導開始</td><td></td></tr>
<tr><td></td><td colspan="2">6月～7月　個別の指導計画確認</td></tr>
</table>

岐阜地区の県立高校に在学し、発達障がい等により対人関係の構築を不得手とし、学習上又は生活上において困難のある生徒を対象生徒として県教育委員会より募集を行った。合わせて、本校講座担当者より『総合的な判断』における資料を各校に提供した。各校の特別支援教育コーディネーターを中心とした校内委員会にて、行動や対人関係等におけるチェックリスト、障がいの診断の有無、日常生活での行動記録、教育相談歴等を判断材料とし、対象生徒を選出し、応募、県教育委員会にて決定された。

イ、実態把握

対象生徒決定後に、講座担当者より在学校へ訪問し、関係職員、本人、保護者との面談を行った。日常生活の様子や在学校で作成している個別の教育支援計画等の聞き取りを行った。またソーシャルスキルチェックを参考に作成した「コミュニケーションラボラトリースキルチェックリスト」を在学校、本人、保護者に実施し、日常生活におけるアサーション、課題解決、自己理解等の力をはかり、実態把握を行った。

ウ、生徒の在学校、保護者との連携

指導校において、少人数コミュニケーション講座（他校型）における計画書を作成し、在学校へ配布した。今後の流れ、指導の重点、連携体制、年間指導計画等を記載し、実施に向けての共通理解を図るとともに、一部を保護者・本人に配布した。講座実施後は、毎回の講座での学習プリントや、月１回発行する生徒同士の意見交流の様子を記載した通信をファイルに綴じ、家庭、在学校へ回覧し、指導内容や生徒の成長や変化を共通理解することとした。長期休業には、在学校への授業見学の案内も行った。また、必要な生徒に対しては、巡回指導として在学校での生徒の授業見学、個別の指導、在学校職員との情報交換等を行った。

計画書掲載：講座のモットー

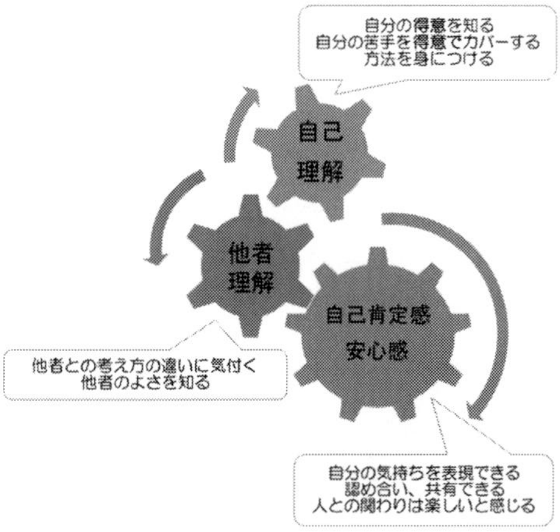

エ、校内の連携体制

担当教員・特別支援教育コーディネーターを中心に校内特別支援教育推進委員会を組織した。構成メンバーは通信制の高校教員で、校内のユニバーサルデザイン化、少人数コミュニケーション講座の指導内容等を検討する組織とし、定期的に会議を行った。その中で、他校型の研究で得た成果を試行的な自校型として、推進委員会の構成メンバーを中心にチームティーチングで通信制生徒に補講授業の形で行いたいとの提案が委員から出され、校内の特別支援教育を主体的に推進する原動力となった。

③　少人数コミュニケーション講座の開始

特別支援学校学習指導要領の「自立活動」に相当する指導を、個々の生徒の状態や発達の程度等に応じて必要とする項目を選定し、それらを相互に関連付けて指導内容を設

年間指導計画一部（H30）

月	単元名	学習目標	学習内容	時間	自立活動指導項目	評価の観点		
						技	意	理
5	「自己紹介の方法」	自己紹介を通して、自分のことを相手に伝える方法を学ぼう。	プロフィールシートを使って自分の得意や苦手なことを伝える。よりよい自己紹介の方法について交流する。	1	2(1) 3(1) (4) 6(2)	○		○
	「講座の目標決め」	自分の特性を知った上で、講座の目標を立てよう。	コミュラボチェックリストの結果をもとに、自分の得意や苦手を知った上で年間目標を立て、仲間と交流する。	1			○	○
	「自分のことを伝える○×クイズ」	工夫をして楽しみながら、自分のことを伝え、相手のことを知ろう。	自分の好きなもの、苦手なもの等を○×クイズを考えて、表現する。相手のクイズに答えて相手のことを知る。	1			○	○
	「サイコロトークで会話をしよう」	テーマに合わせて自分の考えや気持ちを伝えて、仲間と交流しよう。	サイコロの出た目のテーマに合わせた話をしたり、相手の話を聞いたりして交流する。	1		○	○	
6	「自分がされて嫌なこと、してほしいこと」	自分のされて嫌なことやしてほしいことを知ろう。	自分のされて嫌なことやしてほしいことを書く。仲間と交流する。	1	2(2) 3(1) (2) (3) 6(2)		○	○
	「情報処理のタイプ①」	どのような方法が自分にとって理解しやすいか知ろう。	情報処理の自己チェックをする。情報処理の種類を知る。苦手なことをカバーする方法を考え仲間と交流する。	1			○	○
	「リフレーミングで自分の良さを知る」	自分の良さに気づく方法を身につけよう。	リフレーミング辞書を参考に、自分の短所をリフレーミングして、仲間と交流する。	1			○	○
	「TPOに応じた服装」	夏の季節に合わせた服装を考えよう。	季節に合わせた服装について考え、仲間と交流する。8月の校外学習で着る服装を考える。	1			○	○
7	「挨拶、会話のスキル」	挨拶や会話のコツを学ぼう。	挨拶や会話についての教師のモデルを見る。ロールプレイをし、ipadで撮影したものを見て仲間と交流する。	1	3(2) (3) 4(2) (4) (5) 6(5)	○		○
	「聞く書く伝えるスキル」	電話応対のコツを学ぼう。	電話応対の教師のモデルを見る。ロールプレイで行い、ipadで撮影したものを見て、仲間と交流する。	1		○		○
	「自己管理スキル」	夏休みのスケジュールを立てよう。	夏休みの宿題や生活についての計画を立て、仲間と交流し、自分の計画のよいところや改善点を考える。	1			○	○
	「自分の思考スタイル」	自分の考え方のタイプ（クセ）について見直そう。	課題場面に関する感情や行動を書く。仲間と交流し、考え方の違いを知り、自分の考え方を見直す。	1			○	○
	「感情のバロメーター」	自分の感情について知ろう。	怒り、喜び、不安の感情を数値化する。仲間と交流をし、感じ方の違いを知り、自分の感情について考える。	1			○	○
	「プランニングスキル」	外出の計画を立てよう。	何をしたいか、目的地、時間、道のり等を仲間と意見を交換しながら相談し、外出の計画を立てる。	1			○	○

定した。年間35単位時間実施し１単位として認めた。講座名は「コミュニケーションラボラトリー」。他校で授業のない日曜日に月２～３回程度本校通信制で指導を実施し、１日１講座50分を２コマ行った。長期休業中には、４コマの講座を終日行った。毎回講座終了後には自由参加でランチトークタイムを設定した。

募集に対して、６名の生徒が受講した。講座担当者、在学校教員、保護者、本人との面談、ソーシャルスキルチェック等の実態把握を経て、個別の指導計画を作成し指導を実施した。

指導内容は生徒の特性に応じて計画した。昨年度のプレ講座の取組を踏まえ、SSTでのロールプレイをiPadで録画し生徒が自分自身を客観的に評価できる活動、仲間との意見交流を中心とした活動を取り入れた。

3　取組の成果及び今後の見通しについて

（1）取組の成果及び生徒の変容について

今回の受講生は、多くは小中学校で特別支援学級に在籍していたり、通級による指導を受けていたりした生徒であり、こうした生徒は、今後も高校に進めば継続して特別な支援を求めていくと考えられる。その意味で、地区の高校生への新たな学びの場とこれを支える連携体制の基礎を構築できた意義は大きい。

今回の受講者の大半は本校定時制生徒であり、本校以外の他校からの参加は１校であった。岐阜地区の他校は初年度のため様子見と思われるが、この状況は本校定時制にとっては定通間で生徒を連携して支援していく体制が生まれるというありがたい結果となった。

一方通信制にとっては、講座推進の中核となった特別支援教育推進委員会が、他校型のノウハウを通信制生徒に生かしたいという自発的な思いから、通信制の自校型を試行し、委員である高校教員が特別支援学校籍教員と協力して担当した点が大きな収穫であった。高校教員に特別支援教育推進への自覚と養成の機運が生まれた事は、今後の高校特別支援教育への方向性を示唆するものと考える。

本講座の最も大きな成果は、受講生徒の成長した姿である。どの生徒も、講座事後に行ったスキルチェックでの数値が講座前より向上し、在学校から「学校生活の各場面で意欲的な姿が出てきた」「当初心配された修学旅行に参加できた」等の具体的な姿が報告された。これは生徒自身のコミュニケーション能力がついただけでなく、自己肯定感や自信につながった結果であったと考えられる。今後は、さらに専門的で客観的な数値をもとに実態把握、指導内容の検討ができるよう、専門機関との連携を図っていく必要がある。

（2）今後の取組の見通し及び課題について

県教育委員会は来年度の少人数コミュニケーション講座について、自校型を可茂地区の全日制高校１校と、岐阜地区の本校通信制に１校追加する方向で来年度のアクションプランを検討中である。本校としては、自校型本格実施に向けて、講座の在り方、対象生徒決定方法、指導内容等について早急に検討を進める必要がある。

講座の様子

一方他校型は、今年度の経験から、対象生徒決定の際に各校の校内委員会の判断が重要となるため、さらなる在学校との連携体制を築き、正しく説明をした上で生徒・保護者との合意形成を図る必要性が明らかとなった。また、今年度の実績をふまえて、

来年度岐阜地区各校からの希望者増が予想されるため、増級への対応と、２年目受講を希望する今年度受講者への新たな指導内容の構築が求められる。こうした状況から、学校運営上組織体制の強化と担当者のさらなる増員が課題となるため、現在県教育委員会に加配増を要求しているところである。

４　まとめ

本校で行う講座は、同じ高校生６人程度が対象であっても自校型試行と他校型では指導方法､指導内容がかなり異なっている。他校型を見学した自校型担当の高校教員は「中学までの通級等の指導を受けてきた事をふまえた内容」ととらえている。一方他校型では昨年度プレ講座に参加した他校生徒が、今年度実施時に希望しなかった経緯がある。「受講者のニーズに応じた講座内容」は担当者にとって継続的な課題となっている。本講座も「２年目が勝負」ととらえ、高校生にとっての「新たな学びの場」に向けて取り組む所存である。

2 特別な支援を必要とする生徒のニーズに応じた指導方法等の調査研究

「自立活動を主体とする授業や支援」

― 細やかな指導と支援を目指して ―

福井県立大野高等学校長　門前　秀文

1　学校概要

(1) 沿　革

本校は、福井県大野市にある、全日制課程と定時制課程を併設する普通科の高等学校である。定時制は、午前を主とする単位制・2学期制の学校で、午後も受講することにより3年卒業が可能である。

定時制課程は昭和23年6月、夜間定時制（普通科、家庭技芸科）として併置された。同29年3月、家庭技芸科が廃止、同43年4月、普通科昼間二部制が設置、同60年3月、夜間部が廃止された。平成5年4月には、「天空の城」大野城の麓を離れ、新庄地区に移転した。同22年度からは単位制・2学期制に移行し、同25年3月に昼間二部制が廃止された。本校は、今年で創立114年目、定時制は71年目を迎え、新制高校移行後、全日制と定時制をあわせて2万4千名あまりの卒業生を輩出してきた。

(2) 教育活動の特色

定時制の努力目標は、「基礎学力の充実」、「規律ある生活の確立」、「職業観・勤労観の育成」、「健康と体力の増進」である。創立以来、大高定時の卒業生たちは地域社会の基盤を支えている。また、特色ある教育活動としては、基礎学力の定着を図るための少人数指導ときめ細やかな個別指導、生徒一人ひとりが主人公になれる特別活動に重点を置いている。

(3) 学校の規模

生徒数は、1年13名、2年21名、3年18名、4年4名で、総数は56名、クラスは5クラスで、定時制専任教職員は、教頭1名、教諭8名で、非常勤養護講師1名、特別支援員1名、総数は11名である。

2　自立活動を主体とする授業や支援について

（1）本校の現状と課題（以下「本校」は定時制課程とする）

①　大きな変革の流れの中で

本校が所在する奥越地区は、平成22年度に県立定時制の単位制・２学期制への移行と、平成23年度に高校の統廃合がほぼ同時期に実施された県内唯一の地域である。また、平成25年度に奥越特別支援学校が開校し、地域の県立学校の設置状況は短期間で大きく様変わりした。本校では、募集定員の半減で教職員数が激減し、生徒数は増加に転じたため、以前より細やかな指導や支援が行いにくくなった。

この状況を改善するために、まず、少人数指導をより進めた。具体的には平成26年度から１年生を原則２学級とし、１学級に集約する２年生以降も授業を可能な範囲で２講座展開している。これにより落ち着いた雰囲気で授業に取り組め、個別指導も容易に行え、基礎学力の定着につながった。

次に、生徒に関する情報について共有化を進めた。教職員間については、定期的に生徒理解協議会を実施し、SW・SSWが参加の下、特に支援が必要な生徒の状況把握と対応を協議している。保護者については、平成26年度から懇談会を年２回から４回に増やし、他に７月に就職希望者の三者懇談も行っている。中学校については、平成27年度から中学校教員への説明会を８月に開催している。きっかけは、進学先を本校と奥越特別支援学校のどちらかで悩む生徒が少なからずおり、本校の実情を中学校教員に理解を促す必要があったからである。また、大野市内の特別支援学級に在籍する児童・生徒・保護者・教員が参加する学習会で本校の状況を説明している。

平成22年度には「自校三修」も導入された。３年卒業を希望する生徒と保護者は多いが、社会に出るための準備期間が４年の方が望ましい生徒もいる。当初は、１年生から三修を適用していたが、平成26年度入学生より、２年生から適用するように変更し、本人と保護者が将来を考える時間を確保した。右図は、単位制・２学期制導入後の卒業生100名の進路状況である。その他の内訳は就労継続支援Ａ型３名、Ｂ型１名、生活訓練２名、アルバイト３名、家事手伝い等３名である。

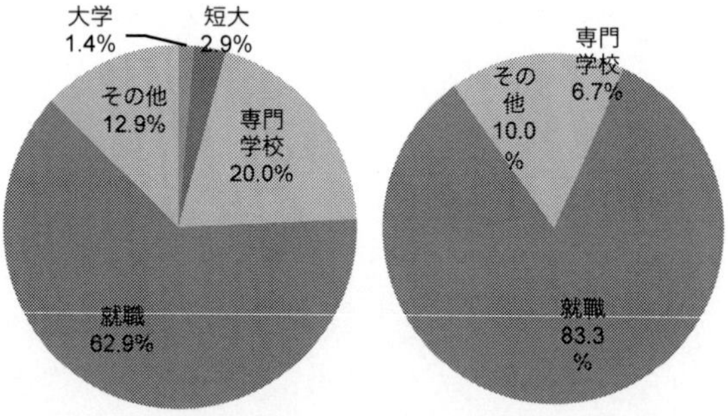

３卒70名の内訳　　４卒30名の内訳

②　生徒の現状

本校の生徒は、中学校時に特別支援学級や通級で支援を受けていた者は全体の35.7%（H30.5.1現在）、ASD、ADHD、LD、強迫性障害、対人恐怖症、場面緘黙、愛着障害、統合失調症などの診断等がある生徒は30.3%である。また、不登校経験者が32.1%、見守り・要保護児童など家庭の支援が十分でない者が17.8%、日本語を母語としない者が

7.1％と、大半の生徒が何らかの困難を抱えている。

③ 課 題

本校の多くの生徒は、成長過程において、周囲から強い注意や否定的な評価を受け続けてきた可能性が高く、その結果として非社会的・反社会的な行動をとったり、特性を強く表出したり、自己を否定する考えを持つなど行動や心の成長に影響を及ぼしたと考えられる。このような体験をした生徒が高校生活において、社会に適応し、精神的・経済的に自立した大人になることは決して簡単ではない。こうした課題を少しでも解消するためには、自己肯定感を高めながら自立を促す活動や支援が重要である。

（2）具体的な取組の状況について

特性や困難を抱える生徒に対する支援について、校内における実践は特別な就労指導は行っているが、決して豊富ではなく、平成30年度から実施される通級指導についての対応は喫緊の課題であった。平成28年11月以降から本校においても実施に向けて気運が高まり、学校設定教科・科目の創設や通級指導についての協議・研究が自発的に教職員間で行われてきた。その結果、今年度より学校設定教科・科目として「生活と職業Ⅰ」を開設し、通級指導とも連携を取りながら実施している。

①「生活と職業Ⅰ」の実践について

本校では、特性を持つ生徒について、「子育てファイルふくいっ子」の高校用「個別の指導計画」のプロフィール・シートに本人の現況をまとめ、ケース会議等で活用している。平成29年度に、このシートを作成した生徒は20名で、通級を呼びかける対象としたが、少数の同意しか得られないのは明らかだった。生活と職業は、自立活動を経験することが望ましい多くの生徒に機会を与える側面もある。

ア、「生活と職業Ⅰ」の概要について

生活と職業Ⅰ（2単位）は、火・水の5限目に実施している。受講人数は、1年7名、2年12名、3年3名の計22名で、担当教員は3名である。基本的に学年毎に3グループに分けて各教室で授業を行い、必要に応じてホールで合同授業を行っている。学習内容（単元名）は以下の通りである。

○ 前期：自己・他者理解を考察する学習と実習①
・はじめに　**・自分への理解を深めよう**　・友人関係・人間関係について考えよう
・アンガーマネージメント　・社会に出るということ
・実習①プラスチック容器の検査・組立・袋詰・梱包作業、農業実習（種・苗植）

○ 後期：進路・就労意識の育成および社会生活への準備学習と実習②
・自分に適した仕事を探そう　・働くために必要なこととは
・あなたが社会人になる
・実習②プラスチック容器の検査・組立・袋詰・梱包作業、農業実習（収穫等）

イ、具体的な実践事例

(ア)「自分への理解を深めよう」について

この単元では、最終的に履歴書等で求められる自己PRを言語化することを目標としている。本校の生徒は、単に自分の長所を「書きなさい」と指示しても、なかなか書けない。言語化させるまで、「長所の言葉から自分に該当しないものを選択、短所の言葉から自分に該当するものを選択、短所を長所の言葉に変換、自分で選択した短所の言葉を使い例文１を作成、例文１を長所に書き換え例文２を作成、例文１と例文２を相手に音読させ、自分の受け止めた気持ちを書く、長所の言葉から相手に該当するものを選択して理由を添えて渡す、自分の長所と短所を絞り込み、指定された書き方で文章化」とスモールステップで進めた。「該当しないものを選択」としたのは、自己を否定する傾向が強いと「該当するものから選択」できない可能性が高いためである。また、全部該当しないとならないように、10項目のうち選択できるのは７つまでとした。その結果、全員が自己PR文を作成することができた。

(イ)「自分に適した仕事を探そう」について

この単元は、「自分の仕事に対する適性について考察する」ことを目標としている。授業の計画にあたっては、以前に特性を持つ本校生徒の就労支援に協力を受けた大野市障害者相談支援センターの職員と支援方法と留意点を聞き取り、実践に反映させた。単元の導入では、アニメの登場人物について、グループで話し合い仕事に関する長所・短所を考え、適性に合った仕事を選択し、理由を考察・発表した。次に自分の仕事に対する強みを考え、それを「私のストレングス表」にまとめた。表の作成にあたっては、自分でまとめた長所、各教科担任が各生徒に対して褒め言葉を書いた「シート」の配付、授業担当者および担任との面談を実施するなど丁寧に本人の強みや願いを引き出した。次に各生徒のアルバイトについての意見交換（上司のインタビュー映像を活用）や、地元企業の仕事紹介ビデオ（企業訪問し作成）を参考に自己の適性を考えながら「10種類の仕事」についての５段階評価を行い、自分の得意・苦手分野の仕事と自分の希望を総合的に判断して自分に最も適する業種を選択させた。今後の進路選択において、この経験が生かされることを期待している。

(ウ) 農業実習について

農業実習を取り入れたのは、実習作業の中で協働的な活動が期待されるからである。なお、実習に当たってはJAテラル越前に協力を受けた。実習の内容は、JAのパンフレットを活用し地域の農産物を学習、畑づくり（草取り・土おこし・肥料の散布・種と苗植）、畑の管理（間引き・草取り）、ニンジン・ダイコン・カブ等の収穫（一部は生徒に配布）、本校で行われた県定通新人戦にて収穫物の販売などである。実習前には、面倒くさそうにしていた生徒が、協力的に働いていた。収穫物を家庭で料理した感想を教員に伝える生徒もいた。販売に関わった生徒の「自分たちで育てた野菜です」と誇らしげに声をかけている姿が印象的であった。

② 特別な就労支援（アルバイトや就職に向けて）

本校は、昼間制のため定職に就きながら学ぶ生徒はいない。就労形態はすべてアルバイトで、年度末における就労率は、ここ数年間、約70～85％程度で推移している。努力目標である「職業観・勤労観の育成」にあたっては就労体験によるところが大きく、学校としてアルバイトを推奨している。

入学後、１年を経過しても就労経験のない生徒は、約３割程度いる。就労しない理由は、学業に専念したい、仕事に拘束されたくない、仕事をする自信がない、コミュニケーションが苦手など様々である。

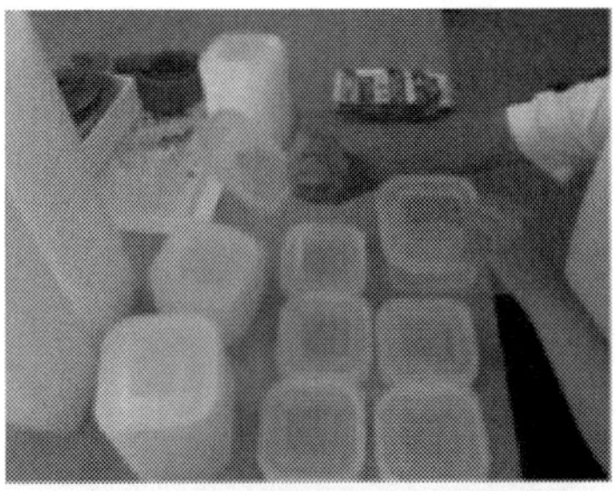

本校では、平成26年度から就労への自信と意欲を高め、アルバイトや卒業後の就職に生かせる体験の場として、校内で簡単な軽作業を行っている。具体的には、独自の求人票を掲示し希望者を募り、地元の就労継続支援Ｂ型事業所で製造されたプラスチック容器を「検査」「組立」「袋詰」「梱包」の作業で、放課後に１時間程度行っている。一定期間の作業の経験により、本人に自信と意欲に向上が見られるようになった段階で、就労を勧めている。特性を持つ生徒に関しては、本人ができる仕事を慎重に見極めて職場を紹介するようにしている。なお、この作業については、生活と職業Ⅰの学習計画にも取り入れた。

③ 通級指導について

福井県においても平成30年度から通級指導が始まった。福井県ではすべての県立高等学校において通級指導を行える体制をとっており、今年度は６校で実施され、本校もそのなかの１校である。指導形態は、兼務辞令を受けた県立特別支援学校の教諭による巡回指導で行っている。

ア、 本校の通級指導の概要

本校では、２年生１名、３年生１名、計２名が通級指導を受けている。概要は下表に示す。

対象者	指導形態（単位数）	指導内容	代替科目
２年	個別指導（２単位） ＊特別支援員も同席	生活リズムの形成やライフスキルなど	数学Ａ
３年	個別指導（２単位） 生活と職業Ⅰでの合同授業（２単位）	特性の自己理解・カウンセリング ソーシャル・ライフスキル	ビジネス基礎 生活と職業Ⅰ

イ、 個別指導と集団活動を併用した支援の試み（３年生の生徒に関する活動）

４月はすべての時間を個別指導で行い、目標達成に向けた活動を本人と相談しながら進めた。この生徒は、自分の特性の改善や願いを実現しようとする意欲を持っているが、集団の中では場面に適した行動がとれないことがある。個別指導では集団活動における行動を学習することは困難なため、本人の意思を確認した上で「生活と職業Ⅰ」の集団への合同授業に入るようにした。

「生活と職業Ⅰ」では集団活動が多く、コミュニケーションを取らなければならない場面も多い。

この授業では生徒同士の関わりを持ちながら集団でしか身につけることができないスキルを獲得させ、個別指導の中で集団活動の「振り返り」や「事前学習」を行っている。

「振り返り」では、グループ学習で、困ったことやうまくできたことなどを話している。また、集団の授業にも意欲的であること、他者や集団への関わりを望む思いを本人から聞くことができ、「生活と職業Ⅰ」と通級指導を併用する相乗効果が見られた。

３　取組の成果及びまとめ

（１）取組の成果及び生徒の変容について

平成30年７月に行った「生活と職業Ⅰ」の生徒（回答21名）による授業評価の結果は、「わかりやすい」95%、「面白い」86%、「説明がわかりやすい」100%、「考察時間は十分」100%、「表現する時間は十分」76%、難易度「ちょうどよい」52%、「簡単」24%、「難しい」24%と、予想より評価は高かった。

生活と職業の授業を進めていく中で、「集団活動で自分の考えを発言、言語化できる」、「他者の発言を聞く姿勢が見られる」、「話し合いが円滑に進められる」などの生徒の成長を３人の担当者は実感している。最近は、授業以外の場面で、話し合いが円滑に進むことが増えていると他の教職員も感じている。また、本校の生活体験発表会において、生活と職業の授業で、自分を成長させたいと語った生徒がいた。

特別な就労支援を受けた生徒は、平成26～29年度の４年間に27名いる。その内の12名がアルバイトに就くことができ、他の２名については、卒業後の就職に経験が生かされたなど一定の効果があった。

通級の３年生については、12月の沖縄修学旅行が課題であった。通級指導の中で事前学習はもとより、集合写真の立ち位置や民家体験の活動など様々な場面を想定し、その場の行動について本人と綿密に打ち合わせをした。また、クラス全員で集合写真の並び方を練習したり、自発的に助ける級友が出現するなどクラス全体で支援する雰囲気にもつながった。その結果、大きなトラブルもなく本人は楽しく修学旅行を過ごすことができた。この生徒に関わる教職員も特性を持つ生徒に見通しを立たせる指導の重要性を再確認でき、支援の事例として本校における共有財産となったと考える。

(2) まとめ

今年度の生活と職業の授業は、すべての学年で同じ内容で進めた。異学年の交流という観点ではメリットがあるが、学年に応じた内容を取り扱うことも必要である。今後は「生活と職業Ⅱ」の創設も視野に入れながら内容の改善を進めていきたい。特別な就労支援については、就労したが継続しなかった生徒も若干いた。高校における卒業後の就職先やアルバイトの定着支援のあり方を関係機関と連携しながら検討したい。通級指導は、現在、自立活動の指導力がある特別支援学校の教員による巡回で行われている。近い将来、高校教員による指導に移行することは明らかであり、本校の教職員が通級指導に対応できるスキルの養成が急務である。

今後は、授業や支援の改善はもとより、引き続き少人数指導や個別指導も可能な限り行い、基礎学力の定着をさらに進め、学校行事や部活動などをふくめた教育活動全般について、保護者や就労先、外部機関等との連携を通じて生徒の成長を促す努力を教職員一丸となって続けていく所存である。

2　特別な支援を必要とする生徒のニーズに応じた指導方法等の調査研究

「高等学校における通級による指導の取組」
－生徒一人ひとりのこころに寄り添う通級による指導とは－

兵庫県立西宮香風高等学校長　石川　照子

1　学校概要

（1）沿　革

本校は、兵庫県西宮市に所在する、多部制・単位制、普通科の高等学校である。平成13年4月に、県の生涯学習社会に対応した単位制高等学校の新設計画によって設置された。多様な価値観と学習ニーズに応える柔軟なカリキュラム、社会自立に向けたキャリア形成を特色としている。今年度で創立から18年目を迎え、これまでに2,595名の卒業生を輩出してきた。近年では、タイ王国やオーストラリアの高等学校と交流を始め、ボランティア活動の取組も盛んに行うなど、多様な教育活動を行っている。

（2）教育活動の特色

教育目標は、「多様な価値観を認めあい、ともに学ぶ事のできる人を育てる」「多様な学習ニーズに応え、自ら学ぶ姿勢を育み、確かな学力を身につけさせる」「社会自立に向けたキャリア形成を、家庭・地域との連携のもと支援する」である。

創立以来、多様性と思いやりや社会のルールを学ぶこと、個性を伸ばすことで共生社会を築いていける人材の育成を基本理念としている。また、特色ある教育活動としては、地域と連携した清掃活動、国際交流などがあり、これまで文部科学省の「高等学校における個々の能力・才能を伸ばす特別支援教育事業」、「人権教育研究指定校事業」や県の「高等学校における通級による指導実践研究事業」、「心のサポート事業」、「学力向上研究事業」の指定を受けている。

（3）学校の規模

生徒数は、Ⅰ部229名、Ⅱ部249名、Ⅲ部284名で、生徒総数は762名、クラス総数は15クラスである。教員は、校長1名、教頭3名、教員数は71名で、教員総数は75名である。

2　生徒の学習ニーズに応じた指導について

(1) 生徒の現状と課題

本校は、勤労青少年をはじめ、自分のライフスタイルや学習ペースに合わせて学びたい者、全日制課程からの転・編入者など多様な生徒が在籍している。また外国にルーツを持つ生徒、不登校を経験している生徒など様々な背景を抱えている生徒も多い。教員たちも、常に生徒に寄り添い、話しを丁寧に聴き対応している。生徒は、学校や先生に安心感を持ち、中学校までは不登校だったが毎日登校できるようになった生徒もおり、「学び直し」が可能な学校となっている。生徒たちも、自分たちが今まで体験した挫折や困難さを抱え、対人関係の難しさがありながらも適度な距離感と思いやりの気持ちを持ち合わせている者が多い。このような寛容性を持つ本校で生徒も伸び伸びと学校生活を送っているが、近年では、自傷行為やSNSによるトラブルなど、学校外での内向的な問題行動が起こりやすく、教員の目が行き届きにくいことが課題となっている。

① 現　状

本校の生徒は、心理的不安定、精神疾患等で配慮の要する生徒は約160名在籍し、うち30%ほどの生徒が発達障害と診断されている。診断されていない生徒で対人関係やコミュニケーション上の困難さ、不登校傾向、学力不振等を示す生徒を含めるとさらに多くの特別な支援が必要な生徒が存在すると思われる。

② 課　題

ア、配慮が必要な生徒の把握に関して

本校では、学期ごとに配慮が必要な生徒に関する情報交換を行い、声かけの仕方、合理的配慮について全職員で共通理解をしている。

(ア) 特別な支援を必要とする生徒に関して

中学校からの引き継ぎや保護者からの相談等で、発達障害等の診断がある生徒に関しては、情報を得られやすくなっており、兵庫県独自の中高連携シートの活用ができている。しかし、本人、保護者が気づかない、隠しておきたい等の希望があれば、情報が入りにくく、高等学校教員の視点では特別なニーズを必要とする生徒かどうかに気づきにくい。

(イ) 特別支援教育コーディネーターの育成

現在、各部担当の特別支援教育コーディネーターを配置しており、特別な支援を必要とする生徒や通級による指導に関する業務を担っているが、コーディネーターの業務内容がケース毎に異なり、どのようにコーディネートしたらよいかわかりにくいのが現状である。ケース会議の持ち方、外部機関との連携方法についての知識の獲得と経験の積み重ねが課題である。

イ、生徒指導、心のサポート委員会等で中心となる生徒の課題に関して

本校では、問題行動、非社会的行動に関する生徒情報は、生徒指導部、保健・総合支援部、心のサポート委員会等で共有される。

（ア）カウンセリング、医療が必要な生徒に関して

生徒の問題行動に表れた事象や家庭環境等を鑑みて、カウンセリング等につなぐこともあり、場合によっては、医療機関とも連携し、生徒の対応についてカウンセラーや医師から助言をもらっている。カウンセリングは本校のキャンパスカウンセラーが定期的に行っており、生徒のカウンセリングだけでなく、保護者の相談も行っている。カウンセリング後は必ず担任や関係教員とのコンサルテーションを持ち、情報共有と生徒理解に努めている。このように心のケア等が必要な生徒は支援を受けやすくなっているが、反社会的行動を呈する生徒に関しては、従来の特別指導に偏りがちで特別支援教育の視点からの生徒理解をしていくことが課題と考えられる。

（2）生徒の学習ニーズに応じた取組の状況について

本校では、在籍する発達障害のある生徒や人間関係やコミュニケーションに課題のある生徒に対して、「自立活動」領域を取り入れた特別の教育課程を編成し、個々の実態に応じた指導を行い、生徒の学習上又は生活上の困難を軽減させる実践的研究を行った。具体的には、自立活動の６区分に即した生徒の実態把握を行い、中心となる課題である「社会スキル」「自己理解」「人間関係の形成」「コミュニケーション」等を見出した。指導内容は「コミュニケーションスキル」「自己理解」を中心に、ロールプレイやインターンシップ体験を実施し、生徒の実情に即した課題克服や自立に向けた意識と技能を養うことを目的とした。また、在籍する発達障害等のある生徒に対して個別の教育支援計画、個別の指導計画を作成し、合理的配慮、各関係機関との連携を図り、特別支援教育推進における体制づくりを構築した。

各教科の一斉指導等においては、「わかる授業」を目標におき、「ユニバーサルデザインの考え方を活かした授業」を展開し、教材、教具、指導方法の工夫を行った。

①「通級による指導」について

「通級による指導」には、５～10名ほどの生徒が受講している。生徒たちはいじめや不登校を経験しており、クラスや教師の前では緊張してなかなか自分を出せずにいる者が多い。一方、発達障害のある当事者として、大学の研究に参加し、親の会や当事者の会などで積極的に活動する生徒もいる。学校生活における合理的配慮も自ら申し出て、定期テストの別室受験や通常授業でのノートパソコン使用ができている。生徒の実態把握をすると、いずれもコミュニケーションや社会性に課題があり、主な指導内容は「自己理解」「社会スキル」「緊張をほぐす」「自分の考えを話す」等で、ワークシートやロールプレイングをしながら取り組んだ。高校生段階になると、自己と他者の違いに気づく生徒も多い。自己の障害認知をし、それを受容していくことや支援を周囲に依頼していく力が必要となる。「自分は他の人とは違う」「なぜ自分はできないのか？」という心の中の葛藤を自ら受容していくには、周囲が寄り添い、共に考えていく環境が必要となる。また、自己と他者の違いに漠然と気づいてはいるものの、それがどういったものなのかがはっきりと捉えられていない生徒も多い。このような生徒を「通級による指導」で、個々の実態に即した指導を行うにあたり、「教える」よりも生徒の思いに「耳を傾ける」こと、どんなことでもまずは「肯定的に受け止める」こと、生徒の繊細なこころの機微を感じ取っていくことを念頭におき、対応している。

ア、事例１「自分の障害について語ったＡ子とＢ男」

「通級による指導」の授業中、Ｂ男が卒業後の不安や期待を話す中で、「もっと話しが上手くなりたい」「小学校の時、他の子と何か違うと思って親に聞いたら、障害があると言われた。とてもショックだった」「他の人に障害者だと思われたくない」と、切実な思いを初めて口にした。Ａ子も同様に、障害の告知をされたことやいろいろ悩んだことを語り始めた。Ａ子は、自分の特性である聴覚過敏や行間のつまった文章の読みづらさがあると話した。そこで、この通級の時間で、自分の特性についての説明文を書き、学習上や定期考査の配慮を教員に依頼していくことにした。また、Ａ子は、親の会等でも自分のことについて発表の経験があり、学校行事の「生活体験発表会」での発表を提案すると、快く引き受けてくれた。発表会では、自分の特性について悩んだこと、この高校に入学して友達ができて、自然に受け止めてもらえたことなどを語った。最後に「障害はある意味個性なんです！」と力強く訴えた。その後、大学に合格したＡ子は、大学側に自分の特性を説明し、支援の依頼を申し出た。高校としても大学への引き継ぎをスムーズに行うことができた。卒業後、Ａ子は大学でアルバイトと勉学を両立させながら下宿生活を元気に送っている。

イ、事例２「障害を知られたくない」Ｃ子

学校生活では全く問題がなく成績も優秀なＣ子は、母親の強い勧めで「通級による指導」を受けることになった。自分の障害については知ってはいるものの、認めたくない気持ちが強い。Ｃ子は友達も校内になく、傷つきを恐れて人と関わることを避け、自分の好きな絵や歴史に没頭していることが多かった。不安が強く、「自己理解」で自分の得意なこと、苦手なことの質問にも、答えにくそうにして、自己開示できない日々が続いた。

大学の面接試験を目前に、「面接の練習をしてほしい」との申し出があり、「通級による指導」で取り上げた。Ｃ子は「どうしよう。想定したことと違うことを聞かれたら…」「大学の授業は難しいかも」と不安を話した。そこで、「多様性を考える授業」として、大学進学したＡ子をゲストティーチャーとして招き、大学生活と自分の障害について話す機会を設けた。Ａ子は周囲の支援に助けられたことや「自分には発達障害がある」ということを必要に応じてオープンにすることで、楽になったことを語った。

次にＣ子と同じ「通級による指導」を受けている後輩Ｄ子も、「自己理解をして自分を見つめる大切さ」について、スライドを使って話した。D子は、「勉強しても成果が出ない」「周りの空気が読めない」など自分が困ったことを取り上げて、それに対処するために、「自分を見つめる＝自己理解」をしていること、大学の研究に参加して、最新の情報を得て自分の支援に役立てていることを発表し、「みんなはどんな大人になりたい？」と質問を投げかけ、「多様な人たちがわかり合うには」についてディスカッションを行った。

この授業のねらいは、C子に大学生活への見通しを持たせ、不安の軽減を図ることと、「多様な人の存在」「多様な生き方」があることを頑ななC子が知ることであった。人はどんな生き方をするのかは、個人の自由であるが、卒業後に社会に出て、人と関わらずに生きることは難しい。「どんな人生を生きるかは、あなたの自由。いろんな生き方をする人を知ってみて、そしてどう生きるかを一緒に考えよう」と担当者の思いもこめ、C子の心のドアにノックしてみた。

この２人の話を聞いて、C子は「D子は自分を見つめることをしたけど、自分は自分を見つめることをしたことがない」と話してくれた。その後、C子は少しずつ心を開き、アルバイトに挑戦したこと、SNSへの抵抗感などを語るようになった。無事に大学へも合格し、学生支援センターにも支援を依頼して、授業やレポート提出について自主的に相談をしている。

3　取組の成果及び今後の見通しについて

（1）取組の成果及び生徒の変容について

対象生徒たちは、自分の障害についての理解がある者もおり、自己の人間関係とコミュニケーション上の課題を認識している。しかし、苦手意識がありながらも、自分でも克服したい気持ちがあり、「コミュニケーション力を身につけたい」などの目的意識を持って授業に臨んだ。特に、進学や就職など自分の人生や進路を左右する試練が目の前に迫ってくると、生徒自身がなんとかしたい、乗り越えたいという気持ちがさらに大きくなって課題に積極的に取り組むようになった。入学試験や就職活動を乗り越えて、生徒たちは自信を持ち、「大人になること」を意識した言動となっていった。最後の授業では、生徒自身が成長できたこと、変わったことを発表し、自立活動で学んで自信がついたことを語れるようになった。

（2）今後の取組の見通し及び課題について

高等学校の授業だけでは、「自立活動」の６区分に基づいた生徒の見方や実態把握は難しい。発達障害等の障害に対する理解も知識上はあっても、目の前にいる生徒に問題がなければ見過ごされやすいのが現状である。自立活動は生徒の実態把握から始まり、生徒の目標に応じた個別的な課題を手作りで作成する。全生徒を対象にしたチェックシートから「通級による指導」の対象者になった生徒の障害特性、認知傾向、行動特徴、対人関係の様子など細かく見立てる必要がある。それを自立活動領域の内容に合わせて個別の目標を立てる。こういった細かな作業と見立ての感性を教員が培っていくには、特別支援学校のセンター的機能を生かして、高度な専門性を持つ教員が、生徒の実態把握の仕方、心理検査の読み取りと解説、指導内容と方法についての助言が必要となるだろう。高等学校としても、よりきめ細やかな生徒の観察、授業の工夫等が必要となり、発達障害のある生徒に対する理解と適切な対応が期待される。

4　まとめ

これまで「通級による指導」の取組には、約 20 名の生徒が受講してきた。中には学校不適応、学習不振などを示す生徒も対象となり、順調に受講が進んだ訳ではなかった。途中で受講を辞める生徒、不登校が続き中途退学してしまう生徒など、困難な場面もいくつかあった。しかし、担当教員も、常に生徒の話を聞き、寄り添う姿勢を大切にしてきた。その結果、生徒は毎時間日々の出来事や相談を話すことで、生徒たちの心の拠り所となり、無事に卒業して行った生徒が多くいることは、この研究の取組の成果といえる。

本校では、開校当初から多様性を認めあい、ともに生きる資質を育む学校として「寛容」「受容」の精神が受け継がれている。教員たちは、配慮が必要な生徒、特別な支援が必要な生徒に関する情報を真剣に受け止め、生徒理解への努力を惜しまない。また、特別支援教育に対する違和感や特別な構えがなかったのも、普段から生徒に対する寄り添う姿勢と、生徒の困難さを見る視点がまさに「特別支援教育的な視点」であった。この教員たちの熱心さと努力の土台があったからこそ、今回の実践研究が実のあるものになったのではないだろうか。

このように、本校の「通級による指導」が「特別な」授業ではなく、教育課程内で自然な形で実施することができたことと、合理的配慮に関する他の生徒からの不平や不満などもなく、ありのままに受け止められたことは、多様な生徒が集まり、生徒がのびのびと生活を送れる本校独自の学校風土と生徒に寄り添う教員たちの姿勢によるところが大きい。今後も生徒に寄り添う教員の資質向上と生徒の思いやりの気持ちを育む学校づくりを目指し、努力していきたい。

2 特別な支援を必要とする生徒のニーズに応じた指導方法等の調査研究

「共に学び、共に伸びる」
−ノーマライゼーションの理念を進展するための礎となる学校をめざして−

兵庫県立阪神昆陽高等学校長　尾原　周治

1　学校概要

（1）沿　革

本校は、兵庫県伊丹市にある多部制単位制普通科の高等学校である。「県立高等学校教育改革第二次実施計画」に基づき、平成24年4月、生徒の興味・関心や多様な学習ニーズに応じて主体的に学ぶことができる高校として設置された。同時に「兵庫県特別支援教育推進計画」に基づき、障害のある生徒の自立を支援するための職業教育に重点をおく阪神昆陽特別支援学校が同一敷地内に設置された。

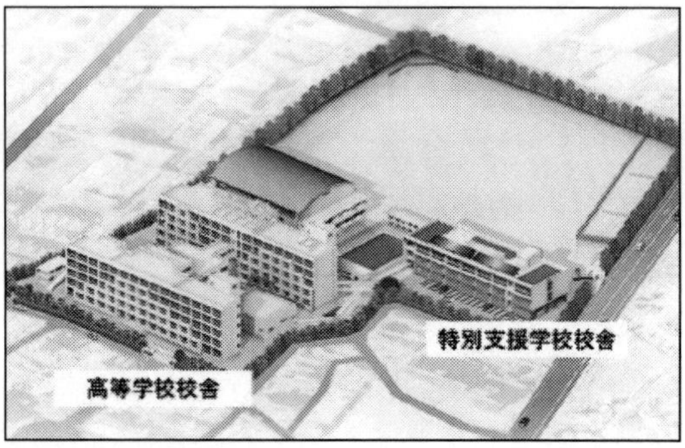

両校の生徒が同じ教室や施設等において共に学ぶ学習に取り組むなど、共に助け合って生きていくことを実践的に学ぶ機会を設定するほか、多様な教育ニーズに応える教育課程の編成、様々な地域貢献、国際交流の場の設定など、生徒の人間的な成長、生きる力の育成に向けた多面的な取組を積極的に展開している。

（2）教育活動の特色

教育目標は、設置趣旨及び兵庫県がめざすべき人間像を踏まえた、生徒一人ひとりの「生きる力」を育成することであり、創立以来、阪神昆陽の両校がともに助け合って生きていくことを実践的に学ぶ機会を設定し、ふれあいを通じた豊かな人間性を育むとともに、社会におけるノーマライゼーションの理念を進展するための礎となる学校をめざすことを基本理念としている。

特色ある教育活動として、県の「高校生ふるさと貢献活動事業」（近隣施設や地域の人々を対象とした花の苗の配布、料理教室の開催等）、「高校生就業体験事業」（インターンシップの推進）、「県立高校特色づくり推進事業～インスパイア・ハイスクール～」（学校設定科目「ノーマライゼーション」を中心とする、社会人基礎力を高める学習プログラムの開発）、「高校生心のサポートシステム」（レジリエンスとキャリアデザインを中心に据えた自殺予防指導、及び支援の研究)、「ひょうご学力向上サポート事業」(主体的・対話的で深い学びの視点に立った授業改善と評価の研究)といった各事業に取り組むほか、「高等学校における通級による指導実践研究校」の指定を受けている。また、タイ王国の3校と姉妹校提携を結び、ともに生徒・職員レベルでの相互訪問、交流を続けている。

(3)学校の規模

生徒数は、Ⅰ部200名、Ⅱ部217名、Ⅲ部194名で、生徒総数は611名(10／1現在)、クラス総数は28クラスである。教員は、教頭3名、教員数は71名で、教員総数は75名である。

2　特別な支援を必要とする生徒の学習ニーズに応じた指導について

(1)生徒の現状と課題

①　現　状

多部制単位制の本校には、多様な教育ニーズを持つ生徒が在籍している。経済的問題を抱えている生徒(就学給付金の決定件数は昨年度250件を超えている)、小・中学校で不登校を経験してきた生徒、何らかの発達障害を持つ生徒、異なる文化圏をルーツに持つ生徒などであり、極端な場合は家庭の崩壊、DV、いじめ被害などで深刻な危機を抱えているケースもある。それらの背景には現代社会が抱える様々な課題が直接的、かつ複雑に存在しているといわざるを得ない。

反社会的行動に対する特別指導は減少傾向にあり、代わりに心の問題に関する相談事例が増加傾向にある。一方で小・中学校での不登校を克服し本校で学校生活を再開する生徒、高い目的意識を持ち部活動で活躍する生徒、進路実現に向け地道に努力を積み上げる生徒も増えている。全体としては多くの生徒が落ち着いて学校生活に臨む方向に、緩やかではあるが進んでいるといえる。

②　課　題

ア、自尊感情の醸成

前述の通り、本校では入学前の様々な経緯から、自尊感情(自己肯定感、自己効力感)の低い生徒が多い。そうした感情を高め、さらに自己有用感をつけさせ、将来の社会的自立につなげていくことを本校の最重要課題と位置づけている。地域貢献、国際交流といった多方面にわたる行事への参加も自尊感情を高める取組として積極的におこなっている。

イ、社会で必要なルール、学力、基本的習慣の定着

「生徒に寄り添いつつ、問題行動には毅然として対応する」生徒指導方針の徹底、ひょうご学力向上サポート事業、ユニバーサルデザインの考え方を活かした授業の研究等を通した学習意欲の向上、基礎学力については小・中学校の内容を学び直す講座設定をおこなっている。

ウ、キャリア教育の推進

人生のロールモデルとなる大人の存在に乏しく、将来の夢と自身の現状とをつなげる回路を持っていない生徒が多いことも本校生の傾向の一つといえる。生徒がそれぞれのライフプランに依った進路選択をおこない、卒業後の目標達成につなげる力を培うという視野を持って、キャリア教育の充実に努めている。

（2）生徒の学習ニーズに応じた取組の状況について

①　高等学校における通級による指導について

平成30年度からの高等学校における通級による指導の制度化を受け、その実践研究校として県内9校の内の1校として本校が指定された。阪神昆陽特別支援学校の協力を得て、近隣の小・中学校等とのネットワークの構築を図りながら、高等学校における特別支援教育を推進している。

ア、授業開始まで

平成29年12月以降に構想を練り、翌30年1月から具体的な準備に取りかかった。教材・備品等といった環境整備を進めるとともに、中学校を訪問し今年度から運用の始まった「中高連携シート」をはじめとして個別の教育支援計画やサポートファイル等の引き継ぎ、情報交換など実態把握をすすめた。職員に対しては「高等学校における『通級』制度の実施」と題する研修を特別支援学校と合同で実施し、取組の周知を図っている。それらをふまえて新入生に対し入学前から慎重に観察をおこなった。通級による指導を希望する保護者・生徒に対しては、全新入生に入学前に実施する三者面談を通級担当者を含めた四者面談に切り替え、説明を加えた。在校生に対しても、通級による指導の制度化の周知を図り、保護者に対して募集案内用紙を配布した。

イ、受講者の募集と決定

新入生は当初32名が希望した。後期からの開始となるため、前期を通じ授業等を通して生徒の様子を観察し、その後夏休みの三者面談に通級担当者を加え丁寧に話し合いをおこなった結果、最終的に11名の受講が決まった。また、それ以外に単位認定はしないものの、6名に対して個別の指導に参加できることとした。在校生は5名の希望者のうち2名が、同様の面談等を経て前期から受講している。

「通級による指導」の授業風景

ウ、授業について

個々の生徒が生活や学習の場面において感じている困難さに応じて、自作教材を中心に自立活動をおこなっている。担当者は4名。内1名は国立特別支援教育総合研究所の長期研修受講者である。他に特別支援学校の特別支援教育コーディネーター２名が講座の運営に日常的に参画するほか、担任らも頻繁に教室を訪れ、参加している。ラジオ体操やゲームを通して心身をほぐしたり、学校生活での具体的な場面を想定してその対応を考えたりといった取組を経て、自身を様々な角度から振り返る時間につなげていく。生徒たちは楽しんだり、戸惑ったり、時には拒絶しながらも、担当者の様々な投げかけと傾聴する姿勢のなかで、ゆっくりと学んでいる。

エ、課題

生徒個々のニーズに合わせた教材の工夫、評価方法の確立、生徒・保護者・教員・地域への理解啓発等課題は多いが、とりわけ次の二点を重要課題として位置づけている。

まず一点目が通級による指導で得られた成果の、通常学級での授業や学校・社会生活における様々な場面への汎化である。この点は生徒の将来的な社会的自立を考えるにあたり、きわめて重要な視点であると考える。２単位の通級による指導にとどまらず、その他のすべての時間にすべての教員にできること、すべきこととしてユニバーサルデザインの考え方を活かした授業の研究に取り組んでいる。11月には通級による指導の中間報告も兼ねて、「学びのデザインを考える～ふだんの授業のふだんの支援（通級指導教室から）～」というテーマでの職員研修をおこない、課題認識の共有に努めた。

二点目が長期にわたる切れ目のない支援のための、小・中学校とのネットワークの構築である。前述の通常学級との連携をヨコの連携とすれば、こちらはタテの連携ということになる。実践研究校としての研究テーマにもこの小中高連携を掲げ、「顔の見える関係づくり」をめざして、小・中学校の通級担当者からの発表も加えた合同研究会を３回実施した。研究会には伊丹市に加え、川西市、猪名川町他阪神地区各地域から、小学校、中学校、高等学校、特別支援学校の教員が多数参加し、関係づくりのための貴重な機会となった。

合同研究会で班別協議をおこなう参加者

②　ユニバーサルデザインの考え方を取り入れた授業研究について

「ユニバーサルデザイン（以下 UD と表記）」とは、障害者だったロナルド・メイス氏により、最初から多くの人々が使いやすいものを作る設計手法として発明された。一部の人のために特別なものを用意するのではなく、文化・言語・国籍の違い、老若男女といった差異、障害・能力の如何を問わずに利用できる施設・製品・情報の設計のことをいう。阪神昆陽高等学校・阪神昆陽特別支援学校では、開校当初から「わかる・できる」ようにする工夫や配慮がなされた授業づくりをすすめ、生徒の自尊感情（自己肯定感・自己効力感・自己有用感）を育んできた。

平成28年の障害者差別解消法の施行、平成30年度からの高等学校における通級による指導の開始など、個のニーズに応じた教育の推進が求められているなか、阪神昆陽両校では、授業改善の一環として「UDの考え方を活かした授業づくり」に全職員で取り組み成果をあげている。それらは平成29年度に「学力向上をめざした新たな取り組み～UDの考え方を活かした授業～」と題した冊子にまとめ、成果を共有した。以下、UDL（学びのユニバーサルデザイン）の三つの原則という視点から、本校における取組の具体例について記述する。

ア、原則1「提示のための多様な方法の提供」について―視覚化・構造化―

（ア）ICT機器の活用

本校では普通教室のほぼすべてに大型モニターを設置し、授業用ノートパソコン約20台、授業用タブレット約50台を導入している。それらとプレゼンテーションソフト、動画、アプリケーション等を効果的に組み合わせることで、授業内容の視覚化・視点の焦点化を進める工夫をおこなっている。大きな講義室では手に持ったタブレットの画像をスクリーンに映しながらヘッドセットを併用することにより、自由に移動しながら生徒のそばで指導することも可能である。

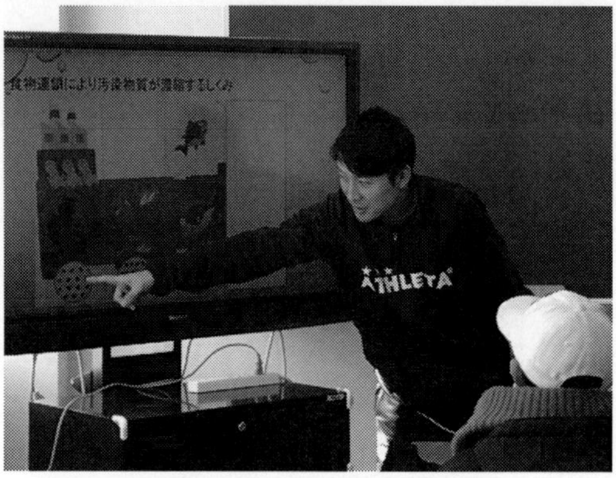

大型モニターを活用した授業

（イ）板書の工夫

白と黄色のチョークを主とした板書、囲み、仕切り線を用いたポイントの強調、板書とワークシートとを一致させることなどは、ノートテイクに時間のかかる生徒、あるいは文字認識や色の認識に困難さを感じている生徒に対する支援の一例といえる。グランドや体育館での授業でも移動黒板による板書を用い指示を可視化することで生徒の理解度を高めている。

イ、原則2「行動と表出のための多様な方法の提供」について ―声かけ・かかわり―

（ア）授業の流れ・時間の見える化

すべての教室に「本日のよてい」「本日のめあて」と書かれたマグネットシート、経過時間を色で認識できるアナログタイマーを用意している。マグネットシートでは授業の流れやねらいを、アナログタイマーでは時間の量を視覚化することにより、生徒が授業に対して質的にも量的にも見通しを立てやすくなるようにしている。注目させてから話をする、学習活動に関わる指示を具体的に出すこ

時間の経過とともに赤色が小さくなる
タイマー（写真左端）

とも、生徒を混乱させないための留意点である。

(イ) ルールの明確化

授業規律に関わる大切な約束事は、わかりやすいイラストを用いて各教室に掲示している。文字情報だけからではイメージしにくい生徒に対しても伝わるようにという工夫である。実習科目において道具や材料の置き場所をわかりやすくしたり、教室以外の、たとえばグランドの体育の授業では説明を聞くときに座る場所を指定したりするなど、ルールを明確化することで混乱を回避し、生徒の不安が軽減される。

(ウ) 机間指導と声かけ

授業において生徒と対話する場合も、内容はもとより距離、目線、声色、声量等、意識すべき要素は多い。机間指導といいつつ、さりげなく隣に座って丁寧にアドバイスするなど、個々の生徒に寄り添って不安感や孤立感を和らげるアプローチの工夫もおこなっている。

ウ、原則3「取組のための多様な方法の提供」についてー評価・アドバイスー

タブレットの機能を活用し、生徒のノートをモニターで紹介し、褒める。取組の成果をボードや紙面を用いて文字にして褒める。こうしたアプローチは口頭での評価以上に効果がある。また、面接練習や運動の様子をタブレットで録画し、生徒本人とともに振りかえることでメタ認知を助け、その後の取組に活かす工夫もおこなっている。

3 まとめ

高等学校において平成31年度より新学習指導要領の先行実施が始まる。そこでは「新しい時代に必要となる資質・能力の育成」という観点から、子どもたちの学びの在り方が大きく変わろうとしている。私たちの社会は、近い将来5人に1人が65歳以上という超高齢化社会となることが不可避となり、やがては平均寿命が90歳を超えるという。いわゆる人生100年時代の到来である。AIの進歩発展、働き方改革や改正出入国管理法の成立は、「働く」環境を根底から変えてしまう可能性をはらんでいる。そのような時代の転換点に、多部制単位制に学ぶ生徒たち、とりわけ特別な支援を必要とする生徒に何を求め、どのような力を身につけさせ、社会に繋げていかなければならないのか。

本校では、高校での学びを通して自尊感情を高め、「グローバルな環境に適応し、社会で活躍、社会に貢献できる人財を育てる」ことを目標の一つとしている。本校に学ぶすべての生徒を「社会に貢献できる人財」とし、一人ひとりが幸福な100年の人生を切り拓くことができるように、その土台作りを支援すること。それが私たちに課せられた使命だとすれば、なんと重く、崇高であることか。人類史上誰も経験したことのない社会の大変革をたくましく生き抜く力を育てるため、努力を惜しまず、研鑽を怠らず、前進し続ける所存である。

3 外国籍生徒、日本語の指導が必要な生徒のニーズに応じた指導方法等の調査研究

「多様な生き難さを抱える生徒の受け入れ先としての市立札幌大通高校」

札幌市立札幌大通高等学校長　佐藤　昌弘

1　学校概要

(1) 沿　革

本校は、北海道札幌市にある定時制単位制普通科の高等学校である。平成15年2月に札幌市は「札幌市立高等学校教育改革推進計画」を策定、午前部・午後部・夜間部の三部制・単位制を取り入れた新しいタイプの定時制高等学校を交通利便地に設置を決定した。(海外帰国・渡日生徒受け入れ決定)

・平成20年、4月に開校。

・平成21年、北海道で最初のユネスコスクールに認定され、ESDの理念のもと、様々な授業や文化交流活動を行っている。平成26年ユネスコスクール世界大会Studentフォーラム参加。

・平成22年、札幌市生涯学習センターの講座を本校で実施する学社融合講座を開始し、社会人と高校生が一緒に学ぶ体制を確立される。

・平成24年、地域連携・教科横断型の取組として「ミツバチプロジェクト」を開始、平成30年度全国ハニーオブザイヤー国産部門で最優秀賞受賞、来場者特別賞のダブル受賞を受ける。

・平成26年、不登校等による義務教育学習の欠落部分に対応する学び直し学習として、「チャレンジベーシック」授業が開始される。

・平成27年、本校版コミュニティスクールに認定、学校運営協議会が開始される。

・平成28年、本校・外部専門家（福祉系就労コーディネータ）・企業の三者で「多段包摂連携」関係が結ばれる。

・平成30年に通級指導開始される。生徒の居場所カフェとしての「ドーリプレイス」が開始される。

（2）教育活動の特色

教育目標は、「目標に向かって挑戦し、主体的に自己の生き方や進路について探究し、豊かな人間関係を築ける生徒を育てる」。創立以来、『社会に近い、開かれた高校』として、学校運営協議会設置前から、「大通高校応援団」として外部資源の活用を積極的に取り入れている。

進路状況は大学短大25%、専門学校24%、就職26%、その他25%となっている。

（3）学校の規模

生徒数は、午前部421名、午後部367名、夜間部340名で、生徒総数は1,127名、クラス総数は47クラス（国際１クラス）である。教員は副校長１名、教頭１名、教員数は77名、時間講師は25名（外国語日本語講師含む）、その他、母語支援者５名である。

2　外国籍生徒、日本語の指導が必要な生徒の学習ニーズに応じた指導について

（1）生徒の現状と課題

札幌市は全国的には外国人の非集住地域ではあるが、市立高校改革の下、多様な生徒の受け入れを目的に設置された本校には、毎年20名から30名程の外国籍や海外からの帰国者、外国にルーツを持つなどし、日本語支援を必要としている渡日帰国生徒が在籍している。２月の自己推薦入学者選抜と９月の一般入学者選抜の募集枠内に「海外帰国生徒等枠」が若干名設けられており、英語や母語による作文提出と面接時に通訳を介することを認めているからである。この特別枠以外の一般入試等で入学した外国にルーツを持つ生徒も含めた渡日帰国生徒特有の課題は、日本語学習だけではなく、教科学習や卒業後の進路、日本での生活への適応等多岐にわたる。

①　現　状

開校以来、渡日帰国生徒を受け入れてきたが、札幌市は外国人の非集住地域であるがために出身国やルーツが多様で、毎年中国、ロシア、フィリピンなどの生徒が数名いる他はタイ、韓国、ボリビア、ネパールなど10から13カ国程の生徒が少数ずつ在籍しているという特徴を持つ。

また、入試の際に日本語能力を問わないので日本語のレベルがまちまちで、仮名の読み書きが全くできず、簡単な挨拶すらできないゼロレベルの生徒が入学する一方、日本語能力試験（JLPT）のN2に合格（大学や専門学校等で学習可能なレベルの日本語を身につけているという一つの基準）している生徒もいるなど、入学後に必要とされる支援が多様である。更に、英語や中国語など学校内で教員が対応可能な言語以外の言語を母語としている生徒で英語ができない場合は、日本語を学習する際に中間言語が存在しないため日本語習得により時間がかかるケースも見られる。よって、卒業までに要する年限が個々に違うということを入学前に理解してもらう必要がある。

② 課　題

ア、学習に関して

生徒の日本語レベルに差があり、日本語授業の実施方法、テキストなど調整に時間がかかる。また、日本語能力が充分ではない状態で教科の学習は難しい。

（ア）日本語学習

日本語レベルに差があり、そのレベルチェックテストは入学確定後に実施している。そのため、授業開始日まで時間のないなか、煩雑な授業調整、準備をしなければならない。また、授業内で学習する日本語は初中級までで、上級レベルの日本語への対応を授業内で持ちにくい。

（イ）教科学習

日常生活に必要な生活言語を１年ほどで身につけても、教科学習に必要な学習言語の習得には５、６年はかかるといわれている。日本語がある一定レベルに達するまでは、日本語以外の教科学習は難しいが、単位を取らないことには卒業につながらない。特に非漢字圏出身の生徒が、高校の教科書レベルの漢字を読み、考え、学ぶには努力と時間を必要とする。

イ、授業以外の面での課題

開校直後は日本語ができず意思疎通もうまくいかないため、なかなか日本人だけのクラスになじめず、学校を離れるという生徒もいた。進路についても、国籍やビザの種類、帰国者・外国人入試での受験の可否など、個々のケース毎に対応する必要がある。

（ア）居場所作り

本校には他者とのコミュニケーションに苦手意識を持つ生徒が多く、積極的に渡日帰国生徒と関わりを持とうという生徒は少なかった。渡日帰国生徒も同様で日本語に自信が持てないまま日本人と交流しようという生徒は少なかった。そこで、渡日帰国生徒が安心して心を開き友人を作ることができる、また日本人生徒にとっても渡日帰国生徒と交流できる場を設ける必要があった。

（イ）進路について

本校を卒業した場合、大学が設けている外国人入試枠ではほぼ受験できない。生徒本人や保護者に理解してもらうこと、各学校への問い合わせ等を行うこと、専門学校などの場合は特に卒業後に日本で働くためのビザが出るような職種なのかなど、細かく対応が必要になる。

（2）渡日帰国生徒の学習ニーズに応じた取組の状況について

本校には多様な背景を持つ生徒が複数在籍しており、合理的な配慮や支援を必要としている。渡日帰国生徒に対しても、他の生徒同様に日本語やその他の支援を必要としている生徒という観点から、支援を行っている。

① 学習支援について

日本語とその他の教科での支援や配慮については、国際クラス担任、日本語コーディネーターが各教科や分掌と連携を取りながら実施している。

ア、日本語支援について

日本語学習については学校設定科目「日本語」を開講。授業以外には札幌市教育委員会「札幌市帰国・外国人児童生徒教育支援事業」と厚生労働省「中国残留邦人等２世・３世のための日本語学習支援事業」、大通高校支援事業などを活用し、主に札幌日本語クラブ所属の日本語支援者による学習機会を設けている。

（ア）日本語の授業

１年間を通じて毎日２時間ずつ10単位「日本語」講座を設けており、文法を担当する日本語の非常勤講師と本校教員でカリキュラムを編成し実施している。授業は２クラス（スタンダードとアプライド）に分け、スタンダードの前半を日本語教育の経験のある非常勤講師が１時間文法を担当し、後半を本校教員が各曜日別に文法問題集や聴解、検定対策問題集、漢字などの学習を担当している。もう一クラスのアプライドはその逆で、前半が本校教員との学習で、文法を後半に学習する。仮名の読み書きや簡単な意思疎通ができる生徒であれば、概ね２年間で初級、初中級の文法テキストを学習し終え、授業での日本語は終了する。ただし、ゼロレベル生徒の入学がある度に他の生徒とのレベルの開きが大きすぎて、授業を３レベルで実施せざるを得ず、準備や支援の調整には苦労している。

（イ）授業外での日本語学習

卒業後の進学や就職を考えると、授業で扱うことが難しい上級レベルの日本語学習が必要となる。先述の各種支援制度の活用や校内ボランティア募集等による学習機会を設けている。

イ、教科学習について

「第二言語として日本語を学んでいる生徒たちにとってわかりやすい授業をすること」を目標に渡日帰国生徒対象の講座を設定し、それ以外の講座でも様々な配慮を行っている。

（ア）特別講座の設定

用語や文章が難解で苦手とする生徒が多いことから「世界史Ａ」「地理Ａ」「現代社会」「国語総合Ⅰ」では、渡日帰国生徒対象講座を開講している。日本語の習得状況に応じて順次講座を受講する。各講座では学習資料や考査等はルビつきとし、単語を調べながらテキストの日本語の意味を確認しつつ学習していく。地歴科目では、授業後半に各国の歴史や災害、観光などテーマを決め、プレゼン資料を作成し、クラス内での発表を経て、学校行事であるプレゼンテーション大会で発表している。資料作成や発表のための日本語を学び、聞き、評価をし、励まし合うことで、日本語と教科の学習を同時に行い、見学する日本人生徒にとっては異文化理解の大事な場となる。

（イ）その他の支援（考査時の合理的な配慮等）

考査時には、渡日帰国生徒の希望に応じて試験問題へのルビや辞書の持ち込み、事前の補習などを実施している。希望に応じて補習や添削、勉強の機会を設けるのは日本人生徒も同様である。

② 校内の支援体制について

支援を継続していくため各組織に渡日帰国生徒を意識した係を置き、各担当者が連携して対応している。また、渡日帰国生徒が活躍できる場を設け、日本人生徒にもプラスになる活動を意識している。

ア、支援を行う組織と体制について

開校３年目から、ユネスコスクール活動と渡日帰国生徒支援を行う多文化交流会議、様々な生徒を支援する保健支援部、渡日帰国生徒対象の国際クラスが設置された。

（ア）多文化交流会議、保健支援部、進路指導部からの支援

多文化交流会議では、多文化共生を目標に国際理解教育推進と渡日帰国生徒支援を担当している。海外からの訪問団受入時には遊語部と協力して、渡日帰国生徒を企画、運営のメインスタッフとし、母語を活かして通訳を担当させ、学校紹介をすることで日本語実践の場とし、自己肯定感の向上を目指している。保健支援部には考査時の配慮や支援の調整、進路指導部には卒業後の進路について支援する担当係を設置している。

（イ）国際クラス

日本語能力に課題のある生徒は、原則１年次の間は「国際クラス」に所属する。日本人と一緒のクラスでは不徹底であった連絡事項の徹底や相談活動、キャリア学習等を行う。少人数なので生徒の状況に合わせた細かな対応ができ、生徒にとっては日本語学習中の仲間を互いに認め合い、時に悩みや課題を分かち合い、必要に応じて励まし支え合う場となっている。

イ、アイデンティティの保障に関して

渡日帰国生徒の文化が社会的に尊重されることは、その生徒の自己肯定感や自尊感情にも深く関わっていく。このことから、遊語部を設立し、文化や文化を代表するものとして母語の授業を実施している。

（ア）遊語部の活動について

遊語部は渡日帰国生徒と日本人生徒をつなげる場として2010年に活動を始めた。文化紹介活動や国際協力活動を通して、渡日帰国生徒の日本語力・自己肯定感の向上、日本人生徒の国際的視野を広げることを目的として活動している。2013年からフェアトレード商品販売活動を開始し、売上金の一部を北海道ユニセフ協会に寄付している。こうした活動で本校を代表する部活となっている。

（イ）母語保障の考え

母語は、第２言語習得や論理的思考の発達といった側面で非常に重要であるが、それ以上に自分自身のルーツを象徴するアイデンティティ形成において重要である。本校では大通支援事業を活用し、授業外での学習として母語指導を行っている。これまで、中国語、韓国語、ロシア語、タガログ語、モンゴル語など、研究者や大学院生を指導者に迎え、毎週1回1時間、時事問題や歴史、文学などをテーマに授業を実施している。自らの母語で悩み事を話せ、母語を用いて学び、忘れかけ始めた母語そのものを学ぶことを通して自己肯定感を取り戻すなど、言語習得、認知発達、アイデンティティ、進路形成といった様々な面で支援となり、今後も推進する必要がある。

3　まとめ

以上が開校11年目を迎える本校での渡日帰国生徒への指導と支援に関する報告である。国際クラスや遊語部などの居場所の整備や支援体制が整ってきたことで、学校になじめない等の理由で1年次で退学するという生徒は減っている。また、出身国やルーツが違っていても同じように日本語を学ぶ仲間、部活動で一緒に活動する仲間として共に励まし合い、母語が多様なために共通言語として日本語を日常的に使用するという効果が現れている。日本人生徒にとっても、渡日帰国生徒という存在はもはや「日本語のできない、よくわからない相手」ではなく、「一緒に学び活動する」「日本語を教えて中国語を教えてもらう」など同じ学校に通う仲間となった。言語や文化の多様性を育み、多様性に学ぶという風土の醸成は、他の困りを抱える生徒にとっても生活のしやすい場なのではないだろうか。

また、渡日帰国生徒対象講座の設置により、学習言語の習得が充分とはいえない状態でも、各生徒のレベルに合わせ、教科を学びつつ日本語の習得もできている。ただ、課題のパートでも述べたが入学者の日本語のレベルに差があるように、そのニーズも様々で日本語の授業のあり方については、今後も検討が必要であろう。こうしたことから、校内には日本語教育について経験のある教員が複数いて、教科として対応できることが望ましい。

更に、母語学習については、日本語同様、各生徒の入学確定後に指導者を探す必要がある。当該生徒の母語を第1言語とし、高校生に教える技術を持ち、こちらの条件で学校まで来てくれる人とのマッチングも毎年全てが上手くいっているわけではない。

開校時と比べれば制度上はずいぶん指導や支援の体制面では整ってきたが、それらを推進していくことはもちろん、今後も「日本語」や「渡日帰国生徒支援」のあり方、また日本語能力にとどまらない一人一人が抱える様々な課題についても、担当教員のみならず各関係者、外部の各相談機関等とも連携を図り、取り組んでいく必要があろう。

3 外国籍生徒、日本語の指導が必要な生徒のニーズに応じた指導方法等の調査研究

外国籍、日本語指導の必要な生徒への対応構想
－外部機関とのより良き連携を軸に－

群馬県立太田フレックス高等学校長　竹澤　　敦

1　はじめに
(1) 沿　革

本校は、群馬県太田市に位置する、定時制課程、通信制課程を擁する普通科単位制の高等学校である。群馬県教育委員会「フレックス スクールの基本構想」に基づき、平成16年10月に設置された、平成30年現在創立14年目を迎える、若い学校である。学年制もとらず、制服もなく、校則は社会のルールという、まさに「フレキシブル」を具現する高等学校と言える。

開校以来、それまでの学校の概念（『枠』）にとらわれることなく、生徒のライフスタイルに合わせて科目選択や時間割の編成が可能な高等学校として社会人、外国人子女等にも広く学びの場を提供している。

(2) 教育活動の特色

①　本校の教育目標

「生涯学び続けることができる生徒の育成」

②　平成30年度の学校経営方針

ア　生徒の持つ可能性を伸ばし、社会の変化に対応できる、心身ともに健康な生徒の育成を図る。

イ　生徒一人ひとりの資質・能力・意欲に合致した、理解できる授業を展開し、主体的に学び続ける生徒の育成を図る。

ウ　生徒の諸活動への積極的な参加を促し、保護者・外部機関との連携を踏まえ、多様な人格を認めることのできる、人権意識の高い、豊かな人間性の育成を図る。

エ　「主体的・対話的な深い学び」の推進を図り、能動的な学習スタイルを追求する。

オ　交通安全意識を高め、交通マナー・交通ルールの徹底した遵守を図る。

（3）学校の規模

生徒数：886名（Ⅰ・Ⅱ部［昼間定］473名、Ⅲ部［夜間定］80名、通信制333名）

職員数：95名（校長1名、副校長1名、教頭2名、教員82名［含置籍］、事務長1名、事務部職員9名）

2　外国籍生徒、日本語の指導が必要な生徒の学習ニーズに応じた指導について

（1）生徒の現状と課題

本校の立地する太田市尾島地区（旧新田郡尾島町）は東毛工業地帯に属し、隣接する大泉町、伊勢崎市と比肩して県内でも外国人就労者が多数居住する地域である。労働者として来日後、家庭を持ち、子育てする人口は相当数に及ぶ。外国籍の両親または、父、母を持つ子供の数も多い。そういった子女の成長に伴い、就学、進学等の折に「言語の壁」が、順当な学習を阻んでいる実態は否めないところである。

本校は創立時以来一貫して、学習不適応や不登校傾向を有した子女の「学び直し」の場としての機能を有している。本校入学を契機にそれまでの不登校、引き籠り傾向を克服し、ほぼ皆勤で通学、卒業にまで至った事案は少なくない。

そのような現状を踏まえて、在籍生徒の約二割になろうという外国籍生徒、並びに日本語での学習に困難を有する生徒への本校としての学習支援の実態とそれに続く発展的「構想」を報告したい。

①　現　状

本校では日常の教育活動場面において、可能な限り、ゆっくりと丁寧な日本語の発話に努めている。また、配付印刷物には総ルビを施すことを基本としている。教育課程上では学校設定教科として「日本文化」を、その下位の学校設定科目に「茶道」「華道」を設定している。また、より踏み込んで日本語に不自由を認める生徒向けには、国語科の中に「ことばと生活」を、地理・歴史科の中に「日本理解」を設定している。

「茶道」「華道」はまだしも「ことばと生活」「日本理解」なる学校設定科目は、外国籍生徒並びに日本語に不自由を覚える生徒が実生活で直面するであろう、言語生活、生活文化面での場面を想定している。

さらには、正課ではないものの、外部団体であるNPO法人 Gコミュニティという非営利活動団体の協力を得て、本校の教室を開放して「学習サポートクラブ」を開設している。このクラブでは入学試験や就職試験の作文、面接対策、プレゼンテーションの練習、教科書、授業の補習等に係る支援活動が行われている。5月から開始され、ほぼ週1回というペースで実施されている。

②　課　題

学校設定科目「ことばと生活」「日本理解」は教育活動上の位置付けがあり、相当数に受講生徒を擁して学習活動が展開されている。一方それに比して「学習サポートクラ

ブ」は正課ではなく、自由参加的雰囲気が拭い去れない。有意義なクラブであるにも係わらず、継続発展的な学習支援には至っていない実態がある。

本稿では、そんな「学習サポートクラブ」の抱える課題性を視野に改善の方向を報告したい。補足になるが、これからの内容は本校校務運営委員会での可能性の模索を含めた継続審議の内容である。いまだ構想段階のものが主流であることを申し添える。

(2)「学習サポートクラブ」を生徒の学習ニーズに合わせる構想

①「学習サポートクラブ」の保護者への周知

これまで当該クラブの広報通知には、生徒向けに配付する生徒募集広報チラシという手法を採っていた。この手法は、確かに興味関心のある生徒には浸透するかもしれないが、真に必要性のある生徒全体に周知させるための条件を満たしていない恨みがあった。むしろ、機会を捉えて保護者に向けて、周知徹底の機会をもつ必要がある。具体的には、次年度卒業が予定されている者向けの「卒業予定者保護者集会」や、「入学者準備説明会」での資料配付と説明である。

これにより、少なからず保護者に「学習サポートクラブ」が認知され、真に必要性のある生徒とその保護者との共通理解を得るための素地が整うのではなかろうかと考える。

② 本校職員との連携強化

本校職員にはこれまで、職員朝会の連絡事項の一環として、当該「学習サポートクラブ」の生徒向け広報チラシの配付を依頼するという形式を採っていた。校内での担当(I部教務主任)が短時間説明を行うのみであった。この実態では、生徒への窓口になるゼミ担任(一般校での学級担任に相当)は単なる広報チラシの配付元に留まっている。生徒へ適切に指導できていたのか、疑わしいと言わざるを得ない。

この部分に強化充実の方策を採れるのではないか。具体的には、この機に「職員向け説明会」的な集会を企画して、当該Gコミュニティの代表者に校内研修的な時間枠等で趣旨徹底を図る場面を設定する。生徒募集のためには、ゼミ担任の深い理解が不可欠である。年度替わりで所属職員には異動が付きものである。職員の顔ぶれが変わるたびごとに、Gコミュニティの活動説明を直接に聞くことで、異動のなかった職員にもかなり深化した理解が期待できる。

このPR的な説明会を本校職員に向けに止めることなく、生徒に向けて設定する方策も十分にある。新入学の外国籍生徒が、アルバイトや遊びなどの生活習慣に染まる前、または、中間考査等の定期考査などの準備期間に入る折など生徒向け説明会の実施好機は十分想定できる。生徒自身の学習への動機付けにもなるはずである。

③ 学校組織の中への抱き込み

ア、校務分掌内に位置づける

これまでは、教務部長=教務主任が当該Gコミュニティに係る紹介者であり、事務担当者であった。その部分を少なくとも教務部内の係、できれば独立の部（例えば『地域連携部』『学習指導部』のような）として設置して、学校運営組織内に位置づけるものである。職員定数の関係も表裏一体の問題として出来することは想像に難くない。まず一歩は、教務部の係としての模索が落としどころとなろうか。

イ、 教育課程内に位置づける

これまでの「学習サポートクラブ」は、そもそも放課後クラブ的なものである。実際に出席する中での「学び」「学習効果」には大なるものがあっても、単位が認定されるわけではない。何度か出席はするが、学習を続けるという継続した行動をとらせるための動機付けとなる部分が育ちづらいのは否めない。

そこで、新たに「学習サポートクラブ」の内容を正課の中に位置づけられないかと考察した。具体的には新しい「学校設定科目」の開設である。しかしこれには、教育課程の変更が必要である。当然のこととして、教育課程変更申請等、県教育委員会とのやり取りも必須になってくる。来年度から直ぐにというわけにはいかない。息長く研究を進め、複数年計画で教育委員会とも渡りを付けていくものであろう。しかも、昨今の財政難の現状に鑑みるに、やはり職員定数増につながる大規模な改変は、実際的ではない。

そこで、それらの中間的な位置づけにはなるが、既存の「学校設定科目」（内容的には『ことばと生活』が適当かも知れない）の中に、「学習サポートクラブ」的学習内容を組み込む方向である。これまでの「学校設定科目」での学習内項目の精査精選を踏まえて、そこで生じた間隙に「学習サポートクラブ」での学習内容を填め込む。もちろん、指導者としては「外部講師」的な位置づけで、これまで「学習サポートクラブ」を担当していたGコミュニティスタッフを招聘するというものである。ただ、この方策にもある程度の申請や届け出が必要かも知れないが、研究の価値は十分にある。何としても、予算枠の増大を前提としていない分、ハードルは低いのではないだろうか。

3　今後の見通し

これまで、外国籍生徒並びに日本語指導の必要な生徒の学習ニーズに係る実態と、今後の構想に言及してきた。それらは主に学習面に特化した視点と言えるものだった。最後に、同様の生徒に対する、生活指導面での連携の視点にも触れてみたい。

一般的傾向であろうが、いわゆる集団心理の根底には同一言語の気安さが存在している。母語を同じくする者同士であれば、比較的容易に意思疎通が図れ、相互理解も進みやすい。その結果仲間意識も生まれ、各自の居場所ともなり得る。休憩時間帯に仲間同士楽しげに話し合っている姿は学校生活の潤いであるし、傍目にも微笑ましくもある。しかし、その実態の一部に同一母語による若干閉鎖的なコミュニティが見て取れる。

本校には「えらべる、まなべるフレックス」というキャッチフレーズがある。必修科目を含め卒業に必要な科目を、三年から四年かけて各自の計画に基づいて選択受講し、卒業要件に達する単位を修得することで、卒業が認定されるというシステムである。科目選択には相当の幅があり、自由度が高い。その裏腹として、母語を同じくする生徒同士で同一科目を選択し、結果的に同一母語集団が教室内で成立しやすくなってしまう。教室での指導言語は日本語であるわけだが、仲間同士では当該母語を使用して無意識裡に意思疎通を図ってしまう実態がある。

そのような言語実態の程度が一層高じているのが、「ゼミ」である。

完全単位制で学年制を採っていない本校には、一般校でいうホームルールが存在しない。そこで「ホームルーム活動」と「総合的な学習の時間」を「ゼミ」という講座で成立させている。主事主任級以外の教員が各自「〇〇ゼミ」という名称で一年間の活動内容を企画、生徒に告知し、自由に選択させ、ゼミ担任として一般校でいる学級担任的業務も担当している実態がある。

その「自由度」が、同一母語者の集団化を一面では生んでいる。（別次元ではあるが、生徒指導配慮生徒も『類は友を呼ぶ』で集団化する傾向にあるが、ここでは言及しない）この実態を回避するためには、同一母語者を作為的に別々のゼミに所属させる配慮も重要になる。（あくまでも全てのゼミを優先順位に従って希望させるのである。この過程を踏めば、希望しないゼミへの配属はあり得ないことになる。）この手法はすでにⅢ部では取り入れられている。在籍生徒数の違いはありはするが、Ⅰ・Ⅱ部でも是非導入させてみたいところである。日本語での意思疎通を消極的にでも選ばなければならない環境作りであり、生徒個々人の潜在的言語運用力に期待するところである。

本稿は、具体的ではあるがまだ構想段階のものであった。今後、外国人労働者入国の更なる増加が想定される現在、円満な共生社会のためにも関係子女教育には、課題性が十分高い。そんな現状に鑑みての一構想とご判読いただければ幸いである。

「浜松大平台高校における外国人生徒支援」

－外国人生徒支援委員会の取組－

静岡県立浜松大平台高等学校長　土井　千佳子

1　学校概要

(1) 沿　革

本校は、静岡県西部に位置する浜松市にあり、多様な進路実現が可能な総合学科の単位制・全日制の課程と、学習歴の多様な生徒が学ぶ普通科の単位制・定時制の課程を併置する高等学校である。平成18年4月、静岡県立農業経営高等学校と静岡県立浜松城南高等学校の再編整備により静岡県立浜松大平台高等学校として開校した。今年で創立から13年目を迎え、これまでに約3,200名の卒業生を輩出してきた。

校訓は「未来を拓く」で、生徒一人一人が、自分の興味・関心、進路希望に応じて、自分の夢を実現させるために、よりよい高校生活を送ってほしいとの願いが込められている。

(2) 教育活動の特色

近年の急激な社会変化の中で、様々な学習ニーズに対応するため、農業経営高等学校及び浜松城南高等学校の教育の伝統を継承しつつ、自ら学び自ら考える力を育成し、社会の中でその資質・能力を発揮していくための教育、生徒が互いによい影響を与え合いながら人間性を高めていく教育を設置の基本理念としている。

また、定時制では、「いつでも学べる」「だれでも学べる」「いろいろ学べる」の3つの学びの特色を最大限生かし、自らの力で未来を切り開く人材の育成に日々取り組んでいる。

(3) 学校の規模

本校は、多様な進路実現が可能な総合学科の単位制・全日制の課程と、学習歴の多様な生徒が学ぶ普通科の単位制・定時制の課程からなり、両課程を合わせると約1,000名の生徒が在籍している。

定時制は、三部制・単位制で、募集定員も1学年200名と県内の定時制としては大規模校であり、外国籍生徒も多く在籍する。Ⅰ部（朝型）は1～4時限、Ⅱ部（昼型）は3～6時限、Ⅲ部は9～12時限の3つの学習時間帯があり、生活のペースに合わせて学ぶことができる。

Ⅰ部243名、Ⅱ部214名、Ⅲ部53名で、生徒総数510名を28クラスで運用している。教員は、副校長1名、教頭2名はじめ、非常勤講師を含めた総数は74名である。

定時制年次別生徒数

	1年次				2年次				3年次				4年次				5年次 6年次	
部	Ⅰ	Ⅱ	Ⅲ	計	Ⅰ	Ⅱ	Ⅲ	計	Ⅰ	Ⅱ	Ⅲ	計	Ⅰ	Ⅱ	Ⅲ	計	計	計
男	42	41	15	98	43	36	10	89	34	16	13	63	16	10	3	29	1	280
女	37	39	5	81	42	32	3	77	26	26	2	54	3	12	2	17	1	230
計	79	80	20	179	85	68	13	166	60	42	15	117	19	22	5	46	2	510

2　外国籍生徒、日本語の指導が必要な生徒の学習ニーズに応じた指導について

（1）生徒の現状と課題

前年度の静岡県内の定時制高校21校に在籍した外国籍生徒は314名で、その内、浜松市を中心とする県西部地区の6校に238人が在籍し、その6校はいずれも外国籍生徒の割合が20％を超えている。本校では、外国籍生徒の在籍数123人、在籍割合23.5％となっており、在籍数は県内でも突出している。またⅢ部に限ると46.8％となり、この率も突出している。

浜松市は、国内屈指の大企業が本社を構える工業都市であり、周辺の企業で働く外国人労働者が多い地域であることも関係している。

①　現　状

下表は入学してくる外国籍生徒の推移表である。10年前は全体の7.2％にすぎなかったが、現在は約3倍の21.2％となり、年々右肩上がりに増加している。また、今年度のⅢ部を見ると41.5％が外国籍生徒となっている状況である。

外国籍生徒の国籍・人数の推移等　（国名は略称、単位人）

	ブラジル	ペルー	フィリピン	中国	ベトナム	アメリカ	インドネシア	メキシコ	外国人生徒合計	在籍生徒合計	外国人生徒割合%
平成20年度	19	11	5		1	1		1	38	528	7.2
平成25年度	53	16	8	1	4	1	1		84	510	16.5
平成30年度	72	19	10	1	3		2	1	108	510	21.2

② 課　題

ア、外国籍生徒数と国籍

浜松市の統計によると、現在公立小中学校に在籍する外国籍児童生徒数は1,700名を超え、国籍も26カ国と多国籍化している。

(ア) 在籍する外国籍生徒

現在本校に在籍する外国籍生徒は108名、国籍はブラジル、ペルーの南米系をはじめ7カ国である。多国籍化する生徒に対応できる支援員の増員、外国籍生徒へのきめ細かな指導、日本語指導、学力保障等の総合的な指導の必要性がある。

浜松市の統計からもわかるように、本校でも外国籍生徒数、国籍数はさらに増加することが考えられる。

イ、外国籍生徒の日本語能力

来日してから半年という生徒をはじめ、来日してからの期間が5年未満の生徒が11人在籍している。その他にも日本生まれではあるが、日本語能力が十分身についていない生徒もおり、学習面だけでなく卒業後の進路にも不安を残している。

(ア) 学習指導

外国籍生徒間でも日本語能力の差が大きい。学校の支援だけではカバーできないような著しく日本語能力が欠如している生徒、年齢相応の学習言語が身についていない生徒も多く、能力差に対する対応が難しい。

学校設定科目「日本語Ⅰ」や学習支援として行っている「日本語支援」では、生徒自身が日本語能力を向上させなければならないという危機感を持っていないため、授業を安易に欠席する傾向がある。

(イ) 進路指導

外国籍生徒のほとんどが、卒業後も日本の社会で生活を続けることを希望しているものの、進路選択の幅が広がるような力をつけるまでに至っていない。

就職関係では、帰国する可能性があるため正社員への拘りがない生徒もおり、語学力の低さからも採用され難い。進学関係では、学力はあっても家庭の経済的な理由等で、進学を諦めなければならないといった問題もある。

(2) 生徒の学習ニーズに応じた取組の状況について

平成26年度から、現状を把握し、先進校などの実践に学んで、外国籍生徒がより良い学校生活を送れるような対応を検討した。そして、平成27年度に校内定時制単独の組織として、「外国人生徒教育支援委員会」を立ち上げたので、その主な取組についてまとめる。

① 「外国人生徒教育支援委員会」の組織と活動内容

ア、構成メンバー

副校長・教頭・教務主任・生徒指導主事・進路指導主事・研修主任・Ⅲ部主任で構成している。

イ、活動内容

教育課程の検討、日本語能力テストの運営、学習支援の充実（放課後学習サポート）、校内研修会の企画、進路支援、多文化共生教育の推進、外国人生徒支援員の有効活用、外部支援団体との連携。

② 日本語指導について

ア、日本語能力テスト

入学直後に、外国にルーツを持つ生徒全員を対象に「日本語能力テスト」を実施している。内容は小学１年生から小学６年生で習う漢字・読解力・文法力を問うものである。日本語が話せても、読み書きができない生徒が多く、テストの結果により日本語の習得が不十分と思われる生徒には、学校設定科目「日本語Ⅰ」を履修させている。

イ、「日本語Ⅰ」

学校設定科目「日本語Ⅰ」は、国語科の教諭と非常勤講師が担当し、４単位の通年科目として、基礎的な日本語の理解力を確認しながら、他教科を学習するために必要な日本語の習得を目指している。義務教育段階の国語教材を利用して、表現力、読解力の養成を行うとともに、日本語文型の復習と不足部分の補充を行っている。

その際、生徒が実際に文を作ったり、問題を解いたりする演習を多く取り入れ、学習言語の獲得、学ぶための力を付けさせる取組を行っている。

また、小学校で習う漢字の復習を繰り返し行うことで、基礎学力の定着を図っている。

ウ、「日本語Ⅱ」

学校設定科目「日本語Ⅱ」は、国語科の非常勤講師が担当している。４単位の通年科目で、中学、高校で学習する言葉が理解できるレベル内容となっている。日本語学習の読解教材を使用し、読解演習から思考力を養い、書き言葉で適切に表現する学習内容となっている。

エ、日本語支援

「日本語Ⅰ」の受講者の中から、日本語の支援がより必要な生徒を対象にして、「日本語支援」の補習を実施している。この補習は、日本語指導の専門家である非常勤講師が担当し、生徒の漢字の読み書き及び文を読む体験の不足を補っている。

主に漢字の復習をする生徒、苦手な文型を確認する生徒など、生徒の力に応じて学習内容も個別に対応している。

③ 外国語科目

日本生まれ、日本育ちの外国籍生徒が増えてきている。そのため家庭内で使用する主たる言語が親子間で異なるケースもあり、中には母語も日本語も十分に身についていない生徒が存在している。

ポルトガル語を母語とする生徒達に、適切な母語能力を身に付けさせるため、学校設定科目「ポルトガル語（母語・中級）」を開講している。

④　教職員の研修

従来から取り組んできた特別支援や不登校等の生徒理解・情報共有の研修に加え、外国籍生徒に対する上記課題解決のための情報交換会、教職員グループワーク（課題理解、困り感と対応についての共有等）を実施した。

また、さらなる知識・理解を深めるために、外国籍生徒支援員による外国籍生徒理解のための研修にも取り組んだ。

３　取組の成果及び今後の見通しについて

（1）取組の成果及び生徒の変容について

「外国人生徒教育支援委員会」の取組は、生徒本人に対する支援に加えて、日本語能力が十分でない保護者との就学相談・生活指導・進路相談にも繋げている。これらの取組は、生徒・保護者・教職員からも理解され、少しずつ効果をあげている。

「日本語Ⅰ」や「日本語支援」の学習を通し､会話すらままならなかった外国籍生徒も、漢字の読み書きが向上し、語句の検索ができるようになる、日本の行事や文化について知見を広げる等の成果が見られる。中には、漢字検定３級、日本語能力検定のＮ３に挑戦する生徒もいるなど、この取組が一定の役割を果たしている。

（2）今後の取組の見通し及び課題について

外国籍生徒への学習支援については、生活環境、学習歴、日本語能力を考慮した個別の支援体制が必要である。中学校までの日本語学習支援内容を把握し、その生徒への必要かつ効果的な支援ができるように中高間で、情報の共有ができる体制を整えていきたい。

外国籍生徒への支援は、学校単位で行っているのが現状であり、本校でも「日本語Ⅰ」を国語科教員が一部担当している。求められる専門性が異なるため相当な負担となっており、その支援にも限界がある。学校・公的機関・企業等がより連携を深め、専門スタッフの配置、ボランティアを活用した放課後等の日本語学習支援、理解を深めるためバイリンガル指導による教科指導を進めていくことで、より理解の深まりが期待できる。

課題としては、外国籍生徒が日本語能力の不足により、学校生活への不適応を起こしたり、学習意欲・理解の低下等による不登校、中退等にならないよう、日本語学習への意識を高めると共に、指導内容、指導方法を改善することが求められる。その他にも、日本語指導内容・方法の蓄積や継承、外国籍生徒教育のための専門的な知識・技能を有する人材を確保することが挙げられる。

また、校内外でのネットワーク化を構築し、日本語指導・教科指導教材等の共有や、効果的な日本語指導の方法についての学習会を通し指導レベルの向上を図る必要がある。

4　まとめ

定時制では、多様な生徒を抱えている。卒業後の安定した社会生活につなげるためにも基礎学力の定着はもちろんのこと、社会生活で求められる基本的な資質能力の育成など、様々な対応が、今後さらに求められることが考えられる。外国籍生徒への学び直しなどにおける支援や取組を充実させ、一人ひとりの実情に合わせた適切な指導が必要である。

新たな課題、困難な事案などを含め、教職員が課題・情報を常に共有し、「チーム大平台」として取り組むことを念頭に、生徒へ還元できる取組を心掛けていきたい。

3　外国籍生徒、日本語の指導が必要な生徒のニーズに応じた指導方法等の調査研究

「地域の教育資源を活用しながら日本語能力を向上させ、学習意欲を喚起させる指導」

愛知県立刈谷東高等学校長　江坂　嘉彦

1　学校概要

(1) 沿　革

本校は、愛知県刈谷市にある、定時制課程昼間（普通科）、定時制課程夜間（機械科）、通信制（普通科）の３つの課程を持つ高等学校である。昭和 43 年に、文部省より定時制通信制教育モデル校の指定を受け、昭和 44 年に定時制課程夜間と通信制で開校し、後の昭和 59 年に定時制課程昼間が設置された。定時制と通信制を併置する愛知県内唯一の学校であり、平成 30 年度で創立から 50 周年を迎える。

(2) 教育活動の特色

教育目標は、「憲法及び教育基本法の精神を尊び、平和で民主的な社会の形成者として調和のとれた人格の育成を目標とし、働き学ぶ生徒の立場を理解して、次の目標を立てる。

ア　希望をいだき、はげまし合ってともに進もう。

イ　心身を鍛え、命を大切にしよう。

ウ　自ら考え学び、基礎学力を身につけよう。

エ　言動に責任をもち、広く社会に目を向けよう。

オ　自然を大切にし、あたたかい心を育てよう。」

である。

(3) 学校の規模

	昼間定時制	夜間定時制	通信制
校　長	1		
教　頭	1	1	1（副校長）
教　員	34	14	23
生徒数	558	105	1,151 （特科、併修含む）
クラス数	17	4	22

2　外国籍生徒、日本語の指導が必要な生徒の学習ニーズに応じた指導について

（１）生徒の現状と課題

愛知県は、日本語指導を必要とする外国人生徒が全国で最も多い。平成14年度から、「外国人生徒にかかる入学者選抜」という、原則として小学校４年生以降に来日した外国人生徒を対象に特別な入試が実施された。この制度は全日制において採用され、この入試で入学した生徒は通訳を付けた取り出し授業で学び、夏休み等にも特別な補習授業を受けることができる。しかし、全日制の学習レベルについて行けない、そもそも受検資格がないということで、定時制・通信制を受検する外国人生徒が徐々に増えているのが現状である。定時制・通信制においては、定員を満たす学校が減少しており、日本語が不自由な外国人生徒も入学できる可能性が高まっている。愛知県内のある夜間定時制の学校では、入学生の50%を超える生徒が外国人生徒となっている。

しかし入学後、当然ではあるが教科書は全て日本語、授業も日本語、日常会話は多少できると思っていたが、授業になったら何がなんだかわからないという生徒が数多くいる。その「わからない」についてもただ単に日本語がわからないだけではなく、学習言語が未熟、もしくは確立されていないため、単なる通訳を交えた学習では全く身につかないという生徒もいる。

様々な困難の中で、単位を取れず辞めていく生徒、学習内容が全くわからず意欲を失っていく生徒が後を絶たない。こうした生徒たちに少しでも高等学校での学習内容を身に付けさせ、社会に送り出すため指導を工夫することが大きな課題となっている。

なお、上記の内容は本校の昼間定時制、夜間定時制にも共通する課題であるが、本稿においては昼間定時制で行われている実践を報告する。

①　現　状

様々な指導を通して、または校内日本語能力テストを行うことで、外国人生徒の現状把握に努めている。生活文化や価値観の違いからトラブルが発生することもあるが、今回はこうした問題には言及しない。生徒の学習を中心に考察する。

ア、　日本語能力テストより

日常会話ではさほど困ることはない生徒であっても、正確な言葉の意味がわかってなかったり、聞くことはできても、実際に文字にすることは難しかったりする。特に細かいニュアンスを示すような言葉は理解しにくいようである。さらに教科書に出てくるような抽象的な表現は、当然のことながら理解は不十分である。

イ、　学習言語の未発達

アの日本語能力テストと必ずしも一致しないところが判断に苦しむところである。日本語ではない母語がしっかりと身についており、学習の基礎ができている者は、日本語能力が低いとしても翻訳もしくは通訳を介して学習すれば、教科の内容も理解できることが多い。しかし、日常生活の中でなんとか生活言語としての日本語が理解できる生徒であっても、母語の習得が未発達のまま来日し、学習言語が確立していない生徒は、思

考力が極端に劣る場合がある。こうした生徒はいくら通訳しても教科の内容を理解することは難しい。

前者は、中学校以降に来日し、母語がしっかりと身につき、学習言語としての母語も確立しており学習の基礎ができている生徒である。翻訳・通訳さえつければなんとか学習についていける。後者は小学校低学年までに来日し、母語が身につく前に日本語の中で生活し、学習言語が確立しないまま算数や日本語の文法を学んでしまうことになり、学力が身につかない生徒である。幼いうちに来日すれば、日本語を早く学ぶことができ、日本人と同様に高校に入って学べると思われがちだが、必ずしもそうではない。

②　課　題

日本語能力が不十分な生徒たちに、高等学校での学習内容を身につけさせ、社会に送り出すことが大きな目標である。高等学校の３年間・４年間で日本人と同じようなレベルに引き上げることは難しいが、なんとか自立して生活できる力を身につけさせたい。そのために個々の生徒の状況に応じた指導計画を立て、指導内容・方法を工夫し、そのための指導態勢を確立していくことが課題である。また、学習言語が確立されていない生徒に対しては、日本語をしっかり身につけさせ、日本語を学習言語とするためのトレーニング方法も大きな課題である。

（2）生徒の学習ニーズに応じた取組の状況について

現状のところで述べたように、年度当初に「日本能力テスト」を実施する。そのテストの結果を分析し、その生徒に応じた支援計画を立てる。様々な指導内容・方法をどのように組み合わせて指導していくか、という指導計画になるが、年度途中であっても有効だと思われる方法に柔軟に切り替えていける態勢をとっている。

①　校内日本語能力テストと面談

年度当初に刈谷市国際交流協会作成の日本語能力テストを実施する。テストもレベルに応じて２種類用意し、生徒の現状を把握する。日本語の会話がある程度できる生徒も、テストをしてみると日本語をあまり理解していないことがわかる。テスト実施後、支援員と生徒一人一人が面談をし、支援をしてもらいたい授業や授業後の個別学習、日本語教室への参加など、担任や支援員の意見を聞きながら個別の指導計画を作成する。該当生徒の生い立ちや家庭環境を知ることや生徒の指導過程を細かく残していくことで生徒の現状や苦手分野を把握でき、効果的に支援していくことが可能になった。

テストの採点は日本語教室の先生にお願いし、日本語能力テストの結果と日本語教室での生徒の様子を担任と情報を交換できる場を改めて設ける。今後の生徒に対する指導の判断材料となる重要な資料なので多少時間はかかるが慎重に行っている。

②　授業への入り込み

外国人生徒の学習を効率よく行うためにはわからないことをその場で教え、理解させることが非常に重要であると考えている。そのため多くの支援員に授業に入ってもらい、個別に支援してもらっている。支援に入る授業は、国語科、地歴・公民科が中心で教室の後方に座席を用意し、授業に支障がないように通訳などの支援をしてもらっている。支援を受けている外国人生徒たちは、その場でわからないことを聞くことができるため、学習に対する意欲が向上してきた。また支援員には、通訳だけではなく、ノートを取る指導も行ってもらっているので授業後の個別学習でも成果をあげている。

授業への入り込み支援の問題点としては、当日急に欠席する生徒が出たときの対応である。本校では多くの外国人がいるために、該当生徒が休んだときに別の授業に入る計画案を作成し、対応することにした。

③　個別学習

授業後の個別学習では、主に授業の復習と日本語の学習、学校生活で必要な書類の翻訳などを行っている。愛知教育大学のリソースルームと連携し、外国人生徒の支援方法についてアドバイスをいただいた。そのつながりで支援員として愛知教育大学の学生を採用している。将来教員をめざしている学生や日本語教育に携わりたいと考えている学生たちなので非常に熱心に支援をしてくれている。日本語教育を専攻している学生は、外国人生徒が日本語に慣れ親しむために様々な教材を用意し、遊びの中で日本語を学ぶ工夫をしてくれるので生徒にも好評である。

④　日本語教室

外国人生徒の日本語能力に大きな差があるため、日本語教室は大人数で指導するのではなく、上級コース、初級コースに分け、毎週火曜日に刈谷市国際交流協会の日本語教育の先生に協力していただき、開催している。以前より日本語教室を行っているが、毎週休まずに参加している生徒に関しては着実に日本語能力が向上してきた。主に刈谷市国際交流協会の先生が用意した基礎文法のプリントを解答後、声を出して答えを読み上げ、正しい日本語の使い方を学習している。また、様々な日本語の文章を読む練習を繰り返し、すらすらと日本語の文章を読む生徒も増えてきた。しかし、なかなか意欲的に参加できない生徒がいるのも現実である。担任と支援員、教務部員と面談をしながら生徒一人一人にあった支援の方法を模索中である。

日本語教室の先生から「外国人生徒は圧倒的に語彙が不足している。本を読むことで日本語に慣れていくので、授業の中で教科書を声に出して読ませて欲しい」とアドバイスをうけた。本校の職員に伝え、授業改善につなげていきたい。また、日本語能力試験に合格することを目標に学習を続けている生徒も多く、生徒の意欲を高めるために６月下旬に校内で日本語能力試験の模擬試験をレベルに応じて実施した。４月当初と比べると、漢字の読みや文法の正答率は上がっているが、文章を読み解く力はまだまだ身についていないことがわかった。

⑤　外国人生徒情報共有カードの作成

支援員と担任が面談をできれば一番良いのだが、なかなか時間もとれないため、外国人生徒教育支援員情報共有カードを作成し、毎月支援員と担任、教科担任間で情報の共有を心がけている。

⑥　長期休暇中の学習支援

昨年度、夏季休業中に外国人生徒向けの「基礎学力向上プログラム」と名づけた補習を実施した。これは各教科で使用される基本的な日本語を修得し、語彙を増やすために計画したものであるが、夏季休業中に自由参加という形でおこなったため参加者はおらず、空振りに終わってしまった。定時制課程ではなかなか休業中に補習を行うことは難しい。そこで今年度は夏季休業の最終日と始業日に夏季学習会を実施することにした。本校は二期制で夏季休業日明けに前期期末考査が始まる。考査前に実施することで通常より意欲的に参加するのではないかと考え、変更した。その結果、少人数ではあるが、参加者がおり、さらに増えることを期待している。

3　まとめ

（1）取組の成果及び生徒の変容について

今年度は多くの教員と支援員に関わってもらったため、前期中間考査での外国人生徒の抱える成績不振科目は大幅に減ってきた。しかし､それが日本語の向上に直接つながっているわけではない。教員や支援員との関わりの中で学習に取り組み、提出物もしっかり提出することができたが、高校レベルの問題をテストで解答するために必要な日本語はまだ十分に身についていない。生徒にテストのことを尋ねると覚えたことをそのまま書いているだけで理解できていないことがたくさんあるという回答がかえってきた。問題文の意味も単語でわかる程度でしか理解できていないのが現状である。しかし、授業の内容が少しずつ理解できるようになり、前向きに取り組む生徒も出てきた。

（2）今後の取組の見通し及び課題について

様々な取組を行う中で、多くの方々の協力により外国人生徒が学習するための環境を整えることができたのは大きな成果である。意欲的に学習する生徒も増え、日本語も少しずつ向上してきた。しかし、この実践から新たな課題も見えてきた。日本での生活が長い生徒はある程度日本語を話し、コミュニケーションもとれていると教員側は思ってしまいがちだが、実際には母国語も日本語も不十分な生徒が多く、どちらの言語でも社会に出たときに必要な語彙が不足し、自分の感情や思考を深める言葉を持っていない。日本で外国人生徒が生きていくためには、日本語をしっかり身につけさせる必要があるが、現状では高校ですべて指導することは難しい。また、外国人生徒自身の意欲の差も大きく、今後どのように生徒に関わり支援していくかが課題である。

本実践に取り組めば取り組むほど課題が出てくる状況であるが、本実践を通して地域には外国人生徒を支援していく様々な仕組みがあることを知ることができたのは大きな収穫である。本人のやる気と覚悟があれば、地域のボランティアで活動している団体や大学と連携して支援していくことは十分に可能である。今後も生徒の実態に合わせ、地域と連携しながら継続的に外国人生徒を支援していきたい。

外国人生徒に対するアンケートで「学校生活で困ること」を尋ねると、「一番困るのは授業の内容がわからないこと」、「就学支援金や奨学金などの事務手続きが難しくてよくわからない」という回答が非常に多かった。事務手続きは日本人でもよくわからない部分があるのでやむを得ないが、やはり授業がわからないというのでは高校生にとって１日が苦痛な時間になってしまう。なんとか授業を理解できるようになる支援の在り方を今後も検討していきたい。

「CLD 生徒*注1の現状と取組及び成果と課題」

−増える外国人就労者、今後求められる日本語指導−

三重県立飯野高等学校長　橋本　一哉

1　学校概要

(1) 沿　革

本校は、鈴鹿サーキットにほど近い三重県鈴鹿市の長閑な田園地帯に佇む全日制・定時制を擁する小さな高等学校である。開学したのは昭和 49 年（1974 年）で、繊維産業に従事する勤労青少年のための昼間二部制の定時制高校として新設された。今でこそ昼間二部、三部の定時制は珍しくないが、当時はこの鈴鹿の紡績工場に中学を卒業したばかりの青少年（女子が殆ど）が全国から就労に集まり、紡績会社の用意したバスで午前は通学、午後は工場に通勤（あるいはその逆）していた。在校生が 4 学年揃った時は、最大で 1,000 人規模の定時制高校であった。

やがて社会情勢が変わり始めると、紡績工場の撤退が始まり入学者数は減少の一途を辿るが、この時期は中学卒業者の急増期であり、その対策として高校の新設が相次いだ。本校にも国際化、情報化の波が押し寄せ、昭和 62 年（1987 年）に全日制の応用デザイン科と英語科の各２クラスが併設された。平成 7 年（1995 年）に定時制の入学者が 0 人となり、翌年募集を停止。平成 10 年（1998 年）3 月には 24 年間続いた昼間定時制課程に

応用デザイン科生徒　卒業制作作品
「飯野高校日常風景図」（日本画 F80 号）

沿革（概略）

元号	西暦	概要	募集定員等
昭和49年	1974年	昼間二部制の定時制高校として新設	270名（入学者270名）
昭和62年	1987年	全日制　応用デザイン科英語科併設	応デ　80名 英語　90名
平成7年	1995年	定時制入学者０名	
平成8年	1996年	定時制課程　募集停止	
平成10年	1998年	定時制課程　課程閉鎖	
平成11年	1999年	英語科を英語コミュニケーション科に改編	
平成19年	2007年	ＳＥＬＨｉに指定	
平成23年	2011年	地域内の２校の定時制を統合し、夜間２部定時制普通科併設	80名

課程設置期間

昼間定時制…昭和 49 年（1974）～昭和 61 年（1986）

全日制

・昼間定時制…昭和 62 年（1987）～平成 10 年（1998）

全日制…平成 11 年（1999）～平成 22 年（2010）

全日制・夜間定時制…平成 23 年（2011）～

生徒在籍数【全日制】

<table>
<tr><td colspan="6">応用デザイン科</td><td colspan="6">英語コミュニケーション科</td><td rowspan="5">合計</td></tr>
<tr><td colspan="2">1年</td><td colspan="2">2年</td><td colspan="2">3年</td><td colspan="2">1年</td><td colspan="2">2年</td><td colspan="2">3年</td></tr>
<tr><td>男</td><td>女</td><td>男</td><td>女</td><td>男</td><td>女</td><td>男</td><td>女</td><td>男</td><td>女</td><td>男</td><td>女</td></tr>
<tr><td>13</td><td>67</td><td>10</td><td>71</td><td>11</td><td>64</td><td>28</td><td>51</td><td>25</td><td>51</td><td>21</td><td>49</td></tr>
<tr><td colspan="2">80</td><td colspan="2">81</td><td colspan="2">75</td><td colspan="2">79</td><td colspan="2">76</td><td colspan="2">70</td></tr>
<tr><td colspan="2">男 合計</td><td colspan="4">34</td><td colspan="2">男 合計</td><td colspan="4">74</td><td>108</td></tr>
<tr><td colspan="2">女 合計</td><td colspan="4">202</td><td colspan="2">女 合計</td><td colspan="4">151</td><td>353</td></tr>
<tr><td colspan="2">科合計</td><td colspan="4">236</td><td colspan="2">科合計</td><td colspan="4">225</td><td>461</td></tr>
</table>

幕を閉じた。一方、全日制応用デザイン科は、県内にない美術・デザイン系の専門学科として一定のニーズがあったが、英語科は開設後数年経過する内に定員に満たなくなり、平成24年（2012年）まで再募集を繰り返してきた。しかしこの頃からCLD生徒[*注1]の受検が増え始め、近年では定員を満たしている。平成23年（2011年）に、他校（2校）にあった夜間定時制を本校に統合し、夜間二部制の普通科定時制（80名）を併設する学校として再スタートをきった。

（2）教育活動の特色及び学校の規模等

全日制応用デザイン科は、2年次より「美術（油絵・日本画・彫刻）」・「ビジュアルデザイン」・「服飾デザイン」の3コースに分かれ、専門的な実習を通して3年生での卒業制作に臨む。進路は美術・デザイン方面等の大学、専門学校への進学が約8割、就職が約2割を占める。また女子生徒が約9割を占めている。

英語コミュニケーション科は英語の専門学科として、3年生での英語表現演習発表会に向け4技能を磨き、更に英検の取得を目指している。進路は大学、専門学校等で約7割、就職もしくは未定が約3割となる。当科の最大の特徴は、1学年80名の内約5～7割がCLD生徒であることで、内訳は、ブラジル、フィリピン、ペルーで約8割を占めている（表1）。日本を含め13カ国の生徒が在籍し廊下

生徒在籍数【定時制】
夜間2部制 1部 15:50～ 2部 17:35～

普通科（各学年: 定員80名）									
1年次		2年次		3年次		4年次以降		合計	
男	女	男	女	男	女	男	女	男	女
20	13	26	15	18	19	25	16	89	63
33		41		37		41		152	

【表1】CLD生徒在籍数及び割合【全日制】

		応用デザイン		英語コミュニケーション		全体	
1年	CLD生徒数	3	3.8%	56	70.9%	59	37.1%
	生徒数	80		79		159	
2年	CLD生徒数	0	0.0%	43	56.6%	43	27.4%
	生徒数	81		76		157	
3年	CLD生徒数	5	6.7%	37	52.9%	42	29.0%
	生徒数	75		70		145	
全体	CLD生徒数合計	8	3.4%	136	60.4%	144	31.2%
	生徒数	236		225		461	

【表2】CLD生徒の国籍及び人数と割合【全日制】

	国籍／海外生活国		1年	2年	3年	合計	%
1	ブラジル		28	17	9	54	37.5%
2	ペルー		5	9	8	22	15.3%
3	フィリピン		10	12	14	36	25.0%
4	ボリビア		4	1	1	6	4.2%
5	中国		2	0	2	4	2.8%
6	インドネシア		1	1	1	3	2.1%
7	パキスタン		1	0	0	1	0.7%
8	ベトナム		2	0	0	2	1.4%
9	ネパール		1	0	0	1	0.7%
10	日本国籍所有帰国子女含む	アメリカ	0	1	3	4	2.8%
11		オーストラリア	1	0	0	1	0.7%
12		フィリピン	1	2	1	4	2.8%
13		ブラジル	3	0	1	4	2.8%
14		タイ	0	0	2	2	1.4%
合計			59	43	42	144	

【表3】都道府県の外国人住民

順位	都道府県名	在留外国人数	都道府県人口に占める在留外国人数の割合	（参考）在留外国人数の順位
1	東京都	430,658	3.22%	1
2	愛知県	200,673	2.69%	3
3	三重県	42,897	2.35%	14
4	大阪府	204,347	2.31%	2
5	群馬県	43,978	2.23%	13

（出所）
在留外国人数＜平成26年12月31日現在＞（法務省「在留外国人統計」）
都道府県人口＜平成26年10月1日時点＞（総務省「人口推計」）より三重県統計課で加工作成
（備考）
11位以降の40位までの順位の県の値は省略しています。

---

*注1「CLD生徒」Culturally Linguistically Diverse Children＝文化的、言語的に多様な背景を持つ子ども

外国人生徒、外国につながりのある生徒など、県内でも呼び方に統一性がない。JSL児（Japanese Second Language）も、しばしば使用されるが、日本生まれ、日本育ちで日本語を母語にしながら、保護者が別言語であったり、一時渡航（帰国）期間があるなど多様であることから、言語教育学者のジム・カミンズが著書等で使用しているCLD児に倣い、本校内では「CLD生徒」と呼んでいる。

では、スペイン語、ポルトガル語、タガログ語が賑やかに飛び交い、まさにインターナショナルスクールの様相を呈している（表２）。

定時制では、様々な家庭環境、背景を持つ生徒が殆どで、CLD 生徒が全体の約３割を占める。１年次に限れば約５割と増加傾向にある。中には来日直後で日本語が殆ど判らない生徒も在籍している。３年間で卒業できる三修制と多様な選択科目、学び直しと少人数教育による丁寧な指導に特色がある。

2　三重県及び鈴鹿市の外国人の状況等

（1）三重県・鈴鹿市の状況

法務省「在留外国人統計」の平成 26 年（2014 年）末データによると三重県の外国人住民数（在留外国人数）では全国 14 位となっている。しかし、その数を総務省「推計人口」の平成 26 年 10 月１日現在の各都道府県推計人口データで割って算出した「外国人住民人口が県人口に占める割合」でみてみると 2.35%（全国平均 1.67%）と全国３位と上位にある（表３）。県内の外国人住民は平成20年のリーマンショックを機に減少に転じるが、近年は再度増加傾向にある（表４）。平成 30 年末に入管法の改正もあり、外国人労働者の更なる増加が予想される。また鈴鹿市の外国人登録者数は 8,000 人を超え、総人口の約４％を占め、市民の 25 人に１人は外国人という割合になっている。

（2）CLD 生徒が増加してきた背景

本校に CLD 生徒が集まる理由としては、上記の状況下でこの鈴鹿市に本田技

【表４】三重県における外国人住民人口の推移

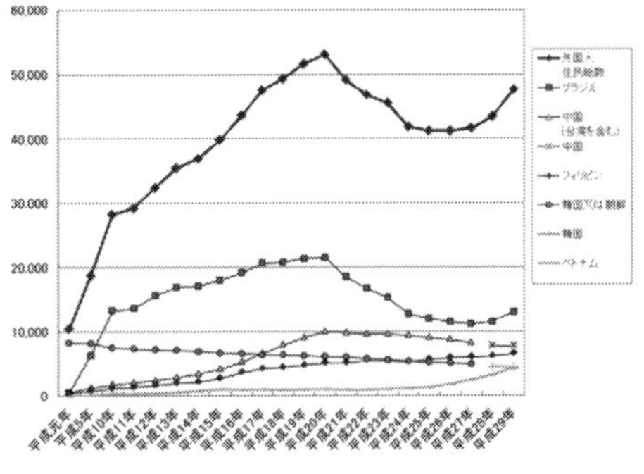

【表５】英語コミュニケーション科　前期受検者数と CLD 生徒入学者数の推移

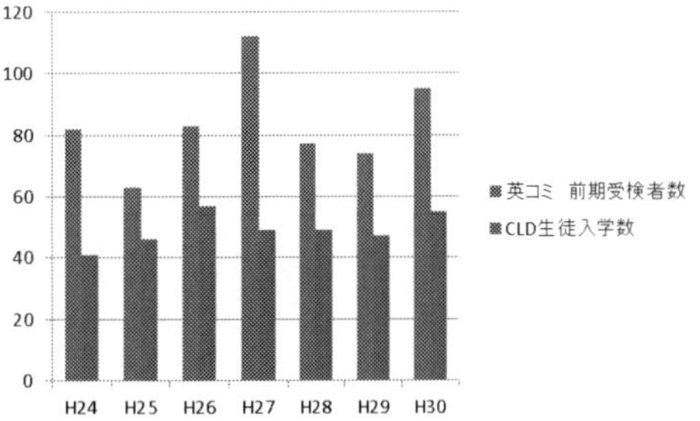

上記の受検者数は前期選抜（40 名定員）の受検者数の推移。
前期選抜で当該科の希望者がほぼ受検するため、定員 80 名を超えないと厳しい側面はある。（後期のみの生徒は少数）

【表６】外国人生徒等に係る特別枠入学者選抜

入学者選抜制度は、県教育委員会が規定している。「外国人生徒等に係る特別枠入学者選抜」に出願できる資格は、

- 外国籍を有すること
- 入国後の在日期間が６年以内であること

当制度は、その枠が定員内の５名を原則にしているが、本校のみ 10 名としている。本校のように多数の CLD 生徒が受検するようになることを想定していなかったため、出願方法や制度そのものに課題も出てきている。

【表７】国語基礎力試験の結果（聴き取り問題含む）

得点（50点満点）	人数	左の内 CLD生徒数
50～46	25	0
45～41	51	2
40～36	36	13
35～31	9	6
30～26	11	11
25～21	9	9
20～16	6	6
15～11	5	5
10～0	5	5

25 点未満の 22 名を日本語指導対象としている。

研工業（ホンダ）を始めとする自動車製造関連工場が多く、外国人労働者のコミュニティができていることがあげられる。また入学者選抜の「外国人生徒等に係る特別枠入学者選抜」があること、日本語指導体制や学校の過ごしやすい雰囲気等の情報がCLD生徒間で広まったこと、特にフィリピンの生徒は英語に強みがあるため英語の授業が多いこと等に魅力を感じていることがあげられる（表５・６）。

試験は２年前まで「日本語能力試験」等を参考とした筆記のみの試験であったが、昨年度までの研究成果として「聴き取る力」を測る必要があることが判りだした。これまで日本語指導対象のＣＬＤ生徒との日常会話が概ね問題なかったため、会話等を理解していると思っていたが、「聴き取りテスト」を実施することにより、その結果からおそらくＨＲ等での担任の伝達事項等が７割から半分程度しか理解できていないのではないか、（伝わっていない）ということが推測できるようになった。
上記の対象生徒の日本語力は、小学校低学年から中学年程度しかなく、いわゆる学習言語の理解が厳しい状況である。

【表8】国語能力試験Ｎ１の受験者数・合格者数の推移

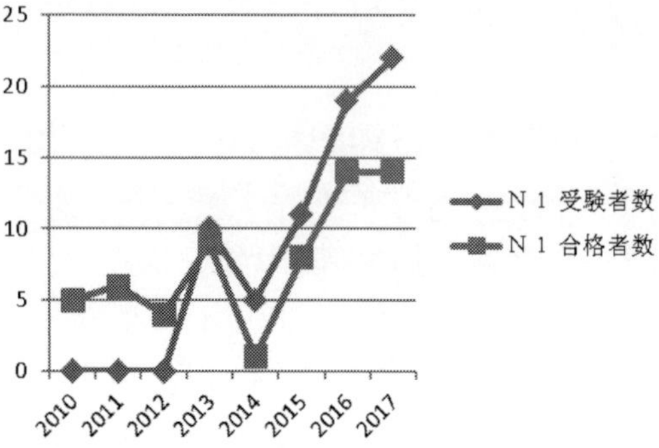

Ｎ１は中学校3年から高校1年生レベルの日本語能力。就職等の際に強みとなることがあるため、取得を勧めている。検定料が高価（¥5,500）なため計画的な受験をしなければならない。

３　CLD生徒に対する日本語指導

（１）はじめに

本校は全日制応用デザイン科、英語コミュニケーション科、定時制普通科とそれぞれの特色、方向性が異なり、また生徒の状況も異なる３学科で構成されている。本校「外国籍生徒、日本語の指導が必要な生徒」に係る報告では、全日制英語コミュニケーション科と定時制普通科での状況や取組、課題等に限って報告したい。なお、日本語指導については、義務教育段階での取組に比べ高等学校での取組は進んでおらず、各研究機関等[＊注2]においても日本語指導に係る諸課題が高等学校に移行していると言われている。また、高等学校では入学までに選抜（入試）を経るため、日本語指導が必要な生徒の多くが特定の高校や定時制等に集まる傾向がある。そのため高等学校全体の課題として課題が顕在化しにくく、日本語指導を専門とした教諭等の採用、配置をはじめ、指導方法、教材開発等がCLD生徒の増加に追いついていないのが現状である。

（２）全日制での現状と取組概略

本校では新入生全員に対し入学後すぐ、独自に作成した「国語基礎力試験」を実施し、その結果で日本語指導が必要な生徒を抽出している（表７）。昨年度までは筆記問題のみであったが、聴き取

＊注２「母国語・継承語・バイリンガル教育研究会」はCLD児が学校で教科を学ぶために必要な日本語の教室談話の「聴く力」の調査研究を行っている。当研究会においてこれまで研究の中心が比較的小中学校を対象としてきたが、その課題が高等学校に移行しているという認識を示している。

（参考）国際サポート
全日制ではこれら多数のCLD生徒の対応等に係り独立分掌として「国際サポート部」（２名）を配置している。

り問題を加えることで精度が増した。試験結果を基に1年次では、「日本語基礎A(2)」(( )内単位数)を日本語指導の講座として開設している。「国語総合(3)」、「生物基礎(2)」、「現代社会(2)」、「保健(1)」においては取りだし授業＝T講座[*注3](普通講座と同じ内容の噛み砕き授業)をしており、この内「生物基礎」に日本語支援等補助員(ポルトガル語)がT.Tとして入っている。この他、スペイン語の外国人生徒支援専門員(通訳・以下支援員と略す)[*注4]が月に15日前後常駐する。保護者の電話対応、通訳、翻訳等の業務にあたっている。

2年次では、選択科目として「日本語基礎B(3)」、3年次では「日本語総合(3)」を日本語指導講座としており、年間成績や本人の意向を基に選択者を決定している。2年次以降は「日本語能力検定」のN1取得が講座の目標となっている(表8)。

(3)定時制での現状と取組概略

「プレイスメントテスト」を定時制の全入学生に実施し、日本語指導が必要な生徒の把握に努めている。1年次の選択科目として「入門日本語A(2)」「入門日本語B(2)」、1、2年次の選択科目として「実用日本語A(2)」「実用日本語B(2)」また「スペイン語」「ポルトガル語」も「日本語」と同様に入門、実用として各2単位選択できる。

	男女	4月	5月	7月	11月	1月
Aさん	女	T	S	T	S	T
Bさん	女	S	S	S	T	T
Cさん	女	S	S	S	S	T
Dさん	男	S	T	T	T	S
Eさん	女	T	T	T	T	S

平成29年度までは各学期の定期考査後にS・T講座の入れ替えを行ってきたが、平成30年度より学期毎の入れ替えとした。これは本年度より聴き取りテストを加え、日本語能力がより正確に把握できるようになったことによる。

ポルトガル語の支援員が月に15日前後常駐し、保護者の電話対応、通訳、翻訳等の業務とT.Tとして「ポルトガル語」講座等に入っている。

この他、日本語指導の特別非常勤講師やスペイン語の日本語指導員が教員と連携しCLD生徒の対応をしている。なお、全日制のスペイン語の支援員と定時制のポルトガル語の支援員は、必要に応じ全・定を跨ぐとともに、他校からの通訳の応援にも対応している。

(4)来日からの経過年、環境による言語能力

一般的に学習時間が増えるに従って、T講座からS講座に移行する筈であるが、その逆や、T・Sを繰り返す場合がある(表9)。これまではこれを本人の学習不足と捉えてきたが、S講座は普通の速度で話す授業のため「聴き取る力」と「聴いて理解する力」がより必要となるため、

＊注3 ＝ T講座＝取りだし授業　TrialのT　G＝普通授業　StandardのS　と区別している。S・T講座は学期末に成績状況と本人の意向等で入れ替えを行う。2年次以降の「取りだし授業」は実施していない。

＊注4 ＝外国人生徒支援専門員(通訳)本校が拠点校として配置されている。各種保護者説明会や学期末等の保護者会の時の必須要員。2年前までタガログ語の通訳もいたが退職後補充できていない。人材不足と待遇面に課題があり、スペイン語、ポルトガル語、英語以外の言語には全く対応できていない。

T講座で努力しS講座に移っても「聴く力」の不足から、S講座の授業が充分理解できず、成績が下がってしまうのである。CLD生徒全員の生育歴、家庭環境等を併せて詳察すると、来日6年以内の20名の生徒では、1名を除く19名がT講座に属する。これは一般的に第2言語の習得に6年かかると言われている裏付けにもなる。一方、来日から7～11年（9～4歳で来日）を経過した4人の生徒では、2名がS講座、2名がT講座となっている。来日から12～13年（3～2歳で来日）の4名の生徒は全てS講座であった。ここまでは年数と日本語習得に比例関係が見られるが、日本生まれ日本育ちの16名の生徒の内3名がT講座を3回以上受講している。いずれも一時帰国等の詳細なデータがないため正確さは欠くが、この3名は、家庭での言語環境の影響等から、ダブルリミテッド[*注5]の状態ではないかと推測できる。

4　研究の成果と今後の課題

（1）研究の成果「日本語も4技能」

これまで、日本語能力をはかる指標を「国語基礎力試験」の筆記試験の結果のみを用いて、講座分けや指導、支援を行ってきた。しかし「読む・書く」能力と「聴く・話す」能力は、必ずしも一致しないこと、特に学習言語の習得に向け「聴く力」が重要であることがわかってきた。言語習得は、来日年に加え生徒個々の学習能力や学習時間、学習時期（年齢）、言語環境等も深く関与し、更に言語を通した自己のアイデンティティの醸成にも密接な関係があることを推知することができた。

（2）今後の課題　…課題は山積…

［1］言語能力は、学習能力と分けて考えることができず、CLD生徒の持つ「真の学力」をはかるスケール、ルーブリック等の開発とCLD生徒の帰国歴等を含む詳細なデータ収集と分析を更に進める必要がある。

［2］通訳の補完と言語の理解を深める方法として、ICT（タブレット等）環境を促進させる必要がある。これに伴う予算措置及び通信環境整備が課題となる。

［3］日本語指導に絞ってきたが、言語だけでなく、日本文化や風習等をどう理解させるかは、言語習得と深く関係するだけでなく、今後社会の一員となる人材育成の視点からも喫緊の課題である。また保護者の各国での子どもに対する教育方針等が異なるため、日本の学校文化や慣習等を理解、共感にまで至ることは更に難題となる。加えて経済的に厳しい家庭が多く、各種支払いが滞ったり、保護者との連絡が取りにくい等、教員等の大きな負担になっている。

＊注5＝ダブルリミテッド　母語を含む複数の言語がいずれも年齢相応の修得が充分できていない状態を指す。例えば日本生まれ日本育ちだが、保護者が別言語の場合、両方の言語は話せるが日本語が不十分で、別言語に関しては、読み書きができない等の状況のこと。母語で学習言語を習得できないと、思考力等の発達や精神の安定に影響があるなどと言われている。

4　経済的に困難を抱える生徒のニーズに応じた指導方法等の調査研究

「外部機関との連携による生徒の支援」

大阪府立桃谷高等学校　定時制の課程　多部制単位制Ⅲ部
准校長　稲垣　　靖

1　学校概要

(1) 沿　革

本校は、大阪市生野区にある通信制の課程（大阪府立高校で唯一）と定時制の課程を併置している普通科の高等学校である。通信制の課程には日夜間部（スクーリングが日曜日と平日夜間）と昼間部（同平日昼間）があり、定時制の課程は多部制単位制でⅠ部（午前の部）、Ⅱ部（午後の部）とⅢ部（夜間の部）があり、全体で２課程５部を有している。

昭和 23 年に大阪府立大手前高等学校通信教育部としてスタートし、昭和 41 年に大阪府立桃谷高等学校が創立。数度の改編を経て、平成 17 年より現在の２課程５部となった。平成 28 年度に創立 50 周年を迎えている。

大阪府立学校においては、複数課程の併置校等に校長とは別に校長職である准校長をおき学校運営を行っている。本校では、Ⅰ・Ⅱ部に校長、通信制の課程とⅢ部にそれぞれ准校長が配置されている。

(2) 教育活動の特色

本校では、各個人の様々な事情（仕事・健康・家庭など）に合わせて自分のペースで学ぶことができる。中学校を卒業してすぐの生徒から、高校を中途退学した生徒、中学校を卒業したあと長い間学習から遠ざかっていた生徒など、15 才から 80 代まで幅広い年齢の生徒が学んでいる。定時制の課程は単位制で、半期認定を行っており、入学式と卒業式はそれぞれ春と秋の２回実施している。また、募集人員の中に編転入学の枠を設けており、編転入学者も多数在籍している。

(3) Ⅲ部の特色

５月１日現在の在籍は 191 名で、そのうち外国籍生徒（H30 年度は韓国・中国・フィリピン・ベトナム・タイ）が33名（17%）、国籍は日本であるが外国にルーツのある生徒を含めると45名（24%）を占めている。また、中学校の夜間学級を卒業後入学してきた生徒が21名（11%）、60才を超える生徒が25名（13%）で最高齢は84才である。その他、療育手帳や精神障害者保健福祉手帳を所持する生徒や中学校までに不登校を経験した生徒など、個々の状況はさまざまである。Ⅲ部ではそれらの生徒に対して、単位制の柔軟な教育システムを生かし、個に応じた支援・指導を行っている。

めざす学校像として、「安全で安心な居場所で小さな成功体験を積ませることで生徒を社会参画する市民として育て、社会に送り出すセーフティーネットとしての学校」を掲げ、その実現に向け、「1　個に応じた学習指導の工夫に努め、学力の向上を図る」「2　生徒の自己実現を支援する進路指導を推進する」「3　豊かな心や社会性を育む」支援を行っている。

（4）学校の規模等

①　生徒数（平成30年5月1日現在）

<table>
<tr><th></th><th>通信昼間部</th><th>通信日夜間部</th><th>定時制Ⅰ部</th><th>定時制Ⅱ部</th><th>定時制Ⅲ部</th><th>合　計</th></tr>
<tr><td>在籍者数</td><td>749</td><td>1,316</td><td rowspan="2">393</td><td rowspan="2">144</td><td rowspan="2">191</td><td rowspan="2">2,793</td></tr>
<tr><td>内　活動生</td><td>610</td><td>1,144</td></tr>
<tr><td>クラス数</td><td>16</td><td>29</td><td>17</td><td>7</td><td>8</td><td>77</td></tr>
</table>

＊通信制の課程における「活動生」とは、本年度履修登録を行った生徒をさす

②　平成29年度卒業生数

<table>
<tr><th></th><th>通信昼間部</th><th>通信日夜間部</th><th>定時制Ⅰ部</th><th>定時制Ⅱ部</th><th>定時制Ⅲ部</th><th>合　計</th></tr>
<tr><td rowspan="2">卒業生数</td><td rowspan="2">136</td><td rowspan="2">224</td><td>9月　11</td><td>9月　2</td><td>9月　11</td><td rowspan="2">519</td></tr>
<tr><td>3月　81</td><td>3月　20</td><td>3月　34</td></tr>
</table>

③　教員数

<table>
<tr><th></th><th>通信昼間部</th><th>通信日夜間部</th><th>定時制Ⅰ部</th><th>定時制Ⅱ部</th><th>定時制Ⅲ部</th><th>合　計</th></tr>
<tr><td>校　長</td><td colspan="2"></td><td colspan="2">1</td><td></td><td>1</td></tr>
<tr><td>准校長</td><td colspan="2">1</td><td colspan="2"></td><td>1</td><td>2</td></tr>
<tr><td>教　頭</td><td colspan="2">2</td><td colspan="2">2</td><td>1</td><td>5</td></tr>
<tr><td>常勤教員</td><td colspan="2">46</td><td colspan="2">51</td><td>21</td><td>118</td></tr>
<tr><td>非常勤教員</td><td colspan="2">24</td><td colspan="2">10</td><td>13</td><td>47</td></tr>
<tr><td>合　計</td><td colspan="2">73</td><td colspan="2">64</td><td>36</td><td>173</td></tr>
</table>

2　経済的に困難を抱える生徒の学習ニーズに応じた指導について

（1）生徒の現状と課題

①　現　状

上記1（3）の通り、本校には多様な背景を抱えた生徒が在籍している。編転入学の枠があること、修業年限の弾力化（6年）を行っていることなどの理由から、在籍中に「就学支援金」の支給期間を越える生徒も多数在籍している。その際は「大阪府公立高等学

校学び直しへの支援金」等を活用し、授業料の負担が生徒に及ばないようにしている。また、各種奨学金や「大阪府国公立高等学校等奨学のための給付金」「大阪府高等学校定時制課程及び通信制課程修学奨励費」等の申請については、事務室と教員とが連携し、申請漏れのないように丁寧に指導している。

生徒の経済状況も様々で、仕事を定年退職してから入学している生徒、生活保護世帯や本人が生活保護を受給している生徒、一人暮らしでアルバイトをしながら通学している生徒、その他の事情で経済的に困窮している生徒がたくさんいる。

② 課 題

ア、生徒の生活背景に関して

上記①の通り、生徒の生活背景（経済状況）は様々である。就学支援金等で授業料の支払いが不要であっても、その他の学校納付金が家計に重くのしかかっている状況もある。各種奨学金や給付金等の申請に当たって、添付書類等の準備に時間がかかったり、要件を満たしているのに申請をしなかったりという家庭も存在する。自らの権利を行使するという意識付けも必要である。あわせて、生徒の経済状況を把握し、時には社会資源につなげていく支援も必要になっている。

イ、生徒の勤労意欲に関して

働きたいと思いながらアルバイトに採用されない生徒、働くことの意味が見いだせず、勤労に対する意欲の低い生徒など、勤労に対する意識は様々である。経験を積ませるための支援、勤労意欲を高めさせるための指導が必要である。

（2）生徒の学習ニーズに応じた取組の状況について

本校では、生徒支援委員会を設置し、生徒の生活背景を把握して適切な支援が行えるように努めている。また、必要に応じて、関係機関との連携をとり生徒の支援を行っている。

① 入学時における生徒情報の把握について

本校では、生徒が入学後早く学校生活になじめるように、様々な方法で生徒の情報を収集し、教職員で共有している。

ア、「高校生活支援カード」について

すべての大阪府立高等学校で入学時に生徒及び保護者が、「高校生活支援カード」を記入し提出する。その中には、将来の目標や進路希望、高校生活への不安などの記載項目がある。

イ、中学校訪問、前籍校訪問について

入学前に、生徒及び保護者の了解を得たうえで新入生の出身中学校や前籍の高等学校等を訪問し、これまでの学校での様子などの聞き取りを行っている。

ウ、合格者説明会での聞き取りについて

合格者説明会時に、希望する生徒保護者を対象に、保健相談や支援相談を行っている。

エ、新入生アセスメント会議について

上記や担任との面談等で得た情報を基に、新入生についてのアセスメント会議を実施し、１年次及び生徒支援委員会の教員で情報を共有する。その会議には、下記②で配置されているスクールソーシャルワーカー及び自立支援アドバイザーにも出席いただき、支援の在り方について助言をいただいている。

オ、生徒情報交換会について

Ⅲ部の全教員が参加し、様々な方法で得た生徒の情報やアセスメント会議での見立てを共有しその後の支援に生かしている。

② 「課題を抱える生徒フォローアップ事業」について

大阪府では、中退を防止するために、様々な課題を抱える生徒に対し、民間支援団体（NPO 等）と連携して、高校に「居場所」を設けることにより、生徒が抱える課題の早期発見及び不登校の未然防止を行うことを目的に「課題を抱える生徒フォローアップ事業」を実施している。本校はその指定を受け、校内に生徒の居場所となる「カフェ」を設置するとともに、SSW 等を活用し生徒の支援に当たっている。

本校では、この事業を活用し生徒の様々な課題の早期発見に努めている。

ア、事業目的について

民間支援団体（NPO 等）と連携し、高校に居場所※を設けることにより、課題を抱える生徒を早期発見や不登校の未然防止を行う。学校に配置される専門人材（社会福祉士等）を活用し、関係機関（福祉事務所等）につなぐ。

※学校生活で孤立するなど、課題を抱える生徒が気軽に訪れ、外部の人と話をすることができる NPO 等が運営する場所。

イ、事業内容に関して

高校内の居場所に民間支援団体（NPO 等）を配置することで、支援が必要になりそうな生徒を早期発見し、登校の動機づけによる不登校予防を行う。学校の特色に応じて学

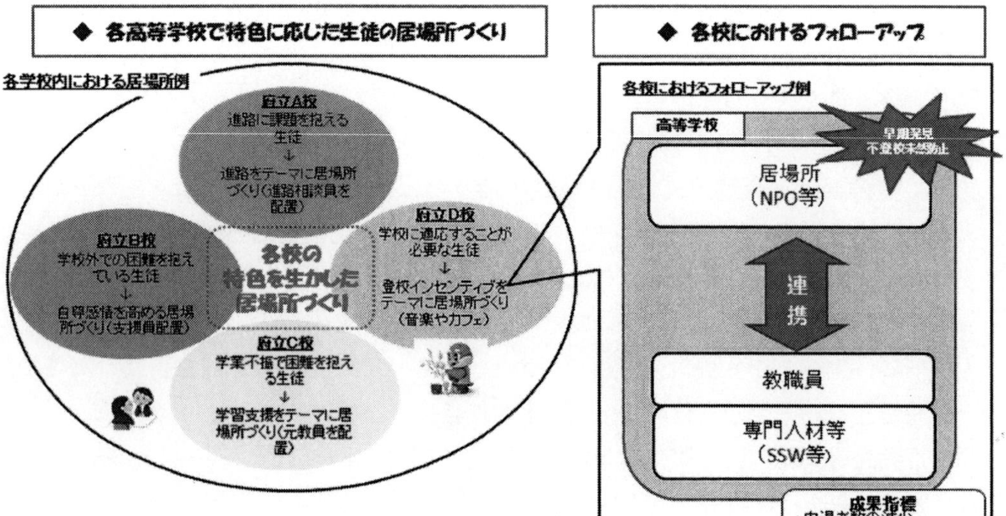

校外の関係機関を活用し、これらの生徒のフォローアップを行う。

ウ、本校における「居場所型事業」の概要

(ア)「居場所」の運営

NPO 法人に委託し、授業開始前、給食時間中、授業終了後に生徒が利用できる「カフェ」を週２日設置。教員はできるだけ立ち入らないようにし、生徒が気軽にスタッフと話ができるようにしている。

主な目的は、生徒の校内での居場所づくり、登校の動機づけを通した不登校の未然防止などである。

校内で「カフェ」担当教員を２名決め、「カフェ」スタッフとの連携を図っている。カフェの中でスタッフが気づいた点や生徒から直接得た情報（生徒の了解を取って）は、担当や担任に情報提供いただいている。その中に、経済的な状況も含まれている。

(イ) 外部人材の活用

本校では、スクールソーシャルワーカー（SSW）と自立支援アドバイザーを配置している。SSW には、生徒の生活背景に注目し、社会資源を活用しながら生徒の課題解決や支援について助言をいただいている。また、自立支援アドバイザーには、生徒の特性に注目し、生徒の課題解決や支援について助言をいただいている。

両者の活用の主な目的は、校内ケース会議やアセスメント会議等に参加し、教員とともに生徒のアセスメントや課題を抱える生徒への支援について専門的な観点から助言をいただくことにある。

(ウ) 校内体制

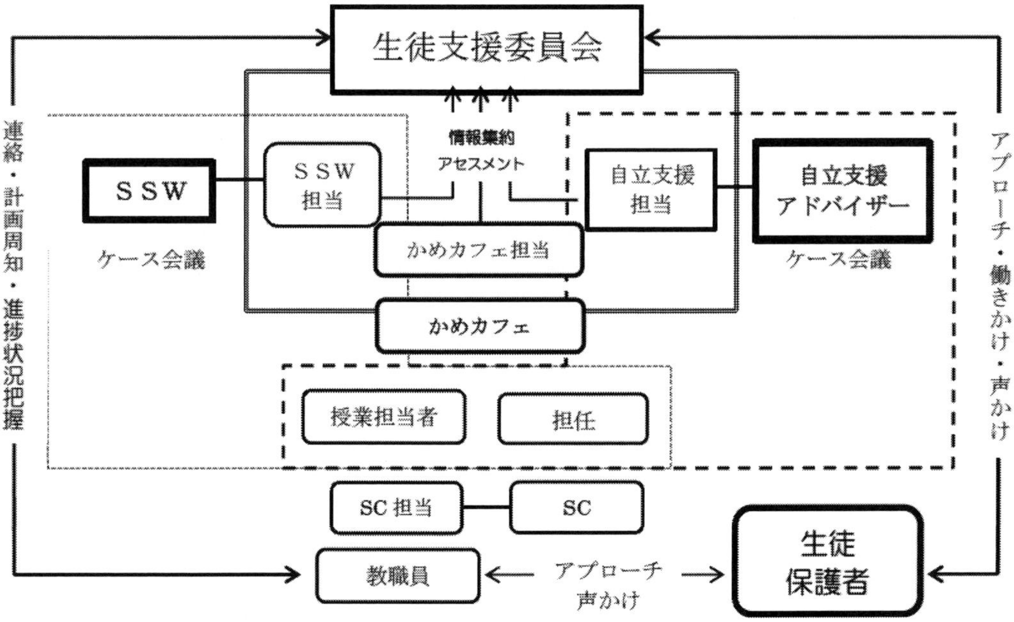

③　４年間を見通した進路指導について

生徒が高校卒業後に社会的に自立した生活が送れるよう、平成 30 年度に４年間を見通した進路ホームルームを実施した。生徒の現状を分析し、４年間でどんな力を身に付けさせる必要があるのかを進路指導部中心に検討し、１年次「『働くこと』について考え、それぞれの勤労観を養う」、２年次「アルバイトについて」、３年次「職業を知ろう」、４年次「社会に出る前に知っておいたほうが良いこと」とテーマ設定をした。

その他、生徒に働く経験をさせるために、年に数回「ハローワークに行こう」と呼びかけ、教員がハローワークに同行して求職申込みを行うなど、就労につなげる取組も実施している。

３　まとめ

経済的な困難を抱える生徒の学習ニーズに応じた指導方法等をテーマとしてここまで記載した。実際には、経済的な面だけでなく生徒の背景を把握し、外部人材・外部機関と連携して必要な支援を行い、生徒を社会参画する市民として育て、社会に送り出すための取組である。今年度は大阪府の「課題を抱える生徒フォローアップ事業」を受け、外部人材・外部機関との連携を進めてきた。あわせて、進路指導の改善にも取り組んだ。結果として、学校斡旋就職希望者は全員内定を勝ち取った。今後も、生徒が経済的な事情で学校生活・学びをあきらめることのないように、これまで培ってきた様々な手法を用いて生徒の背景を把握し、一層外部との連携を深めた支援を続けていく所存である。

「チーム学校としての協働を目指して」
－SSWの活用とPTAとの連携－

鳥取県立鳥取緑風高等学校長　古田　嘉博

1　学校概要

(1) 沿　革

本校は、鳥取県鳥取市に位置し、定時制課程総合学科と通信制課程普通学科を併置する単位制の定時制・通信制課程の独立校である。定時制課程は午前部、午後部、夜間部の３部制からなり、通信制課程は日曜日または火曜日の週１回通学日を設けスクーリングを受けるシステムである。平成10年３月に出された「高等学校教育改革基本計画」を受け、県内初の定通独立校として平成15年11月１日に設置され、翌平成16年４月１日に開校した。開校当初から生徒のニーズにあった柔軟な対応のできる学校を目指し、平成30年度で創立15年を迎え、これまでに両課程を合わせて882名（平成30年９月末現在）の卒業生を輩出してきた。

鳥取緑風高等学校正面玄関

(2) 教育活動の特色

創立以来、本校教育の基本方針（学校のアイデンティティー）に「真摯：心身ともに健康で、何事にもひたむきに取り組む生徒を育てる」、「自立：自己の向上に努め、たくましく生きる力を持った生徒を育てる」、「共生：お互いを思いやり、支え合う優しさを持った生徒を育てる」を３本柱として掲げ、中長期目標（学校のビジョン）には以下７つを据え教育活動に取り組んでいる。

（１）基本的生活習慣の確立による、生徒の自己管理能力の育成

（２）夢と希望を持ち、世界を広げていくことのできる生徒の育成

（３）社会のルールやマナーを遵守する生徒の育成

（４）基礎・基本の重視による、生徒一人一人の学力の向上

（5）生徒が将来の生き方を意識する進路指導の充実
（6）自律性を伴った、生徒の自主性の育成
（7）自然環境について考え、行動することのできる生徒の育成

（3）学校の規模

生徒数は平成30年5月1日現在、定時制課程181名、通信制課程78名の計259名が在籍し、クラス総数は定時制課程3部の1年次から4年次までを合わせて15クラス、通信制課程は1年次から3年次までを合わせて6クラスである。常勤の教職員は、校長1名、教頭3名、事務長1名、主幹教諭1名、その他教職員38名、非常勤教職員28名で、総数72名である。

2　経済的困難を抱える生徒の学習ニーズに応じた指導について

（1）生徒の現状と課題

本校に限ったことではないが、定時制課程においては勤労青少年の数は減少し、在籍する生徒の年齢層は約98％が10代で、中学卒業と同時に入学してくる。通信制課程においては、勤労青少年は一定数在籍し、子育てしながらあるいは子育て後や定年退職後に入学する生徒も在籍している。年齢層は10代が約77％、20代が約18％で計95％を占めている。

定時制・通信制課程とも、不登校経験者、全日制課程からの転入学者、学習歴に空白がある者など学力差は幅広く、対人コミュニケーションを苦手とする生徒も多い。全日制課程と比較すると、特に特別な教育的支援を必要とする生徒の割合は高く、本人・保護者の同意を得て中学校から引き継がれる情報も年々増え続けている。

また昨今は、家庭に関する悩みを抱えている生徒への対応が大きな課題の一つとなっている。

入学動機やライフスタイル等、多種多様な生徒の自己実現の場として学校の果たす役割は大きく、社会的な自立に向けた支援を充実させることや、生徒個々の能力や可能性を伸ばしていく効果的な取組を模索している。特に対応の難しい「経済的な困難さに関する現状と課題」を次のとおりまとめる。

①　現　状

平成29年度の授業料等に関する状況は、就学支援金受給者の割合が定時制課程及び通信制課程とも非常に高く、非課税世帯等への奨学給付金受給者も多い。学校徴収金についても、遅れて納入したり、支払いが困難で学校に相談が寄せられるケースがある。アルバイト等を行い自身で徴収金を支払う生徒や、中には一家の生計を立てている生徒もいる。

また、ひとり親家庭や多子世帯の割合も高く、経済的に苦しかったり、やむを得ず十分な養育が果たせない等、これらに起因する衣・食・住の基本的生活に困難を抱えた生

徒への支援が必要な状況がある。

② 課　題

ア、保護者の養育問題を抱える生徒への対応について

保護者や家族の抱える問題は多種多様であり、個に応じた対応は複雑で非常に困難なケースが多く、その都度、関係者で検討を重ね地道に対応をしているのが実態である。

（ア）家庭の経済的問題（子どもの貧困）

経済的な問題で食事を十分にとっていない、冬場でも暖かい衣服が買えない、体調が悪くても病院に行けない等、切実な相談がある。

また、保護者自身が病気等のために就労できなかったり、保護者に連絡をしても経済的な事情、多忙や無関心から、第三者の介入や支援がなければ保護者自身が行動を起こせない事例では、生徒にとって何がベストかを考えてアプローチしても、最良の解決策に辿り着けないこともある。

（イ）18歳の壁

ネグレクトや養育放棄など、保護者の養育態度に問題がある場合、児童相談所につないだり、要保護児童対策地域協議会をはじめとする福祉機関と協力し、関係者による対応を検討・実施するが、児童年齢を超える18歳以降になると、高校生とはいえ支援対象外になる事例がある。まだ高校生である生徒たちにとっては、児童福祉の観点から守られるべき存在であり、18歳を超えることによって支援等に一線を引かれてしまうことのダメージは大きい。

イ、医療や福祉など関係機関（専門機関）とのつながりづらさに関して

生徒から相談を受けたり、日々の様子等を観察して生徒や保護者に学校側からアプローチすることはしばしばである。

（ア）保護者との温度差

学校側と保護者の考え（緊急度や必要度）に温度差があり、例えば、金銭の使い方の優先順位が適切でなかったり、健康状態がよくない生徒がすぐには病院受診に至らなかったりすることもある。

（イ）関係機関との連携

起こっている出来事を想定して、校内で実態を整理し、状況に応じてSSWが関係する機関に相談・連携を依頼する。

しかし、書類を整え提出することに困難を感じている保護者は多い。行政用語が難しい、相談しても説明がよくわからない、記載してある内容の意味がわからないといった保護者は多く、提出すれば支援を受けられることがわかっている場合でも提出へのハードルは高い。

（2）生徒の学習ニーズに応じた取組の状況について

本校では、生徒が「学校には居場所や安心の材料がある」と実感し、学習をはじめとして、高校生活を少しでも安心して円滑に送ることができる学校づくりを重視している。

「学習ニーズに応じた」という主題にマッチしないかもしれないが、特に「経済的に困難を抱える生徒」が安心して学習に臨めることを意図した本校取組を紹介する。

① スクールソーシャルワーカー（SSW）と連携した取組

本県教育委員会は、平成25年度からスクールソーシャルワーカー（以下SSWと略）を拠点校方式で県立高等学校2校に配置し、配置校を拠点として必要に応じて他の県立高等学校等の生徒支援を行うこととした。現在、配置校は5校となった。

本校は、SSW導入当初の平成25年度から配置校となり、SSWは原則週35時間勤務の非常勤職員である。日常的に生徒や保護者を関係機関とつないだり、教職員の相談や関係機関との対応等がスムーズになり、校内でのチーム支援体制を構築している。

ア、SSWの役割について

社会福祉分野の専門的な知見を有するSSWは、家庭・友人関係・地域社会などの生徒が置かれている環境に働きかけ、関係機関と連携を図りながら有効な支援を行うことを趣旨として配置されている。

（ア）SSWの職務について

SSWの主な職務を整理すると、以下の内容のようになる。

○ 問題を抱える生徒が置かれた環境（家庭、友人関係、地域社会）への働き掛け
○ 関係機関（福祉・保健・医療機関、警察等）とのネットワークの構築、連携・調整
○ 学校内におけるチーム体制の構築、支援
○ 保護者、教職員等に対するコンサルテーション（支援・相談助言・情報提供）

（イ）SSWを活用したチーム支援体制

本校にとって、SSW配置校であることが功を奏しており、SSWを教育相談・生徒指導に関する校内組織等に位置付け、生徒指導上の諸課題についてもSSWの有効な活用を図っている。

イ、SSWと連携した具体的な取組に関して

校内分掌では教育相談部が核となり、SSW及び生徒指導部や学年団、事務部、スクールカウンセラー（以下SCと略）等との事例検討会議や、定例で月1回、SC・SSW連絡会を行うなど、生徒・保護者対応をコーディネートしている。従来から配置されている心の専門家であるSCに加え、SSWが配置されたことにより、専門家同士が情報共有しそれぞれの役割に基づき、教職員とともに生徒指導・支援にあたっている。

（ア）生徒・保護者・家庭に関する困難事例への対応例

アセスメントを経て生徒や家庭への支援が必要だと判断した場合、課題解決のためのプランニングを行う。プラン実行については、SSWが中心となって県や市町の福祉関係機関と連絡・調整や対応に関する協議を行い、よりよい対応策を考え、校内外の関係者が連携して実行する流れである。例えば、何らかの経済的な支援や住まいの提

供を受けたり、地域のこども食堂に通うようになり併せてボランティアとしてこども食堂を手伝う生徒も何名か出てきた。

在学中に18歳を超える生徒は多く、県や市町、NPO等の複数の相談窓口や関係機関に働きかけ、その支援に結びつけている。弟妹がいる場合、SSWが関係機関や小中学校等とも連携して家族全体に対する支援会議を開き、当該生徒への支援に結びついた事例もある。

困難事例がある家庭訪問には、担任等に加えてSSWが同行し、複雑な手続きや役所に提出する書類準備、衣・食・住の環境整備の相談にのり、保護者が少しでも行動を起こしやすいようにサポートしている。その結果として、生徒の基本的な生活の安定につながるとともに、生徒にとって学校は相談できる場所、安心できる場所であるというセーフティネットの役割も担っている。

(イ）校内における事務担当者との連携

本校では、就学支援金や奨学給付金受給のための手続きが困難な場合、保護者に対する説明及び書類準備等を、SSWと事務担当者がサポートしている。単に受給手続きで終わらせるのではなく、経済的に何をどのように困っているのか、保護者面談を丁寧に行い実態を把握して、上記（ア）のように必要に応じて関係機関とつなぐことも円滑になってきた。

② PTAからの応援～「緑風応援食堂」～

緑風応援食堂当日の様子（本校中庭）

本校に食堂はなく給食も未実施で、自動販売機で飲料と栄養補助食品を販売している程度である。今年度初めての試みとして、生徒の学校生活や学習への意欲喚起を目的として、PTAと協力し「緑風応援食堂」を実施した。

ア、「緑風応援食堂」の開催

（ア）開催のきっかけ

昨年度末のPTA役員の反省会において、次年度の行事を検討した際、「保護者で協力して、子どもたちにお腹いっぱいご飯を食べさせたい。」「子どもたちに学校生活を頑張れ！というメッセージを出したい。」「生徒たちに、学校や親から大事にされていると感じさせたい。」という意見が出た。これをきっかけとして、今年度当初のPTA役員会で行事を企画することとなった。

（イ）開催までの企画について

本校は、定時制課程は昼間部の午前部・午後部及び夜間部があり、月曜日から金曜日に登校するが、学校で過ごす時間帯はそれぞれ異なっている。通信制課程は、日曜日または火曜日のいずれかの週１日しか登校しない。これらの異なる部課程の生徒たちに、みんな平等に満遍なく食事を提供したい、というのがPTAと教職員の願いであった。各部課程の生徒たちができるだけ多く登校する日を選ぶこととして、10月３週目に実施した。日曜日には通信制課程の日曜スクーリング生徒、火曜日の昼間には定時制課程午前部・午後部と通信制課程の火曜スクーリングの生徒、同じく火曜日の夜に定時制課程夜間部の生徒にカレーライスを無料で提供した。

イ、「緑風応援食堂」当日

（ア）準備～メニューはカレーライス～

両日ともPTAボランティアを募って、授業があいている教職員も加わり、朝９時半から仕込みにかかった。PTA会長の職場が児童福祉施設であり、栄養士や調理師が勤務されているので、両日とも買い出しや調理等の運営に全面的に協力してくださった。この助力は大きかった。

（イ）会食～生徒たちの反応～

食事場所は芝生のある中庭にテーブルを準備した。「親が来てるから、恥ずかしがって食べに来ないかも・・・」「集団が苦手な子が食べに来るかな・・・」といった心配の声もあった。しかし、予想に反して生徒たちは徐々に遠慮なくカレーライスをおかわりした。最高５杯のおかわりもあった。幸い２日間とも晴天に恵まれ、伸び伸びと芝生の上で食事と会話を楽しみ、たくさんの笑顔を見ることができた。

緑風応援食堂のスタッフ（PTA、教職員）

３　まとめ

本年度12月の学校評価アンケートにおいて、「相談等への丁寧な対応」への問いに対し、生徒の約83％、保護者の約95％から肯定的回答が得られた。また、生徒の記述回答の中には「カレーの配布とかあると助かる、カレー以外でも・・・」「学校で温かいものが食べられるようにしてほしい。そうしたら体が温まり寒さ対策になり、授業に集中しやすくなる」という内容があった。もちろん保護者からも賛同の声があり、来年度も緑風応援食堂を実施する予定である。学校としては、他県の学校訪問等も実施し、生徒に補食などを提供するよい方策がないか研究を始めたところである。

現在、本校では「基本的生活習慣の確立」を一番の重点目標としているが、SSWやPTAと連携した取組をとおして、生徒たちは衣・食・住の基本的生活の保障がなされることが土台となって、安心して学業に専念できるものだと改めて感じている。

どの課題もすぐに解決できる名案はなく、今後も一つひとつ丁寧に考え対応していくことが柱となるが、学校としてはクローズではなく、開かれた学校であることを基本とするのが重要であると考える。生徒たちも学校外の力を得ることや、地域や学校外の方と多様に関わることをとおして、自立のための生きる術や、勇気をもらうことができると思う。良いことばかりでなく学校の持つ課題も発信していくことで、家庭・地域や関係機関と学校が協働に向かいはじめ、助力を仰ぐことで、生徒の未来につながると感じる。

「本校における就学支援の実態について」

沖縄県立泊高等学校長　下地　　隆

1　学校概要

（1）沿革

本校は、昭和52年4月1日に那覇高等学校と首里高等学校の定時制課程夜間部を移管統合するとともに、小禄高等学校の通信制課程を移管し、定時制課程夜間部と通信制課程を設置する県内唯一の定時制通信制課程普通科の独立校として那覇市泊の地に開校した。平成2年には、定時制課程午前部が開設され、新しい時代に対応する単位制高校としてスタートした。今年で創立42年目を迎え、これまでに通信制課程約7,800名、定時制課程午前部約1,700名、定時制課程夜間部約1,800名、合計1万1千名余りの卒業生を輩出した。

（2）教育活動の特色

創立時の信念を受けて「人は変わりうる存在である」と言う言葉を学校経営の根幹におき「志ある者には最大限のチャンスを与え、最大限の支援を行う」をスタンスとして、校訓である「自覚」･「敬愛」･「実践」を基調にすえて、生徒一人ひとりに寄り添いながら、生徒の夢実現に向けて、職員一同心を一つにサポートしていく学校である。

（3）学校の規模

生徒数（平成30年5月1日現在）は、通信制課程716名、定時制課程午前部403名、定時制課程夜間部191名、計1,310名である。また、本校には、「高等学校生徒就学支援センター」が設置されている。同センターは、「高校に通うことを悩んでいる生徒を高校に戻れるように支援する」機関で、538名の生徒が支援を継続している。職員は、校長1名、副校長1名、教頭3名、事務長1名、定時制午前部46名、定時制夜間部30名、通信制課程38名で、職員総数120名である。

2　経済的に困難を抱える生徒の学習ニーズに応じた指導について

（1）生徒の現状と課題

働きながら学ぶ生徒に対する高校教育の場としての役割を担ってきた。定通教育だが、教育的役割は時代と共に変化し、本校においては、「学び直しの場」、中高年齢者の「生涯学習の場」、「通級」等、求められる役割が拡充している。生徒の生活の背景は様々だが、中でも経済的困難を抱える者は少なくない。

沖縄県における子どもの貧困率は、平成27年11月に県が実施した調査（8自治体、約41万世帯、子ども数約20万名）では29.9％で、全国の16.3％と比較し1.8倍となっている。

① 現 状

本校の生徒は、小・中学校で不登校経験者が多数いる。不登校の原因となった要素は、いじめ、集団のなかで息苦しさを感じる、発達障がいを抱え授業についていけない等様々な要因がある。また家庭環境の悪さも一つの要因であると思われる。中学校での出席率の悪さが、高校入学後も続き、授業への参加ができず、単位を修得できず、卒業できない状況に陥り、中途退学になる場合もある。

また、経済的な理由で、家庭での学習が困難であったり、学習する習慣が十分に身についていない生徒、通学に支障が出ている生徒もいる。

② 課 題

ア、学力の保障について

小・中学校での不登校による基礎学力が身についていない生徒が少なからずいるので、本校では様々な工夫をしている。

（ア）学び直し科目の設定

基礎学力の向上を図るため、数学においては午前部・夜間部で「数学Ⅰ」の履修前に「数学計算」を開設し、小１から中３までの基礎計算を中心とした授業を展開したり、通信制課程でも「学び直しの数学」を開設し、PCやプロジェクター等を利用しわかりやすいスクーリング展開に努めている。

（イ）進学に対する支援について

大学等への進学を後押しするために、市町村と連携し、学習支援として高校生未来塾（無料）を沖縄県教育委員会は推進している。

イ、特別な支援を必要とする生徒への対応について

本校では、特別な支援（身体的、心理的）が必要な生徒が多数在籍している。このような生徒への対応については、沖縄県教育委員会の配置事業を活用し、支援を行っている。

（ア）特別支援教育支援員の配置

特別支援教育支援員は午前部に２名、夜間部に１名配置しており、教室に入れない（別室登校）生徒への対応や授業で同席し、学習支援等を行っている。過去には、別室登校をしながら単位修得を果たし、卒業した生徒の事例もある。これも、先生方の理解と家庭との密な連携ができた成果である。

（イ）就学支援員の配置

就学支援員（SSW）は、福祉系と心理系が配置され、スクールカウンセラーと協働しながら、生徒への対応、外部機関（児童相談所、各市町村役所福祉課、市サポートセンター、若者みらい相談プラザsorae、民間支援団体等）への繋がりを行っている。

ウ、経済的困窮な生徒について

本校では、ひとり親世帯や生活保護受給世帯、若年の妊娠・出産等、経済的に困窮の家庭の割合も少なくはない。特に厳しい家庭の生徒は長時間のアルバイトや複数のアルバイトを掛け持ちせざるを得ない状況にある。そのためアルバイトの疲労から授業中の居眠り、遅刻、欠席が続くなど、勤怠面の悪化に伴う学業不振、アルバイトに専念するために休学を余儀無くされる傾向がある。

（2）生徒の学習ニーズに応じた取組内容について

本校では、経済的に困難を抱える生徒の割合いが高い。困窮している家庭に対しては様々な制度を活用し、学業に安心して打ち込める環境作りを行っている。

①　学費等の支援について

学費の主な要因である授業料については、国の就学支援金制度を活用しているが、定時制課程の限度が48月までの支援となっている。本校では、年に2回、転編入試験で他校からの生徒の入学もあり、また家庭の事情や、生徒本人の事情等様々な理由で限度月を超える生徒も少なくない。このような現状を踏まえて、国や県の他の支援を活用しながら、高校卒業を支援している。

本校の「就学支援金」の対象者は、定時制午前部で約80%、定時制夜間部で約70%、通信制課程で47%である。48月を超える生徒に対しては、「学び直し支援金」や「授業料免除」で卒業までの授業料負担の軽減を行っている。また、校納金等の援助に対しては、非課税世帯に対し、「就学のための給付金」を活用し、支給対象世帯が、午前部で47%、定時制夜間部で45%、通信制課程で55%を占めている。

②　学業と就労との両立について

経済的な困窮からアルバイトを長時間せざるを得ない生徒の多くは、アルバイトの疲労から欠席が続く傾向がある。連絡しても勤怠状況が改善されず、単位修得が危ぶまれる生徒については、沖縄県教育委員会の配置事業である中途対策係が定時制午前部、定時制課程夜間部にそれぞれ1名配置されており、中途対策係が家庭訪問をし、保護者や生徒と面談を行い、学業とアルバイトの両立の手立ての相談や、どうしても仕事が優先の場合の休学への手続きを取る等対応を行っている。

③　奨学金の支給状況

本校では、あらゆる奨学金を生徒に周知している。生徒の家庭状況から貸与の奨学金より給付型の奨学金を活用している。今年度、本校が行っている給付型の奨学金は以下の表のとおりである。

・日本学生支援機構大学等予約奨学金（月額3万～12万：卒業まで） ・（一財）沖縄県高等学校定時制通信制教育振興会（5万／年1回） ・（公財）金秀青少年育成財団（5万／年1回） ・（公財）日本教育公務員弘済会（5万／年1回） ・（一社）沖縄県教職員共済会（5万／年1回）

④　実務代替について

本校夜間部では、就業の一定条件を満たした生徒へは、年間2単位、在学期間中に6単位を上限に単位の修得を認めている。

⑤　様々な単位認定について

本校では、家庭の事情等で学校に通えない生徒に対し、色々な形で単位修得ができるよう以下の取組を行っている。

高等学校卒業程度認定試験、技能審査、学校外学習、併修（部間、定通、定定）等

3　まとめ

近年、定時制通信制に通う生徒は、勤労青年の数が減少し、全日制からの進路変更等に伴う転入学・編入学生徒、小中学校で不登校経験者など自立に困難を抱える生徒、過去に高等学校教育を受ける機会が少なかった生徒、外国籍の生徒、また特別な支援を必要とする生徒等、様々な背景を抱えた生徒が数多く在籍している。

今回のテーマである「経済的に困難を抱える生徒」は、定時制通信制課程高等学校の場合、全日制課程高等学校に比べて、多く在籍していると考えられる。その中で、高等学校就学支援金制度については手続き書類の提出に手間がかかり、事務的煩雑さで大変苦労しているのが現状である。

例えば、特別な支援を要する生徒については、その保護者も何らかの障がいを持っている場合もあり、理解に時間がかかり、書類も期限までに提出できないこともある。また、通信制課程の場合は登校日が週一のため、事務手続きが困難である。

きめ細かな指導･支援を行うためには、教職員の定数の改正やSC、SSWの配置、また、手続きの簡素化が望まれる。

働き方改革、教職員の負担軽減等が叫ばれている中、本校の学校経営の根幹である「志ある者には最大限のチャンスを与え、最大限の支援行う」の理念に基づき、生徒が、「夢実現」へ向かって泊高校に入学して良かったと思えるような学校であるよう「チーム泊」として、邁進していく所存である。

「盛岡少年刑務所における通信制高校教育の実施状況と今後の課題」

岩手県立杜陵高等学校長　小笠原　健一郎

1　学校概要

（1）沿　革

本校は、岩手県盛岡市に位置し、定時制・通信制普通科の高等学校である。大正13年10月に「私立盛岡夜間中学」として創立され、昭和23年4月に学制改革により「岩手県立杜陵高等学校」と改称。その後、昭和43年4月には定時制・通信制を併設、岩手県初の定通センタースクールとして位置付けられた。その後、県内数か所に分室を設け、平成21年4月には奥州校（定時制・通信制）を開設、平成30年4月に通信制宮古分室が宮古高等学校となるなどを経過し現在に至っている。この間、昭和38年に日本放送学園高等学校の協力校となり、昭和51年に盛岡少年刑務所被収容者に通信制教育を開始、昭和56年に技能連携校と提携、そして昭和63年には全国に先駆けて定時制課程に単位制を導入するなど、多様な生徒に対応した魅力ある学校づくりと幅広い社会教育の実践を特色とする学校で、今年で創立から94年目を迎え、これまでに12,904名の卒業生を輩出してきた。

（2）教育活動の特色

教育目標は、「1　自他の人格を敬愛し、心身ともに健全な人間の育成、2　自主自立の精神を持ち、社会に貢献できる人間の育成、3　自己の能力を伸ばし、学び続ける意欲を持つ人間の育成」であり、創意・誠意・熱意の3意を校訓に掲げている。また、生徒個々の課題に対応する教育実践の先進校、進んで挨拶でき明るく元気な杜陵高校生を教育方針として、目標に向かって精一杯がんばる一人ひとりを教師が全力で支える学校の実現を目指している。

また、特色ある教育活動としては、生徒個々の課題に対応した教育の実践と教育相談の充実としてスクールカウンセラー・スクールソーシャルワーカーの複数配備、本校通信制主催地域連携ネットワーク会議などがあり、過去に文部科学省「定時制・通信制ステップアップ事業」実践研究校（２年）、文部科学省「定時制・通信制チャレンジ事業」実践校（１年）の指定を受けている。

（３）学校の規模

生徒数は、定時制 117（本校）名、73（奥州校）名、通信制 148（本校）名、105（奥州校）名で、生徒総数は 443 名、クラス総数は 24 クラスである。教員は、副校長５名、教職員数は 106 名である。なお、昨年度までは宮古分室があったが、平成 30 年度より宮古高等学校に移管されている。

2　盛岡少年刑務所における通信制高校教育（特別教科指導）の実施状況と今後の課題

（１）はじめに

本校では、社会の広範囲にわたる教育活動の一環として盛岡少年刑務所の被収容者の集団入学を受け入れ、学校教育法に基づく通信制高等学校教育を実施している。この教育は昭和 51 年５月 26 日、岩手県教育委員会並びに岩手県立杜陵高等学校（以下、「杜陵高校」という）等、教育関係機関の矯正教育に対する理解のもと盛岡少年刑務所が杜陵高等学校の集団入学施設として認可を受け、４名の高校中途退学被収容者が編入学を許可されたことに始まる。

本調査研究では、非行・犯罪歴を有する生徒（被収容者）の学習支援と再犯防止を主目的に、盛岡少年刑務所と連携した修学支援の一環として矯正施設内での本校通信制教育活動の概要とその成果・課題についてまとめたものである。

（２）高校教育開始までの経緯

昭和 50 年４月、当時の盛岡少年刑務所長が新聞広告で杜陵高校が通信教育受講生を募集していることを見つけ、杜陵高校と岩手県教育委員会に赴き、矯正処遇および社会復帰のための学力養成等を目的に、当所被収容者の受講認可の申し出をしたことに端を発する。以後、実現まで１年間の話し合いが続けられ、すでに通信制高校教育の実績を持つ、松本、奈良両少年刑務所の前例が好材料となり、様々な困難を乗り越えて県教育委員会の受講認可を受けるに至った。全国で３箇所目であったが、現在、奈良少年刑務所は廃庁のため実施しておらず、全国では２箇所のみとなっている。

（３）盛岡少年刑務所について

盛岡少年刑務所は、法務省矯正局の仙台矯正管区に属する刑務所。全国６箇所の少年刑務所のひとつである。明治５年に盛岡市に獄舎として設置され、大正 11 年に盛岡少年刑務所と改称。主として、年齢が 26 歳未満で犯罪傾向の進んでいる男子の懲役受刑者を収容する施設で、東北６県で刑が確定した者および関東ならびに北海道で刑が確定した者の一部の受刑者を収容している。平成 23 年からは刑終了時 36 歳未満の受刑者も収容するようになり、収容定員 468 名で現在、収容者は約 180 名、職員定数 131 名の矯正施設である。なお、昭和 25 年に花巻市に疎開中の高村光太郎が来所講演し、受刑者のために「心はいつでも新しく」を揮ごう。当所の愛唱歌ともなっていて、構内に書碑があり毎年７月に高村光太郎祭を開催している。

書碑

（4）盛岡少年刑務所の通信制高校教育（特別教科指導）概要

①　受講者について

対象となる受講者は義務教育修了者および高等学校中途退学者で、矯正処遇として特別教科指導（通信制高校教育）を希望する被収容者の中から、本人の学習意欲、行状、能力、刑期などを勘案し選抜されている。杜陵高校は学校教育法に基づく通信制高等学校教育を実施し、所定の単位の修得ののち高等学校卒業資格を授与している。

基本的には３修制で３年を必要とするが、編入学年次および受講（在籍）期間は、本人の単位取得状況により異なる。実際の事例として、１年次編入で３年間、高校中退者は２年中退者が２年次編入で２年間、３年中退者が３年次編入で１年間が必要となる。受講者の年齢は少年というよりは青年層が厚く、概ね 20 代が多い。

②　これまでの入学・卒業者数

最初の昭和 51 年に入学した４名のうち１名が翌年３月に卒業して以来、現在までの 42 年間で累計総数 218 名が入学し、うち 145 名が高等学校卒業資格を取得している。以下に、平成 21 年以降の入学・卒業者数の推移を示す。

年　度	H21	H22	H23	H24	H25	H26	H27	H28	H29	H30	累計
入学者数	6	4	8	5	6	6	7	5	4	4	218
卒業者数	7	6	4	3	6	5	6	4	1		145

③　通信制教育（特別教科指導）の実際

ア、本校通信制教育の特色について

盛岡少年刑務所においても杜陵高等学校通信制課程に準じて教育課程が編成され、本校とほぼ同じ授業が行われている。本校は昭和63年に全国に先駆けて単位制を導入しており、決められた単位を積み上げ74単位以上を修得すれば杜陵高等学校卒業が認められる。単位認定はレポート・スクーリング（面接指導）・テストの３本柱で実施される。月平均４回のスクーリング受講、それに伴い余暇時間を活用しての自学自習によるレポート作成、前・後期に実施する年２回の期末テストを経て単位認定となる。

イ、盛岡少年刑務所での通信制教育（特別教科指導）について

本校スクーリングでは週３回（日、月、水）同一授業が行われているが、盛岡少年刑務所では毎週木曜日がスクーリング（高校教育実施）日となっており、年間に各教科14回のスクーリングが行われている。その他、実習などを必要とする家庭総合や情報などの科目については、年２～３回の集中スクーリングで対応している。刑務所受講生へのスクーリング（面接指導）は、盛岡少年刑務所内の一室を教場として行われており、杜陵高校教諭等の面接指導時では常に当少年刑務所職員が立ち会いのもと行われている。スクーリング時間は、受講生にとっては矯正処遇時間内の教科指導であり、原則的に欠席や登校拒否はなく、また刑務所の処遇審査会で選抜されていることもあって受講姿勢や態度、学習意欲も良好で、学習計画は概ね順調に実施されている。また、刑務所受講生徒数の適正規模は全受講生で15名を超えない程度で選抜されてきている。なお、盛岡少年刑務所の４月の入学式、３月の卒業式では、本校校長、副校長、担当教諭らが当少年刑務所に出向き、関係者の参列のもとそれぞれ厳かに行われている。

ウ、盛岡少年刑務所での通信教育指導体制について

特別教科指導（個別面談指導）を実施するのは本校の教諭６名で９科目、岩手県教育委員会から非常勤講師委嘱を受けた刑務所職員等の９名で15科目の合計24科目となっている。以下に平成30年度の担当者と担当教科を示す。なお、近年は本校においても生徒数が減少していることから教職員定数の見直しが進み、当少年刑務所に派遣できる科目が少なくなっている。その分、当少年刑務所の担当官・講師が増えている。

杜　陵　高　校		盛　岡　少　年　刑　務　所	
教　諭（刑務所担任）	数学Ⅰ下、数学Ａ	教育専門官	生物、化学、地学基礎
教　諭	化学基礎	教育専門官	世界史Ｂ、地理Ｂ
教　諭	コミュニケーション英語Ⅰ上	教育専門官	コミュニケーション英語Ⅰ下、英語表現
教　諭	書道Ⅰ・Ⅱ・Ⅲ	作業専門官	社会と情報
教　諭	家庭総合	刑務官	現代文Ｂ
講　師	生物基礎	刑務官	現代社会
		刑務官	保健、体育Ａ
		刑務官	体育Ｂ
		非常勤講師	国語総合、古典Ｂ

④　矯正施設と連携した修学支援の成果

ア、盛岡少年刑務所と杜陵高校が連携して教育上必要な修学支援等を講ずることで、非行・犯罪歴を有した青少年が早期に立ち直り、善良な社会の一員として自立し改善更生する一助となっている。

イ、盛岡少年刑務所の集団生徒は刑務作業と並行して高校通信教育の自学自習に取り組むだけに、忍耐力、自律心が強くなり、さまざまな雑音に惑わされることなく生活・学習できるなど矯正処遇の一部にもなっている。

ウ、盛岡少年刑務所の約９割の受刑者が高等学校卒業の学歴を有していない中、本校通信制教育で高等学校卒業資格を得ることで、出所後の生活設計の選択が増え、円滑な社会復帰に貢献しているようである。

エ、スクーリング（個別面談）で、本校教諭が一般社会の社会人という側面も持って受講生に働き掛け、声がけすることは普通社会との架け橋という一面もあり、希望を持たせる効果もあるようである。

オ、盛岡少年刑務所では、矯正指導の一環として高村光太郎祭、運動会などの諸行事が行われているが、毎年９月の運動会には近隣の住民と一緒に本校教諭が招待され、当少年刑務所担当教諭のみならず他の本校教諭が見物に訪れ、大きな声援を送っている。受講者の励みになっているという。

カ、盛岡少年刑務所、盛岡少年院、盛岡少年鑑別所の３所共催の催事「盛岡矯正展」が毎年９月に盛岡少年刑務所を会場として行われ、その案内が本校にもくる。内容は、刑務所施設見学、刑務所作業製品・職業指導製品の展示・即売である。数は多くはないが高校教員も訪れ、その作品に触れる機会となっている。

（5）　今後の課題

ア、近年は本校においても勤労青少年の急減等で生徒数が減少していることもあり、教職員定数の見直しが進み盛岡少年刑務所に派遣できる科目が少なくなっている。その分、盛岡少年刑務所の担当官・講師が増えているのが現状であり、少年刑務所に派遣できる教員の確保が課題である。一方で、盛岡少年刑務所の被収容者数も減少しており、本校への集団入学生の確保も気になるところである。

イ、上記に関連して、本校は、ほかにNHK学園高校の協力校の役目を担いながらも、当少年刑務所への派遣を優先しているが本校教員の定数の変化や人事異動の時期によっては盛岡少年刑務所側に急な講師確保をお願いするケースもある。指導体制を中心に本校（県教育委員会）と当刑務所の担当者との緊密な連携が一層求められる。

（6）　まとめ

平成28年公布・施行の「再犯の防止等の推進に関する法律」に基づき平成29年12月に「再犯防止計画推進計画」が閣議決定されている。その中の第４　学校等と連携した修学支援の実施等のための取組　②非行等による学校教育の中断の防止等　イ矯正施設と学校との連携による円滑な学びの継続に向けた取組の充実で、「法務相は、通信制高校に在籍し、又は入学を希望する矯正施設在所者が、在所中も学習を継続しやすくなるよう、文部科学省の協力を得て、在所中の面接指導の実施手続等を関係者に周知するなど、通信制高校からの中退を防止し、又は在所中の入学を促進するための取組の充実を図る。」とうたっており、我々高校通信制教育関係者と矯正施設関係者は互いに協力し合って、再犯防止への取組を一層強化して、広く発信しその実現への努力も必要だと思われる。

最後に、盛岡少年刑務所の約9割の受刑者が高等学校卒業の学歴を有していない現状から、出所後の人生設計・生活設計の基礎となり円滑な社会復帰実現へと結びつけるためにも、本校杜陵高等学校で高校卒業の学歴を取得することが非行・犯罪歴を有する生徒（受刑者）に何より重要なことだと考えている。そのためにも、杜陵高校は人的、質的資源を有効活用して盛岡少年刑務所においても充実した通信制教育を継続することが期待されている。今後とも、盛岡少年刑務所と杜陵高校が連携を強化し、幅広い教育活動を通して、生徒（受刑者）の改善更生、そして再犯防止に向けて、一人でも多くの高校卒業有資格者を増やす努力をしていきたい。そして、盛岡少年刑務所の受講生の皆さんには出所後の就労・生活などでスムーズな社会復帰を果たしていただきたいと心から願っている。

「喜連川教場の現状と役割」
－喜連川少年院における学習支援－

栃木県立宇都宮高等学校長　村山　二郎

1　学校概要

（1）沿　革

本校は、栃木県宇都宮市にある、全日制課程普通科と通信制課程普通科が併置された高等学校である。明治12年に「全人教育」を掲げた男子校として創立されて以来、140年にわたり、伝統を守りつつ県内屈指の進学校としての役割を担っている。11万㎡を超える広大な敷地に恵まれ、多くの木立に囲まれた落ち着いた雰囲気の中に通信制課程校舎がある。昭和23年4月に、学校教育法の改正とともに通信教育部を開設し、今年で71年目を迎えた。通信制教育の変遷とともに歩み続けてきた学校であり、これまでに6,000名余の卒業生を輩出してきた。

（2）教育活動の特色

教育目標は、

「1　自然を愛し、美しいものを求める、温かな心を持った人間を育成する。
2　何ものにもくじけない、たくましい心と体を持った人間を育成する。
3　社会人として礼儀をわきまえた、気品ある人間を育成する。
4　自ら考え、正しく判断する力を養い、知性豊かな国際性に富む人間を育成する。
5　生きがいのある生活を求め、社会連帯の意識を持って、積極的に社会に貢献しようとする人間を育成する。」

である。

開設当初は勤労青少年に高校教育の就学の機会を与える目的で発足した通信制である。現在は、向学の志があれば就業の有無・年齢にかかわらず入学ができ、学び直しや学校生活に困難を抱える生徒の学びの場としての使命を果たしている。近年では、栃木県の「ライセンススキルアッププラン事業」や「ラーニングスキルアッププラン事業」の指定を受け、社会に出てからも役立つ資格取得に取り組める環境を整備している。

また、喜連川少年院内に在院者対象のため高等学校通信教育を行う「喜連川教場」を持っている。

（3）学校の規模

生徒定員は800名、在籍生徒数は627名（平成30年度5月1日現在）、クラス総数は、11クラスである。さらに、県内他校定時制高校より定通併修生を30名弱受け入れている。教員は、教頭1名、常勤教諭数は16名で、非常勤講師数は19名（内養護教諭1名）である。

2　非行・犯罪歴を有する生徒（喜連川教場生）の学習ニーズに応じた指導について

（1）喜連川教場の生徒の現状と課題

喜連川少年院に入院しているということは何らかの非行・犯罪を犯してきている少年たちであるが、教場生として接している限り、コミュニケーション能力もあり、勉強熱心である。自主的・自己管理という部分では、多少課題を抱えている生徒もいるように見受けられる。

①　現　状

教場生は、教官などの指導・支援を受けながら規則正しい生活を送り、学習時間も十分に確保されている。中学校等で不登校だった者や基礎学力に不安のある者もいるが、しっかり学習に取り組み優秀な成績を修める者が多い。面接指導を受ける際の表情は生き生きしており、質問などの積極的な発言もある。報告課題を丁寧に仕上げてあるのはもちろんであるが、付票等への感想・質問の書き込みも細かい字であり、科目担任とのコミュニケーションツールとして利用できている。

出院後、本校に継続して通学・卒業し、上級学校へ進学した生徒も少なくない。しかし、多くの生徒は転学していきその後の状況が不明になってしまう現状がある。

②　課　題

出院後は学習継続に対する障害が多くなり、さらに支援の手が届きにくくなることが課題である。

ア、転学に関して

喜連川少年院の在院期間の平均は、1年弱とのことであり、入学した教場生が卒業を本校で迎えられることが少ない。出院後は地元に帰る教場生が多いので、継続して本校に通学することは困難となり、転学の希望が出てくる。しかし、出院の時期もまちまちであり、年度末や学期末に合致することはまれであるため、多くの公立学校の転入学受け入れ時期とずれが生じる。短期間の通学もうまくいかず、学習を断念してしまうケースが少なくない。

イ、家庭環境に関して

教場生の多くが片親や子どもに関心の薄い親の家庭であったり、経済的に困窮している家庭であったりするように感じる。中には弁済責任を背負っている場合もあり、アルバイト等の就労に多くの時間が費やされる。遠方からの通学により、経済的負担・時間的負担が増し、学習継続を困難にする原因となっている。

また、旧友との交友関係が再開し、生活のリズムが崩れ再犯に及び他の少年院へ再収容となったケースもある。

（2）生徒の学習ニーズに応じた取組の状況について

喜連川少年院より「少年院における矯正教育の一環として、高等学校通信制課程に入学又は編入学させ、学校教育法に基づく高等学校教育を履修させる」との趣旨で通信制教育を実施したいと申し出があり、法務省、栃木県教育委員会、喜連川少年院と本校の話し合いにより、昭和49年から喜連川少年院内に「喜連川教場」を置くこととなった。少年院に収容された少年に、学習の機会を与え高等学校卒業を目指すという目標を持ち、出院後の進路決定や自立への一助となるよう受け入れを決めた。

①　喜連川教場について

喜連川教場を開設以来、750名を超す教場生と係わってきた。受け入れ人数は、平成30年度は7名、近年は10名程度であるが、20名を超えた年もあった。開設当初とは、様子が変わっている部分もあるようだが、現状行っている取組について記載する。

ア、入学者選抜について

喜連川少年院より出願された志望者に対し、4月に入ってから喜連川少年院にて面接を行う。本校の特別入学者選抜に合わせて、書類審査と面接結果により合否判定を行っている。入学の形態は、一般入学か編入学扱いとなる。

イ、学習について

できる限り本校生と同様な内容を提供するよう努力している。時間・場所等に制限があるので充分とは言えない部分もあるが、教場生の成績は概して優秀である。

（ア）面接指導

毎週木曜日（年間19～20週）に、開講科目の担当教員が喜連川少年院に出向いて面接指導を行っている。

時間割は、1コマ90分を3コマ組み、1コマ2単位時間分の出席と換算している。開講コマ数は、標準単位時間を下回らぬよう、報告課題数なども鑑みて多めに設定している。また、開講科目はその年度の教場生の修得科目の状況に応じ、必履修科目を中心に組むことにしている。必履修科目以外はできるだけ常勤教諭の担当科目を組み込んでいる。

面接指導中は、個人情報に係わる質問や不必要な笑いを誘う話題は避けるよう注意をしている。少年院の教員による巡視は廊下で行われ、教室内に立ち入ることはほとんど無い。

（イ）報告課題・添削指導

報告課題は、面接指導の際に持参し配付している。補助プリント等を含めて事前のチェックは受けず配付可能である。ただし、付票の添付などには、ホチキスは使用しないこととなっている。報告課題は、一般生徒と同様に郵送でやり取りをする。

添削指導に関しては特に配慮は必要としないが、付票への書き込みには気を遣う場面もある。

（ウ）試験

前後期の試験は、本校実施の週の木曜日に喜連川教場に本校職員が赴き、行っている。

ウ、特別活動について

喜連川教場において実施するばかりでなく、本校学校行事に参加する場合や喜連川少年院の行事を換算することもある。年間21単位時間計画している。

（ア）入学式

5月当初、入学生・継続生・入学生保護者・本校校長他教職員4名・少年院院長他職員10名程度が参加して、喜連川教場にて行われる。その後、校長講話・LHRが計画されている。

（イ）教場レクリエーション

6月下旬、教場生・本校職員・少年院職員によるソフトバレーボール大会を少年院体育館で半日かけて行っており、体育の出席時数にもカウントされる。その後、参加者による昼食会（少年院で出されている通常の食事）が催され、趣味や進路についてなどが話題となり和やかな時間を過ごす。

（ウ）学校祭

9月当初、本校の全日制と同時開催される学校祭に、見学という形で参加する。

（エ）校内体育大会

10月下旬、本校の校内体育大会（球技大会）の個人競技に参加する。体育の出席時数にもなる。

（オ）卒業式

３月上旬、本校講堂で行われる卒業式に卒業生・在校生として参加している。

（カ）LHR

各学期の始めや試験の直前などに計画している。

（キ）その他

少年院の行事ではあるが、文化祭・運動会・収穫祭も特活時数にカウントされる。各行事には本校職員は招待されている。

エ、その他

出院の際には、本校に立ち寄り、簡単なオリエンテーションを受けてから、帰住先に戻る。出院後の本校継続の期間が長い者は本校クラスに編入され担任も交代し、短期間の者は教場担任が引き続き担当し転学の手続きをする。

② 喜連川少年院について

喜連川少年院は栃木県さくら市（当時は喜連川町）に昭和42年に開庁した、第１種少年院である。本校より北東約30kmに位置している。教科教育課程や職業能力開発過程などの矯正教育を行うことにより、非行少年の改善更生と社会復帰を図っている。

ア、教場（高等学校教育）の位置づけ

矯正教育課程（社会適応課程Ⅰ）の教科指導の中で、高等学校教育指導として位置づけられている。他の職業指導（農耕班・園芸班・陶芸科・溶接科・木工科・土木建築班他）を受けながら、高校卒業程度認定試験を受験するため学習を進めている在院者もいるとのことだが、高等学校卒業を目指す教場生とは明確に区別されている。

イ、支援体制について

各学寮に「教科」担当の教官がおり、さらに統括する主任（学校のクラス担任に相当）・本校担任との連絡を担当する教官が配置されている。教員免許状を所有している教官もおり、報告課題作成についてアドバイスを受けることも可能である。

面接指導や学習スペースとして、喜連川少年院敷地内南東部に「教科棟」が設置されており、教科棟内には、大・中・小の３教室がある。各教室においてDVD視聴も可能であり、中学校・高校の学習参考書も各種置かれている。

体育の実技（バスケットボール・バレーボール・卓球・バドミントン等の球技中心）のために、使用可能な体育館が１棟ある。

ウ、学習時間について

月・木・金曜日は、学習に集中できる時間が約3.5時間（木曜は面接指導日）。水・土・日曜日は約3.5時間、さらに各日とも１時間程度の学習に使える時間がある。

エ、志願者の選抜について

入学等は各年度４月、実施人数は１年度あたり15人程度。高等学校教育を必要とし、受ける意欲が認められる者で、出院後も本校通信制あるいは転学により学習が継続できる者。保護者等の同意及び協力が得られることも要件にある。

③　本校と喜連川少年院の連携について

本校の教場クラス担任と喜連川少年院の教科担当主任が中心となり、密に連絡を取り合っている。さらに教場レクリエーション終了後、双方から６・７名の参加により「連絡協議会」を開催し、前年度と今年度の教場生についての情報交換を行っている。

3　まとめ

（1）取組の成果及び生徒の変容について

高等学校の卒業を目指し、学習に取り組み始めたことにより、具体的進路や将来像が描きやすくなっていくようである。興味ある教科に巡り会い、教師を目指そうとした生徒もおり、何らかの目標を持って本校を後にして行くことができている。

（2）今後の取組の見通しについて

今後とも現状と同等以上の条件が整えられれば、喜連川教場は存続していける見通しである。ただし、平成30年度から喜連川少年院の施設の改修が始まったが、予定より大規模になり、平成31（2019）年度より院生の収容が２年程度できないという。そのため、教場も工事終了までは活動を休止せざるを得ない。課題である出院後の転学・学習継続の支援については、その間にも検討を進めたいと考えている。そして、教科棟や体育館などが改修され、より良い環境が整ったところで再開できるよう喜連川少年院と連絡協議を心がけ、ひとりでも多くの少年が社会に出て自立していけるよう支援していく所存である。

5　非行・犯罪歴を有する生徒のニーズに応じた指導方法等の調査研究

松本少年刑務所における通信制教室の取組

長野県松本筑摩高等学校長　太田　道章

1　学校概要

（1）沿　革

本校は長野県松本市にある、定時制（午前部・午後部・夜間部の３部）と通信制の２課程を置く普通科の高等学校である。昭和45年４月に県内で唯一の定通単独校として設置され、県の定時制・通信制の基幹校となっている。生徒急増期の昭和52年から平成21年まで全日制が置かれたのち、現在の課程構成となった。今年で創立48年目を迎え、これまでに14,086名の卒業生を輩出してきた。

本校ホームページより

（2）教育活動の特色

教育目標は、「１　知性の涵養　　２　品性の陶冶　　３　心身の練磨」であり、「心あらたな学び直し」、「限られた時間を活かしての学び」、「働きながらの学び」を願う生徒が、安心して学習できる環境をつくり、社会の一員として生きる力を育成することを基本理念としている。自分の生活スタイルに合わせて学習する時間帯や学習方法を選択できることが、大きな特色である。

（3）学校の規模

生徒数は、定時制午前部・午後部372名、定時制夜間部30名、通信制912名で、生徒総数は1,315名、クラス総数は37クラスである。教員は、校長１名、教頭３名、教員数（非常勤講師を含む）は78名、総数は82名である。

2　非行・犯罪歴を有する生徒の学習ニーズに応じた指導について

（1）生徒の現状と課題

本稿は、松本少年刑務所内に教室（松本市の桐地籍にあることから「桐教室」と呼ばれる）を有する本校通信制課程の取組について、学校側の視点から記したものである。桐教室の生徒について教職員が知り得るのは氏名のみである。そこで、ここでは桐教室の生徒にも共通する部分があると考えられる本校生徒の現状と課題、それに対応した取組について記載する。

①　現　状

本校通信制課程に入学してくる生徒の８割以上が、他校の退学者または転学者である（平成30年度現在）。中学校からの進学者も含め、不登校の経験、対人関係の傷つき、学業上の困難、家庭面・経済面の困難、心身の不調等を抱える生徒が多い。本校は、そのような生徒たちが、教職員のあたたかい支援的な関わりの中で、再び夢を持ち、自立に向けた一歩を踏み出す学校として、重要な役割を担っている。

②　課題と取組

ア、学習支援

小・中学校を通じて学校教育を十分受けることのできなかった生徒や、高等学校からドロップアウトした生徒を多く受け入れている本校にとって、単位修得のための学習の支援は切実な課題である。担任は、データと紙ベースの二重のチェック体制により、生徒のレポートの提出状況や出席状況、テストの合否の状況を常に把握し、必要な働きかけをきめ細かく行っている。また、教科担当も、レポートの添削やスクーリング等を通じて、きめ細かい指導を行っている。桐教室にも担任がつき、松本少年刑務所の教育担当とが連絡を取り合っている。

イ、キャリア支援

本課程では、生徒の中に養いたい力として、次の４点を明確化している。(a) 学校で過ごす時間内の諸活動において、積極的に他者との接触をもち、人間関係・社会形成能力を育む。(b) 自分の価値観や世界観のみに拘泥せず、周囲の多様な人々や考えに触れることで自己理解・他者理解をすすめる。(c) レポート作成／提出／合格までの過程の中で、自分の力で物事を追求し、時には他者とも協力して解決する姿勢を育む。(d) 自分のすべきことについて見通しをもって計画・実行・完成していくプロセスを経験の中で身につける。

本課程では、学校の諸活動のすべてをこれらの力を育むキャリア教育の場として考え、指導・支援を進めている。桐教室の生徒のスクーリングや、レポート指導も、共通の目的のもとに行われる。

(2) 生徒の学習ニーズに応じた取組の状況について

① 松本少年刑務所桐教室に関わる経緯

昭和41年、松本少年刑務所受刑者4名が日本放送協会学園高等学校に入学。翌42年、スクーリングが可能な長野県松本県ヶ丘高校通信教育部（本課程の前身）に受講先が変更となった。昭和45年、長野県高等学校の機構改革により、松本県ヶ丘高校通信制課程が廃止され、松本筑摩高校開校が開校。本校における受刑者の受講が始まった。昭和61年から、松本少年刑務所の教官（教員免許状を有する法務省職員）に対し、長野県教育委員会から非常勤講師が発令され、刑務所内で授業や特別活動が実施できることとなった。

② 対象生徒

生徒募集は、全国の刑事施設を対象として行われる。修業年限は3年で、定員は20名。中学校卒業者は1学年に、高等学校中退者で24単位以上修得した人は2学年に、49単位以上修得した人は3学年に編入となる。今年度は、22歳から37歳までの生徒13名（1学年3名、2学年5名、3学年5名）が学んでいる。

③ 学習方法と生徒の様子

少年刑務所の受刑者は、日々それぞれの作業に従事しているが、桐教室の生徒は、スクーリングの時間、作業を免除され、学習することができる。また、居室で夜10時まで、自学自習（予習・復習とレポート作成）や、ラジオを利用しての視聴覚学習を行うことを許可されている。希望者には、ラジオも貸与される。

生徒がスクーリングを受ける教室は、学校の教室と同じように整えられている。窓に鉄格子があることのみが、そこが刑務所の中であることを思わせる。廊下の反対側には、松本市立旭町中学校の桐分校の教室がある。教室内にはロッカーがあり、国から支給された制服が整然と並ぶ。生徒たちはそこで、受刑者の服装を解き、ワイシャツと紺のブレザー、スラックスに着替え、先生を待つ。生徒たちが楽しみにしている時間の始まりである。体育のスクーリングは、グラウンド、または体育館で行われる。

桐教室のスクーリングは、本校から出向く教員にとってもやりがいが大きく、内容を工夫し、さまざまな教材を持って出向いていく。教員が共通して語るのは、生徒たちの真摯な姿と反応のよさ、教室内のやりとりの楽しさである。「どんな罪を犯したのかわからないけれど、皆、普通の生徒」、「素直で、目をキラキラさせて一生懸命聞き、うんうんと頷いてくれる」等、桐教室から戻ると、教員たちの顔や目が輝いている。あるいは、やさしい表情になっている。今年度も、刑務所内の時間割に従って、各教科の教員21名がスクーリングに出向いている。

レポートは、少年刑務所の教育担当にきめ細かく指導を行っていただいているため、提出が着実で、高い評価がつくことが多い。多くのレポートが、文通のように刑務所内の生徒と教員の間を行き来する。卒業してゆく生徒が、返却レポートに記される教員の言葉に励まされてきたと語っていた。

④　登校学習

生徒に一度だけでも母校を見せてあげたいという学校側と刑務所側の願いから、年度末には、卒業する生徒たちを本校に招き、登校学習が行われる。

生徒たちは朝、刑務所のバスで来校し、校長講話、校内見学、授業、教職員との懇親会と、半日を学校で過ごす。校内見学の中で生徒が特に喜ぶのは、図書館である。思い思いの本を手にとって、短くも貴重な時間を過ごす。絵本に見入る生徒もいる。また、芸術の教室には、生徒が刑務所内の授業で取り組んだ作品が掲示され、生徒たちはうれしそうに、自分の作品や仲間の作品を眺めている。互いにコメントをし、笑いがはじける。

本校学習の授業の内容は、担当する教科によって変わる。昨年度は数学科が、パソコンを使用してビジュアルな数学の授業を行った。今年度は体育科が当番で、生徒と教職員が一緒にニュースポーツを楽しむ予定である。

授業の後は、教職員との懇親会となる。いくつかのグループに分かれて、生徒と教職員が着席する。ささやかな菓子と、飲み物のコーナーが用意され、教職員が生徒に希望を尋ねては、あたたかい飲み物を運ぶ姿が見られる。少年刑務所の方々が、後方で見守っている。

歓談の時が過ぎると、教職員から生徒たちへのプレゼントの時間となる。生徒たちは刑務所に、何も持ち帰ることはできない。教職員はこの日のために練習し、歌を贈る。伴奏者の弾く電子オルガンと二胡がメロディーを奏で、中島みゆきの「糸」が流れる。「縦の糸はあなた　横の糸は私　逢うべき糸に出逢えることを　人は仕合わせと呼びます♪」。涙を流しながら聞く生徒、歌う教員がいる。

最後に、生徒がひとりひとり立ち上がり、それぞれの思いを述べる。涙に詰まりながら、懸命に話す生徒の姿に、涙を流す教職員や刑務所の教官がいる。

やがて別れの時が訪れ、生徒昇降口から出ていくバスを、皆で送る。教職員は刑務所内の卒業式に参列できるが、直接話すことができるのは、この日が最後である。別れを惜しむ人の輪が、あちこちでできている。こうして、一度限りの本校授業の日が過ぎる。

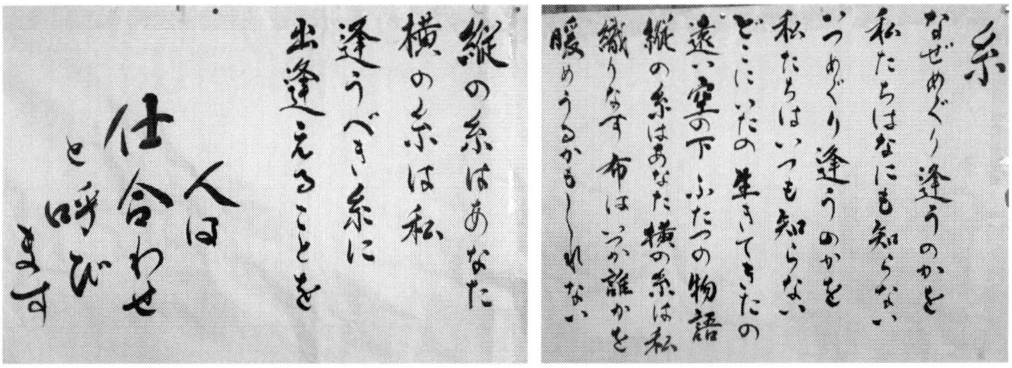

登校学習の教室に掲示されている「糸」の歌詞

3　まとめ

(1) 取組の成果及び生徒の変容について

松本少年刑務所には「少年母の会」という支援組織があり、物心両面の支援を行っている。少年との文通を重ねたある方は、「育った環境がほんとうにたいへんで、胸が詰まる。この子たちが悪いのではないと思わされる。」と語られていた。またある方は、「私たちが作った料理を、『おいしい』と言ったきり涙を流す人がいた。親のあたたかさを受けてこなかったのだろうと感じることが多い。」と語った。

それぞれの苦しみを生きてきた少年たちが、高校の卒業という目標に向かって学ぶ中で、刑務所の教官や教職員の親身な指導や支援に触れる。関わる人々の思いが生徒の心にしっかり届いていることを実感したのが、前述の登校学習の時であった。卒業する生徒たちが最後に語った言葉を紹介する。

「捕まったとき、家族にも見放されて、ひとりぼっちでした。今、こんなにたくさんの人が、いてくれます（涙）。皆さんに恥じない生き方をしていきたいと思います。」

「今まで、感謝という思いを持ったことがありませんでした。今、高校教育を受けられたことを、とても、ありがたく思っています。人のために、こんなにしてくれる人がいる、大人の人が真正面から向き合ってくれるということを、知りました（涙）。自分も、人のために何かできる人になりたいと思います。出所したら、筑摩高校に挨拶に来たいと思っています。」

「（入学以来）たくさん、手を差しのべてくれる人がいました。（涙）『更生』ということの意味が、これまでよくわかりませんでした。でも今は、手を差しのべてくれる人がいたということを大切に思い続けることが、『更生』ということなのだと思っています。」

登校授業の後、生徒たちのお礼の作文が学校に届けられる。同様の思いは、そこにも記されている。大学に進学し、さらに学びたいと記している生徒もいる。

人の変容において、認知（物事の受けとめ方）の重要性が指摘されているが、世の中から多くを受け取ることができなかった生徒たちが、人のあたたかさを受け取った、自分は変われた、と感じることができたなら、それは、生徒個人にとっても社会にとっても、大きな成果であると思われる。

桐教室の卒業生は、昭和45年から平成30年までの49年間で、計176名となった。卒業生と連絡を取り続けている教員等を通じ、卒業した生徒を厳しい現実が待っていることも伝え聞く。犯罪者というレッテルによって就業が困難であったり、元の環境に戻ることにより犯罪を繰り返してしまったりする少年もいるという。そうであっても、少年たちの中に、高等学校で学び卒業することができたこと、親身になって支援し、自分を大切にしてくれる人々がいたこと、前に進む喜びや知的好奇心を満たす喜びを知ったこと、楽しいと思える時を過ごしたことは、いつか、人生の岐路で彼らを支える時があることと信じている。

ある日、学校をひとりの青年が訪れた。今、松本少年刑務所を出所してきた、という卒業生であった。親族が運転する車で、これから遠い地に帰るという。彼は桐教室時代の担任の研究室で、授業で関わった教員たちに囲まれ、松本での最後の時間を過ごした。別れの時、玄関で彼が履いた靴が、まぶしいような白さであった。担任が「真っ白だねー」と言うと、青年が、照れたように笑う。学校の正面玄関前に、彼を囲む教職員の輪ができる。校門を出てゆく車を、皆で「がんばれよー」、「元気でねー」と大きく手を振って送る。このあたたかさが、これからの彼が歩む道を、きっと支えるであろうと思われた。

(2) 今後の取組の見通し及び課題について

上述のように、生徒は高等学校の教育を受ける中で、大きく変容する。かなうことなら、より多くの場で、より多くの少年を対象として、このような教育が提供されることを願う。

学校は、一次予防（すべての人に）、二次予防（リスクの高い人に）、三次予防（問題発生後の人に）のいずれにも取り組むことができる場である。本稿の取組は、三次予防の取組と言える。その中で実感するのは、一次予防、二次予防の重要性である。

本稿では、生徒と教職員の交流について記してきた。あたたかい支援的な関わりが、また、ひとりの人として尊重されることが、生徒にとってどれほど大切であるかということを、本校の教職員は経験を通じて知っている。通信制課程の教職員が、生徒の非行・犯罪歴を把握することは難しい。中学校や前籍高等学校を離れてから時間が経っていることも多く、得られる情報は限られている。入学後に、本人の語ることの中からうかがい知る場合もあるが、過去を語らない生徒もいる。教職員は、ただ、目の前にいる生徒を受け入れ、桐教室の生徒と同様に、ひとりの人として大切にし、でき得る限りの支援を行う。この生徒たちに、より早期に、大人とのこのようなあたたかい関係がつなぎ直されていたら、と考えさせられることも多い。

少年刑務所の中の入学式・卒業式は、本校職員、法務省の関係者、少年母の会をはじめ地域の関係者が見守る中で行われ、生徒が声高らかに歌う校歌が、会場に広がる。そこでは、少年たちを中心として、さまざまな職種や領域の人々がつながっている。組織の枠を超え、それぞれが見えている現実を共有し、各段階の予防の進展に活かしていくことが必要であると思われる。

Ⅳ 調査研究のまとめ

全国定時制通信制高等学校長会　教育課程委員長　渡邊　範道
（東京都立南葛飾高等学校長）

1　調査の概要と全体の傾向について

全国的な実態把握と事例の収集を行うため、各校の取組の概要及び成果と課題について自由記述で箇条書きの項目で列挙していただき、各都道府県の理事が都道府県ごとに集約する形態のアンケート調査を平成30年10月に実施した。アンケートの回答校数は、43都道府県の405校（私立高等学校10校も含む）。

回答校を生徒のニーズそれぞれについて、課程別にまとめたものが以下の表である。なお、昼夜間定時制課程は昼夜のコースをまとめて1課程とし、定時制課程と通信制課程を併置する学校は課程ごと別々に1課程として集計した。

多様なニーズ		課程別回答数	割合
（1）	不登校生徒、中途退学を経験した生徒のニーズ	331	29.09%
（2）	特別な支援を必要とする生徒のニーズ	334	29.35%
（3）	外国籍生徒、日本語の指導が必要な生徒のニーズ	167	14.67%
（4）	経済的に困難を抱える生徒のニーズ	207	18.19%
（5）	非行・犯罪歴を有する生徒のニーズ	99	8.70%
回答都道府県43、回答校数405校		1,138	100%

回答の全体的な傾向としては、（1）「不登校生徒、中途退学を経験した生徒のニーズ」は、41都道府県の331課程、（2）「特別な支援を必要とする生徒のニーズ」は43都道府県の334課程と、どちらもほぼすべての都道府県から回答があり、課程別回答数の3割近くを占めた。そうした生徒が多く在籍していることと、そのニーズとニーズに対応する取組の多さがうかがえる。

平成30年2月に実施された公益財団法人全国高等学校定時制通信制教育振興会の文部科学省平成29年度委託調査研究報告「定時制・通信制高等学校における教育の質の確保のための調査研究」（以下「平成29年度教育振興会調査」）においても、「小・中学校及び前籍校における不登校経験がある生徒」は39.1%、「特別な支援を必要とする生徒」は20.1%と高い割合を示しており、定時制課程や通信制課程に在籍する生徒のニーズに応えていく必要性が高いことがわかる。また、平成29年度教育振興会調査では、「学習障害の診断がある生徒」は3.8%、「心療内科等に通院歴のある生徒」は9.2%であったが、こうした生徒のニーズにも丁寧に対応していく必要がある。

また、（3）「外国籍生徒、日本語の指導が必要な生徒のニーズ」は、32都道府県の167課程で課程別回答数の14.7%、（4）「経済的に困難を抱える生徒のニーズ」は、38都道府県の207課程、課程別回答数の18.2%であった。全体的な傾向としては、（4）「経済的に困難を抱える生徒のニーズ」は、43都道府県のうち5県を除く38都道府県から回答があったのに対し、（3）「外国籍生徒、日本語の指導が必要な生徒のニーズ」は、

32 都道府県からの回答であったことから、ニーズに対応した取組には、若干地域差があることがうかがえた。ただし、本調査は、自由記述を都道府県単位で集約したものであるので、記述や回答がなかったということのみで取組が行われていないとはいえないことに注意する必要がある。（5）「非行・犯罪歴を有する生徒のニーズ」は 29 都道府県から 99 課程、8.7%の回答数であった。（3）と比較し、地域差というよりはニーズに対応する取組が警察や保護司、児童相談所や少年院等の関係機関との連携の有無によるものであることが考えられる。

さらに、全国からアンケート調査で収集した回答をもとに、把握した実態や傾向等、及び訪問校における先行事例等のなかから、特徴的かつ優れた実践として選定した 22 校の実践報告も合わせて、以下にそれぞれの学習ニーズに対応した取組について、その内容と傾向、取組の成果と課題について考察した。

なお、文中の「SC」はスクールカウンセラー、「SSW」はスクールソーシャルワーカー、「YSW」はユースソーシャルワーカー（東京都）、「TT」はチームティーチングを示す。

2　不登校生徒、中途退学を経験した生徒のニーズに応じた指導方法等について

全国アンケートの回答について、傾向を把握し分析を試みるために、箇条書きの記述内容から取組を抽出し項目別に分類した。各校の取組がすべて記述されているとは限らないし、記述から項目分類を重複なく正確に反映させ分類できたといえない可能性もあるが、おおよその傾向が分析できているものと考える。ここでは下記の表に、（1）「不登校生徒、中途退学を経験した生徒のニーズ」に応じた指導方法等の分類項目と項目別取組回答数とその割合を下表に示すが、上記の留意点は（2）から（5）までのそれぞれのニーズに応じた指導方法等においても同様である。

ニーズへの対応分類項目とその事例		取組数	割合
指導内容や指導方法	授業内容、指導方法、指導体制など	184	41.0%
教育課程上の特色	学校設定教科科目の設置など	117	26.1%
教育課程外での教育活動	補習授業、長期休業中補講など	72	16.0%
専門職との連携	SC、学習支援員等との連携など	42	9.4%
外部機関との連携	都道府県や市町村の機関との連携など	20	4.4%
その他の事例		14	3.1%
回答都道府県 41 ／課程別回答数 331 課程		449	100%

全体的な傾向としては、「指導内容や指導方法」に分類した、少人数指導や習熟度別指導、個別指導や TT などの指導体制に関する回答が 41.0%と高い割合を占めた。この「不登校生徒、中途退学を経験した生徒のニーズ」に対応した指導体制に関する回答は、今

回のアンケート調査における取組の回答数として最も多かった。全国の定時制通信制課程を置く学校において、こうした生徒が多く在籍し、そうした生徒のニーズへの対応は必須であることを示している。教科を中心にホームルーム担任も含めて、生徒の学習状況を把握し、寄り添う指導が展開されているとする回答が多数あった。

「教育課程上の特色」は、学校設定教科・科目を中心に26.1%にのぼった。高等学校の学習内容以前に、義務教育段階の「学び直し」も必要であり、国語、数学、英語を中心とした「基礎」「ベーシック」「入門」等の名称を冠した学校設定科目が目立った。中には、学習スキルや人間関係構築のためのスキルを学ぶ学校設定科目「コーピング」を設置している兵庫県立西脇北高等学校など、生徒の学力だけでなく心理面でのサポートを行っている取組もあった。

「教育課程外での教育活動」は、始業前の補習や長期休業中の補講などに取り組み、基礎学力の向上や学習習慣の確立につなげる取組を中心にした回答が16.0%あり、学校の特色ある取組として実施されていることがわかった。

「専門職との連携」は、各校に配置されたSCや学習指導員の活用を中心に9.4%の回答があったが、埼玉県の「地域の多様な人材の活用による高校生自立支援事業」を活用した学習サポーター制度などに代表される都道府県単位の事業による支援員の配置が中心であった。同様の事業は、宮城県、東京都、神奈川県、長野県、静岡県、沖縄県などの回答にもみられ、都道府県や市区町村の教育委員会の予算的措置が生徒のニーズに対応した指導に結びついていることがわかった。

「外部機関との連携」は、取組回答数の4.4%で、市町村の教育相談機関やNPO法人との連携の事例があった。

優れた先行事例としての取組を行っている学校の実践報告では、不登校生徒や中途退学を経験した生徒のニーズを的確に把握し、義務教育段階の「学び直し」による基礎学力の向上や学習継続を支える取組、さらには進路意識と学習意欲を高めるためのキャリア教育の推進、都道府県の人材派遣事業を有効に活用した取組などが報告された。

義務教育段階の「学び直し」による基礎学力の向上や学習継続を支える取組としては、入学後すぐに全員に受講させ、ノートの取り方や箇条書きの方法など基本的な学習方法を学ばせる「キャリアスタディ」を行っている東京都立六本木高等学校の取組、国語、数学、英語の基本的な学習内容を含む科目を「コア科目」と名付けて必履修科目としている埼玉県立戸田翔陽高等学校の取組、同じく国語、数学、英語に学び直しのための学校設定科目の設置や習熟度別科目の設定を行い、スクーリングとレポートの学習内容をリンクさせるとともに、期限内の合格で次のレポートにステップアップするという計画的な学習で学習継続を支える通信制の取組として宮城県美田園高等学校の事例が報告された。

進路意識と学習意欲を高めるためのキャリア教育の推進の事例として、ソーシャル・スキル・トレーニング（SST）の手法を取り入れた学校設定科目「国語入門」を実践している宮崎県立延岡青朋高等学校の取組、特別活動やそれに準じた活動として「小論文講座」「進学講演会」「就職探究講座」などやコミュニケーションスキルに不安がある生徒のための「キャリア講座C」を実施している宮城県美田園高等学校の取組、「卒業生を囲んでの座談会」や進路通信の発行、進路指導室の開放による自学の奨励や個別指導を実施している愛媛県立松山南高等学校の取組、「キャリアサクセス」など進路に直結した講座設定を行っている東京都立六本木高等学校の取組などがある。定時制通信制の高等学校のキャリア教育は、不登校や中途退学経験のある生徒のニーズに的確に対応した実践事例であるとともに、学校に通うことだけが目的となり、それだけで満足しつつある生徒に対し、将来への展望や希望、挑戦する気持ちをみつけさせる取組として有効な実践である。さらに、人間関係を構築するのに困難を抱えている生徒の社会的自立を支える側面をもっていることも見逃せない。

都道府県の人材派遣事業を有効に活用した取組として、埼玉県の「学習サポーター制度」「共生社会の形成に向けた特別支援教育事業」などの活用により、学習サポーターとしてOBの卒業生による取り出し授業の実施や臨床発達心理士である短期大学講師による研修会等を行っている埼玉県立戸田翔陽高等学校の取組、宮城県の「基礎学力充実支援事業」の活用により、特別支援学校長や小学校長経験者が「学習支援員」、宮城教育大学の学生が「学生サポーター」として義務教育段階の学び直しから大学受験まで、生徒の学習ニーズに応じた指導を行っている宮城県美田園高等学校の「個別学習支援」の取組などが報告されている。

また、この他にも、全国アンケートの回答のなかに、心理的な要因があるために登校できない生徒や他の生徒と共に学ぶことが困難な生徒を支援する適応指導教室「ITO支援室」を開設した和歌山県立伊都中央高等学校や、秋田県立秋田明徳館高等学校の「学習支援委員会」、福井県立大野高等学校の「生徒理解協議会」のように、教職員が生徒一人一人の状況を把握し支援するために組織的に対応している取組もあった。

3　特別な支援を必要とする生徒のニーズに応じた指導方法等について

（2）「特別な支援を必要とする生徒のニーズ」に応じた指導方法等の分類項目と項目別取組回答数とその割合を下表に示す。

全体的な傾向としては、「指導内容や指導方法」が28.3％、「専門職との連携」が25.0％、「組織的な対応」が22.2％とほぼ拮抗した回答割合となった。「外部機関との連携」は15.3％と他の取組と比較して低い結果となった。生徒により近い校内における取組が進んでいることを示す結果ではないかと考えられる。「個別指導計画の作成」や「通級指導の実施」は、回答数や回答に占める割合も低い結果となったが、現在行われている学校の取組は、先行的な取組として今後の参考となると考えられる。

ニーズへの対応分類項目とその事例		取組数	割合
指導内容や指導方法	授業内容、指導方法、指導体制など	131	28.3%
専門職との連携	SC、SSW、特別支援コーディネーターとの連携	116	25.0%
組織的な対応	校内組織の整備、校内研修の実施など	103	22.2%
外部機関との連携	都道府県や市町村の機関との連携など	71	15.3%
個別指導計画等の作成	個別の教育支援計画、個別の指導計画の作成	28	6.0%
通級指導の実施	通級指導の計画や実施など	15	3.2%
回答都道府県 43 ／課程別回答数 334 課程		449	100%

「指導内容や指導方法」は、板書やプリントの工夫による授業のユニバーサルデザイン化の推進や TT、ICT 機器の活用、合理的配慮、学校設定科目の設置を中心に約３割の回答があった。また、身体的障害をもつ生徒にきめ細かく対応した事例も数多く見られた。また、コミュニケーションに課題をもつ生徒へのソーシャルスキルトレーニングなど基礎学力の向上だけでなく心理面でのサポートを積極的に行っている事例もあった。

「専門職との連携」は、各校に配置された SC や SSW、特別支援教育コーディネーターの活用を中心に 25.0%の回答があり、多くは人的配置により生徒のニーズに応じたきめ細かい指導が行われている事例や保護者への支援で、北海道、山形県、埼玉県、千葉県、東京都、静岡県、広島県、沖縄県に同様の記述がみられた。都道府県や市区町村の教育委員会の予算的措置が生徒のニーズに応じた指導に結びついていることがわかったが、同時に、予算的措置がなければ必要とする生徒のニーズへの対応に苦慮する結果となることが想像できる。

「組織的な対応」は、特別支援教育コーディネーターや SC を中心とした校内の特別支援教育に関する支援委員会や「ケース会議」の設置と開催、定期的な教員研修の開催などの取組を実施しているとするもので、課程別取組数の 22.2%の回答があった。中でも特徴的なものとして、「修悠館スタンダード」を策定し、学校のユニバーサルデザイン化を実践している神奈川県立修悠館高等学校や、校内の特別支援委員会によるユニバーサルデザインを取り入れた「テイザンデザイン」と名付けられた応援プロジェクトを立ち上げ、中学校からの引継ぎや保護者アンケート等で実態を把握し、個別・全体に応じた継続的な応援を行い、進路目標である「社会参加と自立」に結び付けるよう全教職員で取り組んでいる宮城県貞山高等学校の取組がある。なお、貞山高等学校は、「支援」と言わず「応援」という名称で取り組んでいるとのことで、学校の理念や姿勢が生徒や保護者に伝わるように工夫されている。

「外部機関との連携」は、課程別取組回答数の 15.3%で、都道府県や市町村の教育相談機関や特別支援学校との連携、大学や医療機関、NPO 法人との連携の事例があった。

「個別の教育支援計画の作成」や「個別の指導計画の作成」、「通級の指導の計画・実施」については、回答数はまだまだ少数ではあるが、実施校は先行した優れた取組であり、今後、広く全国の学校に拡大していくことが望まれる。福岡県では、特別支援コーディネーターを中心にして、個別の指導計画を全教職員で作成にあたっている学校が複数あった。東京都、山梨県などでは、通級による指導の実践に係る研究校の指定が始まっている。

優れた先行事例としての取組を行っている学校の実践報告では、ユニバーサルデザインの考え方を取り入れた授業研究を行っている取組、学校設定教科科目の設置や特色ある教育活動を取り入れた取組、校務分掌組織として位置付けた「支援教育部」を中心とした組織的取組、通級による指導を計画・実施した取組などが報告された。

ユニバーサルデザインの考え方を取り入れた授業研究を行っている取組としては、生徒の自尊感情を高めるために、併設されている特別支援学校と連携しながら、ICT 機器の活用や板書の工夫、授業の流れと時間を可視化すること、授業中のルールを明確化することなどを行い、生徒に「わかる・できる」授業を行っている兵庫県立阪神昆陽高等学校の取組や、同様に授業時間の構造化や見える化、板書の工夫などユニバーサルデザインの視点に立った「わかる」授業づくりを進めている青森県立北斗高等学校の事例などが報告された。

学校設定科目の設置や特色ある教育活動を取り入れた取組としては、自己や他者理解を深め、進路や就労意識を育成する「生活と職業Ⅰ」を設置したり、「農業実習」を取り入れたりした福井県立大野高等学校の取組がある。

特別支援教育を校務分掌として位置付けた組織的取組としては、教育相談や生徒理解に関する業務や教育的支援活動の実施、「支援教育のための手引き」の作成、情報交換会や教員研修会の企画・実施等を行う「支援教育部」を校務分掌として創設した新潟県立出雲崎高等学校の取組が報告された。

通級による指導を計画・実施した取組としては、兵庫県立西宮香風高等学校、兵庫県立阪神昆陽高等学校の取組がある。平成 30 年度から開始した事例としては、青森県立北斗高等学校と福井県立大野高等学校の事例が報告されている。また、岐阜県立華陽フロンティア高等学校では、特別支援学校学習指導要領の「自立活動」に相当する指導を個々の生徒の状態や発達の段階に応じて選定し「コミュニケーションボランタリー」という少人数コミュニケーション講座を開講している。これは、岐阜県全体が「通級による指導」という表現を用いず、「少人数コミュニケーション講座」として進めている取組によるものであり、県全体で通級指導を各校の特色ある教育活動として推進している好例といえるだろう。

4　外国籍生徒、日本語の指導が必要な生徒のニーズに応じた指導方法等について

（3）「外国籍生徒、日本語の指導が必要な生徒のニーズ」に応じた指導方法等の分類項目と項目別取組回答数とその割合を下表に示す。

ニーズへの対応分類項目とその事例		取組数	割合
指導内容や指導方法	授業内容・方法、取り出し授業実施など	96	41.4%
専門職との連携	SC、SSW、日本語支援員との連携など	79	34.0%
教育課程上の特色	学校設定科目の設置など	26	11.2%
外部機関との連携	市町村の機関、大学、NPO との連携など	12	5.2%
組織的な対応	校内支援委員会の設置、教員研修の実施など	9	3.9%
その他の事例		10	4.3%
回答都道府県 32 ／課程別回答数 167 課程		232	100%

全体的な傾向としては、「指導内容や指導方法」に分類した、配布プリントにルビふりを行ったり、少人数指導やTT、国語科や地理歴史科等における取り出し授業や始業前に補講を行ったりするなどの指導体制に関する回答が41.4%と高い割合を占めた。授業以外でも、補習講座や放課後の図書館での勉強会、日本語検定などの資格試験に挑戦させる取組もあった。また、情報共有の方法として、入学時に海外での生活経験等を記入させる「生徒支援カード」の取組、出身中学校や家庭の訪問記録の共有など生徒一人一人の情報を組織的に共有する方法が示された。

「専門職との連携」は、各校に配置された外国語指導員やSC、の活用を中心に34.0%の回答があった。多くは、埼玉県の「多文化共生推進事業」を活用した多文化共生推進員の派遣などに代表される都道府県単位の事業による支援員の配置が中心であり、同様の事業は、山形県、群馬県、千葉県、東京都、神奈川県、長野県、静岡県、愛知県、大阪府、兵庫県などの回答にもみられた。これらの事業は、主に通訳等の派遣であるが、授業等の決まった時間での派遣には対応できるが、授業時間外の保護者等の対応には、現状としては様々な困難がある。

「教育課程上の特色」は、「日本語」「国際理解」等の学校設定教科・科目の設置を中心に11.2%の回答があった。また、日本語以外にも、基礎学力の向上を目指した取組があるが、学習言語の習得には、日常会話の習得以上の困難があり、なかなか難しい状況である。

「外部機関との連携」は、取組回答数の5.2%で、大学、多文化共生センター、市町村の教育相談機関、NPO 法人等との連携の事例があった。

優れた先行事例としての取組を行っている学校の実践報告では、入学者選抜において「海外帰国生徒等枠」で受け入れた生徒のニーズに応じた取組、学校設定科目を中心に

組織的な日本語指導を行っている取組、生徒の日本語能力を客観的に把握し、結果に応じて指導内容を工夫・改善している取組、生徒のニーズに応じた様々な活動をNPO法人等の関係機関との連携により推進している取組、文化的、言語的に多様な背景をもつ生徒の増加に対応した取組などが報告された。

入学者選抜において「海外帰国生徒等枠」で受け入れた生徒のニーズに応じた取組としては、生徒の出身国が様々であり、入学時に日本語能力を問う試験がないため、生徒の日本語能力にかなりの差がある現状から、学校設定教科・科目「日本語」や授業以外での居場所づくりや進路指導など様々な取組を行っている札幌市立札幌大通高等学校の取組が報告されている。特に、難解な用語や文章があり苦手意識を強くする「国語総合」「世界史」「地理」「現代社会」などは、生徒の日本語能力に応じた「特別講座」を開講し、単語調べをしながらテキストの日本語の意味を分かり易く解説している。さらに、校内組織として、多文化交流会議や保健支援部、進路指導部等の組織的な支援を行うとともに、国際クラスとしてクラス編成を行い、きめ細かい対応を行っている。

学校設定科目を中心に組織的な日本語指導を行っている取組としては、静岡県立浜松大平台高等学校の取組が報告されている。同校の学校設定科目「日本語Ⅰ」は、義務教育段階の国語科教材を利用し他教科を学習するために必要な日本語能力の習得を目指すものであり、発展的な「日本語Ⅱ」は、中学、高等学校で学習する言葉が理解できるレベルで、読解演習から思考力を養い、書き言葉で適切に表現することを目指す学習内容となっている。また、外国人生徒支援のために、外国人生徒支援委員会を組織し、教育課程の検討、日本語能力試験の運営、放課後学習サポートなど学習支援の充実、外国人生徒支援員の活用、外部支援団体との連携等を行っている。

生徒の日本語能力を客観的に把握し、結果に応じて指導内容を工夫・改善している取組として、愛知県立刈谷東高等学校における校内日本語能力テストの取組が報告されている。これは、年度当初に刈谷市国際交流協会が作成したテストを受験し、結果を分析して担任や支援員の意見を聞きながら支援計画を立て、愛知教育大学と連携した「個別学習」への参加や刈谷市国際交流協会との連携で行っている「日本語教室」への参加も含めた個別の指導計画を作成する。こうしたきめ細かい指導により、生徒が日本語を学習する環境が整い、意欲的に学習する生徒も増え、日本語の能力も向上がみられた。

生徒のニーズに応じた様々な活動をNPO法人等の関係機関との連携により推進している取組として、NPO法人の協力を得て、入学試験や就職試験の小論文や面接対策、授業の補習などの支援活動を行う「学習サポートクラブ」を開設している群馬県立太田フレックス高等学校がある。今後は、保護者への周知や教職員との連携を強化していくとともに、校務分掌や教育課程への位置付けを目指し、外国籍の日本語指導が必要な生徒のニーズに応える取組として期待されている。

文化的、言語的に多様な背景をもつ生徒の増加に対応した取組の報告としては、三重県立飯野高等学校の「CLD生徒の現状と取組及び成果と課題」の報告がある。「CLD生徒」

とは､｢文化的､言語的に多様な背景をもつ生徒」のことをいい､飯野高等学校は､全日制､定時制とも約３割がこうした生徒である。その背景には、飯野高校がある三重県鈴鹿市は、自動車製造関連工場があるために市民の25人に１人は外国人であるということと、入学者選抜において外国人生徒の特別枠があることがある。飯野高校では、全ての入学生に「プレイスメントテスト」を実施し、日本語指導が必要な生徒の把握に努め、選択科目として「入門日本語」や「実用日本語」といった科目を設置している。今後は、社会の一員となる人材育成の視点からも、日本語指導にとどまらず日本文化や風習等をどう理解させていくかが課題であるとしている。

5　経済的に困難を抱える生徒のニーズに応じた指導方法等について

（４）「経済的に困難を抱える生徒のニーズ」に応じた指導方法等の分類項目と項目別取組回答数とその割合を下表に示す。

ニーズへの対応分類項目とその事例		取組数	割合
外部機関との連携	都道府県や市町村の機関との連携など	80	24.5%
専門職との連携	SC、SSW、YSWとの連携など	69	21.2%
奨学金等の紹介	各種奨学金の紹介・受給の奨励など	60	18.4%
就労の斡旋・紹介	アルバイトや就職の斡旋・紹介など	43	13.2%
組織的な対応		40	12.3%
補助金受給の申請・支援	各種補助金受給の申請・申請支援など	34	10.4%
回答都道府県38／課程別回答数207課程		326	100%

回答の分類は多い順に「外部機関との連携」24.5%、「専門職との連携」21.2%、「奨学金等の紹介」18.4%、「就労の斡旋・紹介」13.2%であるが、これらは学校の内と外という差異はあるが、一体的な支援として広く実施されている。ハローワークとの連携によるアルバイトも含む就労支援、SSWを通じた役所、福祉事務所、社会福祉協議会等との連携による生活保護の相談、奨学金や学費の相談がほとんどであった。特に、千葉県は全県的にSSWを通じた地域包括支援センターや市役所の担当部署との連携が行われており、行政の厚い支援がうかがわれた。また、埼玉県は、生活保護受給世帯の生徒について、「彩の国子ども・若者支援ネットワーク」の支援員との連携が行われている。奨学金は、学生支援機構に加え、定通教育振興会、石澤奨学会、日本教育弘済会などが多く、その他に福井県には定通修学奨励金が、栃木県には県の修学支援金が、東京都には給付型奨学金が、佐賀県や長崎県には県独自の育英会による奨学金が、群馬県立前橋工業高等学校、島根県立松江工業高等学校からは学校独自の奨学金があるとの回答があった。公的な給付金や奨学金が増えるのは望ましいことではあるが、事務手続きが増加し複雑になってきている。また、授業料と学校納付金の未納も大きな問題である。回答の

あったいずれの学校においても、給付に向けて担任とSSWや事務室との連携が図られている現状が回答され、定時制通信制の学校現場において、経済的に困難を抱える生徒のニーズへの対応は、まさに「チーム学校」が具現化していると感じた。

この他の特色ある取組としては、授業料を1単位330円、上限の年間30単位を履修習得しても年間9,900円としている大阪府立桃谷高等学校通信制課程、日曜講座を1単位350円、平日講座は700円としている神奈川県立横浜修悠館高等学校通信制課程など、通信制課程の中には非常に低廉な学費を設定している学校があった。また、地域の商工会議所や各種業界協会と連携してアルバイトを含む就労を斡旋している兵庫県立神戸工業高等学校、ETA（雇用主と教師の会）が就労支援や給付型奨学金事業を行っている宮城県佐沼高等学校、経済的な理由による半期6か月間の休学を許可した福岡県立博多青松高等学校の回答も注目される。

「組織的な対応」の事例としては、毎週連絡会を開いて経済的困難を抱える生徒に係る生徒の情報を教職員で共有し関係機関と連携を進めるなど課題解決に取り組んでいる京都府立西舞鶴高等学校通信制、生徒の経済的状況の困難さを認識し、支援する教員の意識を高める研修を企画している宮崎県立宮崎東高等学校の取組などがある。

優れた先行事例としての取組を行っている学校の実践報告では、SSWやPTAとの連携により、「チーム学校」としての協働を目指した取組、組織的な取組で生徒の生活背景を把握したり、NPO等の民間支援団体と連携したりする取組、学費等の支援や学業と就労との両立支援等の取組などが報告された。

SSWやPTAとの連携により、「チーム学校」としての協働を目指した取組として、鳥取県立鳥取緑風高等学校の取組がある。SSWを教育相談・生徒指導に関する校内組織等に位置付け、教育相談部が核となってSSW及び生徒指導部や学年担任、事務部、SC等との事例検討会議や連絡会を行っている。また、生徒の学校生活や学習への意欲喚起を目的として、PTAと協力し「緑風応援食堂」を実施した。これは、定時制課程の午前部と午後部及び夜間部、通信制課程のスクーリングの生徒にカレーライスを無料で提供する取組である。

組織的な取組で生徒の生活背景を把握したり、NPO等の民間支援団体と連携したりする取組としては、大阪府立桃谷高等学校の取組が報告されている。これは、生徒支援委員会が中心となって、生徒の生活環境を把握するために入学時に「高校生活支援カード」を記入提出させたり、中学校や前籍校を訪問したり、そうした生徒情報に担任が面談で聴き取った情報を基に「新入生アセスメント会議」を実施し、1学年の担任団と生徒支援委員会の教員が情報を共有するものである。また、府の「課題を抱える生徒フォローアップ事業」の指定を受け、生徒の居場所となるカフェをNPO法人に委託運営する形で設置した。このカフェでは、教員以外のスタッフが生徒と気軽に話す機会をつくり、経済的に困難な状況についても含めて様々な内容についての相談に乗り、担当教員とSSW、自立支援アドバイザー等との間で情報を共有することで不登校や中途退学の未然防止に役立てている。

学費等の支援や学業と就労との両立支援等の取組としては、沖縄県立泊高等学校の取組が報告されている。定時制午前部で約80%、午後部で約70%、夜間部で約70%、通信制課程で約50%が利用している「就学支援金」に加え、「学び直し支援金」や授業料の免除で授業負担の軽減を図っているほか、非課税世帯に対しては、「就学のための給付金」を活用している。また、保護者や生徒と何度も面談を行ったり、県の事業で配置されている中途対策係が家庭訪問するなどして学業と就労の両立を図る取組を行ったりしている。この他にも、在学期間中に6単位を上限として、就労の一定の条件を満たした生徒に単位認定を認めたり、高等学校卒業程度認定試験や各種技能審査などでも単位認定したりするなど、様々な取組を行っている。

6　非行・犯罪歴を有する生徒のニーズに応じた指導方法等について

（5）「非行・犯罪歴を有する生徒のニーズ」に応じた指導方法等の分類項目と項目別取組回答数とその割合を下表に示す。

ニーズへの対応分類項目とその事例		取組数	割合
外部機関との連携	児相、警察、家裁、少年院との連携など	67	58.8%
指導内容や指導方法	授業内容、指導方法、指導体制など	20	17.5%
組織的な対応	校内組織の整備、校内研修の実施など	12	10.5%
専門職との連携	SC、SSW、保護司との連携など	11	9.7%
教育課程上の特色		2	1.8%
その他の事例		2	1.8%
回答都道府県29／課程別回答数　99課程		114	100%

全体的な傾向としては、これらの生徒のニーズに応じた指導方法は、中学校、児童相談所、警察、家庭裁判所、少年鑑別所、少年院等の「外部関係機関との連携」が約6割と高い割合を占めたことである。その他の、「指導内容や指導方法」、「組織的な対応」、「専門職との連携」なども、ほとんどが連携する外部機関を中心として学校が関わる形態である。中学校や警察署との情報共有は、事件等が発生する前の入学後すぐになされることも多く、定時制通信制に入学する生徒の多様さを表している。また、問題行動発生後には、保護司や家庭裁判所の調査官との情報共有が中心となっている。

優れた先行事例としての取組を行っている学校の実践報告には、盛岡少年刑務所との連携により、本校の通信教育課程とほぼ同じ教育課程が編成され授業を実施している岩手県立杜陵高等学校の取組がある。また、栃木県立宇都宮高等学校通信制課程は、喜連川少年院内に設置された「喜連川教場」において、高等学校教育として位置付けられ矯正教育課程の教科指導を行う「教官」と密に連絡を取り合いながら連携して面接指導や前後期の試験などを行っている。さらに、長野県松本筑摩高等学校は、松本少年院内に「桐教室」と呼ばれる通信教育課程の教室を有しており、刑務所内での学習指導に教員が出向いたり、年度末に卒業する少年院収容者を半日程度学校に招く登校指導を行ったりしている。

いずれの取組も、様々な制約があるにも関わらず、生徒のニーズに応じた優れた指導実践がなされている。詳細は報告書にあるとおりで生徒の変容も感じられる優れた実践である。

7　調査研究を終えて

優れた先進事例校の視察、43都道府県405校に及ぶ全国アンケート、優れた実践事例校22校の実践報告、学識経験者の寄稿等、調査研究を通じて、全国数多くの事例とその成果について触れることができた。まず、視察をお受けいただいた各校の先生方、アンケート調査に御協力いただいた各校の校長先生及び副校長先生、アンケート集約に御尽力いただいた各都道府県理事の先生、また、貴重な御提言をお寄せいただいた国立特別支援教育総合研究所上席総括統括官の横倉久先生、日本大学商学部非常勤講師の田中幸治先生など、本調査研究に御協力いただいたすべての皆様に深く感謝を申し上げたい。

調査研究を終えるに当たり、調査研究を終えての若干の感想、今後への課題と展望について述べさせていただく。

本調査研究は、定時制・通信制課程等における困難を抱える生徒のための支援・相談の充実のために、まず、生徒たちが抱える困難について、生徒たちがどのようなニーズをもち、そして、そのニーズに応えていくために、学校や教職員、関係機関などに求められるものは何かについて考え、整理することから出発することとした。そこで、生徒のニーズを（1）「不登校生徒、中途退学を経験した生徒のニーズ」、（2）「特別な支援を必要とする生徒のニーズ」、（3）「外国籍生徒、日本語の指導が必要な生徒のニーズ」、（4）「経済的に困難を抱える生徒のニーズ」、（5）「非行・犯罪歴を有する生徒のニーズ」の「5つのニーズ」というかたちに整理して、そのニーズに応えるための教育活動の現状、成果と課題について捉えることとした。

全国アンケートの回答数からは、（1）の「不登校生徒、中途退学を経験した生徒のニーズ」と（2）の「特別な支援を必要とする生徒のニーズ」が多く、多様な学習スタイルを可能とする定時制・通信制課程にはそうした生徒が多く在籍していること、全国の高等学校で喫緊の課題として取り組まれていることの両面が裏付けられたのではないかと考える。一方で、こうしたニーズは、それぞれが生徒一人にひとつのニーズとして存在しているわけではない。また、対象となる生徒の人数や事例及び対応実践の多寡で重要度や緊急度を判断することができない。さらに、ニーズに応えようと改善に向けての取組を進めていくに際しても、生徒個人や地域の状況で違いがあるという大前提があり、かつ、義務教育段階の「学び直し」のための学習内容や方法、急激な対応すべき生徒の増加に対する人的、物的、時間的制約、要因としての家庭や地域の状況等、課題の解決は容易ではないことも事実である。しかしながら、生徒のニーズに対応した教育活動を進め、生徒、保護者、地域の期待に応えていくために参考となる事例は、本調査研究でも数多く収集することができた。巻末の参考資料も含めて、22校の実践報告を有効に御活用いただければと思う。

そこで、この稿では、多様なニーズに応えるための共通した視点をいくつかに整理することで調査研究のまとめとしたい。

ア、多様なニーズをどのように把握するのか

生徒のニーズとはいっても、それを客観的に把握するのはそう簡単ではない。また、「ニーズ」の前にあることばは、単なる「原因や要因」ではなく、ましてや「課題」ではない。それは「不登校」「特別な支援」「外国籍」「経済的に困難」などは、生徒本人に責任があるわけではないからである。また、(5)の「非行・犯罪歴」は「原因」や「課題」のようにも捉えられるが、大切なのは、そうした生徒の過去の非行や犯罪歴ではなく、そうした生徒が、現在どのようなニーズを持っているのかを捉えることではないかと考える。生徒個々のニーズを客観的に、かつ冷静に捉えるためには、生徒一人一人に親身に向き合い、学習状況を中心に丁寧に聞き取る面談や教育相談の充実が必要である。また、学力を客観的に把握し、どこがどのように分からないのかを正確に測定する必要がある。しかしながら、定時制通信制に入学してくる生徒の学力は、入学選抜レベルの問題で正確に測定することが困難であることが多い。競争倍率的に得点と選抜が合致していない場合が多いことや、そもそも生徒たちは試験に対し、「どうせやっても…」という拒否反応があり、自分の実力を存分に発揮したり、すべてを真剣に取り組んだりすることが難しいのは、教員側も経験的に分かっている。入学後に、じっくり時間をかけて面談を実施することと、生徒の自尊心を傷つけない方法により、義務教育段階にまでさかのぼった基礎学力の正確な把握が必要なのではないか。このことは、実践報告にもあったように、様々な母語をもつ日本語の指導が必要な生徒の日本語能力の把握にも、また、特別な支援を必要とする生徒に対する心理検査などの性格や判断の特性を知る場合にも同様であろう。定時制や通信制の高等学校は、学校と学校で育てたい生徒のビジョンはかなり明確になっている。必要なのは、目の前の生徒について、学力も含め現在何が不足しているかを的確に捉えること、そしてそのために、どのように指導を改善していく必要があるのかを明確にし、具体的な指導方針や指導内容を決めていくことではないかと考える。

イ、個別のニーズにどのように対応していくのか

先に述べたとおり、生徒のニーズは生徒一人一人、その学習歴や成育歴が多様であるために多種多様であり複合的である。さらには、特別な支援が必要な生徒や外国籍の生徒も入学してくるため、学年、学級集団としてはさらに複雑となる。そうした個別のニーズを把握し、指導に生かしていくためには、指導の経過を明らかにし、かつ専任教員以外も含めた多くの指導者が関わることを前提とした、個々の生徒の正確な記録が不可欠である。また、指導者の意思疎通と指導方針の確認のための情報共有も必須である。そうした個々の指導に欠かせず、かつ効率化を図るためには、特別支援教育では必須となっている「個別の指導計画」や「個別の教育支援計画」を定時制課程や通信制課程の生徒用にアレンジして用いることが必要なのではないだろうか。作成には年度当初には少なからず負担感があるとは思うが、全日制課程とは違う最大のメリットは、教員一人当たりの生徒数が少ないことである。手間がかかるように思えても、結局のところ重複を避けながら指導を積み上げていくことを実現するためにも、教員間の組織的な取組を進めるうえでもかえって効率的であると考える。ただし、ICT の積極的な活用などの効率化や全教職員が一丸となる組織的な取組が必要である。全国アンケートの特別な支援を必要とする生徒のニーズで回答された、教育相談学習支援グループを中心に、SC や SSW と密に連絡を取り、外部機関や就労支援に繋げるために、気になる生徒をデータベースに登録し、全教職員で情報を共有している神奈川県立横浜修悠館高等学校の取組は、先行事例として参考になるであろう。

ウ、多様なニーズへの対応について国や自治体は学校をどのように支援していくのか

多様で個別なニーズに対応するには、前述したように時間と多くの経験をもった指導者が必要である。生徒一人当たりの生徒数が少ないとはいっても、一方で、効率的な一斉指導は有効ではない。生徒一人一人に、個別にじっくりと時間をかけて向き合うためには、現在の学校、特に定時制や通信制課程の多くの学校は、教員をはじめとする指導者の数が不足している。さらに、実践事例報告にもあるとおり、教育活動を効果的に進めるためには、SC や SSW、ハローワークや自治体、大学等の関係機関や専門職との連携が欠かせない。外部との連携を深めれば深めるほど係わる人が増え、調整したり意思や方針を揃えたりすることに時間と手間がかかる。学校における働き方改革が言われている現在、ますます人員の配置が重要となるのではないか。実践報告からも、外国語や特別な支援のための支援員や補助員が、都道府県単位で配置されることが多くなっている。そうした人員配置をさらに進めながら、専任教員の配置を少しでも増やしていくことが望まれる。さらに、ボランティアの導入や配置など、各校や各自治体のさらなる取組や工夫も求められる。

平成 26 年 6 月に中央教育審議会初等中等教育分科会高等学校教育部会が発表した『初

等中等教育分科会高等学校教育部会　審議まとめ～高校教育の質の確保・向上に向けて～』においても、「今後とも各高等学校におけるスクールソーシャルワーカー、スクールカウンセラー等の専門スタッフの充実を図るとともに、困難を抱える生徒を多く抱える定時制・通信制課程等の学校においては、特に、学び直しを進めるための補習や教育相談の充実、進路指導等における学校外教育機関等との連携を進めることが求められる。このため、個々の生徒の状況に応じた生徒指導を行うための教員の資質向上を図るとともに、学校間連携の促進や生徒の進路に即した学校外教育機関等の連携促進（大学、専門学校等の高等教育機関や企業、ハローワーク、地域若者サポートステーション等との協力)、学び直しなど補習等の支援や外部との連携・協働を行うための職員の配置促進などが必要である。」としている。この中教審の審議まとめにあるとおりの施策の推進、具体的には、前段の専門職の充実と後段にある専任職員の配置促進を強く希望するものである。中段にある連携の促進等は、この調査研究でも明らかとなったとおり、すでにほとんどの学校において取り組まれている。必要なのは、ただ取組内容を列挙することではなく、具体的な人員の配置や増員を行っていくことであろう。教員の働き方をこの先変えていこうというなら、仕事を減らすか人員を増やすかのどちらかである。定時制・通信制課程の生徒の指導において、取組を減らす方向が得策ではないのならば、人員を増やしていく方向こそが強く望まれる。

Ⅴ　参　考　資　料

都道府県からの報告

「生徒の多様な学習ニーズに応える特色ある取組」に関する調査を踏まえた私見

日本大学商学部非常勤講師　田中　幸治

【北海道】

（1）不登校生徒、中途退学を経験した生徒の学習ニーズ

<table>
<tr><th>No</th><th>高等学校名</th><th>（課程種別：昼間定時制／夜間定時制／通信制）</th></tr>
<tr><td>1</td><td>北海道札幌東高等学校</td><td>夜間定時制</td></tr>
<tr><td colspan="3">・学校支援ボランテア(SAT=School of Assistant Teacher)の活用。
教科や特別活動など、学校の教育活動全般に SAT による補助(TT)が行われることで、きめ細かな指導の充実が図られ、生徒の多様な学習ニーズに応えている。</td></tr>
<tr><td>2</td><td>北海道有朋高等学校</td><td>単位制による定時制（多部制）</td></tr>
<tr><td colspan="3">・多様なニーズに応えられるように、様々なレベルの講座を開講して対応している。特に、国語、数学、英語の必履修科目については、増単＋分割履修で、じっくりと基礎を学べるような講座を開講している。
・年度ごとに所属部の変更を認めたり、他部の講座を自由に受講できたりするなど、一人一人のスタイルに合った学習環境が選択できるよう柔軟に対応している。</td></tr>
<tr><td>3</td><td>札幌市立大通高等学校</td><td>単位制による定時制（多部制）</td></tr>
<tr><td colspan="3">・義務教育レベルの学習内容が定着していない生徒に対して、1 年次において学び直しの内容で学校設定科目「チャレンジベーシック」を開設している。学習内容の定着も必要だが、学習習慣の定着や「できる」を実感させることを主たる目的として開設している。プリントによる自習形式で、解らないところは辞書や参考書（学校で用意）を自分で調べる。プリント学習が完了したら担当教諭が採点する。生徒個々のレベルに合わせて学習を進めて行ける。</td></tr>
<tr><td>4</td><td>北海道旭川工業高等学校</td><td>夜間定時制</td></tr>
<tr><td colspan="3">・特に不登校生徒・中途退学経験者を対象にしてはいないが、資格取得に向けて、課外指導を随時行っている。</td></tr>
</table>

（2）特別な支援を必要とする生徒の学習ニーズ

<table>
<tr><th>No</th><th>高等学校名</th><th>（課程種別：昼間定時制／夜間定時制／通信制）</th></tr>
<tr><td>1</td><td>北海道岩見沢東高等学校</td><td>夜間定時制</td></tr>
<tr><td colspan="3">・生徒の状況や能力に応じた課題プリントを使用し、授業での振り返り学習と放課後の添削指導を実施している。</td></tr>
<tr><td>2</td><td>北海道帯広柏葉高等学校</td><td>夜間定時制</td></tr>
<tr><td colspan="3">・集団生活になじめず、学習支援が必要な生徒に対し日中の時間帯に個別の学習指導を行った。
・心的要因により歩行困難な生徒に対し、民間支援団と市役所生活保護課と連携し通学支援を行った。</td></tr>
<tr><td>3</td><td>北海道江別高等学校</td><td>夜間定時制</td></tr>
<tr><td colspan="3">・教育委員会の学校サポーター派遣事業、パートナー・ティーチャー派遣事業、スクールカウンセラー活用事業の導入、教職員は年 4 回定期開催の生徒理解研修により日常的な支援を手厚く行っている。学習は高大連携による e ラーニング、進路は教育局・市役所の 2 名の進路相談員による個別進路相談を実施し、生徒の個別ニーズに応えている。</td></tr>
<tr><td>4</td><td>北海道旭川工業高等学校</td><td>夜間定時制</td></tr>
<tr><td colspan="3">・スクールカウンセラー派遣事業、特別支援学校のパートナーティーチャー制度を活用して、生徒の困り感を把握し、教員間で共有するようにしている。</td></tr>
</table>

（3）外国籍生徒、日本語の指導が必要な生徒の学習ニーズ

<table>
<tr><th>No</th><th>高等学校名</th><th>（課程種別：昼間定時制／夜間定時制／通信制）</th></tr>
<tr><td>1</td><td>北海道稚内高等学校</td><td>夜間定時制</td></tr>
<tr><td colspan="3">・プリントの漢字には全てルビをふっている。定期考査もルビ付きで行っている。
・国語の授業は、別室で個別指導を行っている。
・始業前に週 2 回のペースで日本語学習を行っている。</td></tr>
<tr><td>2</td><td>北海道苫小牧東高等学校</td><td>夜間定時制</td></tr>
<tr><td colspan="3">・定期試験ではルビを付け、語群から選択させた。
・週に 1～2 回別室にて、別教材（漢字ドリル）に取り組ませた。
・市主催の外国人を対象とした日本語教室に参加させた。</td></tr>
<tr><td>3</td><td>北海道函館商業高等学校</td><td>夜間定時制</td></tr>
<tr><td colspan="3">・インターネットで小学生の国語の教材を選び、家庭学習・一緒に取り組むなどをしている。
・教科書や参考資料等の本文にふりがなを付けるなどのサポートおよび翻訳アプリの利用を許可している（黒板をかざすと英語が出てくるもの。授業中に限り考査時の利用は不可）。
・考査問題に、ふりがなを付けるサポートをおこなっている。</td></tr>
<tr><td>4</td><td>市立札幌大通高等学校</td><td>単位制による定時制（多部制）</td></tr>
<tr><td colspan="3">・学校設定科目「日本語」の履修（1 年次に年間 1 0 単位、必要があれば 2 年次以上でも履修可能）。3（～4）展開のレベル設定で実施。国語（国語総合）、地歴（世界史Ａ、地理Ａ）、公民（現代社会）に海外帰国生徒等を対象とした講座を設置。生徒個別に日本語ボランティアによる日本語学習の支援（生徒の授業時間外）。所属ＨＲとは別に「国際クラス」に所属し、担当教諭がＨＲ活動や行事、総合的な学習の時間の学習活動などを支援している。
・生徒によって日本語レベルが大きく違うことがあるため、それぞれのレベルに合わせた授業展開で指導したいが学校に配置される時間講師予算等の関係により実施できない場合がある。高等学校の教科の学習に必要な学習言語の日本語習得まで到達することが困難な場合もある（特に非漢字国から来た生徒）が、学習を積み重ねることにより日本語能力は向上し、日常会話は問題なく行うことができるようになる生徒もいる。また、日本語の習得を補うために各生徒の母語支援を週に 1 単位、母語話者による指導を実施している。卒業して、進路実現を果たしている生徒が徐々に増えている（大学・専門学校等）。</td></tr>
<tr><td>5</td><td>北海道旭川工業高等学校</td><td>夜間定時制</td></tr>
<tr><td colspan="3">・昨年度までベトナム人 3 名が在籍していた。旭川医大・北海道教育大旭川校の学生が学習サポーターとして授業に同席していた。</td></tr>
</table>

（4）経済的に困難を抱える生徒の学習ニーズ

<table>
<tr><th>No</th><th>高等学校名</th><th>（課程種別：昼間定時制／夜間定時制／通信制）</th></tr>
<tr><td>1</td><td>北海道札幌月寒高等学校</td><td>夜間定時制</td></tr>
<tr><td colspan="3">・「札幌東ハローワーク」の学卒ジョブサポーターおよび発達障害支援担当職員と「アルバイトの就業レベルに達していない生徒」のアルバイト就業支援を連携して実施。特に発達の障害状況に応じて適切な職種を斡旋・見守り支援を双方で行い、「就業の入り口」にあたる職業訓練として成果をあげている。</td></tr>
<tr><td>2</td><td>北海道有朋高等学校</td><td>通信制</td></tr>
<tr><td colspan="3">・SSW の資格を持つ SC との面談や道の SSW 緊急派遣の取組を活用し、家庭環境に深刻な課題を持つ生徒に対し、支援の方法や制度について理解させて、高校卒業を目指す取組を進めている。</td></tr>
</table>

（5）非行・犯罪歴を有する生徒の学習ニーズ

No	高等学校名	（課程種別：昼間定時制／夜間定時制／通信制）
1	北海道有朋高等学校	通信制

・特に卒業を予定している生徒については、報告課題の提出等、最大限の配慮をする。
・刑罰等が完了したあとは、高校卒業に向けた決意文を作成することで、学習活動の復帰を認める。

【青森県】

（1）不登校生徒、中途退学を経験した生徒の学習ニーズ

No	高等学校名	（課程種別：昼間定時制／夜間定時制／通信制）
1	青森県立北斗高等学校	三部定時制
・学校全体でユニバーサルデザインの視点に立った「わかる授業づくり」に取り組んでいる ・1年次の国語・数学・英語で習熟度別授業を実施している		
2	青森県立北斗高等学校	通信制
・通常のスクーリングのない月曜日に必履修科目の未修得生徒を対象とするスクーリングを実施している		
3	青森県立尾上総合高等学校	三部定時制
・授業のユニバーサルデザイン化 ・学校設定科目「総合スキル」で国語・数学の学び直しとソーシャルスキル向上を狙いとした指導を取り入れている		
4	青森県立八戸中央高等学校	三部定時制
・ユニバーサルデザイン（UD）化授業の推進と習熟度別クラス編成		
5	青森県立八戸中央高等学校	通信制
・月2回程度生徒の質問を受け付ける「教科指導日」を設定し、それ以外にも登校しての学習支援を行っている		
6	青森県立田名部高等学校	夜間定時制
・漢字検定の合格を増単し、インセンティブとしている。そのため週の最初の出校日のＳＨＲの前に０時間を設定し、教育漢字からの練習を行って漢字検定受検に繋げている		
7	青森県立五所川原高等学校	夜間定時制
・数学では一般常識テストの計算、国語では漢字検定の級別問題を活用するなど、各教科で自己肯定感を高めることに配慮し、中学校の内容の復習を取り入れている		
8	青森県立弘前工業高等学校	夜間定時制
・国語科・数学科・英語科で学び直しの取り組みを行っている。国語科は10分間読書と読書記録簿・ＰＯＰコンテスト・1年生での朝自習・ノート管理の指導など、数学科では基本計算の演習、英語科では日本語での練習などを行っている		

（2）特別な支援を必要とする生徒の学習ニーズ

No	高等学校名	（課程種別：昼間定時制／夜間定時制／通信制）
1	青森県立北斗高等学校	三部定時制
・今年度から通級による指導を行っている ・全生徒に対し、入学時に「高校生活支援シート」と「中・高連携連絡支援シート」による情報収集を行い、入学後の各種調査等の結果を校内ＧＷで管理し、情報共有と教育的配慮に生かしている ・「高校生のための就労支援の手引き」を作成し、就労支援施設でのインターンシップを実施した		
2	青森県立北斗高等学校	通信制
・入学時に、定時制と同じ二種類の支援シートによる情報収集と中学校訪問を行い、情報共有と教育的配慮に生かしている		

3	青森県立尾上総合高等学校	三部定時制
・入学時に生徒と保護者が記入する「高校生活支援シート」と生徒指導総合調査「テストバッテリー」により生徒の実態を把握している ・発達障害に関する実態や手だてを明確にする「サポートシート」を作成して指導している ・月例の特別支援委員会では要支援生徒の情報共有やケース会議を行い指導の評価をしている ・授業のユニバーサルデザイン化 ・ＳＳＷ・ＳＬＳ（スクールライフサポーター）・校内支援アドバイザーを配置し、専門家による支援体制を整えている ・身体障害等の診断を受けている生徒が校内を移動する際にはエレベータの使用を認めている		
4	青森県立八戸中央高等学校	三部定時制
・授業のユニバーサルデザイン化と、サポートシートの作成（教育相談部が担当・担任や教科担当が情報入力）により問題点を有効な手立てを全教員で共有している ・一般就労が難しい生徒に、ＳＳＷと連携し障害者就業の社会福祉施設やハローワークの担当からアドバイスを受けながら対応している		
5	青森県立田名部高等学校	夜間定時制
・動作や音声などで一斉授業の参加が困難な生徒には、授業への母親の付き添いや昼間時に別室での個別授業を実施している		
6	青森県立五所川原高等学校	夜間定時制
・各教科で、プリントやワークシートの作成を工夫し、個別指導を行っている ・板書に時間がかかる生徒には、カメラで撮影してあとで記入させている		
7	青森県立弘前工業高等学校	夜間定時制
・疑いのある生徒には、入学時からＳＳＷの助言により受診や専門的診断へ繋げている ・保護者・校内支援アドバイザーに実習室を見学してもらい、危険性の認識と必要な合理的配慮を検討している		
8	青森県立八戸工業高等学校	夜間定時制
・児童相談所と連携し、障害手帳の取得につなげた ・個別の教育支援計画・指導計画を作成し、実習には経験のある保護者が付いて安全に配慮している		

（4）経済的に困難を抱える生徒の学習ニーズ

No	高等学校名	（課程種別：昼間定時制／夜間定時制／通信制）
1	青森県立北斗高等学校	三部定時制
・担任・ＳＳＷ・養護教諭等の連携による支援体制を作っている ・アルバイトを奨励し、届け出制にすることで生徒の現状把握と保護を行っている		
2	青森県立尾上総合高等学校	三部定時制
・社会福祉の専門家であるＳＳＷ・ＳＬＳによる支援体制の整備		
3	青森県立八戸中央高等学校	三部定時制
・各種奨学金の受給を勧め、卒業に影響のありそうな生徒を優先するなど配慮している ・1年次の総合的な学習の時間に自主教材「アルバイトの手引き」を使って労働に関する法令知識を身に付けさせた上で就労を奨励している		

（5）非行・犯罪歴を有する生徒の学習ニーズ

No	高等学校名	（課程種別：昼間定時制／夜間定時制／通信制）
1	青森県立北斗高等学校	三部定時制・通信制
・入学前の出身中学校訪問時の聞き取り及び定期的な警察との情報交換による実態把握		
2	青森県立八戸中央高等学校	三部定時制
・入学予定者の中学校への聞き取り、定期的に警察との情報交換を行っている		

＊本県では、県立高校に保護観察処分等の生徒は在籍していない。

【岩手県】

<table>
<tr><th colspan="3">（1）不登校生徒、中途退学を経験した生徒の学習ニーズ</th></tr>
<tr><th>No</th><th>高等学校名</th><th>（課程種別：昼間定時制／夜間定時制／通信制）</th></tr>
<tr><td>1</td><td>盛岡工業　高等学校</td><td>夜間定時制</td></tr>
<tr><td colspan="3">・少人数教育の特長をいかし、学習空白解消及び基礎学力向上を図るため、一斉指導を行いながら個別指導を加え、生徒の能力に応じた細やかな指導を行っている。
・高校から学習する専門教科「工業」の授業を安全に、丁寧に指導することにより、生徒に新しい知識の獲得とものづくりの楽しさを体験させ、学習意欲の喚起を図っている。
・始業前の５分間、全校生徒で国語・数学・一般常識などの基礎問題に取り組み、学習習慣育成及び基礎学力向上に取り組んでいる。</td></tr>
<tr><td>2</td><td>杜陵　高等学校　奥州校</td><td>昼間定時制、夜間定時制</td></tr>
<tr><td colspan="3">・１年次の昼間部に必履修科目の国語総合・数学Ⅰ・コミュニケーション英語Ⅰを習熟度またはＴ・Ｔで授業をしている。
・来年度から１年次の授業について必履修科目を中心に統一した時間割で実施し、学校生活に慣れさせる事に重点を置き、２年次以降に自分の進路に合わせた授業を選択するようにする。選択必履修科目も基本は２年次以降に選択。モデル時間割も作成し、時間割を作成しやすいように現在検討中である。</td></tr>
<tr><td>3</td><td>杜陵　高等学校　奥州校</td><td>通信制</td></tr>
<tr><td colspan="3">１年次に学校設定科目、数学入門・英語入門を開講し、振り返り学習を行っている。</td></tr>
<tr><td>4</td><td>大船渡　高等学校</td><td>夜間定時制</td></tr>
<tr><td colspan="3">学校設定科目（数学R）を開講し、振返り学習を行っている。</td></tr>
<tr><td>5</td><td>釜石　高等学校</td><td>夜間定時制</td></tr>
<tr><td colspan="3">学校設定科目（２０１９年度申請、２０２０年度開設予定）を目指し、試行として農業体験学習（釜石市内産直施設「創作農家こすもす」における農作業体験等）に取り組み（LHR や総合的な学習の時間等で実施）、生産や協働のよろこび・やりがいを実感し、学習意欲の向上と新しい自己発見や将来展望につながる教育を実践している。</td></tr>
<tr><td>6</td><td>宮古　高等学校</td><td>夜間定時制</td></tr>
<tr><td colspan="3">１年生の数学・英語でＴＴの指導を実施している。</td></tr>
<tr><td>7</td><td>久慈高等学校　長内校</td><td>昼間定時制、夜間定時制</td></tr>
<tr><td colspan="3">下記のとおり学校設定教科・学校設定科目を開講して、生徒の学力差に対応するとともに、中学校までの学習の振り返りにより、基礎学力の定着を図っている。
学校設定科目：国語「教養古典」「国語教養」、情報「情報活用」
学校設定教科・科目：一般教養「一般教養」</td></tr>
</table>

<table>
<tr><th colspan="3">（2）特別な支援を必要とする生徒の学習ニーズ</th></tr>
<tr><th>No</th><th>高等学校名</th><th>（課程種別：昼間定時制／夜間定時制／通信制）</th></tr>
<tr><td>1</td><td>杜陵　　高等学校</td><td>昼間定時制、夜間定時制</td></tr>
<tr><td colspan="3">車いす生徒のためにエレベータを設置している。発達障がいの生徒に対して特別支援教育支援員や担当教員が授業でサポートを行っている。発達障がいの生徒に対して岩手県発達障がい者支援センター「ウィズ」と連携し、キャリア教育を含めた進路指導を行っている。特別な支援が急務な生徒に対し、ケース会議を実施し、必要な場合、外部の支援機関につなげている。</td></tr>
<tr><td>2</td><td>盛岡工業　高等学校</td><td>夜間定時制</td></tr>
<tr><td colspan="3">知的支援を必要とする生徒及び障がいを有する生徒に対して、社会福祉法人と連携しキャリア教育を含めた進路指導を実施している。</td></tr>
<tr><td>3</td><td>杜陵　高等学校</td><td>通信制</td></tr>
<tr><td colspan="3">平成２１年より、「岩手県立杜陵高等学校通信制地域連携ネットワーク会議」を設置し、年２回開催している。出席者は、福祉・医療・教育など外部団体２０機関におよび、本校生徒のケーススタディを中心に情報交換している。</td></tr>
<tr><td>4</td><td>杜陵　高等学校　奥州校</td><td>昼間定時制、夜間定時制</td></tr>
<tr><td colspan="3">入学時に保護者面談を行い、支援が必要かどうか把握につとめている。</td></tr>
<tr><td>5</td><td>杜陵　高等学校　奥州校</td><td>通信制</td></tr>
<tr><td colspan="3">生徒・保護種に対して、スクールカウンセラーによるカウンセリングを勧めている。</td></tr>
<tr><td>6</td><td>大船渡高等学校</td><td>夜間定時制</td></tr>
<tr><td colspan="3">・毎週水曜日の情報交換会で情報共有し、生徒一人ひとりに必要な支援を確認しながら指導を進めている。
・軽度知的障がい傾向の生徒に対して、市民活動支援センターと連携しながら、パソコン操作等の就職支援企画に参加させ、就職に向けた指導を実施している。</td></tr>
<tr><td>7</td><td>釜石高等学校</td><td>夜間定時制</td></tr>
<tr><td colspan="3">発達障がいのある生徒に対して、発達障がい沿岸センターや釜石大槌地域障がい者就業・生活支援センター「キックオフ」とも連携しながら、キャリア教育を含めた進路指導を行っている。</td></tr>
<tr><td>8</td><td>久慈高等学校長内校</td><td>昼間定時制、夜間定時制</td></tr>
<tr><td colspan="3">本校の支援を必要とする生徒の障がい名「知的障がい、ＡＤＨＤ、広汎性発達障がい、双極性障がい」
いわて特別支援教育かがやきプラン推進事業による、「特別支援教育支援員」を１名配置していただき、支援の必要な生徒に対して授業時にサポートを行っている。また、授業時にとどまらず、学校生活を含めた生活全般へのサポートも行っている。</td></tr>
<tr><td>9</td><td>福岡高等学校</td><td>夜間定時制</td></tr>
<tr><td colspan="3">発達障がいが疑われる生徒のために、特別支援教育支援員が授業中のサポートをしている。</td></tr>
</table>

<table>
<tr><th colspan="3">（3）外国籍生徒、日本語の指導が必要な生徒の学習ニーズ</th></tr>
<tr><th>No</th><th>高等学校名</th><th>（課程種別：昼間定時制／夜間定時制／通信制）</th></tr>
<tr><td>1</td><td>福岡　高等学校</td><td>夜間定時制</td></tr>
<tr><td colspan="3">外国籍生徒に対して、一部授業においてＴ・Ｔによる授業を実施している。</td></tr>
</table>

（4）経済的に困難を抱える生徒の学習ニーズ

No	高等学校名	（課程種別：昼間定時制／夜間定時制／通信制）
1	盛岡工業　高等学校	夜間定時制
・県の予算によるスクールバスの運行 ・石澤奨学会利用者　１名 ・岩手県社会福祉奨学会利用者　１名 ・夜間定時制であり、昼間のアルバイトを奨励している　１８人中８人就労 ・ＥＴＡ（雇用主と定時制教師の会）の協賛会費による、生徒会行事等の運営費、各種大会の参加費、資格試験受験料の補助		
2	杜陵　高等学校　奥州校	昼間定時制、夜間定時制
アルバイトをすることを奨励したり、必要に応じて高教組等の給付型奨学金へ応募するなどの対応をしているが、定員枠があるため、対象生徒全員には対応できていない。		
3	杜陵　高等学校　奥州校	通信制
給付型の奨学金について積極的に応募している。		
4	久慈高等学校　長内校	昼間定時制、夜間定時制
・アルバイト就労を勧めている。 ・返済不要の奨学金を紹介し、受給している。		

（5）非行・犯罪歴を有する生徒の学習ニーズ

No	高等学校名	（課程種別：昼間定時制／夜間定時制／通信制）
1	杜陵　高等学校	通信制
昭和 51 年より、盛岡少年刑務所の被収容者の集団入学を受け入れ、本校教員が少年刑務所を訪問する形で通信制高等学校教育を実施している。全国で２例のうちの１つ。		

【宮城県】

<table>
<tr><th colspan="3">（1）不登校生徒、中途退学を経験した生徒の学習ニーズ</th></tr>
<tr><th>No</th><th>高等学校名</th><th>（課程種別：昼間定時制／夜間定時制／通信制）</th></tr>
<tr><td>1</td><td>宮城県石巻北高等学校飯野川校</td><td>昼間定時制</td></tr>
<tr><td colspan="3">1年次から4年次までの国語、数学、英語の各科目において習熟度別授業を展開しているほか、特に数学においては1年次に学校設定科目「数学入門」を設定するなど、中学校の学習内容の学び直しができるように配慮している。</td></tr>
<tr><td>2</td><td>宮城県美田園高等学校</td><td>通信制</td></tr>
<tr><td colspan="3">①義務教育段階の学習内容の学び直しを目的とした学校設定科目を英・数・国の３教科で開設している。②一般入学と編入学の機会を４月だけではなく 10 月にも設け、学習の空白期間が短くなるようにしている。③受講科目登録を個別面談形式で行い、それぞれの生徒の状況に応じたアドバイスをしている。④日・月のスクーリング日の午後、質問や相談が可能な部屋「個別学習支援室」を設け、専任スタッフを中心に全校体制で臨んでいる。また、宮城教育大学の学生に「学習サポーター」としてスタッフとともに支援にあたってもらっている。⑤水曜日の午後に、集団が苦手な生徒や学習アドバイスが必要な生徒を対象にした「個別スクーリング」を実施している。⑥専用 web ページで、レポート作成のためのヒントを提示したり、スクーリングで配布したプリントの提示をするなど、自学自習に役立つ内容になるようにしている。</td></tr>
<tr><td>3</td><td>宮城県佐沼高等学校</td><td>夜間定時制</td></tr>
<tr><td colspan="3">数学の学び直しとして学校設定科目「基礎数学」を火・水・木の始業前に設定。対象学年は1 年～2 年，修得単位数は１～3 単位。内容は，各個人の学力によるが，小学校算数から実施している。</td></tr>
<tr><td>4</td><td>仙台市立仙台工業高等学校</td><td>夜間定時制</td></tr>
<tr><td colspan="3">・数学科では、年度の初めに学び直しで、始業前に補習を行っている。
・生徒理解（情報交換や観察）に努め、教職員間で情報を共有し、個々の特性に合わせた指導に心がけている。個々の生徒に対する生徒指導研修も実施している。
・スクールカウンセラーの協力も得た、悩み等を相談しやすい環境づくりに取り組んでいる。</td></tr>
<tr><td>5</td><td>宮城県第二工業高等学校</td><td>夜間定時制</td></tr>
<tr><td colspan="3">数学Ⅰと工業数理基礎は，２名の教員によるティームティーチング（TT）授業を行い，個々に応じた丁寧な指導を通して学び直しを図っている。</td></tr>
<tr><td>6</td><td>宮城県田尻さくら高等学校</td><td>昼夜間定時制</td></tr>
<tr><td colspan="3">「学び直し」を意識した基礎力養成ショート講座「さくらレインボータイム」を週２回行っている。昼夜併修時間帯に設定している SHR を延長する形で，国数英を中心に実施している。</td></tr>
<tr><td>7</td><td>宮城県大河原商業高等学校</td><td>夜間定時制</td></tr>
<tr><td colspan="3">不登校生徒の状況に合わせて，長期休業中に行う補講を他の生徒とは別のプログラムを組み対応するようにしている。</td></tr>
<tr><td>8</td><td>宮城県貞山高等学校</td><td>昼夜間定時制</td></tr>
<tr><td colspan="3">義務教育段階で不登校を経験した生徒に対して，学校設定科目（国語・数学・英語等のベーシック科目）を設定することで学び直しや振り返り学習を行っている。また，中途退学を経験した生徒に限らずに，進学等の意識のある生徒に対して，始業前の０時間講習等を行っている。</td></tr>
<tr><td>9</td><td>仙台市立仙台大志高等学校</td><td>昼夜二部制・単位制</td></tr>
<tr><td colspan="3">数学・英語の教科において習熟度別少人数授業を実施するなどして，学習の遅れを補うような個別指導を心がけている。また，入学年次は各クラス１５名程度の少人数編成にして，科目選択や進路指導等の手厚い指導ができるようなシステムにしている。</td></tr>
</table>

<table>
<tr><th colspan="3">（2）特別な支援を必要とする生徒の学習ニーズ</th></tr>
<tr><th>No</th><th>高等学校名</th><th>（課程種別：昼間定時制／夜間定時制／通信制）</th></tr>
<tr><td>1</td><td>宮城県石巻北高等学校飯野川校</td><td>昼間定時制</td></tr>
<tr><td colspan="3">①SC（年間 30 回）、SSW（年間 24 回）の活用、②月１回の全職員＋SC・SSW による情報交換会の実施、③全生徒対象の５週間に１回「生活アンケート」の実施→相談等希望有無を確認→担任との面談、必要に応じて SC・SSW に繋げる。④三修制の希望生徒に対する学校外の学修の様々な取組によるコミュニケーション能力・自己肯定感等の育成（販売実習、農業実習、インターンシップ、石巻高等技術専門校での体験実習、石巻専修大学の講義受講等）⑤卒業予定生への進路支援として、発達障害等により対人関係不得手生徒に対して、発達障害を抱えている生徒への就労支援を行っている NPO 外部機関の職員を交えての校内での進路面接練習の実施。⑥複雑な家庭環境等により特別な支援を必要とする生徒（及び兄弟姉妹等）については、児相等と連携した定期的なケース会議等により情報交換し必要な情報を校内で共有化して支援に生かしている。</td></tr>
<tr><td>2</td><td>宮城県美田園高等学校</td><td>通信制</td></tr>
<tr><td colspan="3">①特別支援委員会を組織し、スクーリングを実施した週に委員会を開き、対象となる生徒の情報を共有するとともに、対応可能な支援策を検討している。②ＳＣ、ＳＳＷ、ＣＡ、学習支援員を配置してもらい、教育相談体制の充実を図っている。③自立支援委員会を組織し、対象生徒の進路実現に向けた段階的な取り組みを推進している。④定期的に「情報共有の会」を催し、担当者個々が持っている情報のすりあわせを行い、多角的に生徒をとらえるようにしている。⑤保護者の付き添いが必要な生徒については、許可証を発行した上で校内での付添い同行を認めている。</td></tr>
<tr><td>3</td><td>宮城県田尻さくら高等学校</td><td>昼夜間定時制</td></tr>
<tr><td colspan="3">・大学病院の医師を招き「精神保健研修会」毎月行っている。発達障害またはその疑いのある生徒、自傷行為やひきこもり等さまざまな症例を持つ生徒に対して、医学的見地からの説明やアドバイスを受け、学校での指導に役立てている。
・教育相談・特別支援委員会を設置し、学校生活を送る上で支援や配慮を要する生徒に対し、「ケース会議」を開いている。「精神保健研修会」での意見も参考に善後策を検討し、適宜職員間で支援方法を共有の上、日常の指導に活かしている。</td></tr>
<tr><td>4</td><td>宮城県東松島高等学校</td><td>Ⅰ部（午前）・Ⅱ部（午後）・Ⅲ部（夜間）制</td></tr>
<tr><td colspan="3">発達障害の疑いのある生徒に対して，市の支援団体や支援学校の特別支援コーディネーター等の外部組織，または校内就職支援職員と連携しながら，キャリア教育を含めた学習指導や進路指導を行い，就労支援につなげている。</td></tr>
<tr><td>5</td><td>大河原商業高等学校</td><td>夜間定時制</td></tr>
<tr><td colspan="3">自閉症で他の生徒の声等が気になり，授業に集中できないことを理由に別室登校となった生徒に対し，教室で授業内容とは別の課題プリント等に取り組むことを認めた。</td></tr>
<tr><td>6</td><td>宮城県貞山高等学校</td><td>昼夜間定時制</td></tr>
<tr><td colspan="3">特別支援委員会によるユニバーサルデザインを取り入れた応援プロジェクト（テイザンデザイン）を立ち上げ，中学校からの引継事項や保護者アンケート等により実態を把握し，個別・全体に応じた継続的な応援を行うことで進路目標の達成（社会参加と自立）に結びつけている。なお，本校では「支援」と言わずに「応援」という名称で取り組んでいる。</td></tr>
<tr><td>7</td><td>仙台市立仙台大志高等学校</td><td>昼夜二部制・単位制</td></tr>
<tr><td colspan="3">入学前に中学校訪問や保護者面談等を通じて，支援を必要とする生徒の情報を収集し保健厚生部でデータを一括管理する。その資料を基に年度当初全職員で情報共有の会議を行う。また，個別情報は校内の共有フォルダーに蓄積し，授業等の学校生活のあらゆる場面で入手した情報を逐次入力して情報の更新を行い閲覧(ﾊﾟｽﾜｰﾄﾞ入力)できるようにしている。</td></tr>
</table>

（3）外国籍生徒、日本語の指導が必要な生徒の学習ニーズ

<table>
<tr><th>No</th><th>高等学校名</th><th>（課程種別：昼間定時制／夜間定時制／通信制）</th></tr>
<tr><td>1</td><td>宮城県美田園高等学校</td><td>通信制</td></tr>
<tr><td colspan="3">外国籍の生徒の在籍はあるが、現在のところ日本語の指導が必要な生徒はいない。</td></tr>
<tr><td>2</td><td>宮城県田尻さくら高等学校</td><td>昼夜間定時制</td></tr>
<tr><td colspan="3">日本語を母国語とせず，学習や生活に不便を感じている生徒を対象に学校設定科目として「日本語」（2単位）を開設している。</td></tr>
<tr><td>3</td><td>仙台市立仙台大志高等学校</td><td>昼夜二部制・単位制</td></tr>
<tr><td colspan="3">本人の申し出に応じて，学習プリントなどへの「ルビ」などを施したり，i Pad 等の電子ツールの使用して辞書を引くなどを許可したりして個別対応をしている。ただし，あくまでも補助手段としての実施で自立させることを目標としているので限定的に行っている。</td></tr>
</table>

（4）経済的に困難を抱える生徒の学習ニーズ

<table>
<tr><th>No</th><th>高等学校名</th><th>（課程種別：昼間定時制／夜間定時制／通信制）</th></tr>
<tr><td>1</td><td>宮城県石巻北高等学校飯野川校</td><td>昼間定時制</td></tr>
<tr><td colspan="3">① 中学校訪問による情報（支払い遅延生徒の把握等）・高校入学後の事務室からの情報（就学支援金等）等により該当生徒の把握をしている。②支給状況（在校生徒数７８名）は次のとおり：奨学給付金受給生徒２８名、被災生徒奨学資金貸付２８名、あおぞら奨学金１２名、夢サポート奨学金７名など。</td></tr>
<tr><td>2</td><td>宮城県美田園高等学校</td><td>通信制</td></tr>
<tr><td colspan="3">①東日本大震災により被災した生徒の選抜手数料及び入学金を免除する制度がある。②定時制及び通信制に在籍する勤労青年のための就学資金貸付の制度と、教科書・学習書給与費を補助する制度がある。③ＳＣ、ＳＳＷ、ＣＡ、学習支援員を配置してもらい、教育相談体制の充実を図っている。</td></tr>
<tr><td>3</td><td>宮城県佐沼高等学校</td><td>夜間定時制</td></tr>
<tr><td colspan="3">修学資金の貸付制度の活用。
ＥＴＡ(Employer-Teacher Association 雇用主と教師の会）による就労支援，奨学金給付制度有り。</td></tr>
<tr><td>4</td><td>仙台市立仙台工業高等学校</td><td>夜間定時制</td></tr>
<tr><td colspan="3">・進路指導部において、アルバイト情報を生徒に提供している。
・未払いの場合、ご家庭と事務室の話し合いにより、支払いの計画を立てていただいている。</td></tr>
<tr><td>5</td><td>大河原商業高等学校</td><td>夜間定時制</td></tr>
<tr><td colspan="3">給食は捕食とし，体育の授業も指定のジャージを購入させずに行うなどして，できる限り学校生活に掛かる経費を抑えるようにしている。</td></tr>
<tr><td>6</td><td>宮城県貞山高等学校</td><td>昼夜間定時制</td></tr>
<tr><td colspan="3">東日本大震災により被災した生徒に対する入学金等の免除制度や教科書給与費及び夜食費の補助等による経済的な負担の軽減を周知している。また，各種奨学資金制度についても案内を徹底している。さらに，保護者に対して，事務部による分割支払計画等の相談も行っている。</td></tr>
<tr><td>7</td><td>仙台市立仙台大志高等学校</td><td>昼夜二部制・単位制</td></tr>
<tr><td colspan="3">各種奨学金や修学支援金等の紹介をチューターや事務担当者で行い個別対応で支援している。事例によっては市の保護課等の外部機関と連携して相談に乗っている。</td></tr>
</table>

（5）非行・犯罪歴を有する生徒の学習ニーズ

<table>
<tr><th>No</th><th>高等学校名</th><th>（課程種別：昼間定時制／夜間定時制／通信制）</th></tr>
<tr><td>1</td><td>宮城県石巻北高等学校飯野川校</td><td>昼間定時制</td></tr>
<tr><td colspan="3">生徒の実態としては、改善しているケース（４年次生で就職内定）や改善していないケース（２年次生で家庭環境も落ち着かず怠学傾向）がある。中学校時代の非行・犯罪歴については高校入学当初の中学校訪問で把握している。個の状況に応じた学習支援（欠時多い場合の補充・補習等）を行っているが特別な学習指導は行っていない。</td></tr>
<tr><td>2</td><td>宮城県美田園高等学校</td><td>通信制</td></tr>
<tr><td colspan="3">①入学段階で、全職員で対象者の情報の共有を図るようにしている。②担任をはじめ、多くの先生方で声がけをし、生徒の特性理解と対応の仕方をさぐり、生徒との関係づくりを大切にしている。また、スクーリング時に校内の交友関係を把握し、行動の様子を炉辺談話的に職員室で情報交換している。</td></tr>
<tr><td>3</td><td>宮城県大河原商業高等学校</td><td>夜間定時制</td></tr>
<tr><td colspan="3">該当する生徒は少数在籍しておりますが，入学後，特に学習に配慮を要してはおりません。</td></tr>
</table>

【秋田県】

<table>
<tr><th colspan="3">（1）不登校生徒、中途退学を経験した生徒の学習ニーズ</th></tr>
<tr><th>No</th><th>高等学校名</th><th>（課程種別：昼間定時制／夜間定時制／通信制）</th></tr>
<tr><td>1</td><td>県立大館鳳鳴高等学校</td><td>多部制定時制（昼・夜））</td></tr>
<tr><td colspan="3">学校設定科目として、実用国語及び数学基礎演習を設けることにより、義務教育段階の学び直しを行っている。</td></tr>
<tr><td>2</td><td>県立本荘高等学校</td><td>夜間定時制</td></tr>
<tr><td colspan="3">１年次向けの学校設定科目（ＲＬＭ〔数学〕、ＲＬＪ〔国語〕）を開講し、小学校算数、中学校数学の学び直しを実施。</td></tr>
<tr><td>3</td><td>県立横手高等学校</td><td>夜間定時制</td></tr>
<tr><td colspan="3">学習ニーズではないが、転編入生の中には必履修科目を履修するために、他部の授業に出なければならない生徒がいる。そうした生徒の履修状況を把握し、時間割編成の際に考慮して編成、スムーズに履修できるようにしている。</td></tr>
<tr><td>4</td><td>県立角館高等学校</td><td>昼間定時制</td></tr>
<tr><td colspan="3">学校設定科目（国語基礎、数学基礎）で、学び直しを中心とした授業を行っている。</td></tr>
<tr><td>5</td><td>県立能代工業高等学校</td><td>夜間定時制</td></tr>
<tr><td colspan="3">入学当初の個人的な振り返り（学びなおし）の学習指導</td></tr>
<tr><td>6</td><td>県立秋田明徳館高等学校</td><td>多部制定時制（昼・夜）</td></tr>
<tr><td colspan="3">早い時期の中学校訪問で新入生の情報交換を行い、個別指導ができるようにしている。また、授業でも、中学時の不登校生徒のための学び直しとして「数学入門」を設定している。</td></tr>
<tr><td>6</td><td>県立秋田明徳館高等学校</td><td>通信制</td></tr>
<tr><td colspan="3">学校設定科目として「数学Ｉ入門」を設定し、計算分野の振り返りを行っている。また、学習支援委員会を中心に全職員で「学び直し講座」（学修Ａ）を実施している。</td></tr>
</table>

<table>
<tr><th colspan="3">（2）特別な支援を必要とする生徒の学習ニーズ</th></tr>
<tr><th>No</th><th>高等学校名</th><th>（課程種別：昼間定時制／夜間定時制／通信制）</th></tr>
<tr><td>1</td><td>県立大館鳳鳴高等学校</td><td>多部制定時制（昼・夜））</td></tr>
<tr><td colspan="3">特別な支援を必要とする生徒については個別の指導計画を作成し、それに基づいて全職員で学習指導や生徒指導に当たっている。半期ごとに状況を評価し、指導計画の見直しを行っている。
本校に設置されているフリースクール的空間（スペース・イオおおだて）に配置されている特別支援教育担当教論及びスクールカウンセラーと連携し、当該生徒及びその保護者への対応方法やカウンセリングを行っている。</td></tr>
<tr><td>2</td><td>県立本荘高等学校</td><td>夜間定時制</td></tr>
<tr><td colspan="3">ゆり支援学校教育専門監による授業参観やＳＣ、専門監、外部専門機関等を交えたケース会議を行い、指導の方向性（個別の指導計画立案）等の共通理解を図るよう努めている。</td></tr>
<tr><td>3</td><td>県立横手高等学校</td><td>夜間定時制</td></tr>
<tr><td colspan="3">ＬＤなど、障害による低学力が疑われる生徒に対し、数学などの教科で習熟度別授業を展開している。また、ＬＤ・ＡＤＨＤの心理的疑似体験プログラムなどの職員研修を行うとともに授業のユニバーサルデザイン化の研修も実施し、取り組んでいる。</td></tr>
<tr><td>4</td><td>県立能代工業高等学校</td><td>夜間定時制</td></tr>
<tr><td colspan="3">教室配置の配慮（４階から３階へ移設、教室と職員室の距離短縮化）
特別支援学校教育専門監を交えた高等学校支援隊の活用</td></tr>
<tr><td>5</td><td>県立秋田明徳館高等学校</td><td>多部定時制（昼夜）</td></tr>
<tr><td colspan="3">校内職員だけでなく、スクールカウンセラーやスクールソーシャルワーカーとの連携を密にして個別対応を行っている。また、今年度から、領域「自立活動」を取り入れた教育課程を編成し、生徒の希望を募って通級による指導を開始した。</td></tr>
</table>

<table>
<tr><th colspan="3">（3）外国籍生徒、日本語の指導が必要な生徒の学習ニーズ</th></tr>
<tr><th>No</th><th>高等学校名</th><th>（課程種別：昼間定時制／夜間定時制／通信制）</th></tr>
<tr><td>1</td><td>県立横手高等学校</td><td>夜間定時制</td></tr>
<tr><td colspan="3">かつては、地域のボランティアの方に、日本語指導などを学校で実施していただいていた。現在は、行っていない。</td></tr>
</table>

【山形県】

（1）不登校生徒、中途退学を経験した生徒の学習ニーズ

No	高等学校名	（課程種別：昼間定時制／夜間定時制／通信制）
1	山形県立霞城学園高等学校	通信制
	・学校設定科目「明日への国語」「明日への数学」「明日への英語」（各２単位）を開講している。内容は主に中学校の復習と筆履修科目の基礎的な部分の学習。	
2	山形県立霞城学園高等学校	通信制
	・「基礎力アップ学習会」を実施している。対象は、入学直後のレポート学習会で「基礎力コース」とされた生徒、及び上記「明日への・・・」科目の履修登録をしている生徒を中心に。年間２０回。継続的に学習した（８割以上出席）生徒には校長名で修了証を授与する。	
3	山形県立霞城学園高等学校	昼間定時制／夜間定時制
	・基礎学力養成のための独自教材「たいよう」の作成・活用を行っている。各教科の基礎的内容、一般常識など領域・バランスを考慮した教材を開発し、ＨＲごとに取り組ませている。年間１６回。	
4	山形県立新庄北高等学校	夜間定時制
	・基礎学力を定着させるために、基礎学力講座を設けて、各教科で生徒対して指導を行っている。また、その中で必要に応じて個別指導を行っている。	

（2）特別な支援を必要とする生徒の学習ニーズ

No	高等学校名	（課程種別：昼間定時制／夜間定時制／通信制）
1	山形県立霞城学園高等学校	昼間定時制／夜間定時制
	・県の予算による特別支援教育支援員（１名）が配置されている。（１週間につき３０時間）県内１２校に１名ずつ。	
2	山形県立霞城学園高等学校	通信制
	・Ｅメールによる教科に関する質問の受け付けとそれに対する回答を行っている。	
3	山形県立新庄北高等学校	夜間定時制
	・支援が必要な生徒について授業中に特別支援教育支援員が傍にいて注意を促したり、アドバイスやヒントを与えたりするなど、学習の支援を行っている。	
4	山形県立新庄北高等学校	夜間定時制
	・療育手帳を持つ生徒に対して、ハローワーク等との連携を図り、キャリア教育を含めた進路指導を行った結果、一般就労枠で就職できた。	

（3）外国籍生徒、日本語の指導が必要な生徒の学習ニーズ

No	高等学校名	（課程種別：昼間定時制／夜間定時制／通信制）
1	山形県立霞城学園高等学校	昼間定時制／夜間定時制
	・外国籍の生徒２名在籍。（フィリピン、台湾１名ずつ）　県の予算で日本語指導員（非常勤講師週４時間）が配置され、授業以外の時間を利用して日本語指導を行っている。	
2	山形県立米沢工業高等学校	夜間定時制
	・中国籍の生徒３名在籍。授業には支障ないが、就職試験対策として面接・作文の個別指導を行っている。	

【福島県】

（1）不登校生徒、中途退学を経験した生徒の学習ニーズ

<table>
<tr><th>No</th><th>高等学校名</th><th>（課程種別：昼間定時制／夜間定時制／通信制）</th></tr>
<tr><td>1</td><td>福島県立保原　高等学校</td><td>夜間定時制</td></tr>
<tr><td colspan="3">入学当初にスクールカウンセラーと面談し、どのような支援が必要か個別に把握し、高校生活に早期になじめるように配慮する。</td></tr>
<tr><td>2</td><td>いわき翠の杜高等学校</td><td>昼間定時制／夜間定時制</td></tr>
<tr><td colspan="3">選択授業に多くの学校設定科目を設け、小・中学校段階からの学び直しが出来るようにしている。
（例）国語読解・・・基礎的な漢字の読み書きや語彙力を高め、国語常識を身に付けさせる。
社会科基礎研究・・・中学校での地理・歴史・公民の基礎的事項の復習をする。
基礎数学・・・小学校や中学校で学んだ算数や数学の復習をする。
英語のしくみ・・・中学校の基礎文法から復習する。</td></tr>
<tr><td>3</td><td>いわき翠の杜　高等学校</td><td>昼間定時制</td></tr>
<tr><td colspan="3">昼間主コースは１クラスを習熟度別の２つに分けて、小人数での授業を実施している。特に１年生の下位層クラスには学習支援員を配置し、学習上の困難を抱える生徒を中心にサポートしている。</td></tr>
<tr><td>4</td><td>白河第二　高等学校</td><td>夜間定時制</td></tr>
<tr><td colspan="3">・中学校の学習内容を確認しながら授業を行う。
・発問(質問)を工夫する。
基礎知識が不足しているためにそもそも「質問」の意味が理解できずに答えられない生徒がいたり、定型的な「質問」のために思考しようとする刺激が得られないために答えられない生徒がいる。生徒に合った「問いかけ」や興味関心や能力を刺激する「発問」を行っている。
・学習の内容を「日常生活」と関連づけながら授業を行う。
・傷ついた生徒の心を癒やしながら授業を行う。
不登校生徒に学ぶ喜びを伝えるためには、まず安心できる教室環境が必要である。生徒の発言をしっかりと受け止めながら、カウンセリングマインドを持って対話を中心に授業を行う。
・一斉指導にこだわらない。
みんなに同じ事を言わせない、させない。
・教師が主導権を握らない。
生徒同士で学ぶ機会をたくさん設ける。
・複数の教員が授業に参加する。
学習支援員や教頭などが授業に参加し、複数の目で生徒を指導する。
・スクールカウンセラーと情報共有する。
スクールカウンセラーが全生徒と面談し、その情報を授業や指導に活かしている。</td></tr>
<tr><td>5</td><td>郡山萌世　高等学校</td><td>昼間定時制</td></tr>
<tr><td colspan="3">１年次の国語総合、数学Ⅰ、コミュニケーションⅠは、１クラスを基礎・標準の２つに分けて習熟度別に授業を展開している。</td></tr>
</table>

（2）特別な支援を必要とする生徒の学習ニーズ

<table>
<tr><th>No</th><th>高等学校名</th><th>（課程種別：昼間定時制／夜間定時制／通信制）</th></tr>
<tr><td>1</td><td>福島工業　高等学校</td><td>夜間定時制</td></tr>
<tr><td colspan="3">２年間在籍し退学した後１３年後に再び編入学し、１年間は登校したがその後不登校となり現在は休学中である生徒に対し、福島県青少年総合相談センターを介して就職支援を行った。職業訓練所の入所前に、作業所で就業体験をさせていたが半年持たずに通わなくなった。現在、センターの職員と多方面からアプローチを行っている。</td></tr>
<tr><td>2</td><td>福島県立保原　高等学校</td><td>夜間定時制</td></tr>
<tr><td colspan="3">軽度の知的障害のある生徒に対して、学習支援員による個別的な指導や、特別支援コーディネーターによる対応を行っている。</td></tr>
<tr><td>3</td><td>いわき翠の杜　高等学校</td><td>昼間定時制／夜間定時制</td></tr>
<tr><td colspan="3">生理的な現象で頻繁に教室の出入りを必要とする生徒や他の生徒に囲まれることを苦手とする生徒には、精神的に安定するよう机の配置を工夫している。</td></tr>
<tr><td>4</td><td>いわき翠の杜　高等学校</td><td>昼間定時制</td></tr>
<tr><td colspan="3">学習障がいと判断される生徒には、学習支援員が個別に教科指導をしている。</td></tr>
<tr><td>5</td><td>福島中央　高等学校</td><td>夜間定時制</td></tr>
<tr><td colspan="3">車イスの生徒に対して、移動の補助、階段昇降機運転、トイレ付き添い、給食配膳（食堂まで移動している時間がないため）をする介助員を配置している。</td></tr>
<tr><td>6</td><td>白河第二　高等学校</td><td>夜間定時制</td></tr>
<tr><td colspan="3">・文字を書き取ったりすることが苦手な生徒に、パソコンを使ってキーボードで入力をすることを認めている。
・生徒に応じた自作プリントを作成し、文字情報を苦手としている生徒にはイラストや記号（アイコン）を決めて理解を促している</td></tr>
<tr><td>7</td><td>郡山萌世　高等学校</td><td>夜間定時制</td></tr>
<tr><td colspan="3">学習支援員を配置し、学習上の困難を抱える生徒を中心にサポートしている。</td></tr>
</table>

（4）経済的に困難を抱える生徒の学習ニーズ

<table>
<tr><th>No</th><th>高等学校名</th><th>（課程種別：昼間定時制／夜間定時制／通信制）</th></tr>
<tr><td>1</td><td>福島県立保原　高等学校</td><td>夜間定時制</td></tr>
<tr><td colspan="3">スクールソーシャルワーカーと学校、家庭が連携して、市役所や社会福祉協議会等への経済的支援の要請を行っている。</td></tr>
<tr><td>2</td><td>いわき翠の杜　高等学校</td><td>昼間定時制／夜間定時制</td></tr>
<tr><td colspan="3">欠損家庭が多いことから経済的に困難を抱えている生徒は少なくない。そのため、事務部やＳＣ、ＳＳＷと協力し、保護者の協力を得ながら学校継続の支援を行っている。</td></tr>
<tr><td>3</td><td>白河第二　高等学校</td><td>夜間定時制</td></tr>
<tr><td colspan="3">スクールソーシャルワーカーと連携し、石澤奨学金が支給されている。</td></tr>
</table>

（5）非行・犯罪歴を有する生徒の学習ニーズ

<table>
<tr><th>No</th><th>高等学校名</th><th>（課程種別：昼間定時制／夜間定時制／通信制）</th></tr>
<tr><td>1</td><td>いわき翠の杜　高等学校</td><td>昼間定時制／夜間定時制</td></tr>
<tr><td colspan="3">関係機関（児童相談所、警察等）と連携し、生徒の成育歴を把握しながら学校継続の支援を行っている。</td></tr>
</table>

【栃木県】

<table>
<tr><th colspan="3">（1）不登校生徒、中途退学を経験した生徒の学習ニーズ</th></tr>
<tr><th>No</th><th>高等学校名</th><th>（課程種別：昼間定時制／夜間定時制／通信制）</th></tr>
<tr><td>1</td><td>栃木県立宇都宮高等学校</td><td>通信制</td></tr>
<tr><td colspan="3">・希望者対象に、国語・数学・英語の小中学校学習内容の学び直しの機会として「学びの時間」を設定。隔週木曜日 10:00～12:00 出席の扱いはない。
・集団が苦手な生徒に対して出席時数確保や、学習内容理解不足の生徒に解説の機会として「学習指導日」を設定。隔週金曜日の午前中、時間割有り。</td></tr>
<tr><td>2</td><td>宇都宮工業高等学校</td><td>夜間定時制</td></tr>
<tr><td colspan="3">・国数英において習熟度別学習を実施している。
・小・中学校段階での基礎学力の補充を要する生徒については、個別に補習を実施している。</td></tr>
<tr><td>3</td><td>宇都宮商業高等学校</td><td>夜間定時制</td></tr>
<tr><td colspan="3">・始業前の０時間目に、希望者を対象として基礎学力講座（国・数・英）を実施している。</td></tr>
<tr><td>4</td><td>栃木県立鹿沼商工高等学校</td><td>夜間定時制</td></tr>
<tr><td colspan="3">・第１年次対象の学校設定科目（数学科:基礎からの数学）を実施し、振り返りと基礎基本の定着を図っている。</td></tr>
<tr><td>5</td><td>栃木県立学悠館高等学校</td><td>昼夜間定時制</td></tr>
<tr><td colspan="3">・国語、数学、英語で２～３段階に分けた習熟度別授業により、生徒個々の学力に応じたきめ細やかな学習指導を行っている。
・12 教科、約 100 科目、360 講座を開設し、生徒のレベルに応じた学習ニーズに応えられるようにしている。</td></tr>
<tr><td>6</td><td>栃木県立学悠館高等学校</td><td>通信制</td></tr>
<tr><td colspan="3">・スクーリングのない木曜日に大学進学を希望している生徒に対して「進路講座」を設けている。また、基礎学力の向上を目指している生徒に対して「学びの時間」を設けている。</td></tr>
<tr><td>7</td><td>矢板東高等学校</td><td>夜間定時制</td></tr>
<tr><td colspan="3">・国語、数学、英語の３教科は、クラスを２つに分けて習熟度別の授業を行い中学校の学習内容の復習なども取り入れている。</td></tr>
</table>

<table>
<tr><th colspan="3">（2）特別な支援を必要とする生徒の学習ニーズ</th></tr>
<tr><th>No</th><th>高等学校名</th><th>（課程種別：昼間定時制／夜間定時制／通信制）</th></tr>
<tr><td>1</td><td>宇都宮工業高等学校</td><td>夜間定時制</td></tr>
<tr><td colspan="3">・県教育委員会から特別に非常勤講師（加配）を配置していただき、チームティーチング形式で対象生徒の支援にあたっている。
・特別支援コーディネーターを中心に校内でケース会議を開き、合理的配慮の内容を共通理解、認識しあいながら対象生徒の指導にあたっている。</td></tr>
<tr><td>2</td><td>宇都宮商業高等学校</td><td>夜間定時制</td></tr>
<tr><td colspan="3">・入学時に、食物アレルギーがある生徒に対して、本人と保護者を対象に面談を実施している。</td></tr>
<tr><td>3</td><td>栃木県立鹿沼商工高等学校</td><td>夜間定時制</td></tr>
<tr><td colspan="3">・事例研究会（年２回、第１、２学期）を実施し各年次の在籍生徒個々についての情報を共有し、学校生活の様々な場面で対応できるようにしている。研究会出席者:学校長、事務部を除く定時制に関わる全教職員
・特別日課を編成しての面接週間の実施。各担任とクラス生徒との、学習、学校や家庭生活上の悩みや困り事、進路、交友関係などについての情報交換の機会としている。この機会を問題等の早期発見と解決の糸口としている。</td></tr>
<tr><td>4</td><td>栃木県立学悠館高等学校</td><td>昼夜間定時制</td></tr>
<tr><td colspan="3">・科目履修登録指導において十分な面談を行い、生徒個々の特性に応じた科目選択や習熟度クラスの選択をさせる。</td></tr>
<tr><td>5</td><td>栃木県立足利工業高等学校</td><td>夜間定時制</td></tr>
<tr><td colspan="3">・発達障害の生徒がいた場合には、専門の指示を書き込める黒板等を前の黒板の脇に設置してわかりやすくする。</td></tr>
</table>

<table>
<tr><th colspan="3">（3）外国籍生徒、日本語の指導が必要な生徒の学習ニーズ</th></tr>
<tr><th>No</th><th>高等学校名</th><th>（課程種別：昼間定時制／夜間定時制／通信制）</th></tr>
<tr><td>1</td><td>宇都宮商業高等学校</td><td>夜間定時制</td></tr>
<tr><td colspan="3">・板書や試験問題、配布物などにルビをつける。</td></tr>
<tr><td>2</td><td>栃木県立学悠館高等学校</td><td>昼夜間定時制</td></tr>
<tr><td colspan="3">・学校設定科目「にほんご」を開設し、「話す・書く・読む・聞く」活動を通して日本語の基本的な知識と技能を身につけられるようにしている。講師の方には、外国人生徒の指導に関わる保護者の対応もお願いしている。
・試験問題ではルビ付きを用意。また、単位取得に関わる保護者宛通知には、日本語、英語、スペイン語の３カ国語で準備したものもある。</td></tr>
<tr><td>3</td><td>栃木県立学悠館高等学校</td><td>通信制</td></tr>
<tr><td colspan="3">・宇都宮大学の学生にボランティアとしてスクーリングの放課後に「レポート作成支援」をお願いしている。</td></tr>
<tr><td>4</td><td>栃木県立足利工業高等学校</td><td>夜間定時制</td></tr>
<tr><td colspan="3">・外国籍の生徒等で日常生活でも日本語がうまく通じないレベルの生徒に対しては、クラスの連絡においては別プリントを用意、授業においては、板書の漢字にふりがなふる、スマホでの翻訳機能の使用を認めているなどの対応をしている。</td></tr>
<tr><td>5</td><td>真岡高等学校</td><td>夜間定時制</td></tr>
<tr><td colspan="3">・始業前に非常勤の講師による日本語指導を週３回実施している。テキスト「みんなの日本語初級」を使用。外国籍等の生徒５名程度が参加している。</td></tr>
<tr><td>6</td><td>栃木県立大田原東高等学校</td><td>夜間定時制</td></tr>
<tr><td colspan="3">・試験問題や授業で使用するプリントにルビをふる等の対応をしている。
・国の支援金、給付金の申請書類を文科省のＨＰからダウンロードし外国語の書類にて対応している。</td></tr>
</table>

<table>
<tr><th colspan="3">（4）経済的に困難を抱える生徒の学習ニーズ</th></tr>
<tr><th>No</th><th>高等学校名</th><th>（課程種別：昼間定時制／夜間定時制／通信制）</th></tr>
<tr><td>1</td><td>栃木県立宇都宮高等学校</td><td>通信制</td></tr>
<tr><td colspan="3">・事務室との連携により、支援金や給付金の申請漏れの無いように丁寧な指導。奨学金に関しては、全生徒に周知を徹底するとともに、係や担任から返済展望まで含めての慎重な指導を行っている。</td></tr>
<tr><td>2</td><td>宇都宮工業高等学校</td><td>夜間定時制</td></tr>
<tr><td colspan="3">・教材など、個人負担ができるだけかからないように配慮している。修学旅行等は希望参加としている。「諸経費を高額滞納している家庭に、継続的に督促をしているが、支払いに応じる気配がない。該当生徒は毎日給食を食べている。」このような生徒でも排除しないで面倒をみている。</td></tr>
<tr><td>3</td><td>栃木県立鹿沼商工高等学校</td><td>夜間定時制</td></tr>
<tr><td colspan="3">・県の就学支援金制度の活用や、市町、その他民間の財団等が実施する奨学金制度の案内と利用申し込み手続きの指導。
・進学意欲（主に専門学校等）と能力のある生徒に対し、経済的理由により進学を断念することがないように、日本学生支援機構奨学金制度の案内と希望生徒への申し込み手続き等の指導。</td></tr>
<tr><td>4</td><td>栃木県立学悠館高等学校</td><td>昼夜間定時制</td></tr>
<tr><td colspan="3">・事務室との連携により、支援金や給付金の申請漏れの無いように丁寧に指導している。諸会費納入に関する案内を、数ヶ月前から家庭送付物に同封し周知するとともに、準備していただくようにしている。</td></tr>
<tr><td>5</td><td>栃木県立足利工業高等学校</td><td>夜間定時制</td></tr>
<tr><td colspan="3">・家庭の経済による困難による、奨学金・支援金・給付金の支給状況は、奨学金を借りている生徒はなし、支援金を受けている生徒はほぼ全員、給付金を受けている生徒は約３割となっている。</td></tr>
<tr><td>6</td><td>矢板東高等学校</td><td>夜間定時制</td></tr>
<tr><td colspan="3">・学校独自の対応として、所得が低い家庭の生徒に対する PTA 会費の減免や兄弟がいる場合でも１家庭から１名分しか集めないなどの負担軽減を行っている。また、高校生等奨学給付金について周知し、滞納がある家庭については、その活用を勧奨している。</td></tr>
</table>

<table>
<tr><th colspan="3">（5）非行・犯罪歴を有する生徒の学習ニーズ</th></tr>
<tr><th>No</th><th>高等学校名</th><th>（課程種別：昼間定時制／夜間定時制／通信制）</th></tr>
<tr><td>1</td><td>栃木県立宇都宮高等学校</td><td>通信制</td></tr>
<tr><td colspan="3">・喜連川少年院と連携し、集団生として受け入れている。出院後は、本校継続や転学の手配を行い、学習を継続し高校卒業資格が取得ができるよう支援している。</td></tr>
<tr><td>2</td><td>宇都宮工業高等学校</td><td>夜間定時制</td></tr>
<tr><td colspan="3">・該当生徒の家庭と連携を図りながら、注意深く観察している。出身中学校の先生と情報交換をし、該当生徒の特徴を理解して指導にあたるようにしている。</td></tr>
<tr><td>3</td><td>栃木県立足利工業高等学校</td><td>夜間定時制</td></tr>
<tr><td colspan="3">・警察署との連携により生徒の問題行動等の情報が得られるようになっている。それらの情報を参考に、個々の生徒に配慮した生徒指導に活かしている。</td></tr>
</table>

【群馬県】

（1）不登校生徒、中途退学を経験した生徒の学習ニーズ

No	高等学校名	（課程種別：昼間定時制／夜間定時制／通信制）
1	群馬県立前橋清陵高等学校	昼間定時制
	国語総合・数学Ⅰ・コミュニケーション英語Ⅰを基礎と精選に分けて、習熟度による指導を行っている。	
2	群馬県立高崎工業高等学校	夜間定時制
	学業不振科目を持つ生徒には、始業前・放課後・長期休業を利用して補習を実施。全校生徒を対象に一般教養を高める指導として「基礎学力試験」を実施。教科においては漢字・計算ドリル等の教材を用いた学び直しを実施している。	
3	群馬県立高崎商業高等学校	夜間定時制
	１年次１学期の間、始業前に中学校の基礎基本事項(主に数学・英語)について学び直し補習を実施(希望者)。	
4	群馬県立伊勢崎工業高等学校	夜間定時制
	学校設定科目「数学セミナー」を設定して学び直し学習を行なっている。	
5	群馬県立太田フレックス高等学校	昼間定時制
	国語総合、数学Ⅰ、コミュニケーション英語Ⅰにおいて習熟度別の授業を展開し、学力差の大きい生徒に対応している。	
6	群馬県立太田フレックス高等学校	夜間定時制
	学校設定科目「ことばと生活」、「みんなの数学」を開講して、学び直しを行っている。	
7	群馬県立高崎高等学校	通信制
	学校設定科目「言葉の探求」「日本文化史」「総合理科」「理科実験観察」「未来への英語 Everyday English」を開講して、基礎基本を中心とした内容や体験的な内容を含む学習で、基礎学力の定着を図っている。	

（2）特別な支援を必要とする生徒の学習ニーズ

No	高等学校名	（課程種別：昼間定時制／夜間定時制／通信制）
1	群馬県立前橋清陵高等学校	昼間定時制
	学校設定科目「ライフスキルⅠ」を開講して、生活面・学習面の困難を克服し、問題を解決するためのスキルの般化を目指して指導を行っている。	
2	群馬県立高崎工業高等学校	夜間定時制
	発達障害やグレーゾーンの生徒にはスクールカウンセラーや高等特別支援学校アドバイザーを活用し、生徒の状況をできるだけ正確に把握することで状況に応じた対応をしている。	
3	群馬県立太田フレックス高等学校	通信制
	面接指導（スクーリング）時に、保護者等が希望により同席できるようにすることで、生徒の負担感等が軽減され、学習活動の継続に繋がるケースが見られている。	
4	群馬県立高崎高等学校	通信制
	高齢の生徒に対して、拡大コピーしたテストやレポートで学習に取り組んでもらう。また、授業を聞きながら理解するのが難しい特性を持つ生徒に対して、授業の録音を許可した。	

（3）外国籍生徒、日本語の指導が必要な生徒の学習ニーズ

No	高等学校名	（課程種別：昼間定時制／夜間定時制／通信制）
1	群馬県立高崎工業高等学校	夜間定時制
	複数教員で対応の授業については、同一内容教材での個別指導。単独の授業では個別課題の実施および別時間帯における個別補習等を実施している。	
2	群馬県立伊勢崎工業高等学校	夜間定時制
	１・２年の国語総合の授業では２人の教員によるティームティーチングを行なっている。Ｔ２が教室内で別教材を使用して漢字指導を行なっている。	
3	群馬県立太田フレックス高等学校	昼間定時制
	群馬県の委嘱事業である「外国人児童生徒等教育・心理サポート事業」を利用し、「学習サポートクラブ」として年間29回（１回につき２時間３０分）の学習支援を行っている。	
4	群馬県立藤岡中央高等学校	夜間定時制
	始業１時間前に登校し、各教科担任が日替わりで個別に補習を行っている。	

（4）経済的に困難を抱える生徒の学習ニーズ

No	高等学校名	（課程種別：昼間定時制／夜間定時制／通信制）
1	群馬県立前橋工業高等学校	夜間定時制
	同窓会による給付型奨学金制度がある。年間３万円で各学年１名を目安に給付している。	

【埼玉県】

（1）不登校生徒、中途退学を経験した生徒の学習ニーズ

No	高等学校名	（課程種別：昼間定時制／夜間定時制／通信制）
1	埼玉県立　上尾　高等学校	夜間定時制

高校教育指導課による「学習サポーターの配置」
・生徒の基礎学力の定着と学習意欲の向上を図ることを目的とする。
・授業でのチームティーチングや始業前補習自習の個別指導等の学習支援を行う。
・教員を目指している大学生などを学習サポーターとしている。
・大学生が多いため、生徒は質問しやすい。
・チームティーチングでは学習に躓きのある生徒への対応が可能になるため、非常に助かっている。
・原則として県内の定時制高校に配置されるが、予算が年々減少しているため希望時間数の確保に苦慮している。

No	高等学校名	課程種別
2	埼玉県立　朝霞　高等学校	夜間定時制

・学習の基礎となる「国語」の授業（3年、4年）と、習熟度の差が大きい「数学」の授業（3年、4年)、スキルに差のある「情報」の授業で少人数授業を実施している。
・習熟度の差が大きい「数学」と「英語」の授業（主に1年、2年）と、集団活動が苦手な生徒のいる「体育」の授業（1年、4年）に、学習サポーターが入り支援を行っている。

No	高等学校名	課程種別
3	埼玉県立　浦和一女　高等学校	夜間定時制

・学習サポーターによる学習指導（始業前補習）を行っている。学習会場を給食室にし、参加回数に応じたポイントカードを作成するなど、気軽に参加できるよう工夫している。

No	高等学校名	課程種別
4	埼玉県立　大宮工業　高等学校	夜間定時制

学校設定科目として、Restart 数学・Restart 英語を選択科目として０時間目に設定している。それぞれ週２回２５分ずつ授業を行い、それぞれ１単位を認めている。また、国語・数学・英語において１クラス２展開の小人数授業で、きめ細やかな指導を行っている。

No	高等学校名	課程種別
5	埼玉県立　大宮商業　高等学校	夜間定時制

・教員が始業前に科目を問わず補習時間や質問時間を設定して、学習支援を行っている。
・県の事業で、学習サポーターが週２回来校し、学習支援を行っている。

No	高等学校名	課程種別
6	埼玉県立　大宮中央　高等学校	昼間定時制・通信制

学力に課題がある場合は、個別の補習や、学習サポーター(大学院生等)による学び直しの指導を行っている。

No	高等学校名	課程種別
7	埼玉県立　春日部　高等学校	夜間定時制

数学と英語で習熟度別授業を実施し、数学と情報では近隣大学の学生が学習支援員として授業をサポートし、分かるまで教えることによって学習意欲を喚起している。

No	高等学校名	課程種別
8	埼玉県立　川口工業　高等学校	夜間定時制

NPO 法人若者サポートステーションと連携し、派遣された相談員と生徒全員の個別面談を実施している。生徒は将来に対しての不安や今抱えている悩みなどを面談員に相談し、アドバイスを受ける。また、良好な人間関係づくりができるように学年ごとに発達段階に応じたソーシャル・スキル・トレーニングや講演会などを実施し、学校や社会から孤立することを防ぐ取り組みを行っている。ＮＰＯの面談員と学校側では、それぞれ得た情報を交換し、個々の生徒に適切な指導が行える体制をとっている。

何らかの事情で不登校や中途退学となってしまっても、将来にわたり切れ目のないサポートをすることができる機関があることを生徒に知らせる目的でもある。

No	高等学校名	課程種別
9	埼玉県立　熊谷　高等学校	夜間定時制

中学校在籍時に不登校となり、基礎学力が身についていない生徒に対しては、県の支援事業である学習サポーター制度を活用し、学習サポーター生徒に授業中寄り添いながら学習支援を行っている。

中途退学で転・編入学してきた生徒で、卒業認定に必要な必履修科目を履修していない者について、教科で継続的な補習を行うことで履修を認定し、卒業まで指導している。

No	高等学校名	課程種別
10	埼玉県立　狭山緑陽　高等学校	昼間定時制（昼夜・二部制）

・義務教育内容の学び直しができる科目を選択科目として置いている。
・少人数学級編制により、必履修科目も少人数で学習し、個別的な支援を行いやすくしている。
・１、２年次の数学と英語において習熟度別授業を行い、習熟度に応じて時間をかけ丁寧に指導している。
・夜間部に学習サポーターを導入し、個別的な支援を行っている。

No	高等学校名	課程種別
11	埼玉県立　所沢　高等学校	夜間定時制

（1）「高校生自立支援事業」により、サポートステーションから委託された育て上げネットと連携して、不登校生徒や中途退学した生徒への支援を実施。

No	高等学校名	課程種別
12	埼玉県立　戸田翔陽　高等学校	昼間定時制（昼夜・三部制）

○本校は三部制で、生徒はⅠ部（午前）・Ⅱ部（午後）・Ⅲ部（夜間）のいずれかに所属する。自分の所属する部を「自部」、自部以外の部を「他部」という。自部２０時間の他に他部履修を１年間に１０単位（平成３１年度入学制からは１２単位）まで認めているため、３年間での卒業も可能である。
○総合学科として必履修科目の他に総合選択科目を設定している。総合選択科目のうち国語・数学・英語の基本的な学習内容を含む科目を「コア科目」と名付け、卒業までに４単位以上履修することを定めている。（現代文Ａ②、古典基礎②、国語表現②、数学Ａ②、数学Ⅱ④、数学Ｂ②、数学活用②、コミュニケーション英語Ⅱ④、英語表現Ⅰ②、チャレンジ英語②※○数字は単位数）特に英語については２年次で２単位以上を必ず履修することとしている。

No	高等学校名	課程種別
13	埼玉県立　羽生　高等学校	昼間定時制（昼夜・二部制）

・「教育相談保護者の集い」を開催。ＳＣの講演、その後保護者、教員の意見交換を実施

No	高等学校名	課程種別
14	埼玉県立　飯能　高等学校	夜間定時制

数学(数学Ⅰ・数学Ａ・数学活用)の科目については、1～4 学年のすべての学年において１クラス２展開の習熟度学習を実施している。

国語(現代文Ｂ)においては、４学年で１クラス２展開の少人数授業を実施している。

No	高等学校名	課程種別
15	埼玉県立　吹上秋桜　高等学校	昼間定時制（昼夜・二部制）

本校独自の学び直しの学習システム「コスモスステップ」を１年次で学習。国数英の基礎的な問題に取り組み、スモールステップで小中学校の学び直しをしている。

No	高等学校名	課程種別
16	埼玉県立　吉川美南　高等学校	昼間定時制（昼夜・二部制）

埼玉県教育委員会「地域の多様な人材の活用による高校生自立支援事業」の指定を受け、地域若者サポートステーション（サポステ）と連携しながら、自立支援個人面談やソーシャルスキルトレーニング（ＳＳＴ）・社会体験活動の展開をしている。目的は、相対的貧困や母子・父子家庭の増加に伴う、家庭教育における子どもへの支援の希薄化に対応することである。

No	高等学校名	課程種別
17	川口市立　川口市立　高等学校	夜間定時制

・ICT 機器（タブレット、プロジェクター等）を利用し、授業のポイントを絞り基礎力の向上を図っている。
・授業の初めに漢字や計算等の基礎学習を取り入れている。
・定時制に司書を配置し、夜９時まで図書室を開館し学習支援を行っている。

（２）特別な支援を必要とする生徒の学習ニーズ

<table>
<tr><th>No</th><th>高等学校名</th><th>（課程種別：昼間定時制／夜間定時制／通信制）</th></tr>
<tr><td>1</td><td>埼玉県立　浦和一女　高等学校</td><td>夜間定時制</td></tr>
<tr><td colspan="3">・昨年度、県のアセスメントツール、「ほんとうのわたしをみつけて（認知・行動評価表）」を生徒に実施した。特別支援教育委員会で集計結果を分析し、職員会議で報告するとともに、個々の生徒には学習支援の補助資料としている。</td></tr>
<tr><td>2</td><td>埼玉県立　大宮工業　高等学校</td><td>夜間定時制</td></tr>
<tr><td colspan="3">車イスや足を怪我している生徒及び運動制限をかかえる生徒に対してエレベーターを設置している。また、学期ごとにＳＣ参加の生徒情報共有会を行い、特別な支援を必要とする生徒の状況を共有している。</td></tr>
<tr><td>3</td><td>埼玉県立　大宮中央　高等学校</td><td>昼間定時制・通信制</td></tr>
<tr><td colspan="3">スクーリング時に、保護者等の付き添いを可能としている。</td></tr>
<tr><td>4</td><td>埼玉県立　春日部　高等学校</td><td>夜間定時制</td></tr>
<tr><td colspan="3">学校生活や家庭環境に不安を抱く生徒に対し、スクールカウンセラーがカウンセリングを実施し、担当教員と指導方針を共有している。</td></tr>
<tr><td>5</td><td>埼玉県立　川口工業　高等学校</td><td>夜間定時制</td></tr>
<tr><td colspan="3">授業において、学習サポーターを配置しＴＴのような形で授業を展開している。サポーターは机間巡視をしながら、躓いている生徒や学習意欲が低下している生徒への声掛けと学習支援を行い、基礎学力の定着を図っている。</td></tr>
<tr><td>6</td><td>埼玉県立　熊谷　高等学校</td><td>夜間定時制</td></tr>
<tr><td colspan="3">入学時に中学校や保護者から特別な支援が必要である旨伝えられた際は、特別支援教育委員会を開催し、該当生徒の情報共有と教育的・合理的配慮について職員会議等で連絡し、周知を図っている。また必要に応じて、保護者、ＳＣ（県教委派遣）及び医療関係者を交えてのケース会議を開催し、対応を検討した。
日常生活において特別な支援が必要と思われる生徒については、まずＳＣと接続させ、場合によっては保護者とＳＣ、担任、管理職で面談を行い、必要に応じて行政機関（福祉課等）と連絡を取り、障害手帳の取得等を勧めている。
さらに、そこから障害者就労支援・移行センター（ジョブトレ、チャレジョブセンター等）への接続を勧めている。</td></tr>
<tr><td>7</td><td>埼玉県立　狭山緑陽　高等学校</td><td>昼間定時制（昼夜・二部制）</td></tr>
<tr><td colspan="3">・入学式前に、特別な教育的支援について保護者に事前相談を呼びかけ、どのような支援を希望するか聴取する機会を設けている。
・特別支援学校のセンター的機能を活用して授業観察を行い、学習支援や生徒観察のポイント等について専門的見地から助言を受けている。
・近隣中学校と連携し、特別な教育的支援を必要とする生徒の情報を保護者の了解を得て中学校から引き継いでいる。
・その他（１）に同じ</td></tr>
<tr><td>8</td><td>埼玉県立　所沢　高等学校</td><td>夜間定時制</td></tr>
<tr><td colspan="3">（１）障害者手帳を持つ生徒と保護者の双方に対して、スクールカウンセラーによる面談を定期的に実施。</td></tr>
<tr><td>9</td><td>埼玉県立　戸田翔陽　高等学校</td><td>昼間定時制（昼夜・三部制）</td></tr>
<tr><td colspan="3">○県の「共生社会の形成に向けた特別支援教育推進事業に係る高等学校拠点校」の指定を受け、専門家による巡回支援を年間１０回程度活用している。巡回支援員には授業観察、生徒・保護者との面談、担任等との情報交換をしていただき、当該担任や生徒本人に助言をいただいている。</td></tr>
<tr><td>10</td><td>埼玉県立　羽生　高等学校</td><td>昼間定時制（昼夜・二部制）</td></tr>
<tr><td colspan="3">・特別支援学校のコーディネーターの巡回支援後に、コーディネーター及び養護教諭、担任、SC、SSW 等による会議を設定し、指導の方向性を確認している。</td></tr>
<tr><td>11</td><td>埼玉県立　吹上秋桜　高等学校</td><td>昼間定時制（昼夜・二部制）</td></tr>
<tr><td colspan="3">目の反射異常（両単眼複視）の生徒に対し、授業に教科書をダウンロードしたｉＰａｄの持ち込み、プリント・考査問題の拡大、板書の撮影を許可した。</td></tr>
<tr><td>12</td><td>埼玉県立　吉川美南　高等学校</td><td>昼間定時制（昼夜・二部制）</td></tr>
<tr><td colspan="3">埼玉県教育委員会「共生社会の形成に向けた特別支援教育推進事業」の指定を受けて、巡回支援員による具体的指導（生徒の実態把握、支援ポイントの助言、研修会実施）を実施している。</td></tr>
<tr><td>13</td><td>川口市立　川口市立　高等学校</td><td>夜間定時制</td></tr>
<tr><td colspan="3">・特別支援学校のコーディネーター、市障害福祉課、自立サポートセンター、社会福祉法人等と連携しながらキャリア教育を含めた生徒の支援を行っている。</td></tr>
</table>

（３）外国籍生徒、日本語の指導が必要な生徒の学習ニーズ

<table>
<tr><th>No</th><th>高等学校名</th><th>（課程種別：昼間定時制／夜間定時制／通信制）</th></tr>
<tr><td>1</td><td>埼玉県立　朝霞　高等学校</td><td>夜間定時制</td></tr>
<tr><td colspan="3">外国籍生徒のために、２年と３年の「国語」で、取り出し授業を行っている。</td></tr>
<tr><td>2</td><td>埼玉県立　浦和一女　高等学校</td><td>夜間定時制</td></tr>
<tr><td colspan="3">・県の「多文化共生推進事業」推進校として、多文化共生推進員が週に３回、始業前の個別の日本語指導や、授業内でのサポートなどを行っている。
・ルビを振ったり、一部を英語に直したワークシート作成や、定期考査作成を行っている。</td></tr>
<tr><td>3</td><td>埼玉県立　大宮工業　高等学校</td><td>夜間定時制</td></tr>
<tr><td colspan="3">日本語において支援が必要な生徒等のため、学習サポーターを配置し授業内において生徒の理解が遅れないように配慮している。また漢字等で読解が困難な生徒に対しては、教材の漢字にルビを振る等の支援を行っている。</td></tr>
<tr><td>4</td><td>埼玉県立　大宮商業　高等学校</td><td>夜間定時制</td></tr>
<tr><td colspan="3">・県の事業である多文化共生推進委員が週３回来校し、日本語指導を行っている。（日本語を母国語としない生徒：３名）</td></tr>
<tr><td>5</td><td>埼玉県立　大宮中央　高等学校</td><td>昼間定時制・通信制</td></tr>
<tr><td colspan="3">読み書きに関して課題を抱えている生徒へは、レポート作成を中心に個別指導を行っている。</td></tr>
<tr><td>6</td><td>埼玉県立　春日部　高等学校</td><td>夜間定時制</td></tr>
<tr><td colspan="3">外国籍の生徒に対し、多文化共生推進員が日本語指導をしている。</td></tr>
<tr><td>7</td><td>埼玉県立　川口工業　高等学校</td><td>夜間定時制</td></tr>
<tr><td colspan="3">日本語指導員や卒業生を学習サポーターとして配置し、教室の中で一緒に授業を受けながらサポートする「入り込み授業」を展開し、日本語を母語としない生徒に対してのサポートを行っている。また、授業中のみならず考査前後の補習や補助的な解説、日本語理解を促進するための課題（宿題）など、生徒に寄り添いきめ細かい指導を行っている。</td></tr>
<tr><td>8</td><td>埼玉県立　熊谷　高等学校</td><td>夜間定時制</td></tr>
<tr><td colspan="3">平成３０年度は、日本語の支援が必要な生徒は在籍していないが、今後は必要に応じて、県教育局派遣の「多文化共生推進員」要請を検討している。</td></tr>
<tr><td>9</td><td>埼玉県立　狭山緑陽　高等学校</td><td>昼間定時制（昼夜・二部制）</td></tr>
<tr><td colspan="3">・多文化共生推進員の配置により、授業時間外に１回４５分間、週３回の日本語指導を実施している。
・夜間部では、多文化共生推進員が授業時間中の支援も行っている。</td></tr>
</table>

10	埼玉県立　所沢　高等学校	夜間定時制
（1）①多文化共生推進員による始業前補習を実施。 ②一部の授業に一緒に入りこんでもらい、該当生徒のサポートを実施。 （2）学習サポーターの学生による授業前補習を実施。		
11	埼玉県立　戸田翔陽　高等学校	昼間定時制（昼夜・三部制）
○県の「多文化共生推進事業」の指定を受け、「多文化共生推進員」１名を委嘱している。非常勤職員として週３日、１日６時間勤務していただき、日本語の初級指導が必要な生徒への指導をお願いしている。		
12	埼玉県立　羽生　高等学校	昼間定時制（昼夜・二部制）
・教員と多文化共生推進員とにより夜間部始業前に日本語補習を実施 ・学校設定科目を利用して日本語及び日本文化を指導		
13	埼玉県立　飯能　高等学校	夜間定時制
本校を退職した教員が週２回取り出し授業をおこない、日本語を指導している。		
14	埼玉県立　吹上秋桜　高等学校	昼間定時制（昼夜・二部制）
県教委の事業である「課題を抱える生徒の自立を支援する共助プラン」により、多文化共生推進員１名に週３回来校していただき、外国籍の生徒への個別支援を行っている。		
15	埼玉県立　吉川美南　高等学校	昼間定時制（昼夜・二部制）
埼玉県教育委員会「学習サポーター」の制度を活用し、地元の国際友好協会から講師を派遣してもらい、該当者を集め指導をいただいている。		
16	川口市立　川口市立　高等学校	夜間定時制
・日本語指導員を配置し、始業前に日本語指導（初球、上級）を開講している。 ・教科書や参考資料等の漢字に振り仮名をつけるなどのサポートを行っている。		

（4）経済的に困難を抱える生徒の学習ニーズ

No	高等学校名	（課程種別：昼間定時制／夜間定時制／通信制）
1	埼玉県立　朝霞　高等学校	夜間定時制
生活保護受給世帯の生徒について、「彩の国子ども・若者支援ネットワーク（アスポート学習支援）」支援員と連携し、該当生徒の修学に支障が出ないよう、状況に応じて市役所福祉課等に働きかけてもらっている。		
2	埼玉県立　浦和一女　高等学校	夜間定時制
・生活保護を受ける母子家庭の生徒に対して、市役所福祉課、アスポート（困窮世帯の学習・生活支援事業）、学校と連携し、ケース会議を定期的に開催している。		
3	埼玉県立　大宮中央　高等学校	昼間定時制・通信制
経済的な援助や市町村の補助が必要なケースについては、スクールソーシャルワーカーに相談してサポートを得ている。		
4	埼玉県立　春日部　高等学校	夜間定時制
進学希望の生徒に対し、長期休業中や午後の始業前の時間を利用して進学講習を行っている。		
5	埼玉県立　川口工業　高等学校	夜間定時制
世帯の収入により諸会費の一部減免を実施している。		
6	埼玉県立　熊谷　高等学校	夜間定時制
県の事業である「修学奨励費貸付金」、「ＳＳＷ派遣」事業の活用をするとともに、「定時制のためのアルバイト体験事業」等を活用してアルバイトのあっせんを行っている。		

7	埼玉県立　狭山緑陽　高等学校	昼間定時制（昼夜・二部制）
・ソーシャルスクールワーカーの配置により、生徒・保護者に対して就学支援制度や社会福祉関係の申請について専門的な助言を行っている。 ・「奨学のための給付金」の使途について保護者に周知している。		
8	埼玉県立　秩父農工科学　高等学校	夜間定時制
今年度、４年生が加藤山崎就学支援金７万円を受給した。この生徒は、県の修学奨励費月額１万４千円も受給している。必要性があれば、補助制度を活用している。 生徒のアルバイト等の就労率は、７７％である。対人関係が苦手な生徒以外は、経済的な理由もあり、アルバイト等で就労している。		
9	埼玉県立　飯能　高等学校	夜間定時制
外国籍生徒が一人暮らしを余儀なくされ、ＳＳＷを通して市役所（生活支援課・こども支援課）や民生委員と連携し生活のサポートをしている。		
10	川口市立　川口市立　高等学校	夜間定時制
・事務室と連携して支払い計画を作成している。		

（5）非行・犯罪歴を有する生徒の学習ニーズ

No	高等学校名	（課程種別：昼間定時制／夜間定時制／通信制）
1	埼玉県立　春日部　高等学校	夜間定時制
警察、児童相談所と連携し、生徒の情報を共有している。		
2	埼玉県立　川口工業　高等学校	夜間定時制
入学許可候補者となった生徒の出身中学校に訪問し、必要な生徒情報をまとめて職員間で共有している。生徒は「学び直したい」という気持ちが強く、前向きに学校生活に取組んでいる。		
3	埼玉県立　熊谷　高等学校	夜間定時制
平成３０年度時点ではないが、非行で鑑別所に収監されていた生徒に対し、担任による面談を適宜実施した。その後、その生徒は退学等することなく、学校に復帰できている。		
4	埼玉県立　飯能　高等学校	夜間定時制
部活動をとおして生徒間の親交を深め、興味関心・技術を向上させ、県大会・全国大会に出場することができた。		
5	川口市立　川口市立　高等学校	夜間定時制
・必要に応じて家庭、中学校、警察等関係機関と連携し、生徒の状況把握を行っている。		

【千葉県】

（1）不登校生徒、中途退学を経験した生徒の学習ニーズ

No	高等学校名	（課程種別：昼間定時制／夜間定時制／通信制）
1	千葉県立千葉商業高等学校	夜間定時制
・担任による見守りと声かけ		
2	千葉県立千葉工業高等学校	夜間定時制
・丁寧な指導とわかりやすい授業実施		
3	千葉県立生浜高等学校	三部制定時制
・理論や知識を生活体験できる授業の工夫や中学時の学習範囲の復習・ドリルの実施（マナトレ等） ・レジリエンスと感情教育を中心にしたＳＳＴ（東京情報大学との共同参画）		
4	千葉県立船橋高等学校	夜間定時制
・Ｔ．Ｔ．または分割授業による学習フォロー		
5	千葉県立市川工業高等学校	夜間定時制
・学び直しのための学校設定科目「高校基礎」を開講。少人数制授業を展開。 ・生徒面談週間を定期的に設定、ＳＣ配置による教育相談体制充実により、生徒理解を深める。		
6	千葉県立行徳高等学校	夜間定時制
・個別指導やＴ．Ｔ．授業 ・自己肯定感を醸成し、高める授業（Ｊワールドによるワークショップ等）の実施		
7	千葉県立松戸南高等学校	三部制定時制
・１年次の国・数・英３教科の学校設定科目で少人数制習熟度別授業を行い、基礎から学び直しの授業を実施。 ・全校一斉による情報交換会や生徒面談週間を定期的に実施し、ＳＣやＳＳＷ配置による教育相談体制充実やパーソナルチューター制度による教育相談体制拡充し、授業中の生徒理解へ。		
8	千葉県立佐倉東高等学校	夜間定時制
・１年次の国語総合で２分割の少人数制授業実施。 ・コミュニケーション英語Ⅰ（１・２年次）、コミュニケーション英語ⅡでＴ．Ｔ．を実施。		
9	千葉県立佐原高等学校	夜間定時制
・総合的な学習の時間の１０時間程度を「学び直しの時間」として実施。		
10	千葉県立銚子商業高等学校	夜間定時制
・ＳＣによる人間関係づくりのための教育相談講話を毎年実施。		
11	千葉県立匝瑳高等学校	夜間定時制
・数学・情報の授業でＴ．Ｔ．の授業実施。		
12	千葉県立東金高等学校	夜間定時制
・１年次の数学の学校設定科目で学び直しを実施。 ・次年度から１年次に人間関係づくりの学校設定科目「ＳＳＴ」を設置予定。		
13	千葉県立長生高等学校	夜間定時制
・地域の支援団体による、週に一度始業前の基礎学力養成講座の開講。 ・年に５回程度、県の子供と親のサポートセンターと連携したＳＳＴの授業実施。		
14	千葉県立長狭高等学校	夜間定時制
・０時間目の補習や人間関係・社会性を育てる道徳授業実施。		
15	千葉県立館山総合高等学校	夜間定時制
・ＳＣによる人間関係づくりの授業実施。		
16	千葉県立木更津東高等学校	夜間定時制
・１年次の英語で学校設定科目による基礎固めを行う。 ・他にも学校設定科目の実施やＴ．Ｔ．の導入。		
17	千葉県立東葛飾高等学校	夜間定時制
・英語・国語での少人数授業、義務教育段階も含め基礎基本から指導。 ・進度の遅れた生徒への個別学習。		
18	千葉県立千葉大宮高等学校	通信制
・通信制の利点を生かし、負荷のかからない登校スタイルを個別に設定する。（スクーリングは日月火の三日間同じ内容を実施するため、対人関係でトラブルがあっても他の曜日に登校すれば良い。）		

（2）特別な支援を必要とする生徒の学習ニーズ

No	高等学校名	（課程種別：昼間定時制／夜間定時制／通信制）
1	千葉県立千葉商業高等学校	夜間定時制
・難聴の生徒に対して座席や授業中の説明を配慮する。		
2	千葉県立千葉工業高等学校	夜間定時制
・全職員で生徒個々の現状を共通理解を図りながら指導する。		
3	千葉県立生浜高等学校	三部制定時制
・視力に問題がある生徒に対して座席の配置と写メの使用許可。 ・クールダウンのための休憩部屋の提供。		
4	千葉県立船橋高等学校	夜間定時制
・県が配当する障害者支援教員によるフォロー。		
5	千葉県立市川工業高等学校	夜間定時制
・発達障害がある生徒への学習支援として、非常勤講師を授業補助（週６時間）に配置。		
6	千葉県立行徳高等学校	夜間定時制
・書字が極端に遅い生徒にスマホ撮影許可等の配慮。 ・場面緘黙症の生徒に対する行事や授業での配慮。		
7	千葉県立松戸南高等学校	三部制定時制
・書字を苦手とする生徒へ板書のスマホ撮影許可。 ・視力や聴力に困難のある生徒への座席の配慮や教室移動に困難がある生徒のエレベーター使用許可。 ・教育相談部と養護教諭が中心となって定期的にパニック障害や場面緘黙の生徒理解や対応のための情報交換会実施。		
8	千葉県立匝瑳高等学校	夜間定時制
・情報交換会を通して全教員で生徒理解と必要とされる対応の周知を図っている。		
9	千葉県立東金高等学校	夜間定時制
・視力の配慮が必要な生徒の座席を最前列に配置。 ・漢字の読みに関する配慮が必要な日本人生徒へ考査時に別室で、監督教員からの読み上げによる出題を実施。		
10	千葉県立長生高等学校	夜間定時制
・学習に困り感を持った生徒の個別学習支援計画の作成。（現在作成中） ・１、２年次生全員を対象にしたＱＵテスト実施		
11	千葉県立長狭高等学校	夜間定時制
・弱視生徒に対する板書の工夫、配布物の工夫。		
12	千葉県立館山総合高等学校	夜間定時制
・教室の隣にクールダウンや個別支援が可能な部屋を設置し、職員１名が常駐する。		
13	千葉県立木更津東高等学校	夜間定時制
・生徒対応や理解のために外部講師を招いての講演会や事例研究研修を実施。		

14	千葉県立東葛飾高等学校	夜間定時制
	・パニック障害のある生徒に対する、教室後方の座席配慮。 ・知的障害の生徒に対する全職員による共通理解と県からの人的支援配置。	
15	千葉県立千葉大宮高等学校	通信制
	・学習チューターの実施（千葉大学で教職課程の学生のボランティアによる、チューター室にて希望する生徒の学習支援。）	

（3）外国籍生徒、日本語の指導が必要な生徒の学習ニーズ

No	高等学校名	（課程種別：昼間定時制／夜間定時制／通信制）
1	千葉県立千葉商業高等学校	夜間定時制
	外国語支援員２人：対応言語は中国語 ・授業中支援や保護者との対応	
2	千葉県立千葉工業高等学校	夜間定時制
	外国語支援員２人：対応言語は英語・中国語 ・該当生徒を、取り出して日本語指導を行っている。	
3	千葉県立生浜高等学校	三部制定時制
	外国語支援員３人：対応言語は英語・スペイン語・フィリピノ語・中国語 ・授業中支援や学習会実施、保護者対応 ・必要に応じてプリントや考査にルビをふる。 ・日本語力向上のための日本語運用実態調査の実施。 ・学校設定科目「日本語基礎」で母語を大切にし、自己肯定感を高めながらの日本語学習。	
4	千葉県立船橋高等学校	夜間定時制
	外国語支援員１人：対応言語は中国語 ・ＬＨＲや総合的な学習の時間に、取り出しで学習会を実施。	
5	千葉県立市川工業高等学校	夜間定時制
	外国語支援員３人：対応言語は中国語・フィリピノ語・スペイン語 ・授業中支援や学習会を実施。 ・学校設定科目「日本語講座」で、日本語指導や日本の文化・習慣について授業。 ・授業中の板書やプリントや考査問題にルビをつける。 ・文部科学省「高等学校における学習ニーズを踏まえた指導の充実事業」の取組として、日本語指導を必要とする生徒への支援体制構築について実践研究を進めている。	
6	千葉県立松戸南高等学校	三部制定時制
	外国語支援員２人：対応言語は中国語・タガログ語 ・授業中支援や保護者への対応。	
7	千葉県立佐倉東高等学校	夜間定時制
	外国語支援員２人：対応言語はタガログ語・中国語・スペイン語・ペルシア語 ・毎週火曜日１５時から２時間、外国児童生徒教育相談員２名による日本語教室実施。 ・いじめアンケートに、英語版・韓国語版がある。	
8	千葉県立銚子商業高等学校	夜間定時制
	外国語支援員０人 ・板書した漢字にフリガナをつける。授業の中で、日本の風土や文化についても時折話をする。	
9	千葉県立匝瑳高等学校	夜間定時制
	外国語支援員０人 ・板書やプリント、定期考査にフリガナをつける。	
10	千葉県立館山総合高等学校	夜間定時制
	外国語支援員０人 ・該当生徒がいる授業は、Ｔ．Ｔ．で行い、Ｔ２が個別指導で対応する。	

11	千葉県立東葛飾高等学校	夜間定時制
	外国語支援員２人：対応言語は英語・中国語 ・授業中同席し単語の翻訳や、毎週０時間目の６０分程度日本語指導実施。	

（4）経済的に困難を抱える生徒の学習ニーズ

No	高等学校名	（課程種別：昼間定時制／夜間定時制／通信制）
1	千葉県立千葉商業高等学校	夜間定時制
	・ＳＳＷを通じた地域包括支援センターとの連携	
2	千葉県立千葉工業高等学校	夜間定時制
	・ＳＳＷとの連携や各学年内できめ細かな指導を実施。	
3	千葉県立生浜高等学校	夜間定時制
	・ＳＳＷを通じた地域包括支援センターとの連携 ・ＳＳＷ・外国語の教育相談員・事務室が連携した就学支援金申込支援 ・ＮＰＯスマイルジョイによる、食事をとることが難しい生徒への自立支援	
4	千葉県立船橋高等学校	夜間定時制
	・児童相談所、市役所及び校内のＳＣやＳＳＷとの連携による指導	
5	千葉県立市川工業高等学校	夜間定時制
	・授業料減免や夕食補助等の県一斉の取組、千葉教弘給付奨学生の案内	
6	千葉県立行徳高等学校	夜間定時制
	・地元のサポートセンターや生活支援課との連携 ・若者サポートプロジェクト６７８による卒業後の就職支援	
7	千葉県立松戸南高等学校	三部制定時制
	・校内配置のＳＣやＳＳＷと教育相談部が担任と連携して、外部組織との対応を検討する。 ・外部組織の児童相談所や市の福祉課との連携を行う。	
8	千葉県立佐倉東高等学校	夜間定時制
	・近隣市町の児童青少年課、子育て支援課、生活支援課、障害福祉課、家庭相談室との連携。 ・千葉県中核地域支援センター、ＮＰＯ法人の子ども食堂、社会福祉協議会、小中学校のＳＳＷとの連携	
9	千葉県立佐原高等学校	夜間定時制
	・市役所の子育て支援課との連携。（単なる経済的困難だけではない）	
10	千葉県立東金高等学校	夜間定時制
	・通院や入院を伴う生徒についてはＳＳＷの協力を得ながら、市のこども課等との連携による支援を行う。	
11	千葉県立長生高等学校	夜間定時制
	・中核地域支援センターとの連携。	
12	千葉県立長狭高等学校	夜間定時制
	・市の子ども支援課（保健師、相談員）や市の福祉課との連携	
13	千葉県館山総合高等学校	夜間定時制
	・地域のＳＳＷと連携して個別の相談等を行う。	
14	千葉県立木更津東高等学校	夜間定時制
	・ＳＳＷを活用した地域包括支援センター等との連携。	
15	千葉県立東葛飾高等学校	夜間定時制
	・担任やＳＳＷによる市役所や福祉課、生活支援課との連携、地域包括支援センターとの連携。	

【東京都】

（1）不登校生徒、中途退学を経験した生徒の学習ニーズ

No	高等学校名	（課程種別：昼間定時制／夜間定時制／通信制）
1	東京都立一橋高等学校	昼夜間定時制

○　週２回のスクールカウンセラー（ＳＣ）、ユース・ソーシャル・ワーカー（ＹＳＷ）、月１回の学校精神科医の活用
○　学校設定科目（国語プラスワン、数学プラスワン、英語プラスワン、わかる数学）
○　習熟度別授業、少人数授業（国語総合、数学Ⅰ、コミュニケーション英語Ⅰ）
○　東京都教育委員会学び直し支援事業の活用　○大学研究室との連携（大学生ボランティア）

2	東京都立大江戸高等学校	チャレンジスクール（三部制総合学科）

○　「わかるシリーズ」や「基礎シリーズ」を学校設定科目として国語・数学・英語に設定し、義務教育段階の振り返りや高校段階の基礎力習得に充てている。
○　都の施策である「校内寺子屋」（学力向上研究校）を導入して学び直しを行っている。

3	東京都立荻窪高等学校	昼夜間定時制

○　授業時間外に、希望生徒を対象に退職ボランティアによる個別指導を行っている。
○　１・２年次に数学と英語で１クラス２展開の習熟度別授業を行っている。
○　不登校生徒の登校支援として、サポートステーションと協定を結び、居場所の確保をしている。

4	東京都立八王子拓真高等学校	昼夜間定時制

○　自由選択科目に「わかるシリーズ（国語・数学・英語・社会）」を設置
○　夏季休業中の特別講習（外部講師の活用）４月実施の基礎力診断テストにおいて、Ｄ３（学び直しが必要とされるランク）となった生徒を対象として実施。

5	東京都立浅草高等学校	昼夜間定時制

○　第１学年で習熟度別授業（数学）、少人数教育の実施（国語、数学、英語）。
○　授業におけるＩＣＴ機器の活用と補習
○　トライゼミ（学校設定科目）により中学校段階からの学び直し。

6	東京都立荒川工業高等学校	夜間定時制

○　入学生の７割前後が不登校を経験している。入学当初、始業は午後５時 25 分だが午後５時に登校させ 20 分間国語、算数、時により英語に関してドリル学習をしている。

7	東京都立雪谷高等学校	夜間定時制

○　始業前（16:00～17:00）の個別学習

8	東京都立総合工科高等学校	夜間定時制

○　始業前の 30 分に、国・数・英の学び直しの補習を実施。

9	東京都立足立高等学校	夜間定時制

○　生徒の個々の状況に応じた指導を心がけ、生徒の質問等に丁寧に対応している。

10	東京都立蔵前工業高等学校	夜間定時制

○　１学年３教科（国語、数学、英語）で少人数授業を実施し、学び直しの充実を図る。

11	東京都立中野工業高等学校	夜間定時制

○　わかる授業の実施として、ＩＣＴパソコンを使用した授業の実践。
○　国語や数学などは、始業前に基礎学力をつける補修など。
○　学期ごとに試験終了後放課後を使い補修を行う。

12	東京都立六郷工科高等学校	夜間定時制

○　小中学生の学習内容を振返り学習ができる「ベーシック」科目を選択科目として設定している。
○　ＩＣＴを活用して、わかりやすい授業を展開している。
○　ＹＳＷやＳＣが定期的に勤務する。

13	東京都立板橋有徳高等学校	夜間定時制

○　習熟度別授業（国語、数学、英語）　少人数多展開授業（理科、情報、体育、総合的な学習の時間）
○　長期休業中の補習・講習
○　定期テスト前等に行う補習

14	東京都立福生高等学校	夜間定時制

○　不登校や中途退学を経験した生徒のみならず、基礎学力が十分に身についていない生徒に対して、長期休業中に補講を行っている。（国・数・英）
○　教科によっては、放課後補講を行っている。

15	東京都立豊島高等学校	夜間定時制

○　生徒により個人差が大きい。不登校等が短期で学習の遅れが軽度の者には、できるだけプリント学習を中心に、一斉指導の中でグループワーク等により生徒同士の交流を生み出すよう努めている。
○　不登校等が長期にわたる場合は、学力の遅れがはなはだしい。この場合は個別に指導する必要があり、長期休業中に補習講座を設けて学力の補充に努めている。

16	東京都立南葛飾高等学校	夜間定時制

○　週１回の「ケース会議」による教員間の情報共有、「人権Ⅰ」（第１学年必履修）、「人権Ⅱ」（第４学年必履修）の学校設定教科、ＳＣや学校精神科医等の専門職との連携、都のグループエンカウンターの活用等

17	東京都立本所工業高等学校	夜間定時制

○　第１学年で少人数教育の実施。一クラスをＡＢと２つに展開し、国語総合　２単位、数学Ⅰ２単位、コミュニケーション英語基礎　３単位の３科目を組み合わせて展開している。

	火	水		木		金	
A	国語総合	コミュ英語	数学Ⅰ	コミュ英語	数学Ⅰ	コミュ英語	国語総合
B	コミュ英語	国語総合	コミュ英語	数学Ⅰ	国語総合	数学Ⅰ	コミュ英語

（2）特別な支援を必要とする生徒の学習ニーズ

No	高等学校名	（課程種別：昼間定時制／夜間定時制／通信制）
1	東京都立一橋高等学校	昼夜間定時制

○　ＳＣ（週２回）、ＹＳＷ（週３回）、学校精神科医（月１回）の活用、合理的配慮、支援員の配置、外部公的関係機関との連携

2	東京都立大江戸高等学校	チャレンジスクール（三部制総合学科）

○　都の施策である自立支援チームを活用し、教育支援コーディネータが担任と連携（教育支援委員会）してＹＳＷ、ＳＳＷ、ＳＣ、巡回相談員、精神科医、外部関係団体と協力し、生徒・保護者へ就学支援、進路支援等を行っている。
○　中学校や適応指導教室等と入学前に情報交換を行っている。
○　１年次は二人担任制を採っている。

3	東京都立荻窪高等学校	昼夜間定時制

○　自立支援チームを活用し、自立支援、就労支援等に関係機関と連携して指導している。
○　自立経営予算で、ＳＣを１名増員し、教員とＳＣで家庭を訪問してのカウンセリングを可能としている。
○　発達障害のある生徒の支援として、ＮＰＯ法人と協定を結び、コミュニケーション力の育成及び居場所の確保をしている。

4	東京都立浅草高等学校	昼夜間定時制

○　自立支援チームの活用（ＳＣ２名、ＹＳＷ３名、自立支援担当教員、教育相談委員、特別支援教育コーディネーター）
○　東京都教育委員会のコミュニケーションアシスト講座の活用
○　自立支援担当教員や養護教諭による精神科 学校医との連携。

5	東京都立五日市高等学校	夜間定時制

○　都教育委員会からＳＣとＹＳＷの派遣を受けている。さらに学校教育心理士にも定期的に来校してもらい、特別支援教育コーディネーター、自立支援担当教員及び養護教諭等がそれぞれの立場で生徒の状況を把握し、生徒の不安を取り除く努力をしながら卒業後を見据えた指導を行い、進路実現に向けて丁寧な指導を行っている。

No	高等学校名	課程種別
6	東京都立荒川工業高等学校	夜間定時制

○ 身体的に特別な支援を必要とする生徒はいないが、知的支援を必要とする生徒はいる。現在施設から通っているが、卒業と同時に施設を出なければならない。施設の担当者、本校進路指導部、ハローワークと連携し現在就労に向け指導している。しかし、現在の生活で不都合なことが全くないので、本人の自覚が芽生えないことが課題である。

No	高等学校名	課程種別
7	東京都立神代高等学校	夜間定時制

○ 平成２７年度・２８年度は、発達障害教育支援員が配置されて授業内での学習支援を行っていた。平成３０年度は、障害のある生徒が入学して非常勤介護職員による学習支援が行われている。定期考査は、該当生徒用の問題を作成している。また、該当生徒用の定期考査対策プリントを各教科で作成している。おむつを交換するために、リクライニングになる車いすを購入した。

No	高等学校名	課程種別
8	東京都立雪谷高等学校	夜間定時制

○ 外部担当者（児相・区役所等）と担任及びＳＣでの毎月の情報交換会

No	高等学校名	課程種別
9	東京都立総合工科高等学校	夜間定時制

○ 始業前の 30 分に、国・数・英の学び直しの補習を実施。

No	高等学校名	課程種別
10	東京都立足立高等学校	夜間定時制

○ 生徒の個々の状況に応じた指導を心がけ、生徒の質問等に丁寧に対応している。

No	高等学校名	課程種別
11	東京都立蔵前工業高等学校	夜間定時制

○ 特別支援教育委員会を毎週実施し、特別な支援を必要とする生徒への支援について、ＳＣ及びＹＳＷ、精神科医等を交えて学習ニーズに応える工夫など情報交換を実施。

No	高等学校名	課程種別
12	東京都立六郷工科高等学校	夜間定時制

○ 車椅子の生徒の為に、玄関にスロープを設置した。
○ ＹＳＷやＳＣが定期的に勤務する。
○ キャリア教育を入学当初より行い、進路指導を実施している。

No	高等学校名	課程種別
13	東京都立板橋有徳高等学校	夜間定時制

○ 特別支援教育コーディネーターを中心として、特別支援教育推進委員会によるケース会議
○ スクールカウンセラーによる教員への支援
○ ハローワークとの連携による就労支援
○ ＹＳＷの活用
○ グループ・エンカウンターの活用

No	高等学校名	課程種別
14	東京都立福生高等学校	夜間定時制

○ 入学後１年生に対しての、スクールカウンセラーによる全員面接を行っている。
○ 週１日であるが、スクールカウンセラーを活用して面談を行っている。

No	高等学校名	課程種別
15	東京都立豊島高等学校	夜間定時制

○ 各学年、クラスに数名ずついる状況。授業は静かに聞いている。しかし質問にはほとんど答えられない。ノートを取ることも個別に指導されなければできない。
○ ノートに書き写す内容は精選し少なくする工夫をしている。
○ 板書事項や配布プリント等にルビを振る取り組みは全教科に浸透している。
○ テストでも、できるだけ選択肢を多くするように工夫している。しかし一般生徒の学力定着のニーズを考えれば、もとより同じ教室で授業を行うことに無理が生じている。

No	高等学校名	課程種別
16	東京都立南葛飾高等学校	夜間定時制

○ ＳＣによる面接の実施、教育相談委員会による週１回の「ケース会議」の開催による担任・養護教諭・精神科医等との情報共有、児童相談所・区役所担当課等外部機関との連携、都のコミュニケーションアシスト講座の活用

No	高等学校名	課程種別
17	東京都立本所工業高等学校	夜間定時制

○ ＳＣによる面談の実施。
○ 担任から保護者にＳＣに相談するように連絡している。

（3）外国籍生徒、日本語の指導が必要な生徒の学習ニーズ

No	高等学校名	（課程種別：昼間定時制／夜間定時制／通信制）
1	東京都立一橋高等学校	昼夜間定時制

○ 取り出し授業（国語総合、日本史A、世界史A，現代社会）
○ 学校設定科目（日本語文法、日本語コミュニケーション、日本語漢字・語彙）
○ 配布物の漢字へのルビ振り○ 東京都教育委員会日本語指導外部人材活用事業の利用
○ 大学研究室との連携（大学生ボランティア）

No	高等学校名	課程種別
2	東京都立荻窪高等学校	昼夜間定時制

○ 日本語の指導が必要な生徒は、取り出し授業またはT．T．授業の非常勤講師をつけている。

No	高等学校名	課程種別
3	東京都立八王子拓真高等学校	昼夜間定時制

○ 日本語指導員による、授業の空き時間を活用した日本語指導の実施。

No	高等学校名	課程種別
4	東京都立江戸川高等学校	夜間定時制

○ １年生「国語総合」（２単位）において取り出し授業を実施している。
○ １年生「総合的な学習の時間」（１単位）において、日本語指導の講座を開設している。
○ 今年度より定期考査をルビ付きで実施している。入学者選抜に準じて希望者には辞書持ち込み（学校で準備）も認めている（時間延長等の措置はなし）。

No	高等学校名	課程種別
5	東京都立荒川工業高等学校	夜間定時制

○ 夜間中学校出身の２名が外国籍で日本語指導を必要としている。外部人材活用事業に申請し、日本語指導をお願いしている。取出しでなく、決まった曜日に、始業前２時間日本語指導を行っている。

No	高等学校名	課程種別
6	東京都立神代高等学校	夜間定時制

○ 平成２８年度は、中国籍の生徒に日本語指導員を配置して対応した。

No	高等学校名	課程種別
7	東京都立雪谷高等学校	夜間定時制

○ 定期考査のルビ振り問題作成（国語・1～3年生）
○ 始業前（16:00～17:00）の日本語学習

No	高等学校名	課程種別
8	東京都立足立高等学校	夜間定時制

○ 外国籍の生徒を１クラスに集め、１～３年生の国語と１～２年生の社会で、取り出し授業の実施

No	高等学校名	課程種別
9	東京都立中野工業高等学校	夜間定時制

○ 日本語指導として、始業前に補習を行う。

No	高等学校名	課程種別
10	東京都立大森高等学校	夜間定時制

○ 国語科及び社会科の授業において、日本語指導が必要な外国籍の生徒を対象に、時間講師による取り出し授業の実施

No	高等学校名	課程種別
11	東京都立六郷工科高等学校	夜間定時制

○ 日本語外部指導員を配置して、定期的に教科指導の補助や日本語指導を行っている。
○ 日本語検定に向けて、テキストを元に指導を行い、能力向上へ努力させている。

No	高等学校名	課程種別
12	東京都立板橋有徳高等学校	夜間定時制

○ 日本語指導外部人材活用事業の利用

No	高等学校名	課程種別
13	東京都立福生高等学校	夜間定時制

○ 板書や試験問題にルビをふっている。
○ 日本語指導外部人材活用事業を利用している。基本１年生のみ条件つきで行っている。今年度は、大学生や大学院生が応募してきて生徒との関係性が非常に良い。

No	高等学校名	課程種別
14	東京都立豊島高等学校	夜間定時制

○ 各学年及びクラスに数名ずついる状況。授業は静かに聞いている。質問にはわかる範囲で答えることはできる。ノートを取ることはできるが、正確に早く書き写すことができない。ノートに書き写す内容は精選し少なくする工夫をしている。板書事項や配布プリント等にルビを振る取り組みは全教科に浸透している。

No	高等学校名	課程種別
15	東京都立南葛飾高等学校	夜間定時制

○ 国語科、地理歴史科における取り出し授業、日本語指導外部人材活用事業の活用による日本語指導員による学習指導補佐、配布物へのルビ振り

No	高等学校名	課程種別
16	東京都立本所工業高等学校	夜間定時制
○	1回９０分間、始業前に日本語指導員から日本語（漢字）の指導を受けている。	

（4）経済的に困難を抱える生徒の学習ニーズ

No	高等学校名	（課程種別：昼間定時制／夜間定時制／通信制）
1	一橋高等学校	昼夜間定時制
○	ＳＣ（週２回）、ＹＳＷ（週３回）の活用	
○	外部公的関係機関との連携	
2	荻窪高等学校	昼夜間定時制
○	自立支援チームを活用し、児童相談所、区市町村の福祉関係機関等と連携して指導している。	
○	食事を満足に取れていない生徒に関しては、近隣の子供食堂を利用できるように、協定を結んでいる。	
3	東京都立浅草高等学校	昼夜間定時制
○	教育相談委員会において自立支援チームを中心に情報共有。内容によって、自立支援担当教員から児童相談所との連携、ＹＳＷを通して区市町村福祉事務所との連携、担任を通して中学校からの情報収集などにより一人の生徒を多面的に捉えて、最も必要な支援が受けられるよう取り組んでいる。	
4	東京都立荒川工業高等学校	夜間定時制
○	実態は定かではないが一人親家庭が相当数あるとみられる。食生活に課題があり、給食が唯一の栄養補給源と話す生徒もいる。卒業後は、生徒たちが少しでも家庭をサポートできるように、と指導している。本校は工業高校なので、免許・資格を取得し、より良い条件の会社に就職することを期待する。	
5	東京都立神代高等学校	夜間定時制
○	平成２８年度社会福祉協議会と連携して、成人している生徒が生活保護の認定を受けて、経済支援されることにより卒業することができた。また、体調不良であったがその後の生活も安定させることができた。	
6	東京都立足立高等学校	夜間定時制
○	落ち着いて学習に取り組めるようにＹＳＷを活用して福祉につなげている。	
7	東京都立蔵前工業高等学校	夜間定時制
○	月１回のＹＳＷ訪問にて、教委職員とＹＳＷとの情報交換を実施。必要な状況となれば、生徒の居住する地区の団体や、福祉につなげ学習を支援していく	
8	東京都立中野工業高等学校	夜間定時制
○	進路指導部中心にアルバイトの促進。	
9	東京都立六郷工科高等学校	夜間定時制
○	生徒や保護者からの相談にＹＳＷを介して、関連機関へつなげている。	
○	進路部を中心に、学年担任から生徒情報を集めて、就職やアルバイトのサポートをしている	
10	東京都立八王子拓真高等学校	夜間定時制
○	授業料が無料となる「就学支援金」	
○	教育活動に参加するための必要な経費が支払われる「給付型奨学金」	
○	授業料以外の教育費負担を軽減するために支給する「奨学のための給付金」	
11	東京都立板橋有徳高等学校	夜間定時制
○	給付型奨学金（定時制課程在籍生徒の受給割合約４割）	
○	就学支援金（同約８割）、奨学のための給付金（同約２割）	
12	東京都立福生高等学校	夜間定時制
○	今年度からＹＳＷの巡回訪問校になった。校内で情報交換会を開き、ＹＳＷにつなげたほうがいい生徒等検討して、現在数名の生徒が面談をしている。	
○	ケース会議を開き情報の共有を図っている。	
13	東京都立南葛飾高等学校	夜間定時制
○	週１回実施する教育相談委員会の「ケース会議」、児童相談所・区市の福祉関係機関との連携、進路指導部とハローワークとの連携によるアルバイト紹介、経営企画室との連携による就学支援金や給付型奨学金の活用	

（5）非行・犯罪歴を有する生徒の学習ニーズ

No	高等学校名	（課程種別：昼間定時制／夜間定時制／通信制）
1	東京都立一橋高等学校	昼夜間定時制
○	ＳＣ（週２回）、ＹＳＷ（週３回）の活用	
2	東京都立荻窪高等学校	昼夜間定時制
○	非行や犯罪等で警察から連絡があった生徒や特別指導の対象になった生徒は、必ずＳＣとのカウンセリングを行い、心理面の課題があれば、ＳＣと連携し、指導を行うことにしている。	
3	東京都立浅草高等学校	昼夜間定時制
○	担任が非行歴・犯罪歴を有する情報を入手できた場合、自立支援担当教員と連携して、どんなことを配慮すべきか、家庭に対して何か支援できることがあるかなどを個別具体的に検討する。	
○	在学中の非行や犯罪については警察や児童相談所などと連携し、学校復帰の可否や支援体制を自立支援担当教員・担任を中心に個別具体的に検討する。	
4	東京都立足立高等学校	夜間定時制
○	生徒個々の状況に応じた指導を心がけ、生徒の質問等に丁寧に対応している。	
5	東京都立六郷工科高等学校	夜間定時制
○	生徒の情報を生徒保健部中心に、自立支援会議等にて、共有化してサポートしている。	
○	ＹＳＷへも情報共有を図り、外部機関とも連携して対応している。	
6	東京都立南葛飾高等学校	夜間定時制
○	警察・家庭裁判所・少年院等外部機関との連携、担任による鑑別所・少年院等矯正施設への面会、保護司・保護観察官等と担任との情報共有、ＳＣとのカウンセリング、担任による複数回にわたる家庭訪問での精神的ケア	

【神奈川県】

<table>
<tr><th colspan="3">（1）不登校生徒、中途退学を経験した生徒の学習ニーズ</th></tr>
<tr><th>No</th><th>高等学校名</th><th>（課程種別：昼間定時制／夜間定時制／通信制）</th></tr>
<tr><td>1</td><td>神奈川工業高等学校</td><td>夜間定時制</td></tr>
<tr><td colspan="3">標題とは異なるが、確かな基礎学力の定着を目指した支援に取り組んでいる。漢字の書き取りと数学の計算課題のプリント学習をホームルーム開始前の時間に学級担任が指導している。学年全体の取り組みとして定着している。</td></tr>
<tr><td>2</td><td>神奈川県立横浜翠嵐高等学校</td><td>夜間定時制</td></tr>
<tr><td colspan="3">学習の遅れによる学び直しのニーズと３修制による卒業希望に同時に応えるため、１年次の月曜日０・１限に英語入門、火・水曜日０限に数学入門、木・金曜日の０限に国語入門という、それぞれ２単位の学校設定科目を、自由選択科目として設置している。</td></tr>
<tr><td>3</td><td>横浜修悠館高等学校</td><td>通信制</td></tr>
<tr><td colspan="3">平日講座、日曜講座、IT 講座の区別なく、月・木の５校時にレポート完成講座を設定している。その他、日曜講座の受講生に教科総合・科目総合スクーリングを設けている。
学び直しが必要な者は、トライ教室において随意に学習することができる。</td></tr>
<tr><td>4</td><td>磯子工業高等学校</td><td>夜間定時制</td></tr>
<tr><td colspan="3">１年次の学校設定科目として「漢字のこころ」「わたしたちの数学」「たのしい英語」を開講し、振り返り学習を行っている。卒業認定に必要な単位修得の対象としている。</td></tr>
<tr><td>5</td><td>磯子工業高等学校</td><td>夜間定時制</td></tr>
<tr><td colspan="3">県の定時制・通信制教育推進のための学習サポート員配置事業を活用し、授業前・授業後等に学習面での補習を行っていた。（平成 29 年度）</td></tr>
<tr><td>6</td><td>磯子工業高等学校</td><td>夜間定時制</td></tr>
<tr><td colspan="3">県の定時制・通信制教育推進のための学習サポート員配置事業を活用し、２～４年次選択科目「数学一般」の授業で、理解が十分でない生徒に学習支援業務の補助を行っていた。（平成 29 年度）</td></tr>
<tr><td>7</td><td>川崎高等学校</td><td>夜間定時制（フレキシブルスクール）</td></tr>
<tr><td colspan="3">数学と英語の一部授業においては、小集団習熟度別授業を実施している。
学習サポート員が放課後に週 3 日間、学習室に在中し、様々な生徒の学習ニーズに合わせた補習を行っている。
担任の他に、自分で選ぶもう一人の担任「チューター制」を導入し、履修指導や進路指導にきめ細やかな指導を行い、日常の学習活動につなげている。
NPO と慶応大学の学生が中心となって運営する、居場所作り「カフェ活動」に取り組んでいる。
・SC,SSW の拠点校として、相談しやすい環境づくりに努め、学習における「困り感」の早期発見と情報共有を図っている。</td></tr>
<tr><td>8</td><td>横須賀高等学校</td><td>夜間定時制</td></tr>
<tr><td colspan="3">学習意欲の向上と生活リズムの確立を目指し、年度当初に５日間モジュール授業を実施している。
夏季休業中に希望制で補習授業を実施している。</td></tr>
<tr><td>9</td><td>秦野総合高等学校</td><td>夜間定時制</td></tr>
<tr><td colspan="3">夏季休業中に希望者による講習や補習等を実施している。</td></tr>
<tr><td>10</td><td>秦野総合高等学校</td><td>夜間定時制</td></tr>
<tr><td colspan="3">１年生の「総合的な学習の時間」では、「学び直し科目」として国語、数学、英語、社会、理科の３科目で、中学校の内容の復習プリントを作成し、実施している。</td></tr>
<tr><td>11</td><td>伊勢原高等学校</td><td>夜間定時制</td></tr>
<tr><td colspan="3">「学び直し」を目的とした学校設定科目「マルチベーシック」を開講し、国語、数学、英語について、個別の「学び直し」に対応した学習を行っている。また、この科目は、基礎学力の定着を図るため、１～４年生まで毎年選択できるようにしている。
１年生の国語、数学、英語の科目については、ティーム・ティーチングで授業を行い、学習内容の理解が不十分な生徒の支援を行っている。</td></tr>
<tr><td>12</td><td>小田原高等学校</td><td>夜間定時制</td></tr>
<tr><td colspan="3">中学校等での不登校を経験している生徒が多いので、１年次生の前期に国語総合、数学Ｉ及びコミュニケーション英語Ｉにおいてマナトレという教材を使用して、中学校からの学び直しから、授業に入るようにするとともに、数学Ｉ、コミュニケーション英語Ｉは、１クラス２展開の小集団で授業をし生徒に対して、きめ細かい指導ができる体制をとっている。</td></tr>
<tr><td>13</td><td>小田原城北工業高等学校</td><td>夜間定時制</td></tr>
<tr><td colspan="3">１年の数学に学校設定科目の「高校数学入門」を開講し、振り返り学習を実施している。</td></tr>
<tr><td>14</td><td>小田原城北工業高等学校</td><td>夜間定時制</td></tr>
<tr><td colspan="3">工業科の実習科目や数学など、必要に応じて学習サポート員を置いて、支援が必要な生徒に個人指導を行っている。</td></tr>
<tr><td>15</td><td>相模向陽館高等学校</td><td>昼間定時制</td></tr>
<tr><td colspan="3">学校設定科目「ステップ」（必修）を開講し、「読む」「書く」「聞く」を中心とした振返り学習を行っている。</td></tr>
<tr><td>16</td><td>相模向陽館高等学校</td><td>昼間定時制</td></tr>
<tr><td colspan="3">ライフスキルを身につけ、より良い人間関係を探求するため、学校設定科目「すこやか」（必修）を開講している。</td></tr>
<tr><td>17</td><td>津久井高等学校</td><td>夜間定時制</td></tr>
<tr><td colspan="3">学習が遅れがちな生徒に対する授業支援連携 NPO 法人が派遣する大学生ボランティアが、主として数学の授業で、学習が遅れがちな生徒に対して個別の学習支援を行っている。大学生ボランティアは校内カフェ活動等にも参加しており、日常的な関係づくりを行っているため、生徒は質問しやすい環境にある。</td></tr>
<tr><td>18</td><td>横浜明朋高等学校</td><td>昼間定時制</td></tr>
<tr><td colspan="3">学校設定科目：英語入門・数学入門・国語入門（１年次）ベーシック英語・ベーシック数学（２年次）を開講し、学び直し学習を行っている。
地域の方に学習支援員として授業に入っていただき学び直しの支援をしている。</td></tr>
</table>

<table>
<tr><th colspan="3">（2）特別な支援を必要とする生徒の学習ニーズ</th></tr>
<tr><th>No</th><th>高等学校名</th><th>（課程種別：昼間定時制／夜間定時制／通信制）</th></tr>
<tr><td>1</td><td>神奈川工業高等学校</td><td>夜間定時制</td></tr>
<tr><td colspan="3">車椅子を使用しながら、卒業を目指し学校生活を送っている生徒への就職支援である。外部機関と連携を取りながら進めている。担任と家庭が実情を把握し、SSW が外部機関と連絡を取り合い、その結果を学内で共有し進路実現に結びつけている。</td></tr>
<tr><td>2</td><td>神奈川県立横浜翠嵐高等学校</td><td>夜間定時制</td></tr>
<tr><td colspan="3">教頭と教育相談コーディネーターと養護教諭が月に２・３回定期的に情報交換し、当該生徒の状況に応じてＳＣ、スクールソーシャルワーカー、県の関係相談機関、県立養護学校などと連携し、担任とともに適切な支援を行えるようにしている。
教育相談コーディネーターが中心となり、必要に応じてケース会議を行い、教頭と養護教諭と当該生徒の学年の教員並びに教科担当などが情報を共有し、適切な支援を検討し、行っている。
また、年に２回全教員で生徒情報交換会を行い、必要に応じて情報を共有し、適切な支援を行えるようにしている。</td></tr>
</table>

3	希望ケ丘高等学校	夜間定時制
	発達障害等が考えられる生徒に対して特別支援学校の職員と連携して対応した。また、ユニバーサルデザインの考えを取り入れた授業のあり方について、特別支援学校の職員を講師として職員研修会を行った。	
4	横浜修悠館　高等学校	通信制
	教育相談学習支援グループを中心にＳＣ・ＳＳＷと密に連絡を取り、外部機関や就労支援に繋げている。「気になる生徒」をデータベースに登録して、全職員で情報共有している。また、学校全体として「修悠館スタンダード」を実践し、学校のユニバーサルデザイン化に取り組んでいるほか、「悠ルーム」におけるクールダウンや精神科校医による個別相談を実施している。	
5	磯子工業　高等学校	夜間定時制
	小学３年で特別支援級に通う子をもつ生徒（母）について、生徒本人も精神疾患・腎臓疾患を抱えており、児童相談所主催の要対協個別検討ケース会議に子の預かり施設である子ども家庭支援センターを初めとして区役所、小学校とともに参加（担任・SSW）している。	
6	向の岡工業高等学校	夜間定時制
	発達に課題があり、特別な支援を必要とする生徒で、就職を希望していながら思うような結果が出ない場合には、ＳＳＷ等と協力しながら、障害者就労支援機関等への紹介を適切な時期を見計らって実施している。	
7	向の岡工業高等学校	夜間定時制
	生徒向けの配付物は、できる限りルビ付きにしている。	
8	横須賀高等学校	夜間定時制
	個別学習を行い、基礎的な学習に取り組んでいる。生徒の状況に応じては、生活単元学習の内容を取り入れることがある。 特別支援学校の巡回相談を活用し、支援についてのアドバイスを受けている。 学習サポート員に授業に入ってもらい、TT で支援している。	
9	神奈川県立追浜高等学校	夜間定時制
	１～３学年ではＴＴ授業を行い、Ｔ２（教科担当教諭以外）が授業中の質問に対し積極的に対応している。	
10	湘南高等学校	夜間定時制
	特別支援学校の巡回訪問を利用し、指定した生徒の授業観察をした後にケース会議を実施し生徒の見立てや具体的な指導についてアドバイスをもらっている。	
11	茅ケ崎高等学校	夜間定時制
	文字の書き取りや１桁の数の足し算が困難な生徒に関して、学習サポート員が授業中机横について、授業内容に応じた支援を行っている。	
12	平塚商業高等学校	夜間定時制
	保護者をはじめ、SC・SSW・市の福祉課等と連携し、手帳の取得を支援している。また、就職等の進路に関しては、職業訓練所の見学や入所を支援し、個々の状況に応じた対応を行っている。	
13	秦野総合高等学校	夜間定時制
	特別支援学校（養護学校）と連携し、年に数回専門職による支援方法等のアドバイスをいただいている。また、場合によってはケース会議等を開催し、支援方法と情報共有を図っている。	
14	秦野総合高等学校	夜間定時制
	月に１～２回来校するスクールカウンセラー（ＳＣ）を活用している。また、担任、養護教諭、教育相談コーディネーターの担当者による支援体制を確立している。	
15	伊勢原高等学校	夜間定時制
	筋ジストロフィーの生徒について、体育の取り出し授業を行い、教員と１対１で授業を行っている。また、所属クラスの教室を１階にして、移動に負担がないように配慮している。	
16	小田原城北工業高等学校	夜間定時制
	工業科の実習科目や数学など、必要に応じて学習サポート員を置いて、支援が必要な生徒に個人指導を行っている。	
17	小田原城北工業高等学校	夜間定時制
	１年の数学に学校設定科目の「高校数学入門」を開講し、振り返り学習を実施している。	
18	厚木清南高等学校	夜間定時制（フレキシブルスクール（特別な時間））
	広汎性発達障害で、療育手帳（Ｂ２）取得している生徒に対して、週２９時間の介助員をお願いした。実技やグループワークを行う授業の補助や生活介助をお願いしている。	
19	相模向陽館高等学校	昼間定時制
	識字障害（読み書き障害）の生徒のために、独自の教材や試験を取り入れた。	
20	相模向陽館高等学校	昼間定時制
	生徒相談グループとキャリアガイダンスグループの連携により生徒個々の特性に応じた就職支援を行っている。	
21	神奈川総合産業高等学校	夜間定時制
	肢体不自由の生徒に対し、保健体育（体育）の授業において特別に教員を配置している。	
22	神奈川総合産業高等学校	夜間定時制
	ケース会議を開催し、教育相談コーディネーターとスクールソーシャルワーカーと連携し、外部相談機関につなげている。	
23	津久井高等学校	夜間定時制
	発達障害の生徒（ADHD、福祉手帳２級所有）に対する進路支援 育てる（発達促進的・開発的）教育相談として、ケース会議で、問題行動は無いが進路実現が不安な発達障害の生徒の進路指導について検討した。その結果を、担任教員・就職担当教員・保護者と共有し、ハローワーク・さがみはら若者サポートステーションと連携しながら進路活動を行っている。	
24	津久井高等学校	夜間定時制
	高齢者・中高年者に対する体育の授業支援 定時制・通信制教育推進のための学習サポート員配置事業を活用して、保健体育の教員免許を有した学習サポート員を雇用し、高齢者・中高年者が在籍するクラスの授業支援を担当してもらった。高齢者や中高年者へは個別の支援を行っており、生徒の授業参加状況は良好である。	
25	横浜明朋高等学校	昼間定時制
	生徒の特性を踏まえ、授業の際に全職員が共通して取り組む「めいほうメソッド」を策定し、授業のユニバーサルデザイン化を推進している。	
26	三浦初声　高等学校	昼間定時制
	SC・SSW 等と連携し、特別支援学校の巡回相談などのアドバイスを受け、生徒に応じた対応を行っている。授業では、非常勤講師時間をもらい、取り出し授業を行っている。	

（３）外国籍生徒、日本語の指導が必要な生徒の学習ニーズ

No	高等学校名	（課程種別：昼間定時制／夜間定時制／通信制）
1	神奈川工業高等学校	夜間定時制
	学習支援員を非常勤職員として雇用し、支援を行っている。授業時にクラスに入り直接支援を行うケースと日本語能力検定受検をめざした補習を行うケースがある。	
2	神奈川県立横浜翠嵐高等学校	夜間定時制
	日本語学習のニーズと３修制による卒業希望に同時に応えるため、１年次の月曜日１限と火～金曜日の０限に５単位の日本語入門Ⅰ、２年次の火～金曜日の０限に４単位の日本語入門Ⅱ、	

3年次の火・水曜日の0限に2単位の日本語入門Ⅲ、という学校設定教科「国際」の学校設定科目を自由選択科目として設置している。日本語入門Ⅰは、初級と中級と上級の3クラスで、日本語入門Ⅱは、初・中級と上級の2クラスで展開している。

1・2年次の国語総合と、1年次の日本史A・現代社会・科学と人間生活・保健の授業を2クラス同時限に設置し、日本語母語クラスと要日本語支援クラスに分けて実施している。

要日本語支援生徒の教科担当者会議を定期的に開催し、要日本語支援生徒の日本語習熟の状況を確認し、日本語母語クラスに戻る見極めや、年度当初のクラス分けの検討を行っている。

また、校長・副校長・教頭・各分掌グループ代表（総括教諭）・養護教諭・各学年の外国につながる生徒担当による、外国につながる生徒支援連絡会議も開催し、外国につながる生徒に関する情報を共有し、適切な支援を行えるようにしている。

校務分掌として、外国につながる生徒支援の正・副担当計2名を配置している。県が配置した多文化教育コーディネーターと協働し、県や国が行う外国につながる生徒支援関連事業を積極的に活用している。三者面談、学校説明会、入学者説明会時には通訳の方に、1年次の保健、科学と人間生活の授業には学習支援員の方に来校していただき、担当教員とともに要日本語支援生徒を支援している。また、多文化共生研究会という文化部があり、毎週月曜日の0限と放課後の時間帯に顧問教員と多文化教育コーディネーターが協働し、勉強会や季節のイベントを行い、日本語や教科の難しいところを勉強したり、外国につながる生徒同士が情報交換をしたり、日本語が母語である生徒と交流したりしている。

3　希望ケ丘高等学校　夜間定時制

1年生では「国語総合」、「保健」については取出し授業、「科学と人間生活」、「地理A」については入り込み授業を行った。特に日本語の理解が困難な生徒に対しては一部の科目で通訳者についてもらっている。

4　横浜修悠館高等学校　通信制

学校設定教科：国際「日本語」、キャリア：「キャリア活動」を設置してスクーリングを実施するとともに、多文化教育コーディネーターや担当教員が日常生活も含めた支援にあたっている。

5　磯子工業　高等学校　夜間定時制

2～4年次の選択科目に学校設定科目「日本語入門」「日本語初級」「日本語発展」を置き、必要に応じて順番に受講できるようにしている。卒業認定に必要な単位修得の対象としている。

6　磯子工業　高等学校　夜間定時制

国語総合、現代社会、世界史A、地理A、科学基礎、科学と人間生活、保健の必履修科目で必要に応じて取出し授業を行っている。さらに必要に応じて、県の定時制・通信制教育推進のための学習サポート員配置事業を活用し、授業支援や日本語支援を行っている。

7　磯子工業　高等学校　夜間定時制

県の支援対象校に申請し、多文化教育コーディネーターをつけてもらった上で、日本語を母語としない生徒支援者派遣事業及び外国につながりのある生徒への学習支援員派遣事業を活用し、必要に応じて「産業教育と人間」「総合的な学習の時間」等に通訳を派遣してもらっている。

8　川崎高等学校　夜間定時制（フレキシブルスクール）

入学時に「生徒支援カード（国籍や海外での生活経験等を記入）」を記入し、希望者には日本語習得状況診断テスト（プレイスメントテスト）を実施するなど、入学時における生徒一人ひとりの状況を情報共有している。

国語と地歴の一部教科では、個別取り出し授業を行っている。

三者面談や履修指導においては、通訳支援を行い、日常の学習活動につなげている。

サポートティチャーが進路室に在中し、様々な生徒の学習ニーズに応じた相談を行っている。

SC, SSW の拠点校として、相談しやすい環境づくりに努め、学習における「困り感」の早期発見と情報共有を図っている。

行事予定等のすべての配付物はルビ付きにしている。

9　向の岡工業高等学校　夜間定時制

支援が必要な特定の科目について、取り出し授業を行っている。

10　向の岡工業高等学校　夜間定時制

生徒向けの配付物は、できる限りルビ付きにしている。

11　向の岡工業高等学校　夜間定時制

「外国につながりのある生徒への学習支援員派遣事業」を活用し、学習支援及び保護者対応を行っている。

12　向の岡工業高等学校　夜間定時制

「通訳支援事業」を活用し、三者面談等で保護者対応を行っている。

13　横須賀高等学校　夜間定時制

学習支援員や学習サポート員を活用して、個別支援等を行っている。

14　神奈川県立追浜高等学校　夜間定時制

0時間目に日本語教育を外部講師（学校サポート員）が行っている。1～3年のTT授業ではT2（教科担当教諭以外）がサポートし、授業プリント等にはルビをふって対応している。

15　湘南高等学校　夜間定時制

県の支援策である外国につながりのある生徒への派遣事業である学習支援員と、定時制通信制教育推進のための配置事業である学習サポート員の有効活用を図る。

16　平塚商業高等学校　夜間定時制

学校設定科目として「キャリアアップⅠ・Ⅱ」を設定し、日本語支援を行っている。また、国語については取り出し授業を行い、個々の対応を行っている。学習サポート員の支援により、授業時間以外に、補習という形で日本語検定の支援も行っている。

17　秦野総合高等学校　夜間定時制

定期テスト及び日常的に授業で使用するプリントは、ルビ付きで行っている。

18　秦野総合高等学校　夜間定時制

「外国につながりのある生徒」や「日本語の指導が必要な生徒」は、その程度により学習サポート員や学習支援員を活用し、対応している。

19　伊勢原高等学校　夜間定時制

国語、理科、社会、保健の科目については、取り出し授業を行い、日本語学習を兼ねた科目指導を行っている。また、所属クラスの副担任に英語科教員を配置し、学校生活に必要な諸連絡を英語で伝えられるようにしている。

20　小田原城北工業高等学校　夜間定時制

学習プリントや試験問題にふりがなを振ったものを用意し対応している。

21　厚木清南高等学校　夜間定時制（フレキシブルスクール（特別な時間））

日本語指導ということで、週24時間の非常勤講師がつき、取り出しの授業とに活用している。また、日本語の指導が必要な生徒に対して、学習支援員として日本語支援の補助をお願いしている。（年間6,300分）

22　相模向陽館高等学校　昼間定時制

段階的な日本語支援のための学校設定科目「日本語」を開講している。

23　相模向陽館高等学校　昼間定時制

1，2年次では日本語力に応じて、個別対応（取り出し）授業を行っている。

24　相模向陽館高等学校　昼間定時制

3年次以上ではTTや学習支援員による学習支援を行っている。

25　相模向陽館高等学校　昼間定時制

保護者面談などでの通訳支援

26　神奈川総合産業高等学校　夜間定時制

5科目（国語総合、日本史A、現代社会、科学と人間生活、保健）で取り出し授業を行っている。

27	神奈川総合産業高等学校	夜間定時制
	数学Ⅰ、総合的な学習の時間において、授業中に学習支援員がサポートをしている。	
28	神奈川総合産業高等学校	夜間定時制
	保護者面談の際に、通訳を入れている。	
29	津久井高等学校	夜間定時制
	外国籍生徒に対しての日本語指導 定時制・通信制教育推進のための学習サポート員配置事業を活用して、日本語教育能力に関する資格を有した学習サポート員を雇用し、不登校傾向のある外国籍生徒に対しての日本語指導（取り出し授業）及びその教材作成・準備を担当してもらった。本人の日本語能力の向上とともに、信頼できる相談相手ができたことにより不登校傾向が無くなった。また、他の教員も当該生徒への教科指導及び日常のコミュニケーションがスムーズに行えるようになった。	
30	横浜明朋高等学校	昼間定時制
	1年次において日本語指導が必要な生徒が在籍するクラスの授業を複数教員で担当するTTを実施している。 試験問題等へのルビふりを行っている。	

（4）経済的に困難を抱える生徒の学習ニーズ

No	高等学校名	（課程種別：昼間定時制／夜間定時制／通信制）
1	神奈川県立横浜翠嵐高等学校	夜間定時制
	教頭と教育相談コーディネーターと養護教諭が月に2・3回定期的に情報交換し、当該生徒の状況に応じてＳＣ、スクールソーシャルワーカー、横浜市内各区役所生活保護課教育支援専門員、横浜市内各児童相談所などと連携し、担任とともに適切な支援を行えるようにしている。 教育相談コーディネーターが中心となり、必要に応じてケース会議を行い、教頭と養護教諭と当該生徒の学年の教員並びに教科担当などが情報を共有し、適切な支援を検討し、行っている。また、年に2回全教員で生徒情報交換会を行い、必要に応じて情報を共有し、適切な支援を行えるようにしている。	
2	希望ケ丘高等学校	夜間定時制
	週2回、スクールソーシャルワーカーが来ており、生徒の相談にのってもらっている。生活保護、保護者の不安定な精神状態、生徒本人の就職活動などが絡んだ事例について助言をもらっている。	
3	横浜修悠館高等学校	通信制
	日曜講座は、1単位350円、平日講座は1単位700円と安価なため、大きな問題にはなっていない。多種の奨学金を募集しており、申込者も多い。教科書代金の還付請求もある。	
4	横浜修悠館高等学校	通信制
	日曜講座は、1単位350円、平日講座は1単位700円と安価なため、大きな問題にはなっていない。多種の奨学金を募集しており、申込者も多い。教科書代金の還付請求もある。	
5	磯子工業高等学校	夜間定時制
	小学3年で特別支援級に通う子をもつ生徒（母）について、生徒本人も精神疾患・腎臓疾患を抱えており、児童相談所主催の要対協個別検討ケース会議に子の預かり施設である子ども家庭支援センターを初めとして区役所、小学校とともに参加（担任・SSW）している。**（再掲）**	
6	横須賀高等学校	夜間定時制
	SSWを活用し生徒の生活状況に応じて必要な支援を受けることができるようサポートしている。	
7	秦野総合高等学校	夜間定時制
	スクールソーシャルワーカーを活用し、市役所との連携や生活福祉課との連携を図りたいが、なかなか難しい現状がある。	

8	小田原城北工業高等学校	夜間定時制
	各種奨学金の案内を行っているほか、私費を一括で支払えない生徒については分割払いで支払いを行っている。	
9	相模向陽館高等学校	昼間定時制
	ＳＳＷを通じて行政や福祉に繋ぎ、個別に対応している。	
10	相模向陽館高等学校	昼間定時制
	事務室と連携し、就学支援金の申請手続きなどきめ細やかな支援をしている。	
11	津久井高等学校	夜間定時制
	給付型奨学金 神奈川県立高等学校安全振興会修学奨励生給付（月額6,000円、1名） 日本教育公務員弘済会高等学校給付奨学生（年額60,000円、2名） 津久井高校奨学生給付金（年額50,000円、1名）　※ 同窓会が運営	
12	横浜明朋高等学校	昼間定時制
	拠点校として週に2回スクールソーシャルワーカーが派遣されており、横浜市の区役所に配置されている生活支援員等と連携しながら支援している。	

（5）非行・犯罪歴を有する生徒の学習ニーズ

No	高等学校名	（課程種別：昼間定時制／夜間定時制／通信制）
1	神奈川県立横浜翠嵐高等学校	夜間定時制
	教頭と教育相談コーディネーターと養護教諭が月に2・3回定期的に情報交換し、当該生徒の状況に応じてＳＣ、スクールソーシャルワーカー、県教委学校支援課、横浜市内各児童相談所、保護監察官・保護司、県警各警察署などと連携し、担任とともに適切な支援を行えるようにしている。 教育相談コーディネーターが中心となり、必要に応じてケース会議を行い、教頭と養護教諭と当該生徒の学年の教員並びに教科担当などが情報を共有し、適切な支援を検討し、行っている。また、年に2回全教員で生徒情報交換会を行い、必要に応じて情報を共有し、適切な支援を行えるようにしている。	
2	横浜修悠館高等学校	通信制
	個別の非行歴や犯罪歴は集約していないが、支援連絡会を設置して、学警連や近隣中学校と連携している。	
3	湘南高等学校	夜間定時制
	鑑別所や少年院に入った場合は必ず教員が面談に行き、その後の学校での指導に生かす。	
4	相模向陽館高等学校	昼間定時制
	施設に長期入所が確定し休学した生徒に対し、保護者と連絡を取り合いながら履修指導等を行い、復学に向けた支援を行った。	
5	相模向陽館高等学校	昼間定時制
	非行・犯罪行為が認められてもすぐに退学を結論付けることはせず、粘り強く、立ち直り支援を行っている。	
6	三浦初声高等学校	昼間定時制
	SSWを窓口として児童相談所と連携して対応している。	

【川崎市】

（1）不登校生徒、中途退学を経験した生徒の学習ニーズ

<table>
<tr><th>No</th><th>高等学校名</th><th>（課程種別：昼間定時制／夜間定時制／通信制）</th></tr>
<tr><td>1</td><td>川崎市立橘高等学校</td><td>夜間定時制</td></tr>
<tr><td colspan="3">学校設定科目：基礎計算（1学年・1単位）、基礎国語（2学年・2単位）を開講して、それぞれ、基本的な計算問題や、漢字問題の振返り学習を行っている。</td></tr>
<tr><td>2</td><td>川崎市立川崎総合科学高等学校</td><td>夜間定時制</td></tr>
<tr><td colspan="3">学級担任、副担任による家庭訪問等を通した保護者との連携から生徒及び家庭の状況を把握しています。特に卒業中学校訪問等による当該生徒の情報共有は大変有効であり、教職員間でも情報共有をしている。何より生徒に寄り添う丁寧な教科指導に心がけ、少人数クラスや個別指導で対応している。</td></tr>
<tr><td>3</td><td>川崎市立川崎高等学校</td><td>昼間定時制・夜間定時制</td></tr>
<tr><td colspan="3">中学校時代に不登校を経験している生徒が多数在籍しており、高校入学後には自尊心を高めるプログラムを実施。また市教委の自立支援事業で校内にカフェ形式の居場所づくりを実施。</td></tr>
</table>

（2）特別な支援を必要とする生徒の学習ニーズ

<table>
<tr><th>No</th><th>高等学校名</th><th>（課程種別：昼間定時制／夜間定時制／通信制）</th></tr>
<tr><td>1</td><td>川崎市立橘高等学校</td><td>夜間定時制</td></tr>
<tr><td colspan="3">市を通してＮＰＯ団体から派遣された特別支援教育サポーターが特別支援級出身の生徒と車イス生徒のために週1回それぞれに学習サポートと車イスによる移動のサポートを行っている。</td></tr>
<tr><td>2</td><td>川崎市立川崎総合科学高等学校</td><td>夜間定時制</td></tr>
<tr><td colspan="3">学級担任、副担任による家庭訪問等を通した保護者との連携から生徒及び家庭の状況を把握しています。特に卒業中学校訪問等による当該生徒の情報共有は大変有効であり、教職員間でも情報共有をしている。そして、必要な支援についてはケース会議、スクールカウンセラー、管理職等で情報共有し、能力に応じた粘り強い教科指導に心がけ少人数クラスや個別指導で対応している。</td></tr>
<tr><td>3</td><td>川崎市立高津高等学校</td><td>夜間定時制</td></tr>
<tr><td colspan="3">・アスペルガー症候群の生徒に月に4回NPO法人から支援サポーターを派遣してもらっている。主に各種行事や体育など座学以外の活動時にサポートしてもらい、本人をはじめ周囲の生徒が安心して過ごせるようになってきている。
・校内でカンファレンスを開催し、保護者、生徒本人、県と区の福祉担当者、生徒が生活をしているグループホームの職員、幼いころから寄り添ってきたNPO支援団体職員、支援サポーター、学校教職員が出席し、現況を確認しながら、今後の目標や方針を話し合っている。
・安定した生活基盤を作り、本人の希望を尊重しながら、進路選択を進めてきている。</td></tr>
<tr><td>4</td><td>川崎市立川崎高等学校</td><td>昼間定時制</td></tr>
<tr><td colspan="3">自閉傾向が強く教室に入れない生徒に対し、教室内にパーテーションを設置し、パーテーションの中で授業に参加している。</td></tr>
</table>

（3）外国籍生徒、日本語の指導が必要な生徒の学習ニーズ

<table>
<tr><th>No</th><th>高等学校名</th><th>（課程種別：昼間定時制／夜間定時制／通信制）</th></tr>
<tr><td>1</td><td>川崎市立橘高等学校</td><td>夜間定時制</td></tr>
<tr><td colspan="3">フィリピン国籍と日本人とフィリピン人が４月当初対象者で週１回、始業前と放課後に市から派遣された日本語指導の非常勤講師が日本語の読み書きを指導していたが、一人は、６月帰国、一人は、９月から他県へ転学してしまい、日本語指導は今年度については終了した。</td></tr>
<tr><td>2</td><td>川崎市立川崎総合科学高等学校</td><td>夜間定時制</td></tr>
<tr><td colspan="3">卒業中学校との情報共有による学級担任、副担任による生徒及び家庭の状況を把握している。教職員間での情報共有、母国語に合わせた日本語指導（非常勤講師対応）等に取り組んでいる。現在は特別に支援の必要な生徒は在籍していない。</td></tr>
<tr><td>3</td><td>川崎市立高津高等学校</td><td>夜間定時制</td></tr>
<tr><td colspan="3">・週に１回、日本語非常勤講師の指導の下、レベルに応じた学習をしている。</td></tr>
<tr><td>4</td><td>川崎市立川崎高等学校</td><td>昼間定時制・夜間定時制</td></tr>
<tr><td colspan="3">フィリピン国籍のタガログ語を母語とする生徒が多数在籍。日本語指導の講師等を活用し、日本語力の向上を目指すとともに、定期考査等はルビ付き問題用紙を用意する等の配慮を行っている。</td></tr>
</table>

（4）経済的に困難を抱える生徒の学習ニーズ

<table>
<tr><th>No</th><th>高等学校名</th><th>（課程種別：昼間定時制／夜間定時制／通信制）</th></tr>
<tr><td>1</td><td>川崎市立橘高等学校</td><td>夜間定時制</td></tr>
<tr><td colspan="3">ネグレクトで生活費も与えないまま母親が失踪してしまったため、児童相談所に保護された生徒に対して市役所福祉課と連携して、経済的な支援の手立てを考えながら学校として学習支援や面会による指導を行っている。</td></tr>
<tr><td>2</td><td>川崎市立川崎総合科学高等学校</td><td>夜間定時制</td></tr>
<tr><td colspan="3">学級担任、副担任による家庭訪問等を通した保護者との連携から生徒及び家庭の状況を把握している。特に卒業中学校訪問等による当該生徒の情報共有は大変有効であり、教職員間でも情報共有をしている。特に支援の必要な場合は、教育委員会指導課区教育担当経由で区役所保護課と情報共有し多角的に対応している。</td></tr>
<tr><td>3</td><td>川崎市立高津高等学校</td><td>夜間定時制</td></tr>
<tr><td colspan="3">・地域のNPO団体が主催する寺子屋事業を生徒に周知し、学習、食事等の支援を得た生徒がいた。
・自立支援事業のために週に１回来校しているスタッフが、定期試験前と定期試験中に学習支援カフェを開いている。</td></tr>
<tr><td>4</td><td>川崎市立川崎高等学校</td><td>昼間定時制・夜間定時制</td></tr>
<tr><td colspan="3">保護者が収入を税務署に未申告等の理由により修学支援金、奨学給付金等の支給を受けられない生徒に対し、アルバイトを紹介し、修行を支援。卒業後の生徒自身の自立を支援している。</td></tr>
</table>

<table>
<tr><th colspan="3">（5）非行・犯罪歴を有する生徒の学習ニーズ</th></tr>
<tr><th>No</th><th>高等学校名</th><th>（課程種別：昼間定時制／夜間定時制／通信制）</th></tr>
<tr><td>1</td><td>川崎市立橘高等学校</td><td>夜間定時制</td></tr>
<tr><td colspan="3">逮捕され、鑑別所に拘留されていた生徒に対して、担任や管理職が面会に行くなどしながら、退所後も普段通り学校へ通えるよう図っている。</td></tr>
<tr><td>2</td><td>川崎市立川崎総合科学高等学校</td><td>夜間定時制</td></tr>
<tr><td colspan="3">卒業中学校と管理職間からこれまでの当該生徒、保護者、友人関係、非行歴等の状況を把握し、指導に生かしている。
教育委員会指導課区教育担当経由で区役所保護課、児童相談センター等とも情報共有を行い、多角的な指導に取り組んでいる。</td></tr>
<tr><td>3</td><td>川崎市立高津高等学校</td><td>夜間定時制</td></tr>
<tr><td colspan="3">・児童相談所の職員と連携を図りながら、教職員が児童相談所を訪問し、学習教材のやり取りを行った。定期考査中は児童相談所で、定期考査を実施し、生徒が不利にならないように配慮した。</td></tr>
</table>

【山梨県】

（1）不登校生徒、中途退学を経験した生徒の学習ニーズ

1	山梨高校	

現在本校に通う多くの生徒が不登校経験者である。学校設定科目を開講しての対応はないが、どの教科・科目も、

① 中学校で学ぶ基礎的・基本的な知識・技能は習得できていない
② 学習習慣は身についていない
③ 基本的な生活習慣も身についていない

という前提に基づいて指導計画を立てている。各定期試験を受けての成績も観点別評価を徹底し、授業の中で「できたこと・やったこと」をこまめに評価している。

また授業の内容については、数学・理科・英語を中心に中学校の学び直しを行っている。

さらに国語・数学・英語は非常勤講師により、国英は少人数授業（１年次８人・２年次７人・３年次９人を２つのパートに分けている）、数学はチームティーチング（１年次８人・２年次７人・３年次９人を２人の教員が担当）を行っている。今後も個に応じた指導の実現を継続して行く予定である。

（2）特別な支援を必要とする生徒の学習ニーズ

No	高等学校名	（課程種別：昼間定時制／夜間定時制／通信制）
1	山梨高校	

昨年度在籍していた生徒１名が該当する。市の福祉課と連携し、療育手帳の交付をリードし、市の相談員の紹介で現在も通っている、障がい者就労支援事業所につながった。

2	中央高校	

県教委から平成３０・３１年度の２年間、「高等学校における通級による指導実践研究校事業」の指定を受け、通級におけるＳＳＴを中心とした授業を展開している。

（4）経済的に困難を抱える生徒の学習ニーズ

No	高等学校名	（課程種別：昼間定時制／夜間定時制／通信制）
1	山梨高校	

市の子育て支援課と連携している。２年次生２名、３年次生１名の　合計３名が対象である。２年次生１名については別の市に引っ越した後も引き続いて面倒を見ていただいている。学習ニーズに直接応えるというのではなく、生活をしっかり見守ることが学校生活にもプラスに働くという共通理解である。学校生活に変化があればそれは家庭生活の影響かもしれないというスタンスで、逆に学校生活をそれなりに送れていれば家庭生活も安定しているものとみなしている。それだけに学校生活で何かあれば、子育て支援課に連絡して協力して対応することになっている。

【長野県】

（1）不登校生徒、中途退学を経験した生徒の学習ニーズ

No	高等学校名	（課程種別：昼間定時制／夜間定時制／通信制）
1	長野県長野商業高等学校	夜間定時制
・学校設定科目：教養を開設して振り返り学習をしている。		
2	長野県長野吉田高等学校戸隠分校	昼間定時制
・総合的な学習の時間のなかで、地域の方々を講師に迎えて体験的な授業ができる講座を多く設定している。		
3	長野県長野工業高等学校	夜間定時制
・就職に対する意識付けとして株式会社コミュニケーションズアイのキャリアコンサルタント高橋智也さんに就職に関する出前授業を年4回行っていただいた。 ・黒板の板書がうまくノートに書き写せない生徒たちに対して、電子黒板とタブレットを使った授業を行い、生徒たちの理解度について調べている。		
4	長野県篠ノ井高等学校	夜間定時制
・きめ細やかな学習指導をおこない、そのことに対する在校生の満足度も高い。 ・必要に応じて補習授業をおこない、テスト勉強に充てている。		
5	長野県上田高等学校	夜間定時制
・１～３年の数学と英語で習熟度別授業（基礎・標準の 2 講座展開）を実施している。また、1年の数学のうち、基礎講座には学習支援員も加わって２名体制で指導している。 学習支援員は、県の「補習等のための指導員等派遣事業」により配置されている。人数：1名、配置時間数：年間25時間。		
6	長野県東御清翔高等学校	昼間定時制
・学校設定科目、ベーシック国語・数学・英語を１年次に各１単位開講して、振り返り学習を行っている。		
7	長野県飯田ＯＩＤＥ長姫高等学校	夜間定時制
・学校設定科目「ベーシック講座」を週２回開講し、英・数・国の小中学校の学び直しの学習を行っている。		
8	長野県松本筑摩高等学校	昼間定時制
・中学校の授業内容や基礎的な内容の学び直しのできる科目を国・数・英で学校設定科目として展開		
9	長野県松本筑摩高等学校	通信制
・個別支援のしくみ（①学習相談室、②個別の指導を一定の基準内で必要面接時間として換算する、③職員室の教員の机の間に生徒用の机を置いて個別指導を受けやすくしている等）を設けている。 ・学習面の困難を抱えている生徒が試験というハードルを乗り越えられるように、定期テスト→追テスト→特設テスト→個人指導という段階的指導を行っている。 ・精神疾患と家庭の問題を抱え、自死のリスクが懸念された生徒について、医療機関との連携（学校からは服薬の状況、家族との葛藤等、医師からは見えにくい問題に関する情報提供。医師からは、学校の対応に関する助言。）、市町村の家庭支援担当部署との連携（個別相談を通じての母親支援）を行うとともに、本人に対しては、保健室を核としたピアサポート的な支援を行い、現時点では、落ち着いた生活を送っている。 ・1か月に1回、精神科医の相談日を設け、生徒・保護者・担任等が利用しており、生徒が医療につながる契機となっている。		
10	長野県池田工業高等学校	夜間定時制
・学校設定科目「ベイシック」を開講して、中学からの学習で不足する部分の補充、各種検定などの資格取得や併修受講者の個別学習を、希望者対象に実施している。		
11	長野県諏訪実業高等学校	夜間定時制
・数学と英語については、各学年それぞれ２講座展開を行い、生徒の習熟度に合わせた授業を工夫している。		
12	長野県木曽青峰高等学校	夜間定時制
・特別な支援を必要とする生徒（発達障がい認定等の生徒）に対して、行政福祉課、児童相談所、医療、地域障害者センター、就労移行作業所、ハローワーク、障害者職業センター、障害者就労・生活支援センター等の関係機関と支援会議を重ね、学習面のアドバイス（遅刻・早退が多い、チームを組めない、挨拶、身だしなみの基本）や、就労支援として職業適性検査、療育手帳を取得、さらにインターンシップを重ねて、具体的な就労を見据えた取り組みを実施している。		
13	地球環境高等学校	通信制
・基礎学力定着の目的から設定している「基礎数学」、「数学活用」は単位修得につなげることができている。また、限られた面接授業時間を補うための補助プリントや、視聴覚的な効果を高める教材を作成し、個々への丁寧で解りやすい添削や個別指導を継続し、新たな教材の研究や面接授業の工夫に取り組んでいる。さらに、スクーリング以外の学習機会・レポート提出後に指導期間を設ける締切設定の改善を行っている。		

（2）特別な支援を必要とする生徒の学習ニーズ

No	高等学校名	（課程種別：昼間定時制／夜間定時制／通信制）
1	長野県長野商業高等学校	夜間定時制
・板書を大きく書き、ふりがなを付けている。 ・養育手帳を持っている生徒の就労支援を、ハローワークと連携して進めた。		
2	長野県長野吉田高等学校戸隠分校	昼間定時制
・信州大学で臨床心理学を学ぶ大学院ゼミと連携し、各種知能検査や性格検査、カウンセリング等を定期的に実施している。		
3	長野県上田高等学校	夜間定時制
・発達障害を抱える生徒について、市福祉課家庭児童相談員・スクールカウンセラー・スクールソーシャルワーカーとも連携し、生徒への指導内容をあらゆる角度から検討を繰り返しながら、サポートしている。		
4	長野県東御清翔高等学校	昼間定時制
・発達障がいのある生徒でイヤーマフを必要とする生徒について、日常及び授業中の使用を認めている。		
5	長野県箕輪進修高等学校	夜間定時制
・平成 30 年度より、知的障がいを除く発達障がいのある生徒に対する通級による指導を実施。 （対象生徒数７名　全校生徒 361 名）対象生徒への指導は本校教諭が行っているが、指導内容 専門性を担保するために近隣の特別支援学校教員による助言・支援を週に２日受けている。		
6	長野県飯田ＯＩＤＥ長姫高等学校	夜間定時制
・必要に応じて障がい者支援センター、市町村子ども支援課等の外部機関と連携し、迅速にチーム会議を開き、個々の生徒により適した合理的配慮等の支援ができるようにしている。		

7	長野県池田工業高等学校	夜間定時制
	・極度の緊張による意識を失うナルコレプシーの生徒について、本人の希望により、定期考査は別室で受験して、不安を取り除いている。	
8	長野県上田千曲高等学校	夜間定時制
	・発達障害で他人の関係をうまく構築できない生徒に関して、SSW を通して発達障害サポートマネージャーと連携し支援している。	
9	長野県松本筑摩高等学校	昼間定時制
	・少人数でのＨＲや講座の展開 ・障がいの特性と対処方法の理解のための研修 ・相談体制の整備（専任の相談室担当教員、ＳＣ） ・安心して時間を過ごせる（休憩できる）場所の提供 ・ミニ研修会として職員会後、各教科での取り組み事例の紹介	
10	長野県松本筑摩高等学校	夜間定時制
	・県の特別支援教育研究の指定校として、発達障害の専門家が平日２時間程度常駐している。研修の開催や日常的に発達障害の生徒対応の相談が出来るほか、新入生全員の個別面談による特性の把握や授業時間外の個別指導も実施している。	
11	長野県長野西高等学校	通信制
	・車椅子等を利用する生徒が３名登校しているが、体育の授業等はレポートにより代替している。また、時間割によっては動けない時間帯にあたる場合は、ほかの時間で同様に実施している。試験は別室を設けて実施している。 ・登校日には相談員が常駐し、生徒・保護者との相談・カウンセリングを行っている。生徒の状況により、適宜外部関係機関とも連絡をとっている。	
12	地球環境高等学校	通信制
	・特別な支援を必要とする生徒（発達障がい認定等の生徒）に対して、行政福祉課、児童相談所、医療、地域障害者センター、就労移行作業所、ハローワーク、障害者職業センター、障害者就労・生活支援センター等の関係機関と支援会議を重ね、学習面のアドバイス（遅刻・早退が多い、チームを組めない、挨拶、身だしなみの基本）や、就労支援として職業適性検査、療育手帳を取得、さらにインターンシップを重ねて、具体的な就労を見据えた取り組みを実施している。	

（3）外国籍生徒、日本語の指導が必要な生徒の学習ニーズ

No	高等学校名	（課程種別：昼間定時制／夜間定時制／通信制）
1	長野県長野商業高等学校	夜間定時制
	・高校生活支援相談員に週２時間、国語総合の時間に取り出し授業をお願いしている。テストも別のものを用意し、国語総合として単位認定している。	
2	長野県長野工業高等学校	夜間定時制
	・日本語が不自由な生徒のための高校生活支援事業を行っている。	
3	長野県東御清翔高等学校	昼間定時制
	・総務省の情報通信利用促進支援事業（３年間）に参画している企業と連携して、日本語の読み書きが困難な生徒に対して、タブレットを使用しての個別指導を行っている。	
4	長野県箕輪進修高等学校	昼間・夜間定時制
	・県教委の「日本語が不自由な生徒のための高校生活支援事業」を活用し、高校生活支援相談人による日本語の基本的学習個別支援を実施している。（週１日・対象者３名）	
5	長野県飯田ＯＩＤＥ長姫高等学校	夜間定時制
	・県の支援事業を利用して、生活支援相談員が取り出し授業を行い、日本語指導・進学等に係る指導をしていただいている。 ・授業用配布プリント、定期テスト等必要に応じてフリガナを付けるなどのサポートをしている。	
6	長野県諏訪実業高等学校	夜間定時制
	・県が取り組む「日本語不自由な生徒のための高校生活支援相談員活用事業」を利用し、２名の外国籍生徒が週１時間総合の時間に日本語指導を受けている。	
7	長野県松本筑摩高等学校	夜間定時制
	・県内企業による総務省補助金事業「学習支援システムの研究開発」に協力し、読むことに困難のある生徒へのタブレットによる学習支援を行っている。教科書や配付プリントをデータ化し、タブレット内でルビ表示や音声再生をすることによって文章の理解補助をしている。	

（4）経済的に困難を抱える生徒の学習ニーズ

No	高等学校名	（課程種別：昼間定時制／夜間定時制／通信制）
1	長野県松本筑摩高等学校	昼間定時制
	・市町村関係の担当部署との連携（ＳＳＷ等の活用）	
2	長野県上田千曲高等学校	夜間定時制
	・日中の就業について、積極的に勧め、場合によっては就業先の紹介も行っている。その結果就業率は８割を超えている。	
3	地球環境高等学校	通信制
	・学費納入の困難な家庭には、就学支援金による学費軽減、提携の教育ローン、県の奨学金の紹介、さらには行政の福祉課と相談、支払い計画を策定するなどのサポートをしている。	
4	さくら国際高等学校	通信制
	・本校地元の篤志家からの寄付によって創設した「さくら育英会奨学基金」による学費の支援	

（5）非行・犯罪歴を有する生徒の学習ニーズ

No	高等学校名	（課程種別：昼間定時制／夜間定時制／通信制）
1	県内すべての高等学校	
	・学校・警察連絡協議会の制度がある	
2	松本筑摩高等学校	昼間定時制
	・警察や児童相談所（児童園）との連携	

【新潟県】

（1）不登校生徒、中途退学を経験した生徒の学習ニーズ

<table>
<tr><th>No</th><th>高等学校名</th><th>（課程種別：昼間定時制／夜間定時制／通信制）</th></tr>
<tr><td>1</td><td>新潟県立西新発田高等学校</td><td>昼間定時制</td></tr>
<tr><td colspan="3">「学び直し」の学校設定科目（ベーシック国語、ベーシック数学、ベーシック英語）の開講。30 分授業・習熟度別授業（国総、数Ⅰ、ＣＥⅠ）による個に応じたわかる授業の実践。</td></tr>
<tr><td>2</td><td>新潟県立新発田南高等学校豊浦分校</td><td>昼間定時制</td></tr>
<tr><td colspan="3">授業担当者の指示監督のもとで、保健室等他の教室において他生徒と共通の課題等に取り組むとき、授業教室に在室している場合と同様の教育効果が認められる場合、出席として取り扱う。</td></tr>
<tr><td>3</td><td>新潟県立荒川高等学校</td><td>昼間定時制</td></tr>
<tr><td colspan="3">高校入学時に中学校との情報交換を密にし、また、入学後には教育相談面談を行い、生徒や保護者のニーズを聞き取り、教職員全員で生徒に関する情報を共有する。</td></tr>
<tr><td>4</td><td>新潟県立長岡明徳高等学校</td><td>昼間定時制・夜間定時制</td></tr>
<tr><td colspan="3">不登校や中途退学をはじめ、多様な学習歴を持った生徒が在籍していることから、国語、数学、英語の授業において、進路別・習熟度別にクラスを編成するなど、基礎学力の向上に重きを置いた授業を展開している。</td></tr>
<tr><td>5</td><td>新潟県立堀之内高等学校</td><td>昼間定時制</td></tr>
<tr><td colspan="3">中学校時代に不登校等のため基礎学力の定着が厳しい生徒が多く在籍しているため学び直しのための科目を用意している。成績不振者の対応として補習期間を設定している。</td></tr>
<tr><td>6</td><td>新潟県立出雲崎高等学校</td><td>昼間定時制</td></tr>
<tr><td colspan="3">・１年次の国語、数学、英語は少人数・習熟度別授業を実施。上級年次でも、難易度の異なる選択科目を設定。
・必履修科目の一部を、上級年次でも履修できるようにカリキュラムを工夫。</td></tr>
<tr><td>7</td><td>新潟県立高田南城高等学校</td><td>昼間定時制</td></tr>
<tr><td colspan="3">国語・数学・英語については、クラスを２展開にした習熟度別授業を実施している。</td></tr>
<tr><td>8</td><td>新潟県立高田南城高等学校</td><td>通信制</td></tr>
<tr><td colspan="3">自己理解・他者理解を促し、自己の在り方・生き方を見つめ直すためのコミュニケーションセミナー（特別活動）を実施している。</td></tr>
<tr><td>9</td><td>新潟県立佐渡高等学校相川分校</td><td>昼間定時制</td></tr>
<tr><td colspan="3">・学校設定科目：クエスト（教養英数）を開講して、数学と英語について中学校レベルの基礎学力の定着を図っている。
・数学ⅠとＣＥⅠについて、習熟度別少人数授業を展開し、基礎学力の定着を図っている。
・全ての教科において、少しでも生徒の基礎学力を向上させるために、生徒と教師の距離をできるだけ縮め、学習に対する不安感を取り除きながら「分かる授業」を展開できるように全教職員で配慮している。</td></tr>
<tr><td>10</td><td>開志学園高等学校</td><td>通信制</td></tr>
<tr><td colspan="3">・スタディサプリを活用し、朝学習で基礎学力の定着を図っている。</td></tr>
<tr><td>11</td><td>長岡英智高等学校</td><td>通信制</td></tr>
<tr><td colspan="3">通学コース（週４日登校）と通信教育コースの２コース制により個々の学習ニーズに合わせた高校生活を送りなるべく３年間で卒業をさせる。</td></tr>
</table>

（2）特別な支援を必要とする生徒の学習ニーズ

<table>
<tr><th>No</th><th>高等学校名</th><th>（課程種別：昼間定時制／夜間定時制／通信制）</th></tr>
<tr><td>1</td><td>新潟県立新潟翠江高等学校</td><td>通信制</td></tr>
<tr><td colspan="3">・平成 28 年度、29 年度の２年間、車いす使用の生徒が在籍していたことにより、現在も新潟県所有の「車いす階段昇降機」が配置されている。
・毎月のスクーリング日にジョブカフェ「Café4610(よろっと)」を開設し、働くことに課題や困難を抱える生徒たちの就労支援を行っている。就労支援コーディネーター１名を私費で雇用し、その繋がりで県内各地域の若者サポートステーションから「おせっかいサポーター」（ボランティアスタッフ）が１～３名来校し、生徒たちの相談に応じている。</td></tr>
<tr><td>2</td><td>新潟県立新発田南高等学校豊浦分校</td><td>昼間定時制</td></tr>
<tr><td colspan="3">発達障害などの影響により常時在籍教室に待機できない生徒に対し、待機室やクールダウンのための部屋を用意している。</td></tr>
<tr><td>3</td><td>新潟県立荒川高等学校</td><td>昼間定時制</td></tr>
<tr><td colspan="3">発達障害の疑いのある生徒に対して、ＳＳＷ、市町村福祉課、医療機関等専門機関と連携して、自己理解を深め、療育手帳取得を促し、福祉就労の支援を行った。</td></tr>
<tr><td>4</td><td>新潟県立長岡明徳高等学校</td><td>昼間定時制・夜間定時制</td></tr>
<tr><td colspan="3">・平成 30 年度より「通級による指導」を開始し、コミュニケーションスキル等の向上を目指した授業を展開している。
・全教職員がユニバーサルデザイン化の必要性を共有しており、廊下や教室の掲示方法や授業でのチョークの使い方等において共通理解を図っている。</td></tr>
<tr><td>5</td><td>新潟県立堀之内高等学校</td><td>昼間定時制</td></tr>
<tr><td colspan="3">特別支援委員会を中心として丁寧に生徒や保護者に聞き取りをしながら悩みの解決に向け対応している。特に、面談週間の設定や各種機関との連携を行い、情報の共有に力を入れている。</td></tr>
<tr><td>6</td><td>新潟県立十日町高等学校</td><td>夜間定時制</td></tr>
<tr><td colspan="3">特別な支援が必要な生徒に対して、市役所の市民福祉部、医療機関、ＳＣ、ＳＳＷと連携しながら、進級・卒業・就業に向けて取り組んでいる。</td></tr>
<tr><td>7</td><td>新潟県立出雲崎高等学校</td><td>昼間定時制</td></tr>
<tr><td colspan="3">・支援教育部より「特別な支援が必要な生徒への対応～お願い～」や本校の特別支援教育の取組をまとめた冊子を全教職員に配付し、授業・学習での配慮やテストの工夫、指示の仕方などのポイントを共有。
・年度始を含め年３回「生徒理解の会」を実施し、個々の生徒の状況を確認。必要に応じケース会議を実施し、支援の方策を検討。</td></tr>
<tr><td>8</td><td>新潟県立高田南城高等学校</td><td>昼間定時制</td></tr>
<tr><td colspan="3">・特別な支援を必要とする生徒に係る情報を全職員で共有するとともに、必要に応じて、関係外部機関とも連携しながら指導に当たっている。
・以前は階段昇降機を設置していた時期があるが、現在は施設・設備面では特に対応していない。</td></tr>
<tr><td>9</td><td>新潟県立高田南城高等学校</td><td>通信制</td></tr>
<tr><td colspan="3">特別な支援を必要とする生徒に係る情報を全職員で共有するとともに、必要に応じて、関係外部機関とも連携しながら指導に当たっている。</td></tr>
<tr><td>10</td><td>新潟県立佐渡高等学校相川分校</td><td>昼間定時制</td></tr>
<tr><td colspan="3">50 分間の授業で集中力が続かず大声や奇声を発したりする生徒への対応として、クールダウンを促すために多目的ホールを常時開放している。</td></tr>
</table>

11	新潟市立明鏡高等学校	昼間定時制・夜間定時制
	・人間関係力、コミュニケーション力、社会のルールやマナーを身に付けたい生徒に対して、通級指導（自校）を行っている。 ・授業のＵＤ化により、わかりやすい授業、きめ細かな指導を行っている。	
12	開志学園高等学校	通信制
	・読字障害を持つ生徒に対して、ふりがなを付けた試験問題を用意している。 ・情報の授業で、アルファベットの認識ができない生徒に対してアルファベット表を配布し、個別に教員を付けて対応した。	
13	長岡英智高等学校	通信制
	連携支援シートの内容を共有し個々の学習ニーズに応じたきめ細やかな教科指導を行っている。平成２８年度より「公文式学習（計算）」を導入し躓いているところからの学び直しを行っている。	

（3）外国籍生徒、日本語の指導が必要な生徒の学習ニーズ

No	高等学校名	（課程種別：昼間定時制／夜間定時制／通信制）
1	新潟県立荒川高等学校	昼間定時制
	外国籍の生徒には、プリントにルビをふる。また、授業や普段の会話から「やさしい日本語」を利用するようこころがけ、日本語の理解を促進した。	
2	新潟県立十日町高等学校	夜間定時制
	中学３年時に来日した生徒に対し、担任が簡単な日本語の学習プリントを課している。授業ではわかりやすい日本語を用いるようにしている。日本語の作文にも取り組ませている。	
3	新潟市立明鏡高等学校	昼間定時制・夜間定時制
	市教育委員会から派遣された日本語指導協力員が当該生徒に対して日本語指導を行っている。	
4	開志学園高等学校	通信制
	宗教上の理由で肌の露出ができない女子生徒に対して、女子用スラックスの着用を許可している。	
5	長岡英智高等学校	通信制
	外国籍生徒増に伴い、学校設定科目に「日本語」を設定。中国人・フィリピン人が履修している。	

（4）経済的に困難を抱える生徒の学習ニーズ

No	高等学校名	（課程種別：昼間定時制／夜間定時制／通信制）
1	新潟県立荒川高等学校	昼間定時制
	生徒からの訴えや生徒の観察から、生徒の家庭状況や困り感を把握し、児童相談所や市町村福祉課等と連携しながら保護者への支援を進めた。	
2	新潟県立出雲崎高等学校	昼間定時制
	修学旅行は費用を抑えられるよう、日程や場所を設定。	
3	新潟県立高田南城高等学校	昼間定時制
	県の修学奨励金やその他の給付型奨学金について、当該生徒保護者に対し積極的に申込を働きかけている。	
4	新潟県立高田南城高等学校	通信制
	県の修学奨励金やその他の給付型奨学金について、月報の発送時に案内文書を添付し、生徒保護者に対し積極的に申込を働きかけている。	

5	新潟県立佐渡高等学校相川分校	昼間定時制
	両親とも無職で家計が苦しく、ネグレクトに近い状況に置かれている生徒に対して、子ども若者サポートセンターや児童相談所、市役所社会福祉課援護係等と連携して、生徒を保護することも考えながら、全職員が状況を共有し支援している。	
6	新潟市立明鏡高等学校	昼間定時制・夜間定時制
	・行政機関等と連携して、具体的な支援を行っている。 ・相談機関や各種奨学金を紹介している。	

（5）非行・犯罪歴を有する生徒の学習ニーズ

No	高等学校名	（課程種別：昼間定時制／夜間定時制／通信制）
1	新潟県立出雲崎高等学校	昼間定時制
	特別指導を行う場合も生徒の発達課題に応じて、ソーシャルスキルトレーニングの観点で作成したワークシートを用いるなど、個々の背景に配慮。	
2	新潟県立高田南城高等学校	昼間定時制
	少年サポートセンターや家庭裁判所等の関係機関と連携しながら指導を行っている。	
3	新潟県立高田南城高等学校	通信制
	少年サポートセンターや家庭裁判所、医療機関等の関係機関と連携しながら指導を行っている。	
4	新潟県立佐渡高等学校相川分校	昼間定時制
	家庭裁判所で試験観察とされた生徒に対して、弁護士や家庭裁判所の調査官の協力を得て、生徒本人たちの心情にも配慮しながら全職員が共通の認識を持ち、学習をはじめ様々な支援をしている。	

【富山県】

<table>
<tr><th colspan="3">（1）不登校生徒、中途退学を経験した生徒の学習ニーズ</th></tr>
<tr><th>No</th><th>高等学校名</th><th>（課程種別：昼間定時制／夜間定時制／通信制）</th></tr>
<tr><td>1</td><td>志貴野高等学校</td><td>昼間定時制・夜間定時制</td></tr>
<tr><td colspan="3">入学後に SC により面談し、実態を把握して、担任等に伝える。さらに担任・年次から各科目担当者に情報を提供する。学校全体で情報を共有し、きめ細かな学習指導・生徒指導ができる。</td></tr>
</table>

<table>
<tr><th colspan="3">（2）特別な支援を必要とする生徒の学習ニーズ</th></tr>
<tr><th>No</th><th>高等学校名</th><th>（課程種別：昼間定時制／夜間定時制／通信制）</th></tr>
<tr><td>1</td><td>新川みどり野高等学校</td><td>昼間定時制・夜間定時制</td></tr>
<tr><td colspan="3">保護者と連絡ノートのやりとりを行う。一日の反省を記入し、保護者からコメントをもらう。保護者の声を聞く機会が増加し、本人理解につながった。</td></tr>
<tr><td>2</td><td>雄峰高等学校</td><td>夜間定時制</td></tr>
<tr><td colspan="3">入学時に全ての生徒・保護者にプロフィールカードを記入してもらう。また全生徒に SC の面談を受けてもらう。生徒や家庭が抱える問題を早期に把握し、対応することができる。</td></tr>
<tr><td>3</td><td>小矢部園芸高等学校</td><td>昼間定時制</td></tr>
<tr><td colspan="3">富山県高等学校巡回指導員と連携して、生徒・保護者との信頼関係を構築する。さらに。富山県発達障害支援センター、障害児就業生活支援センター、多機能型事業所と連携して、就業等への支援を行っている。巡回指導員から専門的な助言を得て、生徒理解が深まっている。また、関係機関との連携できめ細かな支援や実習作業指導ができる。</td></tr>
<tr><td>4</td><td>となみ野高等学校</td><td>昼間定時制・夜間定時制</td></tr>
<tr><td colspan="3">生徒の特性を把握するためのアセスメント（情報収集、様子観察、検査等）を行い、「個別の教育支援計画」「個別の指導計画」を作成するとともに、本人の特性に応じた合理的配慮の提供を行う。また、医療機関と提携して発達障害の診断や「手帳」の取得を行うことや、福祉機関と連携して、体験学習の受け入れや進路選択・決定に向けて支援を行っている。</td></tr>
</table>

【福井県】

（1）不登校生徒、中途退学を経験した生徒の学習ニーズ

No	高等学校名	（課程種別：昼間定時制／夜間定時制／通信制）
1	福井県立丸岡高等学校	昼間定時制

・１～３年の各教科で少人数指導を実施し、丁寧な指導を展開している。
・各教科が生徒に身につけさせたい基礎学力をスモールステップの課題を通して定着させていこうという取り組みを学校全体で行っている。生徒の学習意欲にもよい影響を与えている。比較的学力がある生徒は検定合格という目標があることで積極的に自分の力を向上させようとし、その姿を見て他の生徒も頑張るという相乗効果が現れている。さらに合格することが生徒の自信につながっている。

No	高等学校名	（課程種別：昼間定時制／夜間定時制／通信制）
2	福井県立大野高等学校	昼間定時制

・関係機関の協力を得て心理士によるカウンセリングを受けたり、高卒認定試験を受けて単位を補充したりしている生徒がいる。
・生徒理解協議会を年３回開き、一人ひとりの生徒について共通理解を図っている。
・各学年で国・数・英を中心に少人数講座で基礎学力の定着を目指している。

No	高等学校名	（課程種別：昼間定時制／夜間定時制／通信制）
3	福井県立道守高等学校	中間定時制・夜間定時制

・少人数指導を行い、きめ細かい指導を行っている。
・総合的な学習の時間に、読む力、書く力、計算力などにおける基本的な学習をし、基礎学力の定着を図っている。
・授業担当者会議やケース会議等を行い、不登校の改善を図っている。

No	高等学校名	（課程種別：昼間定時制／夜間定時制／通信制）
4	福井県立鯖江高等学校	昼間定時制

・少人数でアットホームな雰囲気の中で授業を受けることで、生徒と教員とのコミュニケーションが密にすることで信頼関係が構築されやすくなり、学習成績も向上している。

No	高等学校名	（課程種別：昼間定時制／夜間定時制／通信制）
5	福井県立武生高等学校	昼間定時制

・本校には、九九やアルファベットの記述が定着していないなど、学力が十分に身についていない生徒がおり、数学については、現在、学校設定科目を開校しているほか、次年度から習熟度別の授業を検討している。

No	高等学校名	（課程種別：昼間定時制／夜間定時制／通信制）
6	福井県立敦賀高等学校	昼間定時制

・放課後、各教科の理解を進めるために希望者に補講を行っている（30～40分程度）。

No	高等学校名	（課程種別：昼間定時制／夜間定時制／通信制）
7	福井県立道守高等学校	通信制

・学期始めの情報交換会や学期中の事例検討会を通して、生徒に対しての共通認識を持つとともに単位修得につながる具体的な支援策を検討しているほか、気になる生徒の行動については、生徒支援シートに書き込み教職員間での情報の共有を図っている。
・２回連続で欠席した生徒には担任からの要請によって相談係が手紙を出し、不登校状態にさせない工夫や保護者対象の保護者のつどいなどを定期的に開催して学校とのつながりを保つとともに保護者の不安を和らげる試みなども行っている。
・日曜、月曜のスクーリング以外にも水曜日を学習支援の日として、レポートの分からない所などを質問に来る個別指導の日としている。

（2）特別な支援を必要とする生徒の学習ニーズ

No	高等学校名	（課程種別：昼間定時制／夜間定時制／通信制）
1	福井県立丸岡高等学校	昼間定時制

【合理的な配慮】
　ディスレクシアの生徒への対応としては、本人・保護者、学校とで入学直後より継続して支援会議をおこない、合意形成を図っており、ルビを振った考査問題を実施している。また、特別支援教育センターに講師をお願いし教員を対象とした校内研修会を開き、学習につまずきがある生徒全体への理解を深めた。
【通級】
　昨年度中に保護者及び本人の承諾を得て、今年度より２年生１名を対象に、週に１コマ通級による授業を行っている。携帯のアプリを使った自分の生活スケジュールの具体的な管理方法や調理実習を通して献立・買い物・調理などの自立活動を学習している。また、夏季休業中には、３日間のインターンシップを２社経験し、就職に向けて、本人にとって大変有意義な活動となっている。

No	高等学校名	（課程種別：昼間定時制／夜間定時制／通信制）
2	福井県立大野高等学校	昼間定時制

・今年度より始まった通級指導で、２名が奥越特別支援学校教員による巡回指導を受け、集団への参加、状況に応じたコミュニケーション、他者との関わり等について学んでいる。

No	高等学校名	（課程種別：昼間定時制／夜間定時制／通信制）
3	福井県立道守高等学校	昼間定時制・夜間定時制

・車椅子生徒のために階段昇降機を設置している。トイレは洋式タイプに変更した。調理室では車椅子でも作業できるよう高さ等を調整できるＩＨ調理台（通常はガス対応）を準備した。妊婦や足腰の弱い生徒のため、階段に手すりを取り付けた。
・ＳＣによる教員を対象とした校内研修会を年３回実施し、発達障害や不登校等の生徒理解を深め、効果的な指導や支援ができるよう努めている。

No	高等学校名	（課程種別：昼間定時制／夜間定時制／通信制）
4	福井県立武生高等学校	昼間定時制

・発達障害（ASD, ADHD, LD, 広汎性発達障害）やうつ、解離性人格障害の診断がある生徒は１３名、その疑いを含めて約２０名ほどおり、特別支援教育センター、医療機関等と連携している。

No	高等学校名	（課程種別：昼間定時制／夜間定時制／通信制）
5	福井県立道守高等学校	通信制

・本校では、日曜スクーリングが基本であり３修のために設けられた月曜スクーリングに比べると受講者が多い。そのため大人数の教室に入ることのできない生徒については、全教職員の了承のもと人数の少ない月曜スクーリングから受講させることにしている。本年度前期は、登録した全ての科目を修得することができた。
・体育の実技における集団行動やペアリングなどが苦手で、体育の単位が履修（修得）できないために卒業を足踏みしている生徒については、これも全教職員の了承のもと体育の補講によって出席に替える措置を取った。本年度前期、体育の単位を修得することができた。
・これまでは手書きのレポートの提出しか認めてこなかったが、書字障害の生徒については、印字したレポートの提出を認めた。
・性同一性障害の生徒も通学しており、使用するトイレ、生徒の名簿記載や呼称について本人希望に配慮している。

（3）外国籍生徒、日本語の指導が必要な生徒の学習ニーズ

No	高等学校名	（課程種別：昼間定時制／夜間定時制／通信制）
1	福井県立大野高等学校	昼間定時制

・考査において、問題文にルビを振り、また試験中に巡回し質問を受けるようにしている。
・日本語能力試験に取り組ませ、その向上を図っている。

<table>
<tr><td>2</td><td>福井県立道守高等学校</td><td>昼間定時制・夜間定時制</td></tr>
<tr><td colspan="3">・授業で使うプリントにはルビをうつ。教科担任によっては母国語である、タイ後、ベトナム語などに、キーポイントの単語だけ変換して訳している。また、LH等で実施するアンケートや学校行事の説明の際、口頭で説明するだけでなく、スクリーンや大型モニターにルビをうった文章を映し出し、文章をみせながら説明する担任もいる。</td></tr>
<tr><td>3</td><td>福井県立武生高等学校</td><td>昼間定時制</td></tr>
<tr><td colspan="3">・外国籍の生徒１９名のうち、３名が日本語支援が必要な生徒。そのための講座は設置しておらず、「総合的な学習の時間」の一部を利用して支援している。</td></tr>
<tr><td>4</td><td>福井県立敦賀高等学校</td><td>昼間定時制</td></tr>
<tr><td colspan="3">・ルビ付きのプリントや試験問題の使用。国語教師による日本語の読み書き指導。</td></tr>
</table>

（４）経済的に困難を抱える生徒の学習ニーズ

<table>
<tr><th>No</th><th>高等学校名</th><th>（課程種別：昼間定時制／夜間定時制／通信制）</th></tr>
<tr><td>1</td><td>福井県立丸岡高等学校</td><td>昼間定時制</td></tr>
<tr><td colspan="3">・福井県定通修学奨励金対象者３名。財団法人石澤奨学金１名。約半数の生徒はアルバイトを実施している。</td></tr>
<tr><td>2</td><td>福井県立大野高等学校</td><td>昼間定時制</td></tr>
<tr><td colspan="3">・福井県定通修学奨励金を２名が受給している。
・全体の約８０％が就労している。
・今年度より「生活と職業Ⅰ」という学校設定科目を始めている。自己・他者理解、ストレスマネージメント、職業調べ、実習体験等を通して、自立した社会人に求められる知識と技能の修得を目指している。</td></tr>
<tr><td>3</td><td>福井県立道守高等学校</td><td>昼間定時制・夜間定時制</td></tr>
<tr><td colspan="3">・福井県定通修学奨励金対象者１名。
・52.7%の生徒がアルバイトをしている。
・生活保護を受給している生徒に対し、ＳＳＷを通して市役所と連携し、支払計画を策定したり、金銭感覚を養うための指導を行ったりしている。</td></tr>
<tr><td>4</td><td>福井県立武生高等学校</td><td>昼間定時制</td></tr>
<tr><td colspan="3">・毎月の学納金や四半期毎支払いの授業料について、年間延べ２００枚の督促状を発行。県の修学支援金の給付者が数名、就学支援金の受給者は９５％、奨学給付金の対象者（非課税）が１６%。アルバイト採用の面談については、「産業人材コーディネータ」や「ふくい若者サポートステーション」の担当者の支援を得ている。</td></tr>
<tr><td>5</td><td>福井県立敦賀高等学校</td><td>昼間定時制</td></tr>
<tr><td colspan="3">・ハローワーク、若者サポートステーション、子育て支援センター等、外部機関との連携をとおして、アルバイトの斡旋などの就業支援や環境整備を行っている。
・子育て支援センター等、外部機関との連携をとおして、未納金の分割納入計画を策定しサポートしている。</td></tr>
</table>

（５）非行・犯罪歴を有する生徒の学習ニーズ

<table>
<tr><th>No</th><th>高等学校名</th><th>（課程種別：昼間定時制／夜間定時制／通信制）</th></tr>
<tr><td>1</td><td>福井県立武生高等学校</td><td>昼間定時制</td></tr>
<tr><td colspan="3">・過去の犯罪歴は非行の実態については入試段階ではほとんど得ることができず、入学後の入手となる。そのうち、主として発達障害による場合には、特別支援的要素（合理的配慮など）から取り組むことになるが、効果が期待しにくい場合や他生徒の学習権を侵害する怖れがある場合には、進路変更を含めた措置も検討することとなる。</td></tr>
</table>

【岐阜県】

（1）不登校生徒、中途退学を経験した生徒の学習ニーズ

No	高等学校名	（課程種別：昼間定時制／夜間定時制／通信制）
	複数校より	

・必要に応じ or 希望者に学び直しを含めた授業を実施。
・習熟度別授業、ＴＴ、分割授業の実施。

1	岐阜県立華陽フロンティア高等学校	昼間定時制／夜間定時制

・学校設定科目（1年次）：「基礎教養」において、国語・数学・英語の振り返り学習を実施。
・学校設定科目（3年次選択）：「演劇表現」において、自己表現力及びコミュニケーション能力の育成を図る。
・各授業指導において、「前時の振り返り」、「目標の提示」、「本時のまとめ」を行い、毎時の学習に入りやすく、また、学習した内容の確認がしやすいよう配慮。

2	岐阜県立華陽フロンティア高等学校	通信制

・学び直しの科目「ことばの基礎」「数学Ｉ入門」（学校設定科目）を開講。
・数学科では、レポート作成支援のための自作動画を配信。
・ＩＣＴを活用し、プリントの記入箇所の投影、ビデオクリップの導入を行う。
・スクーリング日以外に自習室へ登校してくる生徒の質問、電話やメールでの質問などを受け付け、生徒の状況に合わせて対応。
・１年次生希望者を対象に４月から６月まで「学習サポート」を行い、学習システムの理解、レポート作成についてガイダンスを行い、自学自習の基礎を培った。

3	岐阜県立岐阜商業高等学校	夜間定時制

・入学後に国数英の基礎力テストを実施し、生徒の学力実態を把握。

	岐阜県立大垣商業高等学校	夜間定時制

・教育相談週刊を４・９・１月の年３回設定し、生徒の状況把握に努める。

4	岐阜県立大垣工業高等学校	夜間定時制

・１年次・２年次において、学級編成を２クラス編成としている。少人数による指導により、きめ細かな対応が可能。特に１年次においては、学校に慣れて登校することに主眼を置いて、生徒との教育相談時間の確保や家庭との連携を密にしている。

5	関市立関商工高等学校	夜間定時制

・1、2年生において習熟度別授業を５教科で実施し、マンツーマンでのサポートを目指している。

6	岐阜県立東濃フロンティア高等学校	昼間定時制／夜間定時制

・学校設定科目「Ｆ国語Ａ」「Ｆ国語Ｂ」「Ｆ社会」「Ｆ数学Ａ」「Ｆ数学Ｂ」「Ｆ理科」「Ｆ英語」を開講し、小・中学校での学習の学び直しができるように 5 教科、国語と数学については大学進学のための入試に対応できる学習をそれぞれ行っている。

7	中津川市立阿木高等学校	昼間定時制

・「学び直し」の学校設定科目「マルチベーシック」（四修）「カルチベーション」（三修）
・授業及び授業環境のＵＤ化、授業の「まとめ」の時間での「振り返り」を推進

8	岐阜県立飛騨高山高等学校	夜間定時制

・二者懇談（2回）三者懇談（3回）及び授業の様子から生徒の困り感を具体的に把握して、特別支援教育支援員と連携し指導を行っている。
・授業ではプリント及び授業ファイルを活用し、学習の積み重ねが実感できるようにしている。

9	岐阜県立飛騨高山高等学校	通信制

・学校設定科目「ソーシャルスキル」（2 単位）を一年次に開講し、学校生活の中で他者とのコミュニケーションを円滑に出来、学校生活になじめる工夫をしている。
・個に応じた学習支援の充実のため、「水曜特別スクーリング」「夜間学習会」「個別スクーリング」を設けている。
・スクールカウンセラーによるカウンセリングを通じて精神面の安定を図り、学習に安定して取り組めるよう支援。

10	ぎふ国際高等学校	通信制

・全教室にプロジェクターとスクリーンを設置し、視覚を重視した学習指導を実施。

（2）特別な支援を必要とする生徒の学習ニーズ

No	高等学校名	（課程種別：昼間定時制／夜間定時制／通信制）
	複数校より	

・個別の教育支援計画の引継ぎ・作成・活用。
・特別支援教育支援員による支援（巡回、声かけ、学習活動のアドバイス）、教諭との情報共有と連携。
・ユニバーサルデザインに配慮した授業。

1	岐阜県立華陽フロンティア高等学校	昼間定時制／夜間定時制

・教育相談室に学校カウンセラー、臨床心理士が、毎週２回来校し相談対応を行っている（予約制・無料）。また、特別支援教育支援員が常駐し、生徒・保護者への教育相談並びに対応方法等について授業担当者や学年次会が助言を受けている。
・考査時に手書きでの回答が難しい生徒（１名）に対して、ノートパソコンでの回答を認めている（授業ではタブレットを使用）。

2	岐阜県立華陽フロンティア高等学校	通信制

・疾病のため車いすや杖を使用する生徒のために、段差解消や手すり設置の工事を行った。
・緊急対応が必要になると想定される生徒に対し、保護者に待機をお願いするための別室を用意。
・高校通級指導として、「少人数コミュニケーション講座」を開講。他校型（岐阜地区の他校の生徒が月２回程度、日曜日に受講）。自校型（本校生徒が金曜日午前に受講。H30 年度はモデル、H31 年度から本格実施予定）。
・H31 年度から「総合的な学習の時間」に、ＳＳＴ的内容を追加する予定。

3	関市立関商工高等学校	夜間定時制

・授業中に自分の感情をコントロールできなくなる生徒がいて、その生徒のためにルールを作り、クールダウンできる場所を用意。

4	中津川市立阿木高等学校	昼間定時制

・知的支援を必要とする生徒について、保護者の要望があれば、ハローワークとも相談しながら手帳を利用した就職を支援。
・県費ＳＣ、市費ＳＣでカウンセリングの時間数確保。ＳＣが一年次にまず全員面談し、4、5 月の支援に生かす。共有フォルダに個々のファイルを作成し、日常の情報を集約し、指導支援に生かす。
・ＳＣとキャリアカウンセラーの面談がうまくかみ合うように担当者で調整。

5	岐阜県立飛騨高山高等学校	夜間定時制

・広汎性発達障害の診断がある生徒で、視覚、聴覚に過敏があり保健室で定期考査を実施。（蛍光灯の光や人のため息等に過敏がある。）

<table>
<tr><td>6</td><td>ぎふ国際高等学校</td><td>通信制</td></tr>
<tr><td colspan="3">・書字障がいのある生徒に対して、授業中にタブレットの使用を許可し、板書(ホワイトボード)の文字等は画像として取り込んでいる。また課題プリントや試験問題も画像として取り込み、文字入力したものをプリントアウト(試験に関しては教員が実施)して提出させている。
・車いす、松葉づえを使用する生徒に対してはエレベーターの使用を許可。</td></tr>
</table>

（3）外国籍生徒、日本語の指導が必要な生徒の学習ニーズ

<table>
<tr><th>No</th><th>高等学校名</th><th>（課程種別：昼間定時制／夜間定時制／通信制）</th></tr>
<tr><td></td><td>複数校にて</td><td></td></tr>
<tr><td colspan="3">・プリントやテスト等の配布物にルビ（ふりがな）を付ける。
・日本語指導の必要な生徒に授業前や放課後に授業（個別指導）を実施。</td></tr>
<tr><td>1</td><td>岐阜県立加茂高等学校</td><td>夜間定時制</td></tr>
<tr><td colspan="3">・外国人生徒適応指導員を配置し、授業の通訳や補助、保護者への通訳、生徒、保護者への配布文書の翻訳を実施。
・総合的な学習の時間の中で、単元の選択制を実施し、日本語習得の充実に関連した単元や学校行事として日本語によるプレゼンテーション大会を実施し、日本語習得の意識の喚起や学習の機会を設けている。
・生活習慣や価値観、文化等の違いによる友人間のトラブルも見られるため、該当生徒のカウンセリングや価値観、習慣等の相互理解を含めた教育相談を実施。
・地域の多文化共生センターと連携し、職員向けの日本語を母語としない生徒理解のための研修会や情報交換会を実施。
・該当国籍のカウンセラーによるカウンセリングの実施。</td></tr>
</table>

（4）経済的に困難を抱える生徒の学習ニーズ

<table>
<tr><th>No</th><th>高等学校名</th><th>（課程種別：昼間定時制／夜間定時制／通信制）</th></tr>
<tr><td></td><td>複数校にて</td><td>夜間定時制</td></tr>
<tr><td colspan="3">・生徒へのアルバイトの奨励及び情報提供。
・市の福祉課、ＳＳＷとの情報共有と連携。</td></tr>
<tr><td>1</td><td>岐阜県立華陽フロンティア高等学校</td><td>夜間定時制／昼間定時制</td></tr>
<tr><td colspan="3">・各種奨学金・給付金の説明に資料配布・掲示だけでなくWEBページも用いて概要を周知。
・社会福祉士が教育相談室に月２～３回来校し、生徒家計の経済的支援について相談に応じている（予約制・無料）。</td></tr>
</table>

（5）非行・犯罪歴を有する生徒の学習ニーズ

<table>
<tr><th>No</th><th>高等学校名</th><th>（課程種別：昼間定時制／夜間定時制／通信制）</th></tr>
<tr><td>1</td><td>岐阜県立岐阜商業高等学校</td><td>夜間定時制</td></tr>
<tr><td colspan="3">・仕事をしていく上で資格があった方がよいという考えから、商業の資格取得に取り組もうとする生徒に受験を勧めて指導。</td></tr>
<tr><td>2</td><td>ぎふ国際高等学校</td><td>通信制</td></tr>
<tr><td colspan="3">・停学処分となった生徒に対しては、授業には参加させ、授業後に個別で生活指導を実施。</td></tr>
</table>

【静岡県】

（1）不登校生徒、中途退学を経験した生徒の学習ニーズ

No	高等学校名	（課程種別：昼間定時制／夜間定時制／通信制）
1	静岡県立下田　高等学校	夜間定時制
	原則、月１回の「基礎力定着テスト」を実施。合格点に達しない生徒には再テストを行い、それでも合格しない場合は、個別指導を実施して基礎学力を身に付ける指導を行う。	
2	静岡県立伊東　高等学校	夜間定時制
	国語・外国語・数学・理科の必履修科目等について、標準単位数以上の単位を配当履修することで、丁寧な指導を心がけている。	
3	静岡県立小山　高等学校	夜間定時制
	各教室に吊り下げ式のプロジェクターを設置し、それを活用した分かりやすく生徒の興味を引く授業の行えるよう、定期的に研修を行っている。	
4	静岡県立沼津工業　高等学校	夜間定時制
	最初に、不登校や中退経験のある生徒に対して時間をかけて面接し、学習面・生活面に関する情報収集を行う。それを全職員で共有し、各生徒への指導内容や方法を検討して、個別の学習指導計画を作成する。放課後や始業前に、１対１の学習支援を行っている。	
5	静岡県立清水東　高等学校	夜間定時制
	生徒一人一人に対して何ができて何ができないかを教職員が「連絡シート」に記入する。それを情報共有することで、生徒に対して適切な支援ができている。	
6	静岡県立静岡　高等学校	夜間定時制
	中学の内容の学び直しの機会として、学校設定教科「印高」科目「印高基礎」を１年次に開講し、少人数で生徒の能力に合わせた集団で、きめ細かく指導を行っている。	
7	静岡県立静岡中央　高等学校	通信制
	ＮＨＫ高校講座が設定されていない科目について、オンライン学習講座上に「インターネット講座」を開講し、学習支援の場としている。（学習成果報告でスクーリング時数に認定）また、３キャンパスにおいて「学習支援日」を設定し、希望する生徒に個別の学習支援を行っている。キャンパスによっては、週１日希望生徒を集め、個別の学習支援を中心に集団活動等も取り入れ、併行して行っている通級による指導の補完的な役割も果たしている。	
8	静岡県立磐田南　高等学校	夜間定時制
	週に２度、午後４時から１時間程度、１年生を対象に数学と英語の支援授業を実施。自校で作成した学力定着テストの結果を参考に、一部の生徒には指名制で参加させている。	
9	静岡市立　高等学校	夜間定時制
	１年次に学校設定科目として、「ベーシック数学」を開設している。	

☆静岡県では、国庫１／３の補助を受け、「定時制生徒支援事業」を実施している。学習支援員が教員とティーム・ティーチングを行ったり、始業前の補習事業を行ったりしている。

☆漢字テストの実施や、国語の授業内での漢字書き取りの学習等を実施している。（清水東高校・島田商業高校等）

☆習熟度別の小集団編成による授業を行っている。（静岡中央高校(定)・浜松大平台高校等）

（2）特別な支援を必要とする生徒の学習ニーズ

No	高等学校名	（課程種別：昼間定時制／夜間定時制／通信制）
1	静岡県立伊東　高等学校	夜間定時制
	無脾症候群の生徒に対し、授業中の給水や授業における暖房機器の利用など配慮し、インフルエンザの罹患に関しても細心の注意を払っている。また、肋骨の一部を欠損している生徒がおり、体育での身体の接触を回避するための見学など、他の生徒の理解を得ながら支援している。	
2	静岡県立三島長陵　高等学校	三部単位制
	車椅子の生徒のためのエレベーター利用と教室での座席位置の配慮を行っている。また、車椅子利用生徒や怪我をした生徒のために、災害時に階段をスムーズに下りることができる運搬器具を購入した。	
3	静岡県立小山　高等学校	夜間定時制
	月に１回学校医に来校していただき、気になる生徒は健康相談を行っている。その結果を養護教諭が聞き、職員全体に情報共有している。	
4	静岡県立科学技術　高等学校	夜間定時制
	静岡市発達障害者支援センターの方に授業観察と支援計画作成に助言をいただいた。また特別支援学校のコーディネーターに、ケース会議の学習会をお願いした。職員は、ICT（プロジェクター・パソコン・タブレット等）を用いた授業を積極的に取り入れている。	
5	静岡県立静岡中央　高等学校	三部単位制
	車椅子対応の大型で低い机を用意した。またその生徒の受講する科目の授業教室を、エレベーターに近い教室に変更した。	
6	静岡県立静岡中央　高等学校	通信制
	３キャンパスともに「高等学校における通級による指導」を平成30年度から開始し、個々の生徒が学習上又は生活上の困難を主体的に改善・克服できるよう取り組んでいる。実施にあたっては、静岡大学や県総合教育センター等の関係諸機関の専門家の指導を仰いでいる。また、東西キャンパスにはSCが配置され、教職員とともに生徒を支援する体制が敷かれている。	

☆SSW が県立高校３校（三島長陵高校・静岡中央高校・浜松大平台高校）に配置され、生徒及び教員の支援にあたっている。他に、静岡市立高校には、静岡市で配置しているSCが週２回、SSWが週１回来校して支援にあたっている。

☆静岡県では、全県の高等学校と特別支援学校を、連携グループとして組織し、特別な支援を必要とする生徒の支援について連携を図っている。

☆講師を招聘して、ソーシャルスキルトレーニングを実施している学校がある。（富士宮東高校、静岡高校など）

（3）外国籍生徒、日本語の指導が必要な生徒の学習ニーズ

No	高等学校名	（課程種別：昼間定時制／夜間定時制／通信制）
1	静岡県立沼津工業　高等学校	夜間定時制
	ルビ付教科書を作成し生徒に渡し、定期考査もルビ付で行っている。基礎学力養成のため、外国籍生徒の中で学力の高い生徒を先生役にして、放課後学習会を実施している。地域の国際交流協会との連携事業で、日本語講座を開講している。	
2	静岡県立富士　高等学校	夜間定時制
	プリント・テストにルビをつけて対応する一方、補習等を行うときは、学習量を減らし、ポイントを絞って指導している。	

3	静岡県立清水東　高等学校	夜間定時制
国語科教員が、１対１で交換日記を行い、言葉遣いや文法の確認をしている。		
4	静岡県立磐田南　高等学校	夜間定時制
教育課程を見直し、国語の単位数を増加し、合計14単位にした。国語の授業の中で、日本語指導、基礎学力の養成を図っている。		
5	静岡県立浜松大平台　高等学校	三部単位制
学校設定科目「日本語」を開講し、入学時の日本語（国語）基礎力チェックテストで日本語指導が必要とされた生徒に受講させている。また、日本語の補習講座を、週２回行っている。		

☆静岡県では、国庫１／３の補助を受け、「外国人生徒支援事業」を実施している。支援員が日本語指導を授業でのティーム・ティーチングや始業前の補習で行ったり、保護者との連絡の際の通訳、教科書やプリント、テストへのルビ振り等に従事してもらったりしている。

（４）経済的に困難を抱える生徒の学習ニーズ

No	高等学校名	（課程種別：昼間定時制／夜間定時制／通信制）
1	静岡県立小山　高等学校	夜間定時制
４月に家庭児童相談室の相談員の方と情報交換を行い、家庭の経済状況が複雑で校納金等の支払いが難しいときは、社会福祉課と連携をとっている。		
2	静岡県立沼津工業　高等学校	夜間定時制
家庭の経済状況等の困難さから就学に困難を抱える生徒に対して、トリプルシステムを利用して就職活動を勧めている。（高校に在籍しながら協力企業でインターンシップ等を実施し、現場で求められる専門的な技術を県立沼津技術専門学校で修得する。）ハローワークと連携し、アルバイトや正社員雇用の支援指導をしている。		
3	静岡県立科学技術　高等学校	夜間定時制
各種支援金や奨学金の制度の説明を行っている。定通修学資金４人、日本教育公務員弘済会２人、石澤奨学会１人、天野技術研究所奨学生１人がそれぞれ支援を得ている。学期に１回就業調査を行い、雇用契約について明らかにするよう、雇用主に文書でお願いをし、学校側でも雇用条件を確認している。		

☆SSW が県立高校３校（三島長陵高校・静岡中央高校・浜松大平台高校）に配置され、生徒及び教員の支援にあたっている。

☆事務室定時制担当と連携して、校納金分割の提案をしている。（浜名高校）

☆ハローワークとの連携によるアルバイトや就職の斡旋は、多くの高校で行われている。

（５）非行・犯罪歴を有する生徒の学習ニーズ

No	高等学校名	（課程種別：昼間定時制／夜間定時制／通信制）
1	静岡県立小山　高等学校	夜間定時制
スクールサポーターが定期的に来校し、お互いの情報交換を行っている。		
2	静岡県立静岡中央　高等学校	三部単位制
入学後に、入学前の非行歴が判明した生徒に対して、SSW が面談をして再発防止に努める。		
3	静岡県立静岡中央　高等学校	通信制
毎月１回、管理職。クラス担任、保護司、当該生徒の４人が一堂に会し、学習状況や生活状況等について情報を共有するとともに、指導・助言を行っている。		

☆入学時に、全ての出身中学校への訪問を、１年担任及び教頭で実施し、情報共有する。

上記以外に

◎定時制生徒のための居場所づくりの試みとして、「居場所カフェ」を２校で行っている。

①静岡県立静岡中央高等学校……三部単位制（定時制）の課程で午後の時間帯で行っている。「きゃりこみゅカフェ」と命名。静岡市のパイロット事業として、今年度２年目。ＮＰＯ法人とボランティア（大学生等）の協力を得て、生徒との人間関係の構築、悩みなどを SSW などにつなぐこと、最終的には就労支援に結び付けることを目指している。

②静岡県立新居高等学校…………夜間定時制の課程で、週１回、放課後 30 分ほど実施。「よりみちカフェ」と命名。飲料を提供し、くつろいだ雰囲気の中で生徒が気軽に相談できる体制を構築する。若者支援の専門家や大学生ボランティアがスタッフとなり、課題の発見、悩みの解消を行い、進路未決定や中途退学を緩やかに防止することを目指す。

【愛知県】

（1）不登校生徒、中途退学を経験した生徒の学習ニーズ

<table>
<tr><th>No</th><th>高等学校名</th><th>（課程種別：昼間定時制／夜間定時制／通信制）</th></tr>
<tr><td>1</td><td>愛知県立旭陵高等学校</td><td>通信制</td></tr>
<tr><td colspan="3">・学校設定科目：英語入門、数学入門を開講して、振返り学習を行っている。
・数学については、学校のＷｅｂページ上にフローチャートを掲載し、理解できないところについては5分程度のワンポイント動画を多数用意して、学習支援を行っている。
・生徒からの質問の受付について、Ｌｉｎｅ@を利用できるようにした。</td></tr>
<tr><td>2</td><td>愛知県立犬山高等学校</td><td>夜間定時制</td></tr>
<tr><td colspan="3">・１年生において、中学校へあまり行っていなかった生徒を基準に、１学期当初は各教科において、勉強に少しでも興味をもてるよう簡単な内容から始めている。</td></tr>
<tr><td>3</td><td>愛知県立小牧高等学校</td><td>夜間定時制</td></tr>
<tr><td colspan="3">・１年生をスモールホームルームとし、細やかな対応を可能としている。授業の進度も中学校１年生の復習から始め、英語ではアルファベットから開始する。希望者には授業の前後に個別の指導も行っている。</td></tr>
<tr><td>4</td><td>愛知県立豊橋工業高等学校</td><td>夜間定時制</td></tr>
<tr><td colspan="3">・中学校時代不登校であった生徒に対して早出登校を促し、定期考査前を中心に基礎学力を高める学習支援を行っている。入学当初は「知的障がい？」と思われた生徒が、ゆっくりと教えていくことで理解が進み、全く問題ないと判断できる生徒になった。</td></tr>
<tr><td>8</td><td>愛知県立豊橋工業高等学校</td><td>夜間定時制</td></tr>
<tr><td colspan="3">・ＡＳＤと思われる生徒（診断は受けていない）が頻繁に友人とトラブルを起こす。円滑な人間関係が築けないため、定時的にＳＣと面談を行い、早出登校をさせ、複数の教員が交代で世間話をして会話のキャッチボールができるように指導している。中学校までほとんど指導をしてもらえず人間不信的な様子もうかがえるため、指導していくことで「人の気持ち」を理解できるようにと考えている。</td></tr>
<tr><td>9</td><td>愛知県立岡崎高等学校</td><td>夜間定時制</td></tr>
<tr><td colspan="3">・ＬＧＢＴの生徒（Transgender）に対して、本校には多目的トイレが設置されていないため、女性教員付き添いの下、職員用トイレの使用を実施している。</td></tr>
<tr><td>10</td><td>愛知県立旭陵高等学校</td><td>通信制</td></tr>
<tr><td colspan="3">・通常の体育講座への参加が困難な生徒（心身の課題、妊婦など）に対して、特別班を設定し、ストレッチ、軽スポーツ、ゲートボールなど、負担のかからない内容を工夫している。</td></tr>
</table>

（2）特別な支援を必要とする生徒の学習ニーズ

<table>
<tr><th>No</th><th>高等学校名</th><th>（課程種別：昼間定時制／夜間定時制／通信制）</th></tr>
<tr><td>1</td><td>愛知県立瑞陵高等学校</td><td>夜間定時制</td></tr>
<tr><td colspan="3">・脳性マヒの生徒について、フロアを超えて移動することが困難であるため、テレビ会議型の授業を展開している。</td></tr>
<tr><td>2</td><td>愛知県立城北つばさ高等学校</td><td>昼間定時制</td></tr>
<tr><td colspan="3">・車イス生徒のために階段昇降機を設置している。</td></tr>
<tr><td>3</td><td>愛知県立刈谷東高等学校</td><td>昼間定時制</td></tr>
<tr><td colspan="3">・ヘッドギアを付けているてんかん気質の生徒のために、階段の上り下り介助担当に職員を割り当てて、計画的に実施している。
・車イス生徒のために各階に車イスを用意しようと各方面に呼びかけ、３台入手。同様に車イス用の机も呼びかけたら多数入手することができた。</td></tr>
<tr><td>4</td><td>愛知県立一宮高等学校</td><td>夜間定時制</td></tr>
<tr><td colspan="3">・知的支援を必要とする生徒に対して、市役所就業支援課と連携しながら、キャリア教育を含めた進路指導を行い就職することができた。</td></tr>
<tr><td>5</td><td>愛知県立犬山高等学校</td><td>夜間定時制</td></tr>
<tr><td colspan="3">・聴覚過敏の生徒に対し、授業中もヘッドフォンの装着を認めたことがある。また、知的障害や発達障害と思われる生徒等の保護者に対し、できるだけ学校での様子や連絡事項をこまめに行うようにしている。</td></tr>
<tr><td>6</td><td>愛知県立刈谷東高等学校</td><td>通信制</td></tr>
<tr><td colspan="3">・高次脳機能障害の生徒について、記憶に関して不安があるため、教室へのＩＣレコーダーとノートパソコンの持ち込みを許可している。</td></tr>
<tr><td>7</td><td>愛知県立小牧高等学校</td><td>夜間定時制</td></tr>
<tr><td colspan="3">・難病指定の生徒の体育の授業について、無理をさせないように別メニューを常に用意している。</td></tr>
</table>

（3）外国籍生徒、日本語の指導が必要な生徒の学習ニーズ

<table>
<tr><td colspan="3">県の定時制高校で、外国語支援員が関わっている学校は24校ある。その係わり方は多様で、その内訳は、授業中（7校）、取り出し（3校）、学習会（14校）、保護者対応（19校）である。</td></tr>
<tr><th>No</th><th>高等学校名</th><th>（課程種別：昼間定時制／夜間定時制／通信制）</th></tr>
<tr><td>1</td><td>愛知県立刈谷東高等学校</td><td>昼間定時制</td></tr>
<tr><td colspan="3">・愛知教育大学と連携し、単位になる実習として学生がサポートに入っている。（刈谷市内の小中高校には入っている。自動車関連工場が多く外国籍生徒が多いため。）</td></tr>
<tr><td>2</td><td>愛知県立安城高等学校</td><td>夜間定時制</td></tr>
<tr><td colspan="3">・国際交流協会の紹介を介して、民間の日本語教室を生徒に紹介し、そこへ通うことを勧めている。（費用は1回100円、5名程度参加）</td></tr>
<tr><td>3</td><td>豊橋市立豊橋高等学校</td><td>昼間定時制</td></tr>
<tr><td colspan="3">・ＮＰＯ法人が学校内で、日本語講座を開講している。</td></tr>
<tr><td>4</td><td>愛知県立大府高等学校</td><td>夜間定時制</td></tr>
<tr><td colspan="3">・図書館担当職員が、毎日、授業後に図書館で勉強会を実施している。
・教科書や参考資料等の本文にふりがなを付けるなどサポートしている。</td></tr>
<tr><td>5</td><td>愛知県立一色高等学校</td><td>夜間定時制</td></tr>
<tr><td colspan="3">・１，２年生には、全員、配布物や板書にルビを振り、定期考査もルビ付で実施している。
・総合的な学習の時間には１・２年生合同で取り出し授業を行い、「地震になったらどうする？」などのテーマで話し合いをしたり、日本語の学習を他の国の言語も交えながら対話的に進めたりして、日本での生活に役立つような工夫を心がけている。
・多読本を貸し出して、内容の要約をさせている。</td></tr>
<tr><td>6</td><td>愛知県立明和高等学校</td><td>夜間定時制</td></tr>
<tr><td colspan="3">・日本語教師の資格を持つ教員が言語習得理論に基づいて取り出し授業の指導（初期適応指導）をしている。</td></tr>
<tr><td>7</td><td>愛知県立小牧高等学校</td><td>夜間定時制</td></tr>
<tr><td colspan="3">・合格者オリエンテーションでは、ポルトガル語、英語のものを用意し、ルビは通常の授業で使用するプリント類に限らず、日常的に配布物等につけている。
・希望者に対して定期考査の前などに、授業の前後の時間を活用して外国人支援員による個別指導を行っている。
・日本語の活字に慣れるため、授業後の図書館を教員の監督の下に開放している。</td></tr>
</table>

（4）経済的に困難を抱える生徒の学習ニーズ

No	高等学校名	（課程種別：昼間定時制／夜間定時制／通信制）
1	愛知県立起工業高等学校	昼間定時制
・３人の子どもを持つ母子家庭（上の子と下の子が不登校、真ん中の子が在籍）に対して、ＳＳＷを通して、市役所と連携、福祉部生活福祉課とともに支払い計画を策定し、サポートしている。		
2	愛知県立犬山高等学校	夜間定時制
・就学支援金や奨学給付金等の活用に対し、何度も個々に案内や呼びかけをし、記入方法等きめ細かな指導を行っている。		
3	愛知県立小牧高等学校	夜間定時制
・事務の担当職員から随時（月２回程度）授業料納入者一覧が担任に報告される。		
4	愛知県立豊橋工業高等学校	夜間定時制
・就学支援金申請の事務手続きができない保護者に代わり、生徒を連れて市役所へ課税証明書を取りに行った担任がいる。		
5	愛知県立豊橋工業高等学校	夜間定時制
・就学支援金、就学給付金の申請手続きが円滑に進まない、外国人保護者が理解できない、必要書類を用意できない、日本人保護者も必要書類を用意できず申請が滞るといった状況の中で懇切丁寧に対応している。		

【三重県】

<table>
<tr><th colspan="3">（1）不登校生徒、中途退学を経験した生徒の学習ニーズ</th></tr>
<tr><th>No</th><th>高等学校名</th><th>（課程種別：昼間定時制／夜間定時制／通信制）</th></tr>
<tr><td>1</td><td>伊勢まなび高等学校</td><td>昼間定時制／夜間定時制</td></tr>
<tr><td colspan="3">学校設定科目：レベルアップ基礎学力、漢字学習、国語常識、ベーシック社会、ベーシック数学、ベーシック理科、生活教養、社会で役立つ基礎知識を開講して、学び直しや基礎学力の定着を図っている。</td></tr>
<tr><td>2</td><td>桑名高等学校</td><td>夜間定時制</td></tr>
<tr><td colspan="3">中学校・在籍校での情報の引き継ぎに努め、保護者と密に情報交換を行うとともに、ＳＣへの情報共有と引き継ぎについても密に取り合っている。学習については、学び直しを含め、自己肯定感を育てられるよう少人数講座で行っている。</td></tr>
<tr><td>3</td><td>松阪高等学校</td><td>通信制</td></tr>
<tr><td colspan="3">・家庭に居ながらパソコンやスマートフォンを利用して学習が進められるよう、WEB 上に学習支援のための教材を充実させている。
・前籍校からの学習をスムーズに継続できるよう、個別に科目登録指導を行っている。
・転入生および編入生に対し入学時個別面談を行い、担任との関係の緊密化を図っている。</td></tr>
<tr><td>4</td><td>尾鷲高等学校</td><td>夜間定時制</td></tr>
<tr><td colspan="3">生徒の多くが不登校か中途退学を経験しており、両方に該当する生徒も多い。基礎学力が身についていない生徒、学習意欲が乏しい生徒、学力・意欲とも高い生徒など、生徒の実態は多様であるが、どの講座も少人数であることを生かし、授業中の個別指導の時間を増やしたりして対応している。</td></tr>
<tr><td>5</td><td>飯野高等学校</td><td>夜間（二部制）定時制</td></tr>
<tr><td colspan="3">学校設定科目として「ステップ国語」、「ステップ歴史」、「ステップ公民」、「ステップ数学」、「ステップ英語」を各１単位設定し（選択にて１単位以上）、中学時の学び直しを中心とした授業を行っている。</td></tr>
<tr><td>6</td><td>北星高等学校</td><td>昼間定時制／夜間定時制</td></tr>
<tr><td colspan="3">・ステップ科目（国語・数学・英語・理科・地歴）を設定し、中学校レベルの内容から学び直しを行っている。英語は１年次生が必ず履修し、その他は選択
・不登校生徒、集団に入りづらい生徒は、通信制を活用した個別支援授業を実施し、単位修得を支援している。</td></tr>
<tr><td>7</td><td>北星高等学校</td><td>通信制</td></tr>
<tr><td colspan="3">基礎学力の定着、学び直しのために学校設定科目「基礎計算」「英語ステップ」を開講している。</td></tr>
<tr><td>8</td><td>名張高等学校</td><td>夜間定時制</td></tr>
<tr><td colspan="3">学び直しのため、ＴＴや少人数講座を展開している。始業前の補習授業を行い、小学校高学年程度～理解度に応じてプリント学習を実施している。</td></tr>
<tr><td>9</td><td>上野高等学校</td><td>夜間定時制</td></tr>
<tr><td colspan="3">・１年生の数学では、教諭と非常勤講師によるＴ・Ｔを行い、学習が遅れがちな生徒に対して、サポートしている。
・１年生で学校設定科目「ライフスキル」「言語活動」を開講し、ＳＳＴや中学校から高校へつなぐ基礎学習を行っている。</td></tr>
<tr><td>10</td><td>みえ夢学園高等学校</td><td>昼間定時制／夜間定時制</td></tr>
<tr><td colspan="3">学校設定科目において、基礎学力補充を行っている。</td></tr>
<tr><td>11</td><td>木本高等学校</td><td>夜間定時制</td></tr>
<tr><td colspan="3">学力、家庭状況、進路希望、特別な支援が必要等、多様な生徒が在籍しているので、担任面談を頻繁におこなったり、家庭との連携を密にしている。担任以外の教員も、生徒一人ひとりの状況把握に注力し、担任と連携して指導している。</td></tr>
</table>

<table>
<tr><th colspan="3">（2）特別な支援を必要とする生徒の学習ニーズ</th></tr>
<tr><th>No</th><th>高等学校名</th><th>（課程種別：昼間定時制／夜間定時制／通信制）</th></tr>
<tr><td>1</td><td>伊勢まなび高等学校</td><td>昼間定時制／夜間定時制</td></tr>
<tr><td colspan="3">基礎学力の定着を図る学校設定科目を多く設定している。また、人間関係形成能力の育成を主な目的とした学校設定科目「コミュニケーション学習」を設定するとともに、ソーシャル・スキル・トレーニング（ＳＳＴ）を全校生徒を対象にＬＨＲで年２回、放課後の時間に希望者を対象に年８回実施している。</td></tr>
<tr><td>2</td><td>桑名高等学校</td><td>夜間定時制</td></tr>
<tr><td colspan="3">就労に向けて早期に保護者面談を通じて発達障がい支援員を要請し、検査と助言をいただいている。特別支援学校の公開授業を通じて学習方法について情報交換を行い、授業では視覚からの情報も入りやすいようＩＣＴの活用に努め、ユニバーサルデザイン授業の実践の充実と授業規律の確保に努めている。簡略であるがこれまでの個別のカルテを作成し、指導計画書の準備をしている。</td></tr>
<tr><td>3</td><td>尾鷲高等学校</td><td>夜間定時制</td></tr>
<tr><td colspan="3">読み書きが極端に苦手で漢字がほとんどわからない生徒に対して、国語の授業で基礎的な漢字の読み書き学習に多くの時間を割いている。また、他の教科でも教材にルビを振ったり、テスト問題を教員が読み上げたりして、各教科の学習成果が発揮できるよう配慮している。</td></tr>
<tr><td>4</td><td>飯野高等学校</td><td>夜間（二部制）定時制</td></tr>
<tr><td colspan="3">保護者や外部機関との連携をとおし、個々の状況に応じた配慮を行っている。</td></tr>
<tr><td>5</td><td>北星高等学校</td><td>昼間定時制／夜間定時制</td></tr>
<tr><td colspan="3">・発達障がい（ＡＤＨＤ）の生徒に対し、発達障がい支援員から病院を紹介した結果、処方薬により安定してきた。
・聴覚過敏の生徒に対し、デジタル耳栓を紹介した結果、授業に集中できるようになった。
・ゲーム依存の生徒に対し、アラームを鳴らし一定時間で区切るよう指導している。
・自閉症スペクトラムの生徒には、発達障がい支援員との面談を行うことでコミュニケーションに対する苦手意識を克服できるよう支援している。
・自分一人で電車に乗ることができない生徒には、母親と協力しながらスモールステップで訓練していくことを提案している。</td></tr>
<tr><td>6</td><td>北星高等学校</td><td>通信制</td></tr>
<tr><td colspan="3">スクーリングへの出席が困難な生徒は、定時制の「個別支援」講座を併修することで人間関係を作る経験をさせ、スクーリング出席へとつないでいる。</td></tr>
<tr><td>7</td><td>名張高等学校</td><td>夜間定時制</td></tr>
<tr><td colspan="3">療育手帳を所持している生徒等に対し、市の地域包括センターや県障がい者職業センターと連携をとって就業相談を行っているスクールカウンセラーの相談に繋ぐことやスクールソーシャルワーカーを要請しケース会議を開催している。</td></tr>
<tr><td>8</td><td>上野高等学校</td><td>夜間定時制</td></tr>
<tr><td colspan="3">・知的障がいの生徒に対して、非常勤特別支援教育補助員が授業に入り、サポートしている。
・特別な支援が必要な生徒に対する専門的な知識や経験を持っている発達障がい支援員に、生徒観察や教員への助言をもらっている。</td></tr>
</table>

<table>
<tr><td>9</td><td>みえ夢学園高等学校</td><td>昼間定時制／夜間定時制</td></tr>
<tr><td colspan="3">・入学直後に妊娠休学した生徒（複数名）に対し、特定妊婦に該当すると考え、ＳＳＷと共に市福祉行政担当者と連携し、対応した。結果的に、保護者にも感謝され、産まれてくる新しい命を守ることが出来た。
・発達障がいと考えられる生徒は極めて多い。特に、コミュニケーションに課題がある場合が多いので、「産業社会と人間」「総合的な学習の時間」などで、コミュニケーション力の向上に取り組んでいる。</td></tr>
</table>

（3）外国籍生徒、日本語の指導が必要な生徒の学習ニーズ

<table>
<tr><th>No</th><th>高等学校名</th><th>（課程種別：昼間定時制／夜間定時制／通信制）</th></tr>
<tr><td>1</td><td>松阪工業高等学校</td><td>夜間定時制</td></tr>
<tr><td colspan="3">取り出し授業の中で、日本語の理解力に幅のある生徒への対応として日本語指導を行っている。</td></tr>
<tr><td>2</td><td>桑名高等学校</td><td>夜間定時制</td></tr>
<tr><td colspan="3">１・２年時に取り出し授業を行い、非常勤日本語指導等補助員が補助している。
配布物にふりがな（ルビ）をつける。入学説明会・保護者懇談会・総合学習・学校行事などには通訳を同行させている。保護者向けの配布物には色紙を使用する。</td></tr>
<tr><td>3</td><td>飯野高等学校</td><td>夜間（二部制）定時制</td></tr>
<tr><td colspan="3">・「入門日本語A、B」、「実用日本語A、B」、「入門、実用スペイン語」、「入門、実用ポルトガル語」、「国際理解A、B」の各科目を開設。特別非常勤や外国人支援員などが配置されている。
・保護者宛の重要文書は、スペイン語、ポルトガル語、英語のバージョンを配布している。
・全日制（英語コミュニケーション科の６～７割が外国人生徒）とも連携し、ＪＳＬカリキュラムを中心とした教材開発を行っている。
・進学、就職等を見据え、日本語能力検定の取得を勧めている。</td></tr>
<tr><td>4</td><td>北星高等学校</td><td>昼間定時制／夜間定時制</td></tr>
<tr><td colspan="3">・学校設定科目（日本語Ⅰ、Ⅱ）において、他の授業を日本語で受けられるよう日本語指導を行っている。
・日本語Ⅰ、Ⅱでは日本語レベルを見極めながら教材を選択し、また、他教科での理解度を考慮しながら、対話の時間を多く取るよう配慮している。</td></tr>
<tr><td>5</td><td>名張高等学校</td><td>夜間定時制</td></tr>
<tr><td colspan="3">授業プリント、保護者向けプリントにひらがなのルビを振っている。漢字の習得のため小学校３年生程度の漢字学習を続けている。アルバイトの面接、ハローワークの訪問に必ず担任教諭が付き添っている。保護者会等における通訳の必要性はその都度検討している。</td></tr>
<tr><td>6</td><td>上野高等学校</td><td>夜間定時制</td></tr>
<tr><td colspan="3">・外国人生徒教育のための非常勤講師が授業に入り、授業担当者とT・Tを行い、外国人生徒をサポートしている。
・授業開始前、日本語指導が必要な外国籍生徒のために日本語の補習を行っている。</td></tr>
<tr><td>7</td><td>みえ夢学園高等学校</td><td>昼間定時制／夜間定時制</td></tr>
<tr><td colspan="3">・学校設定科目「日本を学ぶⅠ・Ⅱ」により、生活言語～学習言語に課題のある生徒に、日本語指導および日本での生活習慣等についても、指導している。対象生徒は、入学時の日本語力テストや本人の希望等で決定している。
・上記授業の中で、日本語で、日頃の雑感などを作文する取組を行っており、それを元に、外国籍生徒の「思い」を理解することも行っている。
・各教科・科目とも、「やさしい日本語を使う」「プリント・テスト等ではふりがなを付ける」などの工夫をしている。
・学校全体として、今年度より「聞く、書く（メモする）、伝える」力の育成に取り組んでいる。その一環として、みえ夢ノート（または手帳）の導入を計画している。</td></tr>
</table>

（4）経済的に困難を抱える生徒の学習ニーズ

<table>
<tr><th>No</th><th>高等学校名</th><th>（課程種別：昼間定時制／夜間定時制／通信制）</th></tr>
<tr><td>1</td><td>尾鷲高等学校</td><td>夜間定時制</td></tr>
<tr><td colspan="3">・本校入学前より、居住地における役所の福祉保健担当部署と社会福祉協議会が家庭への支援に関わっており、本校も必要に応じ、両者と連携を図りながら情報共有に努めている。
・家庭の教育力の基盤が脆弱なためか、本人の登校意欲や学習意欲が不安定な傾向がみられ、クラス担任を中心に声かけや電話連絡をこまめに行っている。</td></tr>
<tr><td>2</td><td>北星高等学校</td><td>昼間定時制／夜間定時制</td></tr>
<tr><td colspan="3">・アルバイト先の紹介と、就労に対し不安を抱く生徒への相談体制を整えている。
・事務職員により支援金の提出書類等の書き方を支援している。
・就労の関係から授業に出られない生徒に対し、一定時間、他部の授業を受けることができるよう配慮している。</td></tr>
<tr><td>3</td><td>北星高等学校</td><td>通信制</td></tr>
<tr><td colspan="3">県SSW、市保護課、社会福祉協議会、出身中学校、兄弟の在籍校、家庭児童相談室（子ども家庭支援課、子ども総合相談センター等）、市保健所等の関係機関と連携し、ケース会議を開催しながら家庭、本人への働きかけを行っている。</td></tr>
<tr><td>4</td><td>名張高等学校</td><td>夜間定時制</td></tr>
<tr><td colspan="3">奨学金等の案内をこまめに行っている。アルバイトを紹介したり、相談に乗る。市役所の福祉課等と密接に連携をとる。社会福祉協議会のサポート員と連絡を取り合う。</td></tr>
<tr><td>5</td><td>上野高等学校</td><td>夜間定時制</td></tr>
<tr><td colspan="3">保護者の養育力が低い生徒に対して、ＳＳＷと連携して社会福祉協議会の支援申請や生活保護申請等を行っている。</td></tr>
<tr><td>6</td><td>四日市工業高等学校</td><td>夜間定時制</td></tr>
<tr><td colspan="3">進路指導担当者が定期的にハローワークを訪問し、登校前に就労可能な就労情報を収集し、進路指導部及び担任を通じて、就労指導をしている。</td></tr>
<tr><td>7</td><td>みえ夢学園高等学校</td><td>昼間定時制／夜間定時制</td></tr>
<tr><td colspan="3">対象生徒が極めて多く、個々の対応が困難である。親と共に行方不明となった生徒について諸費滞納もあり、市福祉行政、関係小学校（妹在籍）と連携して対応しようとしたが、ＳＳＷがうまく機能せず、成果を得られなかった。</td></tr>
</table>

（5）非行・犯罪歴を有する生徒の学習ニーズ

<table>
<tr><th>No</th><th>高等学校名</th><th>（課程種別：昼間定時制／夜間定時制／通信制）</th></tr>
<tr><td>1</td><td>桑名高等学校</td><td>夜間定時制</td></tr>
<tr><td colspan="3">保護者・保護司との連絡を密にとり、情報共有に努め、月ごとに目標が持てるよう指導していた。</td></tr>
<tr><td>2</td><td>尾鷲高等学校</td><td>夜間定時制</td></tr>
<tr><td colspan="3">生徒の非行・犯罪歴の把握は困難だが、生徒間では過去に悪質な交通違反で検挙されたような話が出ている。これらに該当する生徒の多くは学習意欲に乏しく、授業に出席しても真剣に取り組まなかったりする。そこで各授業では、その日の内容や学ぶ意義について丁寧に説明したり、学習の重点を絞り込むなど、「これだけはやろう！」と声をかけたりして参画意欲や興味・関心の喚起に努めている。</td></tr>
<tr><td>3</td><td>上野高等学校</td><td>夜間定時制</td></tr>
<tr><td colspan="3">学校警察連絡制度により、管内警察署と非行事案の情報共有ができている。</td></tr>
</table>

【滋賀県】

（１）不登校生徒、中途退学を経験した生徒の学習ニーズ

<table>
<tr><th>No</th><th>高等学校名</th><th>（課程種別：昼間定時制／夜間定時制／通信制）</th></tr>
<tr><td>1</td><td>滋賀県立大津清陵高等学校</td><td>昼間定時制・夜間定時制・通信制</td></tr>
<tr><td colspan="3">最大２０人程度の少人数で授業を展開している。教育課程に国語、数学、英語については基礎コースを設置して、基礎学力が十分でない生徒については受講するように指導している。</td></tr>
<tr><td>2</td><td>滋賀県立彦根工業高等学校</td><td>夜間定時制</td></tr>
<tr><td colspan="3">定時制では、中学校で不登校経験のある生徒が増えており、高校１年生は学校の集団生活に馴染むために２クラスに分割（２人担任、分割授業）している。始業時間が遅いことと少人数授業であるため、ほとんどの生徒が授業に出席することはできている。
小中学校での学習不足のため読み書き計算でつまずく生徒もおり、各授業内でレポートなどに取り組ませる時間を設けて、読む、書く、計算する学習経験を増やしている。これにより、授業中に鉛筆をもって机に向かう姿勢はできるようになる。しかし、家庭学習の経験がない生徒が多く、宿題を課して基礎学力をつける指導は難しい面がある。</td></tr>
<tr><td>3</td><td>滋賀県立能登川高等学校</td><td>昼間定時制・夜間定時制</td></tr>
<tr><td colspan="3">定時制昼間・夜間部ともに、１クラスの募集定員のところ、入学後は基本的に２クラス編成にして、空間的にもゆとりを提供し、教員が生徒ときめ細かく向き合える体制を作っている。</td></tr>
<tr><td>4</td><td>滋賀県立長浜北星高等学校</td><td>夜間定時制</td></tr>
<tr><td colspan="3">・始業前の基礎学力補充指導を実施している。漢字検定の受験を勧め、下位級からの指導や、特に必要な生徒には、加減乗除の算数指導も行っている。</td></tr>
</table>

（２）特別な支援を必要とする生徒の学習ニーズ

<table>
<tr><th>No</th><th>高等学校名</th><th>（課程種別：昼間定時制／夜間定時制／通信制）</th></tr>
<tr><td>1</td><td>滋賀県立大津清陵高等学校</td><td>昼間定時制・夜間定時制・通信制</td></tr>
<tr><td colspan="3">毎月１回の情報交換会を実施して、支援の必要な生徒に関して情報を共有するとともに、外部機関との連携、ＳＣとの連携についても話し合っている。情報交換会にはＳＣも出席している。</td></tr>
<tr><td>2</td><td>滋賀県立彦根工業高等学校</td><td>夜間定時制</td></tr>
<tr><td colspan="3">情緒障害があり家庭内暴力を起こしている生徒には、学校だけで抱えることなく、専門的知識と支援経験のある臨床心理士から助言を受けながら、市子育て支援課、市少年センター等の関係者とケース会議を開催し、情報共有するとともに支援の役割を分担している。これにより、保護者や兄弟への対応は学校外の機関が主として対応し、学級担任や特別支援教育担当は、生徒の心理的側面に配慮した学校での支援に注力できるようになる。</td></tr>
<tr><td>3</td><td>滋賀県立能登川高等学校</td><td>昼間定時制・夜間定時制</td></tr>
<tr><td colspan="3">校内での定期的な情報共有はもちろん、必要に応じて、行政・福祉担当者等との連携によって、関係者会議を設定している。</td></tr>
<tr><td>4</td><td>滋賀県立長浜北星高等学校</td><td>夜間定時制</td></tr>
<tr><td colspan="3">・教室にじっとしていられない統合失調症の生徒のため、出席規定の弾力的運用を行い、全員対象の給食摂取も免除している。</td></tr>
</table>

（３）外国籍生徒、日本語の指導が必要な生徒の学習ニーズ

<table>
<tr><th>No</th><th>高等学校名</th><th>（課程種別：昼間定時制／夜間定時制／通信制）</th></tr>
<tr><td>1</td><td>滋賀県立大津清陵高等学校</td><td>昼間定時制・夜間定時制・通信制</td></tr>
<tr><td colspan="3">昼間部・夜間部においては、学校設定科目に「日本語」を設置し履修させている。日本語の習熟に応じて、日本語Ａ～Ｄの科目を開講している。</td></tr>
<tr><td>2</td><td>滋賀県立彦根工業高等学校</td><td>夜間定時制</td></tr>
<tr><td colspan="3">来日して間もない外国籍の生徒で保護者も日本語が話せない場合は、まずは日常会話やひらがなの読み書きの習得が必要であり、高校の教科書レベルの理解まで指導することは難しい。
そのため、県教育委員会事務局高校教育課のハートフル支援事業による通訳派遣を定期的に活用するとともに、昼間に地域の日本語教室へ通うことを勧めている。学校では、毎日１時間程度の日本語補習（小学校１年生の教科書レベル）や定期考査別室受験などで個別サポートをするとともに、生徒間の好ましい人間関係の中で学校生活できるように職員全体で見守っている。徐々に日常の会話ができるようになる実感はあるものの、学習内容の理解ができるまでには時間を要する。</td></tr>
<tr><td>3</td><td>滋賀県立能登川高等学校</td><td>昼間定時制・夜間定時制</td></tr>
<tr><td colspan="3">外国にルーツを持つ生徒は多く在籍しているが、特に日本語が不自由で日常的に特別な支援が必要と思われる生徒は見当たらない。</td></tr>
<tr><td>4</td><td>滋賀県立長浜北星高等学校</td><td>夜間定時制</td></tr>
<tr><td colspan="3">・日本語理解のための始業前補習を実施している。日ポ辞典を活用し、日常生活に必要な語彙の習得に努めている。国語では習熟度別授業を行い、評価規準も工夫している。</td></tr>
</table>

（４）経済的に困難を抱える生徒の学習ニーズ

<table>
<tr><th>No</th><th>高等学校名</th><th>（課程種別：昼間定時制／夜間定時制／通信制）</th></tr>
<tr><td>1</td><td>滋賀県立大津清陵高等学校</td><td>昼間定時制・夜間定時制・通信制</td></tr>
<tr><td colspan="3">定時制・通信制とも就学支援金の制度を利用する生徒がほとんどである。授業料の減免措置を受けている生徒も多い。また、多くの生徒がアルバイトや仕事に就いている。</td></tr>
<tr><td>2</td><td>滋賀県立彦根工業高等学校</td><td>夜間定時制</td></tr>
<tr><td colspan="3">ほぼすべての生徒が就学支援金支給対象者であり、収入状況の調査から家庭の経済状況を把握できる。経済的に困難な家庭の生徒には、奨学給付金、学び直し支援金、定通修学奨励金、教科書購入費交付金、夜食費負担軽減（給食）、各種団体奨学金の活用で対応し、担任や事務室担当が申請の書類準備を根気強く支援している。また、夜間定時制であり昼間に働いて収入を得ることも奨励している。現在、約７割の生徒がアルバイト等をしており、自ら収入を得ることで生活の自信をつけて表情が明るくなった生徒も多い。</td></tr>
<tr><td>3</td><td>滋賀県立能登川高等学校</td><td>昼間定時制・夜間定時制</td></tr>
<tr><td colspan="3">一定の手続・評価の上に、就労の成果を単位修得に反映させる実務代替によって支援している。就学支援金・給付金の該当率は非常に高い現実がある。</td></tr>
<tr><td>4</td><td>滋賀県立長浜北星高等学校</td><td>夜間定時制</td></tr>
<tr><td colspan="3">・ハローワークと連携を図り、時には教員が生徒に同行しながら、就労先の確保に努めている。本校生や卒業生が多く勤めている企業と密接に連絡を取り、生徒の適性を考えながら就労紹介を行っている。</td></tr>
</table>

（5）非行・犯罪歴を有する生徒の学習ニーズ

No	高等学校名	（課程種別：昼間定時制／夜間定時制／通信制）
1	滋賀県立彦根工業高等学校	夜間定時制
高校入学者選抜で合格したすべての生徒について、出身中学校に出向いて人柄、学力、家庭生活の聞き取りを行い非行や犯罪が心配される生徒を把握し、全教員が情報を共有している。そうした生徒に学校生活でのルールを指導するうえで、生徒との人間関係を築くことが大切となるため、生徒指導担当や担任は入学後から意識的に声掛けを繰り返し行っている。こうした日常の取組を継続することにより、問題行動の未然防止につながり発生件数は減少している。課題としては、非行歴のある生徒は学校外の有職少年や無職少年とのつながりができたとき、夜間定時制の授業時間に遊ぶようになり学校の欠席が増えていくことがあるため、学校内の仲間づくりや部活動などで登校する意欲を持たせる続ける必要がある。		
2	滋賀県立能登川高等学校	
校内でカウンセリング対象として、心のケアに努めている。		

【京都府】

（1）不登校生徒、中途退学を経験した生徒の学習ニーズ

No	高等学校名	（課程種別：昼間定時制／夜間定時制／通信制）
1	清明高等学校	昼間定時制
・「学び直し科目」の設定：「アンダンテ国語」「アンダンテ数学」「アンダンテ英語」「反復数学」を開講して、ICT 機器（タブレットと「eboard」、「Classi」、「ラインズドリル」等の教材使用）やプリント等を活用し、自らの課題や進路に応じた自学自習を行う。 ・「アネックスルーム」の活用：入学後も不登校傾向の生徒に対して、授業に入るトレーニングとして学習する小部屋を設置。関係の教員が対応する。		
2	鳥羽高等学校	夜間定時制
・１年次に２単位「スタートライン」として設置。内容は小中学校の学習面（国語・数学・英語）の振り返りとして各自でプリント学習・答え合わせを行い、各自のペースで進めて行く。 ・大学生教育ボランティアの始業前補習として、週１回６０分、学力面課題生徒について実施している。 ・学力面で支援が必要な生徒に対して「取り出し授業」を実施している。 ・先の授業で使用するプリントや教科書の範囲を事前に指示し、自分自身で予習をする。		
3	綾部高等学校東分校	夜間定時制
・特に小中学校の学習内容が定着していない数学において、学校設定科目「数学入門」を設置して、振り返り学習を行っている。		
4	福知山高等学校三和分校	昼間定時制
・不登校（傾向）の生徒については、集団のなかにいることが難しいケースが多いことを踏まえて、 １　ひとりになって休養したり、気分転換したりできる場所を準備する。 ２　不安なこと、支援が必要なこと等を教職員に伝えることができる関係性を築いていけるようなかかわり・支援を継続する。 ３　教育活動の一部を少人数で行うことを認める一方で、将来的に集団のなかで当該活動が行うことができることを目指して、個に応じたスモールステップでの指導・支援を継続する。 ４　必要に応じて、ＳＣとのコンサルテーション、主治医訪問等で、見立て及びかかわりについての助言を受ける。		
5	宮津高等学校伊根分校	昼間定時制
・基礎学力の定着をめざし、定期的に漢字・計算のドリルに取り組む時間を設けている。内容は小学校段階にさかのぼったレベルから始めている。		
6	網野高等学校間人分校	昼間定時制
・不登校生徒に対して、担任、教務部長、養護教諭の家庭訪問を繰り返すとともに、場合によっては、スクールカウンセラーも同行して教育相談を行っている。また、中学校や市教育支援センターとの連携の下、生徒の登校を促している。 ・学校には登校しているが教室に入れない生徒に対しては、別室で指導する場合もある。 ・不登校により退学した生徒に対しては、府の「脱ひきこもり支援センター」へつなげ、就労支援を行っている。		
7	伏見工業高等学校	夜間定時制
・０時間目（始業前）に個々に応じた内容で補習を行っている。（今年度１年生から任意で）		
8	西京高校	夜間定時制
・入学直後に英語・数学の学力診断テストを行い，基礎学力が定着していない生徒に対して始業前に「勉強会」を実施している。英数の教員だけでなく，当番制で多くの教員がかかわっている。「勉強会」に通い続けたことが進級につながったと実感できている生徒もいる。		
9	朱雀高等学校	通信制
・週１回平日（月 or 水）夜間と月２回程度日曜昼間にスクーリングを開校しており生徒は自らの都合に合わせてどちらにも出席できるようになっている。 ・中間や期末という期間を区切った形のテストではなく年間を通じてテストが平日夜間や日曜昼間の時間帯に設定されており、テスト受験条件の整った生徒は自らの都合の良い日時に受験できるようになっている。 ・スクーリングには講義（一斉授業）形式のものと、教員は教室にいるが講義をせずに生徒の質問に答える個別指導形式の２つのタイプがあり、生徒は選んで出られるようになっている。 ・遠距離の通学に困難を感じている生徒のために、年４回京都府南部地域の八幡市の高校を借りてスクーリングを実施している。 ・不登校など様々な理由で高等学校に通えなくなった生徒のために年度途中（８月）での転入学生を受け入れている。		
10	西舞鶴高等学校	通信制
・学校設定科目「ＡＥＢＬ（数学の基礎・英語の基礎）」を開講して、振り返り学習を行っている。 ・毎週「連絡会」を開催し、「生徒の現状や不登校要因等」に係る情報を教職員で共有し、最善の手立てを模索している。 ・スクールカウンセラーや関連機関等と連携し、生徒の環境改善や課題克服に向けて対応している。 ・スクーリング以外に、毎週水曜日及び木曜日に「レポートに関わる個別指導」を設定し、生徒の学力保障のニーズに応えている。		

（2）特別な支援を必要とする生徒の学習ニーズ

No	高等学校名	（課程種別：昼間定時制／夜間定時制／通信制）
1	清明高等学校	昼間定時制
・個別のアセスメント後、生徒の実態やつまずきに応じた「学習サポート」を実施している。具体的には、書字障害の生徒にはPCによるノート作成及び考査答案。聴覚過敏の生徒にはイヤーマフの使用許可。７０代の生徒及び本態性振戦の生徒には考査解答用紙の拡大や時間延長である。 ・板書をノートに写すのが遅い生徒には、板書をダブレットで写真撮影させ、後に家庭や校内でノート記入を完成させ、教科担当者が確認している。		
2	鴨沂高等学校	夜間定時制
・配布プリントの形式や定期考査問題の形式などのユニバーサルデザイン化に向けた取組を試行中である。		
3	桃山高等学校	夜間定時制
・本人、妹、母親の３人で生活をしていたが母親が亡くなり、母親に代わって保護者となる適切な親類や縁者が存在しなかった。 学校としてスクールソーシャルワーカーにも加わってもらい状況の把握を行うと共に今後の方向性について検討を行った。 児童相談所とも連携を図りながら対応し、裁判所へ未成年後見人選任の手続きを行い、その結果として弁護士２名が後見人として選任された。		
4	綾部高等学校東分校	夜間定時制
・療育手帳を有する生徒に対して、市の福祉課、地域生活支援センター、共同作業所等の担当者と連携して進路指導を行い、卒業後の就労につなげた。		

5	福知山高等学校三和分校	昼間定時制

・教職員に対し年度当初に新・転入者（非常勤講師も含む）を対象に特別支援教育にかかわるオリエンテーションを実施している。
・学習指導にかかわって「ゆっくり・丁寧に・繰り返す」を指導支援方針として、授業等のユニバーサル化を進めている。
　例　・プリント・板書・テスト問題の漢字にルビを付ける。
　　　・ゆっくりと生徒がわかる言葉で、一文一文区切って説明する。
　　　・時間内に板書内容を写せるよう板書の量を勘案する。
　　　・テスト前に対策プリントを作成し、生徒が見通しをもって繰り返し学習に取り組むことができるようにする。
　　　・記憶・語想起が弱いことに配慮して、考査では選択肢問題を比較的多く設ける。
　　　・視覚情報を添えて、指示・説明をする。
　　　・評価において、生徒の実態や特性に応じた工夫をする。
・年６回校内委員会を開催し、以下の内容について情報交換・協議を行い、生徒の現状・特性、指導・支援の方針についての共有を図る。
　ア　要支援生徒等の様子について
　イ　ケース会議の開催（巡回相談の利用）を要する生徒について
　ウ　個別の指導計画の評価・改善について
　エ　進路指導上配慮・支援を必要とする生徒について
・週一回支援員打ち合わせ会を開催し、生徒の様子、指導・支援内容等を確認し、必要に応じて、担任・学科・分掌との速やかな連携に努めている。
・必要に応じて、主治医訪問を行なったり、関係機関等の協力を得て、ケース会議を開催したりしている。
・就労を見据えた早期からの生徒・保護者との面談、発達検査・職業評価の結果等をもとにした関係機関とのケース会議（地域別進路相談会）、就労体験等を必要に応じて行っている。
・療育手帳を取得している生徒について、本人及び保護者との話し合い、校内委員会での審議を経て、当該生徒の追認考査の考査範囲を３つに分けて考査前の個別指導及び考査の実施を行っている。

6	宮津高等学校伊根分校	昼間定時制

・授業のユニバーサルデザイン化をめざし、視聴覚教材の積極的導入やわかりやすい板書の工夫、配付プリントや考査問題等にふりがなをつける等の取組を進めている。
・総合的な学習の時間を利用して、ＳＳＴ（ソーシャルスキルトレーニング）を実施し、生徒の社会性や対人関係構築力を育んでいる。
・全校職員が参加する特別支援会議を毎月実施し、発達上の課題を抱える生徒等について情報共有及び指導方針の確認を行っている。また、必要に応じ個別の指導計画を作成している。

7	網野高等学校間人分校	昼間定時制

・障害者手帳を持つ生徒に対して、トイレを改修し、その生徒専用のトイレを作った。
・学習に遅れがちな生徒が多いので、他教科の教員を支援教員として授業に配置したり、総合的な学習の時間を使った振り返り学習、考査前の徹底した個別指導で対応している。
・知的発達に遅れのある生徒に対しては、積極的に療育手帳の取得を促し、手帳を使った進学、就職の道を開拓している。

8	伏見工業高等学校	夜間定時制

・SC（スクールカウンセラー）に毎週金曜日 18:00～22:00、来ていただいて、困りを抱えた生徒のカウンセリングや担任のコンサルテーション等を行ってもらい、大いに助かっている。
・今年度１年生から、通級指導（０時間目）を実施しており、専任教諭を含めた４名体制で学校生活支援部を立ち上げ、発達課題のある生徒に対して個別の指導計画を作成し、対応している。

9	西京高等学校	夜間定時制

・文字を書くのに時間がかかり授業中に板書を写しきれない生徒に対して，ｉＰａｄを貸出し写真に撮り放課後に写させている。だんだんと早く書写しができるようになり，２学期以降ｉＰａｄの必要がなくなった。

10	朱雀高等学校	通信制

・車椅子生徒や四肢に不自由のある生徒、高齢生徒のためにエレベーターが設置されている。
・体育実技においては多様な生徒が安全に実技ができるよう実技補助の講師を配置している。

11	西舞鶴高等学校	通信制

・毎週「連絡会」を開催し、生徒の「困り感」に係る情報を教職員で共有し、最善の手立てを模索している。
・スクールカウンセラーや自治体関連機関等と連携し、生徒の課題克服に向けて対応している。
・スクールソーシャルワーカーを招き校内研修を実施し、教職員のスキルアップとともに、具体的な対応の手立てについて、保健部と担任が連携し対応を検討している。
・必要に応じて、「個別の支援計画」を策定し、学力保障に対応する体制を整えている。

（３）外国籍生徒、日本語の指導が必要な生徒の学習ニーズ

No	高等学校名	（課程種別：昼間定時制／夜間定時制／通信制）
1	鳥羽高校高等学校	夜間定時制

・大学生教育ボランティアの始業前補習として、週１回６０分、外国人生徒に対して実施している（中国籍生徒と中国籍生徒以外の外国人の２つに分けて実施）。
・母語を日本語としない生徒に対して、授業時に言語支援講師が支援している（中国語、英語）。
・先の授業で使用するプリントや教科書の範囲を事前に指示し、わからない日本語などについて自分自身で予習する。

2	綾部高等学校	夜間定時制

・日本語習得の目安として日本語検定を位置づけ、その取得を目指して、始業前の時間に補習を実施した。

3	福知山高等学校三和分校	昼間定時制

・授業において、電子辞書を利用させる。
・支援員が日本語の意味理解、漢字の字形等について個別に指導・支援 する。
・個別に日本語の語彙を増やすための補習、教育漢字の読み書きの補習を行う。なお、漢字の書き取りについては、田のマス目を使って行なう。

4	西京高等学校	夜間定時制

・プリント教材にはルビをつけている。また，国語の授業は取出し授業を行い日本語指導教員（国語免許所有）が担当している。

<table>
<tr><th colspan="3">（４）経済的に困難を抱える生徒の学習ニーズ</th></tr>
<tr><th>No</th><th>高等学校名</th><th>（課程種別：昼間定時制／夜間定時制／通信制）</th></tr>
<tr><td>1</td><td>鴨沂高等学校</td><td>夜間定時制</td></tr>
<tr><td colspan="3">・就学支援金や京都府の就学給付金、教科書補助事業等の活用を促している。
アルバイトを奨励し、現在９割の生徒がアルバイトをしている。</td></tr>
<tr><td>2</td><td>鳥羽高等学校</td><td>夜間定時制</td></tr>
<tr><td colspan="3">・月１回校内において、自立就労サポートセンターによる「就労支援相談会」を実施している。</td></tr>
<tr><td>3</td><td>網野高等学校間人分校</td><td>昼間定時制</td></tr>
<tr><td colspan="3">・市寄り添い支援総合サポートセンターや市要保護児童地域対策協議会（要対協）、ハローワークとの連携の下、市の援助制度の紹介や就職支援を行っている。</td></tr>
<tr><td>4</td><td>西京高等学校</td><td>夜間定時制</td></tr>
<tr><td colspan="3">・一人暮らしをしている成人生徒に対してＳＳＷがかかわり生活保護を受けることができた。</td></tr>
<tr><td>5</td><td>朱雀高校</td><td>通信制</td></tr>
<tr><td colspan="3">・定時制に常駐している SSW を通信制でも活用しながら公的な支援へとつながれるような体制を整えてきている。</td></tr>
<tr><td>6</td><td>西舞鶴高等学校</td><td>通信制</td></tr>
<tr><td colspan="3">・毎週「連絡会」を開催し、「経済的課題」を抱える生徒に係る情報を教職員で共有し、関連機関と連携するとともに、就学支援制度等を利活用しながら、課題改善に向けて対応している。
・特に、「大学進学等」を希望している生徒については、進路指導部及び担任が協働し、希望進路実現に向けて模擬試験の斡旋や個別指導等、対応策を講じている。</td></tr>
</table>

<table>
<tr><th colspan="3">（５）非行・犯罪歴を有する生徒の学習ニーズ</th></tr>
<tr><th>No</th><th>高等学校名</th><th>（課程種別：昼間定時制／夜間定時制／通信制）</th></tr>
<tr><td>1</td><td>綾部高等学校</td><td>夜間定時制</td></tr>
<tr><td colspan="3">・在籍中に厚生施設に入所した生徒の出所後から復学までの間、ユースサポートと連携し、生活状況の把握と学習支援を行った</td></tr>
<tr><td>2</td><td>西京高等学校</td><td>夜間定時制</td></tr>
<tr><td colspan="3">・非行歴を有し保護観察中の生徒の保護司と学校側が定期的に面談し情報共有を行っている。</td></tr>
<tr><td>3</td><td>朱雀高等学校</td><td>通信制</td></tr>
<tr><td colspan="3">・民生部青少年課立ち直り支援チームの支援員や学警連携による情報共有を通して学校への定着や社会復帰を支援している。</td></tr>
<tr><td>4</td><td>西舞鶴高等学校</td><td>通信制</td></tr>
<tr><td colspan="3">・犯罪歴を有する生徒は、現時点では在籍していない。非行等については、生徒指導部及び担任並びに外部機関と連携し、生活指導等を展開している。なお、学力面については、個別指導等を中心に、生徒の意識を「学び」に繋げるような配慮を行っている。</td></tr>
</table>

【大阪府】

（1）不登校生徒、中途退学を経験した生徒の学習ニーズ

<table>
<tr><th>No</th><th>高等学校名</th><th>（課程種別：昼間定時制／夜間定時制／通信制）</th></tr>
<tr><td>1</td><td>大阪府立三国丘高等学校</td><td>夜間定時制</td></tr>
<tr><td colspan="3">・1年次において、毎日15分のモジュール授業を行い国語・数学・英語の学びなおしを行っている。</td></tr>
<tr><td>2</td><td>大阪府立春日丘高等学校</td><td>夜間定時制</td></tr>
<tr><td colspan="3">・居場所づくりのために「なんでも相談室：春定カフェ」を毎週開設（予算がついていないので、学習支援員の協力と寄付によるお菓子で運営）。</td></tr>
<tr><td>3</td><td>大阪府立成城高等学校</td><td>夜間定時制</td></tr>
<tr><td colspan="3">・学校設定科目：基礎教養を0時間目に開講して、義務教育段階の振返り学習を行っている。</td></tr>
<tr><td>4</td><td>大阪府立藤井寺工科高等学校</td><td>夜間定時制</td></tr>
<tr><td colspan="3">・毎週木曜日　17:00～17:40、中学校までの国語・数学の内容を、個別に応じて『振り返り学習』を実施している。また、数学や理科の科目で、10分ほどの計算を繰り返す『モデュール授業』を実施している。</td></tr>
<tr><td>5</td><td>大阪府立布施高等学校</td><td>夜間定時制</td></tr>
<tr><td colspan="3">・学力の不足している生徒が見られるので、国語・数学・英語については、始業前の0限授業を選択するよう、生徒・保護者に勧めている。選択すれば到達度に合わせて学習支援ができるが、実際に選択して参加しているのは数名程度で、課題が残る。</td></tr>
<tr><td>6</td><td>大阪府立西野田工科高等学校</td><td>夜間定時制</td></tr>
<tr><td colspan="3">・総合的な学習の時間において、基礎学力の向上を目的に、国語・数学・英語の教科において卒業するまでに、生徒が理解してほしい内容を、4段階のレベルに分け、プリント学習に取り組み、基礎学力の向上をめざす。年間2回実施するテストにおいて言っての成績を修めれば、教科ごとにレベルが上がる仕組みになっており、生徒自身が卒業までに自分の可能性を探求する取組となっている。</td></tr>
<tr><td>7</td><td>大阪府立堺工科高等学校</td><td>夜間定時制</td></tr>
<tr><td colspan="3">・基礎学力の定着を図るため、選択制の0時限目授業において、日常生活に必要な読み・書き・計算や健康維持などを学ばせている。</td></tr>
</table>

（2）特別な支援を必要とする生徒の学習ニーズ

<table>
<tr><th>No</th><th>高等学校名</th><th>（課程種別：昼間定時制／夜間定時制／通信制）</th></tr>
<tr><td>1</td><td>三国丘高等学校</td><td>夜間定時制</td></tr>
<tr><td colspan="3">・配慮の必要な生徒について、学校から配付するプリントや考査についてルビを付けている。</td></tr>
<tr><td>2</td><td>大阪府立春日丘高等学校</td><td>夜間定時制</td></tr>
<tr><td colspan="3">・人工呼吸器を使用している生徒に対して、看護師、学習支援員、介助員がついてサポートしている。</td></tr>
<tr><td>3</td><td>大阪府立成城高等学校</td><td>夜間定時制</td></tr>
<tr><td colspan="3">・大阪産業大学と連携し、学生ボランティアに学習サポート等に協力してもらっている。</td></tr>
<tr><td>4</td><td>大阪府立大手前高等学校</td><td>夜間定時制</td></tr>
<tr><td colspan="3">・車椅子生徒の階段昇降時の抱え上げ負担を軽減するため、軽量の折り畳み式車椅子を新規に購入した。また、当該生徒入学後に教育庁と協議し、多目的トイレを設置した。</td></tr>
<tr><td>5</td><td>大阪府立布施高等学校</td><td>夜間定時制</td></tr>
<tr><td colspan="3">・何らかの障がいがあり、授業の理解に時間がかかると思われる生徒には、できるだけ学習支援員がサポートし、授業理解が進むよう支援している。</td></tr>
<tr><td>6</td><td>大阪府立和泉総合高等学校</td><td>夜間定時制</td></tr>
<tr><td colspan="3">・発達障がい等がある生徒について、SSW・SC と協働してキャリア教育を含め学習と就労支援を行っている。</td></tr>
<tr><td>7</td><td>大阪府立和泉総合高等学校</td><td>夜間定時制</td></tr>
<tr><td colspan="3">・在学中に妊娠・出産を経験した生徒について、SSW・SC・学校が協働して、市町村との連携も含め、育児をしながらの就学継続を支援し卒業学年までたどり着いた。</td></tr>
<tr><td>8</td><td>堺市立堺高等学校</td><td>夜間定時制</td></tr>
<tr><td colspan="3">・工・商業高校で教員数が多いこともあり、8人ほどの生徒に一人のチューターを配置している。</td></tr>
<tr><td>9</td><td>大阪府立堺工科高等学校</td><td>夜間定時制</td></tr>
<tr><td colspan="3">・教員と臨床心理士が、支援を必要とする生徒に対して、学習状況の聴き取りを定期的に行っている。</td></tr>
<tr><td>10</td><td>大阪府立今宮工科高等学校</td><td>夜間定時制</td></tr>
<tr><td colspan="3">・在学中に出産を迎える生徒に対しては、特に学校医と主治医の意見交換に基づき健康、安全に配慮をするとともに、産前産後の休みの学業補填として、生徒の体調を考慮し、長期休業中に補習を行っている。</td></tr>
</table>

（3）外国籍生徒、日本語の指導が必要な生徒の学習ニーズ

<table>
<tr><th>No</th><th>高等学校名</th><th>（課程種別：昼間定時制／夜間定時制／通信制）</th></tr>
<tr><td>1</td><td>大阪府立佐野工科高等学校</td><td>夜間定時制</td></tr>
<tr><td colspan="3">・府事業において、日本語サポーター年間１５回（母語・日本語支援）</td></tr>
<tr><td>2</td><td>大阪府立三国丘高等学校</td><td>夜間定時制</td></tr>
<tr><td colspan="3">・国語と社会の科目について、抽出授業を行っている。</td></tr>
<tr><td>3</td><td>大阪府立春日丘高等学校</td><td>夜間定時制</td></tr>
<tr><td colspan="3">・国語の授業では個別、総合的な学習の時間については付き添って指導。</td></tr>
<tr><td>4</td><td>大阪府立布施高等学校</td><td>夜間定時制</td></tr>
<tr><td colspan="3">・日本語の意味の理解が難しいので、日本語支援員の運用を進め、『日本語』を学習する授業を行っている。日常生活で困らない程度には理解できるよう、個別指導も行っている。</td></tr>
<tr><td>5</td><td>大阪府立今宮工科高等学校</td><td>夜間定時制</td></tr>
<tr><td colspan="3">・国語、社会の科目において補助教員を配置し指導を行っている。学校生活においても、生徒間の会話を促進するため翻訳機を使用し、日本語の理解を深めさせている。また、府立学校間で開催されている外国籍生徒同士の交流会にも積極的に参加させている。</td></tr>
</table>

（4）経済的に困難を抱える生徒の学習ニーズ

<table>
<tr><th>No</th><th>高等学校名</th><th>（課程種別：昼間定時制／夜間定時制／通信制）</th></tr>
<tr><td>1</td><td>大阪府立成城高等学校</td><td>夜間定時制</td></tr>
<tr><td colspan="3">・今年度から学校独自でＳＳＷを雇用し、相談業務等に当たっている</td></tr>
<tr><td>2</td><td>大阪府立藤井寺工科高等学校</td><td>夜間定時制</td></tr>
<tr><td colspan="3">・大阪府教委の『課題を抱える生徒フォローアップ事業』対象校として、定時制４校が指定されている。ＳＳＷが配置され、市役所福祉関連部署と連携し、支援を行っている。両親がろう者の生活保護家庭の生徒が、ＳＳＷの働きにより登校再開できるようになり、卒業した例有り。</td></tr>
<tr><td>3</td><td>大阪府立布施高等学校</td><td>夜間定時制</td></tr>
<tr><td colspan="3">・できるだけ早くから奨学金等の案内を行い、計画的に資金準備が行えるよう働きかけている。また、外部より講師を招いて教員用の研修も併せて行い、進学に必要な資金の確保に向けて、</td></tr>
</table>

教員が生徒・保護者からの相談に対応できるよう取り組んでいる。		
4	大阪府立桃谷高等学校	通信制
・授業料を１単位３３０円としている。上限である３０単位を履修修得しても年間９，９００円となり、私学の通信制学校と比較しても３０分の１程度である。		
5	大阪府立桃谷高等学校	通信制
・本校の日夜間部には託児所が設置されており、単位修得をめざすさまざまな生徒が学業に専念するため、スクーリングやテスト期間においては、乳児幼児を預かっている。		

（5）非行・犯罪歴を有する生徒の学習ニーズ

No	高等学校名	（課程種別：昼間定時制／夜間定時制／通信制）
1	大阪府立今宮工科高等学校	夜間定時制
・学校へ登校できていない期間の補習を授業開始前、終了後に行っている。また、生活を安全にできるよう。保護司や公共の福祉機関、警察とも連携し、指導に当たっている。		

【兵庫県】

（1）不登校生徒、中途退学を経験した生徒の学習ニーズ

<table>
<tr><th>No</th><th>高等学校名</th><th>（課程種別：昼間定時制／夜間定時制／通信制）</th></tr>
<tr><td>1</td><td>兵庫県立相生産業高等学校</td><td>夜間定時制</td></tr>
<tr><td colspan="3">・学校設定科目：キャリア基礎（国語、数学）、メカニカル基礎（専門教科の学習に必要な基礎的数学、工業の基礎分野）を設置し、振り返り学習を行っている。
・定期考査1週間前より、始業前・放課後に30分間の自主学習時間「学びたいむ」を設定している。「学びたいむ」の時間を利用して、支援が必要な生徒に対して個別指導を行っている。また、生徒同士でわからないところを教え合っている。</td></tr>
<tr><td>2</td><td>兵庫県立姫路北高等学校</td><td>夜間定時制</td></tr>
<tr><td colspan="3">・1年次の国語・数学・外国語（英語）において、習熟度別授業を実施している。
・小中学校で不登校だった生徒が非常に多いため、必要に応じて小中学校の教材を用いて丁寧に指導している。
・学校設定科目を多数開講し、生徒自身が自分の進路に合わせた科目を選択できるようにしている。
・編入学した生徒には、前籍校での学習内容等を面談で確認し、必要に応じて個別指導（補習）を行っている。</td></tr>
<tr><td>3</td><td>兵庫県立神崎工業高等学校</td><td>夜間定時制職業科</td></tr>
<tr><td colspan="3">・不登校生、中途退学を経験した生徒のみでなく、全生徒に学校独自の基礎学力テストを年5回実施し、生徒の基礎学力の定着度を計るとともに、基礎学力が未定着の生徒には補習を実施している。
・地域未来塾として放課後にボランティアの大学生が学習補助をはじめ、生徒の様々な相談相手となった活動を行っている。</td></tr>
<tr><td>4</td><td>兵庫県立西脇北高等学校</td><td>多部制単位制</td></tr>
<tr><td colspan="3">・北高検定：本校独自検定による中学校段階の学び直し
・学校設定科目「コーピング」：学習スキル・人間関係構築スキル等を学ぶ（1年次2単位）。
・北高未来塾：「地域未来塾」事業を利用し、兵庫教育大学の学生を招き、タブレットを用い学習を進める。
・学校設定科目の中に基礎的な内容を実施するものがある（国語・数学・英語中心）。</td></tr>
<tr><td>5</td><td>兵庫県立洲本高等学校</td><td>夜間定時制</td></tr>
<tr><td colspan="3">・1年生の授業で、国語（国語総合），数学（数学Ⅰ），英語（コミュニケーション英語基礎）の授業時間を増やして、小学校，中学校の学びなおしを行っている。
・1，2年生の授業を中心に、チームティーチングや少人数授業を実施している。</td></tr>
<tr><td>6</td><td>兵庫県立飾磨工業高等学校</td><td>多部制単位制職業科</td></tr>
<tr><td colspan="3">・少人数での授業展開や補習で対応。学校設定科目ベーシック数学やキャリア教育で基礎学力の定着および社会人基礎力の育成を図る。</td></tr>
<tr><td>7</td><td>兵庫県立青雲高等学校</td><td>通信制</td></tr>
<tr><td colspan="3">・seiun web school などで自分の学習状況が把握できるようにしている。
・英語入門、数学入門、社会入門などの学校設定科目で学び直しの機会を設けている。</td></tr>
<tr><td>8</td><td>兵庫県立赤穂高等学校</td><td>夜間定時制</td></tr>
<tr><td colspan="3">・英数国について小中学校の復習教材（市販）を活用して基礎学力の確認と補充を行っている。
・同室複数指導の授業を増やし、授業時間内での学習の促進を図っている。
・体験学習を多く取り入れることで自己有用感や自己肯定感を向上させ学習意欲につなげている。</td></tr>
<tr><td>9</td><td>兵庫県立小野工業高等学校</td><td>夜間定時制職業科</td></tr>
<tr><td colspan="3">・数学では1年の1学期中間考査までは小・中学校の復習。新しく進むときも必ず中学校の復習をしてから高校の範囲に進む。得意な生徒には少し難しいプリントを用意し取り組ませる。</td></tr>
<tr><td>10</td><td>兵庫県立網干高等学校</td><td>通信制</td></tr>
<tr><td colspan="3">・学び直しのための学校設定科目「数学入門」「英語入門」を開講している。
・スクーリング外で自由参加の講座「本物の算数力」を実施している。</td></tr>
<tr><td>11</td><td>兵庫県立神戸工業高等学校</td><td>夜間定時制職業科</td></tr>
<tr><td colspan="3">・学校を欠席した場合は3日と置かず、担任から家庭への連絡を実施している。学校に登校するようになれば、同じ様な経験をした者同士がグループを作り、自然と学校に来るようになっている。</td></tr>
<tr><td>12</td><td>兵庫県立西宮香風高等学校</td><td>多部制単位制</td></tr>
<tr><td colspan="3">・学び直しの授業として「高校への数学」「コミュニケーション英語入門」などの学校設定科目を設置し、中学校段階からの学び直しができるよう教育課程を編成している
・学力向上事業や、進路サポートに取り組み、学習支援や生徒の実態に合わせた教科指導を行っている。</td></tr>
<tr><td>13</td><td>兵庫県立農業高等学校</td><td>夜間定時制</td></tr>
<tr><td colspan="3">・学校設定科目：「学びの礎」、「ことば力の礎」を開講し、学び直しを行っている。
・国語、数学はTTとし、生徒の理解力向上を図っている。</td></tr>
<tr><td>14</td><td>兵庫県立有馬高等学校</td><td>夜間定時制</td></tr>
<tr><td colspan="3">・三修制では、特定期間で実施する集中講座2単位を含め、3年間で17単位の学校設定教科・科目を配置し、本校のカリキュラムのみでの卒業を可能にしている。</td></tr>
<tr><td>15</td><td>神戸市立摩耶兵庫高等学校</td><td>昼間定時制・夜間定時制</td></tr>
<tr><td colspan="3">・各授業の中で「学び直し」ができるよう、課題を工夫している。
・グループの形で学ぶことで、全ての生徒が学べるようにしている。
・少人数授業やＴＴを実施している。</td></tr>
<tr><td>16</td><td>尼崎市立琴ノ浦高等学校</td><td>夜間定時制</td></tr>
<tr><td colspan="3">市教育委員会が事業予算を組み、昼間、大学生から勉強を教えてもらうスタディーサポートを実施している。低学力の生徒や自ら進んで勉強したい生徒が集まる。１日平均１０人ほどが参加する。</td></tr>
<tr><td>17</td><td>兵庫県立龍野北高等学校</td><td>夜間定時制</td></tr>
<tr><td colspan="3">・課題研究において、商業実践型店舗である「龍北工房」の企画・運営を行うことで、生徒の自己有用感・自主性の高揚の一助となっている。
・１学年のみ２クラスに分け、少人数制で指導を行っており、学習面、生活面において、生徒一人一人に目が行き届く。</td></tr>
</table>

（2）特別な支援を必要とする生徒の学習ニーズ

<table>
<tr><th>No</th><th>高等学校名</th><th>（課程種別：昼間定時制／夜間定時制／通信制）</th></tr>
<tr><td>1</td><td>兵庫県立相生産業高等学校</td><td>夜間定時制</td></tr>
<tr><td colspan="3">・ＩＣＴを活用した授業づくりを各教科で推進している。製図等において平面図だけで理解できない生徒に対して、三次元形状の物体をコンピュータグラフィックを用いて提示するなど、視覚的に理解しやすくするためＩＣＴを積極的に活用している。</td></tr>
<tr><td>2</td><td>兵庫県立阪神昆陽高等学校</td><td>多部制単位制</td></tr>
<tr><td colspan="3">・併設する阪神昆陽特別支援学校の手法も学びながらユニバーサルデザインの考え方を活かした授業に全職員で取り組み、その成果を冊子にまとめることで教科を越えて工夫を共有している。</td></tr>
</table>

・脳性マヒの生徒について支援員を配置している。支援員は校内の移動(電動車イス)、授業でのタブレット、パソコンの使用等を補助している。
・校舎から体育館への通路に、段差昇降機を設置している。
・実践研究校として「通級による指導」を行い、個々の課題に沿った学習活動に、集団及び個別で取り組んでいる。

3	兵庫県立神崎工業高等学校	夜間定時制職業科

・特別支援学校より特別支援教育コーディネーターを招いて授業観察・ケース会議を行い、アドバスを受けている。

4	兵庫県立西脇北高等学校	多部制単位制

・全授業において「ユニバーサルデザイン」を意識した構成を推進
・「通級による指導」の指定校であり、「コーピングプラス」という講座名で自立活動（２単位）を実施
・車イスの移動に対し、計画的に移動補助担当を設定（合理的配慮）
・スロープ、エレベーター、多目的トイレの設置（基礎的環境整備）

5	兵庫県立洲本高等学校	夜間定時制

・個別の指導計画をもとに、入学時に保護者，生徒と面談をして、高校での学習計画を立てる。教科において、学期毎に短期目標や支援内容を考え、学習状況の振り返り等が行えるようにしている。

6	兵庫県立飾磨工業高等学校	多部制単位制職業科

・特別な支援を必要とする生徒の対応として、専門科目の実験・実習において少人数展開、複数教員配置で対応している。

7	兵庫県立青雲高等学校	通信制

・特別支援教育委員会を定期的に開催し、ニーズの必要な生徒の把握に努めている。
・キャンパスカウンセリングを積極的に活用している。

8	兵庫県立赤穂高等学校	夜間定時制

・放課後の時間を活用してプリント整理や宿題の提出手順、学習の遅れなど細かく指導している。
・同室複数指導の授業を増やし、授業時間内での学習の促進を図っている。
・体験学習を多く取り入れることで自有用感や自己肯定感を向上させ学習意欲につなげている。

9	兵庫県立小野工業高等学校	夜間定時制職業科

・体験カウンセリングと銘打って新入生には全員カウンセリングをおこなって実態把握に努めている。
・入試合格発表後、入学までの期間で、新一年生全員の出身中学校及び市の市民福祉部子育て支援課を訪問し情報交換している

10	兵庫県立網干高等学校	通信制

・車椅子を使用している生徒に介助員を手当てしている。

11	兵庫県立神戸工業高等学校	夜間定時制

・当該生徒に係る職員で指導担当者会議を持ち、情報共有を密にしている。
・足の不自由な生徒のために、ホームルームを下の階に移動をした。梅雨時期の廊下結露による転倒防止のため、階段の一部にカーペットを敷設した。

12	兵庫県立西宮香風高等学校	多部制単位制

・通級による指導として、社会スキル・自己理解等に取り組み、自立に向けた個別、少人数の授業を開講している。学校全体としてユニバーサルデザインの考え方を生かした授業を行い、誰もがわかりやすい授業改善に取り組んでいる。
・合理的配慮については、タブレットの使用や、肢体不自由生徒へのテスト時の代筆、介助員の配置を行っている。個々の実態に応じて、医療や福祉など各関係機関との連携のため、特別支援教育コーディネーターを複数配置し、支援体制を整備している。

13	兵庫県立農業高等学校	夜間定時制

・足のけがにより介助が必要な生徒のために階段昇降機を設置している。
・支援シートを作成し、定期的に関係職員が会議を開き、生徒の支援状況を確認している。

14	兵庫県立有馬高等学校	夜間定時制

・発達障害を抱える生徒について、１週間ごとに学校生活の記録を作成し、それをもとに毎週保護者と情報交換することで、状況に応じた支援、指導を実施している。
・保護者の同意をえた上で、担任と養護教諭が主治医と直接面会し、学校での支援、指導について医学的な見解、助言を反映している。

15	兵庫県立姫路北高等学校	夜間定時制

・学習支援が必要な生徒に対して、０校時に学校設定教科「学習支援」を開講し、国語分野と計算分野において１年間の支援を行っている。
・性的問題行動を起こす発達障害の生徒に対して、支援チームを作り、少年サポートセンターや近隣の特別支援学校と連携し、個別の指導計画を作成して対応している。
・コミュニケーションに課題を持っている発達障害や知的障害の生徒に対して、一定の期間にソーシャルスキルトレーニングを実施している。
・療育手帳を取得している生徒に対して、市役所の障害福祉課と連携して福祉就労（B型作業所）にむけた進路支援を行った。
・暴力的な問題行動を行った生徒に対して、臨床心理士の資格を持つ養護教諭によるアンガーマネジメントを実施している。

16	神戸市立摩耶兵庫高等学校	昼間定時制・夜間定時制

・学習に集中できづらい生徒のために、黒板の周りには掲示物等を貼らないようにしている。

17	兵庫県立龍野北高等学校	夜間定時制

・学校設定科目「基礎学習」を開講し、知的支援の必要とする生徒に対して、基礎的な学力を身に付けさせるための補習を行っている。

（3）外国籍生徒、日本語の指導が必要な生徒の学習ニーズ

No	高等学校名	（課程種別：昼間定時制／夜間定時制／通信制）
1	兵庫県立阪神昆陽高等学校	多部制単位制

・ネパール語を母語とする生徒の学習支援のため、多文化共生サポーターを配置し、漢字をネパール語、もしくは英語に直す、また日本の文化について説明をするなどを通して本人の授業の内容理解を支援している。
・保護者も日本語を理解しないことから、学校から保護者向けの文書についてもネパール語に翻訳をしてもらい、学校行事や連絡事項などを正確に伝えることが可能となっている。
・担任だけでなく、年次団も平素から本人の様子を見守り、学校生活を順調に送れるよう配慮している。

2	兵庫県立西脇北高等学校	多部制単位制

・必要に応じてルビ打ちを実施（授業プリント、考査問題等）
・日本語の力が十分でない生徒には異文化共生サポーターが付く場合がある。

3	兵庫県立長田商業高等学校	夜間定時制職業科

県教委から子ども多文化共生サポーターを派遣してもらい、授業支援を行った。
国語科教員が放課後に日本語学習の勉強会を行った。
教科書や参考資料、定期考査にふりがなをつけてサポートしている。

4	兵庫県立飾磨工業高等学校	多部制単位制職業科

・外国籍生徒の保護者と懇談するため、通訳ボランティアを県や市の教育委員会、ボランティアセンターの協力を得て対応した。

<table>
<tr><td>5</td><td>兵庫県立錦城高等学校</td><td>夜間定時制</td></tr>
<tr><td colspan="3">・父親が日本・母親がフィリピンで、高校入学時に日本に来日し、本校に入学、日本語が十分に理解できないので本人の希望科目について外国語支援員（タガログ語）と別室受験の配慮を行った。</td></tr>
<tr><td>6</td><td>兵庫県立小野工業高等学校</td><td>夜間定時制職業科</td></tr>
<tr><td colspan="3">・授業プリント、考査問題等ルビうち。日本語理解の程度によりサポーターについてもらったこともあった。</td></tr>
<tr><td>7</td><td>兵庫県立西宮香風高等学校</td><td>多部制単位制</td></tr>
<tr><td colspan="3">・渡日後２年以内で日本語が十分でない生徒には、県の子ども多文化共生サポーターの派遣を依頼し学習支援を行っている。
・通常授業では、希望があればプリントやテスト問題等にルビうちをおこなっている。
・人権教育推進委員会が中心となって、外国にルーツのある生徒と日本人生徒が共に共生社会のあり方を学ぶための理解啓発活動を行っている。</td></tr>
<tr><td>8</td><td>兵庫県立有馬高等学校</td><td>夜間定時制</td></tr>
<tr><td colspan="3">・該当生徒なし
・一般生徒に対しては、グアム修学旅行（3 学年で実施）、総合的な学習の時間での異文化理解などで、言語、文化、習慣の違いを理解させ、将来様々な国籍の方々と共生・協働できる力を養っている。</td></tr>
<tr><td>9</td><td>神戸市立摩耶兵庫高等学校</td><td>昼間定時制・夜間定時制</td></tr>
<tr><td colspan="3">・大学生の学生ボランティアに授業中のサポートをしてもらっている。</td></tr>
<tr><td>10</td><td>尼崎市立琴ノ浦高等学校</td><td>夜間定時制</td></tr>
<tr><td colspan="3">（1）のスタディーサポートとして、大学生が日本語の少し不自由な生徒に対して、国語や社会を中心に授業に入り、通訳をした。</td></tr>
</table>

（4）経済的に困難を抱える生徒の学習ニーズ

<table>
<tr><th>No</th><th>高等学校名</th><th>（課程種別：昼間定時制／夜間定時制／通信制）</th></tr>
<tr><td>1</td><td>兵庫県立相生産業高等学校</td><td>夜間定時制</td></tr>
<tr><td colspan="3">65%の生徒は、昼間アルバイトを行い学費に充てている。さらに経済的に困難を抱える 2 名の生徒には、給付型奨学金の給付を受けている。</td></tr>
<tr><td>2</td><td>兵庫県立姫路北高等学校</td><td>夜間定時制</td></tr>
<tr><td colspan="3">・経済的不安を軽減するために、就職情報誌や新聞広告等で生徒の実情に合う求人を探し出し、企業と事前に条件等の交渉を行った求人を教室掲示して募り、アルバイト斡旋を行っている。</td></tr>
<tr><td>3</td><td>兵庫県立青雲高等学校</td><td>通信制</td></tr>
<tr><td colspan="3">・スクールソーシャルワーカーを積極的に活用し、関係機関との連携を図っている。</td></tr>
<tr><td>4</td><td>兵庫県立小野工業高等学校</td><td>夜間定時制職業科</td></tr>
<tr><td colspan="3">・入試合格発表後、入学までの期間で、市の市民福祉部子育て支援課を訪問し情報交換している。その後、必要な生徒のことに関しては連絡をとりあっている。</td></tr>
<tr><td>5</td><td>兵庫県立神戸工業高等学校</td><td>夜間定時制職業科</td></tr>
<tr><td colspan="3">・地域の商工会議所・各種業界協会などと連携をして、アルバイトを含む就職を斡旋し、経済的自立を目指す。本校では有料インターンシップの位置づけで、そのままその企業に就職する生徒もいる。</td></tr>
<tr><td>6</td><td>兵庫県立西宮香風高等学校</td><td>多部制単位制</td></tr>
<tr><td colspan="3">・担任及び各部に配置されたコーディネーターが当該生徒の家庭状況を把握し、場合によっては、各自治体の生活保護課、児童相談所等と関係機関と連携し、情報共有やケース会議等を行っている。</td></tr>
<tr><td>8</td><td>兵庫県立農業高等学校</td><td>夜間定時制</td></tr>
<tr><td colspan="3">・ハローワークを利用しながら、アルバイト等の就労支援を行っている。</td></tr>
<tr><td>9</td><td>兵庫県立有馬高等学校</td><td>夜間定時制</td></tr>
<tr><td colspan="3">・SSW の活用方法について職員研修を実施し、ケース会議などを通して、様々な家庭状況に対応できる指導力を高め、家庭環境を含めた学習環境の改善にあたっている。
・諸費滞納家庭に対しては、事務室と連携し、長期的な支払い計画を策定するなど、生徒の学習意欲に影響が出ないように努めている。</td></tr>
<tr><td>10</td><td>神戸市立摩耶兵庫高等学校</td><td>昼間定時制・夜間定時制</td></tr>
<tr><td colspan="3">・キャリア教育などで、お金の使い方を学ぶ時間を設定した。</td></tr>
<tr><td>11</td><td>兵庫県立龍野北高等学校</td><td>夜間定時制</td></tr>
<tr><td colspan="3">・学校設定科目「体験活動」を開講し、生徒がアルバイト等の勤労体験を行い、その中で学習した事象を発表することで単位を認定している。</td></tr>
</table>

（5）非行・犯罪歴を有する生徒の学習ニーズ

<table>
<tr><th>No</th><th>高等学校名</th><th>（課程種別：昼間定時制／夜間定時制／通信制）</th></tr>
<tr><td>1</td><td>兵庫県立西脇北高等学校</td><td>多部制単位制</td></tr>
<tr><td colspan="3">・警察と連携し、在校生の実態の把握に努めている。また、対象生徒の変化に気付きやすいよう、積極的にコミュニケーションを図ることとしている。</td></tr>
<tr><td>2</td><td>兵庫県立飾磨工業高等学校</td><td>多部制単位制職業科</td></tr>
<tr><td colspan="3">・前・後期制、単位制をとっており学習支援を含め単位取得が可能な体制をとっている。
・外部機関（市役所、警察、地区連携等）との連携で実態把握に努めている。
・校門や見回りでの声かけなど心のケアに対応する体制を整えている。</td></tr>
<tr><td>3</td><td>兵庫県立青雲高等学校</td><td>通信制</td></tr>
<tr><td colspan="3">・問題行動があった場合は特別指導を行うが、焦らせずゆっくりと見守る。形式的な指導にならないよう本人や保護者と連携しながら時間をかけて指導している。</td></tr>
<tr><td>4</td><td>兵庫県立小野工業高等学校</td><td>夜間定時制職業科</td></tr>
<tr><td colspan="3">・入試合格発表後、入学までの期間で、新一年生全員の出身中学校及び近隣の警察署を訪問し情報交換をしている。警察とは学期に一回は情報交換をしている</td></tr>
<tr><td>5</td><td>兵庫県立神戸工業高等学校</td><td>夜間定時制職業科</td></tr>
<tr><td colspan="3">・入学後特別指導を繰り返す生徒に対しては、他の生徒より早く登校させ、毎日わずかな時間でも面談を行うなど職員と話す機会を増やし、生徒の状況把握をする。</td></tr>
<tr><td>6</td><td>兵庫県立西宮香風高等学校</td><td>多部制単位制</td></tr>
<tr><td colspan="3">警察、少年サポートセンター、児童相談所等と連携し、対象生徒の情報共有を行っている。通常から警察による学校近隣の見守り体制を整え、事案が起こった場合に、迅速に対応してもらえるように連携を取っている。</td></tr>
<tr><td>7</td><td>兵庫県立有馬高等学校</td><td>夜間定時制</td></tr>
<tr><td colspan="3">・家庭裁判所からの措置により欠席した生徒に対しては、長期休業を利用し、登校による個別指導を実施した。
・保護司、警察との連携を密にし、生活を改善することで学習支援につなげている。</td></tr>
<tr><td>8</td><td>神戸市立摩耶兵庫高等学校</td><td>昼間定時制・夜間定時制</td></tr>
<tr><td colspan="3">・生徒指導部主催で講演会を実施し、これからの生き方を全校生徒で考えた。</td></tr>
</table>

【奈良県】

（1）不登校生徒、中途退学を経験した生徒の学習ニーズ

<table>
<tr><th>No</th><th>高等学校名</th><th>（課程種別：昼間定時制／夜間定時制／通信制）</th></tr>
<tr><td>1</td><td>A　高等学校</td><td>夜間定時制</td></tr>
<tr><td colspan="3">・第 1 学年において、在籍生徒の過半数が中学校で不登校経験を有しており、学びが不十分である前提で授業内容を構成している</td></tr>
<tr><td>2</td><td>A　高等学校</td><td>夜間定時制</td></tr>
<tr><td colspan="3">・一部生徒に夏期休業中に国語、数学、英語の学び直しの日程を 8 日間もうけて取組んでいる。特に、小学校からの不登校生徒には、読み書き、四則計算をやり直している。</td></tr>
<tr><td>3</td><td>B　高等学校</td><td>夜間定時制</td></tr>
<tr><td colspan="3">・4 月～5 月にかけて在籍全生徒宅へ家庭訪問を行っている。終了後に全職員で結果の共有を行っている。</td></tr>
<tr><td>4</td><td>C　高等学校</td><td>夜間定時制</td></tr>
<tr><td colspan="3">・1. 2 年生の必修科目について習熟度別にコースを設け、3 クラスを 4 講座で実施している。
・家庭学習期間に「数学基本講習」（希望者）として、高校入学前までの学習をしている。</td></tr>
<tr><td>5</td><td>D　高等学校</td><td>昼間定時制</td></tr>
<tr><td colspan="3">・授業の板書、考査問題に振り仮名を付けるなどサポートしている。
・在日外国人の保護者に母語通訳事業を活用し、三者懇談や家庭訪問に母語通訳者が同席する。</td></tr>
<tr><td>6</td><td>E　高等学校</td><td>昼. 夜間定時制</td></tr>
<tr><td colspan="3">・義務教育の範囲の振り返りや基礎基本を大切にした授業の内容を行ない、提出物、授業の取組を十分に評価に取り入れている。
・ユニバーサルデザインを意識して、誰でもわかりやすい授業を心がけている。</td></tr>
<tr><td>7</td><td>E　高等学校</td><td>通信制</td></tr>
<tr><td colspan="3">・中学の学習内容を復習するための、「入門」科目を開講している。
・スクーリングの無い日に生徒相談日を設け質問やレポート作成の補助を行っている。</td></tr>
<tr><td>8</td><td>F　高等学校</td><td>通信制</td></tr>
<tr><td colspan="3">・スクーリングは週 2 回の実施ではあるが、それ以外の日にもいつでも登校して質問などを行える環境を提供している。学習内容が理解できる喜びを感じるように指導している。</td></tr>
</table>

（2）特別な支援を必要とする生徒の学習ニーズ

<table>
<tr><th>No</th><th>高等学校名</th><th>（課程種別：昼間定時制／夜間定時制／通信制）</th></tr>
<tr><td>1</td><td>A　高等学校</td><td>夜間定時制</td></tr>
<tr><td colspan="3">・てんかんの既往歴のある生徒保護者の申し出で、発作時の対応カードを作成し常備している。
（個人情報には配慮して保管）</td></tr>
<tr><td>2</td><td>B　高等学校</td><td>夜間定時制</td></tr>
<tr><td colspan="3">・妊娠している生徒の登校に際して、保護者、産婦人科医と連携をとりながら、安全な学校生活が送れるように、教室の移動・階段の昇降などに教員を配置して配慮をしている。</td></tr>
<tr><td>3</td><td>E　高等学校</td><td>昼間・夜間定時制</td></tr>
<tr><td colspan="3">・対象生徒を抽出し、教科ごとに配慮や手だての方法を考え、個別の指導計画を作成する。
・特別支援教育支援員が授業に入り、対象生徒の授業補助にあたっている。（週 3 日）
・ＳＣと連携をとり、精神的に支援を必要とする生徒のケアにあたっている。
・肢体不自由の生徒に対して、特別支援員が在籍し付きっきりで介助を行っている。
（板書、考査等はＰＣの入力を認めている。考査時の別室受験や時間の延長。教室移動の配慮）</td></tr>
<tr><td>4</td><td>E　高等学校</td><td>通信制</td></tr>
<tr><td colspan="3">・ＳＣと連携をとり、教員全体で支援を行っている。
・特別支援教育支援員が授業や学習のサポートを行っている。</td></tr>
</table>

（3）外国籍生徒、日本語の指導が必要な生徒の学習ニーズ

<table>
<tr><th>No</th><th>高等学校名</th><th>（課程種別：昼間定時制／夜間定時制／通信制）</th></tr>
<tr><td>1</td><td>E　高等学校</td><td>昼間・夜間定時制</td></tr>
<tr><td colspan="3">・保護者に対して、懇談時などに母語通訳制度の活用をしている。
・保護者への案内文などにルビを付けている。</td></tr>
<tr><td>2</td><td>E　高等学校</td><td>通信制</td></tr>
<tr><td colspan="3">・外国人生徒支援員に授業などで生徒の補助を行ってもらい学習活動を進めている。また、個別指導にも協力をしている。</td></tr>
</table>

（4）経済的に困難を抱える生徒の学習ニーズ

<table>
<tr><th>No</th><th>高等学校名</th><th>（課程種別：昼間定時制／夜間定時制／通信制）</th></tr>
<tr><td>1</td><td>E　高等学校</td><td>昼間・夜間定時制</td></tr>
<tr><td colspan="3">・奨学金の案内を徹底している。</td></tr>
<tr><td>2</td><td>E　高等学校</td><td>通信制</td></tr>
<tr><td colspan="3">・奨学金の案内を紹介している。
・ＳＳＷと連携し相談の乗っている。</td></tr>
</table>

【和歌山県】

（1）不登校生徒、中途退学を経験した生徒の学習ニーズ

No	高等学校名	（課程種別：昼間定時制／夜間定時制／通信制）
1	和歌山県立きのくに青雲高等学校	昼間定時制・夜間定時制

不登校、中途退学者において、基礎学力の充実を図る必要がある生徒に対し、国語基礎・数学入門・英語基礎の学校設定科目を選択の科目として設定し、「学び直し」を強化する。

また、国語総合・数学Ｉ・コミュニケーション英語Ｉの必修科目の中でも単元に応じて「学び直し」の内容を入れ、その内容をシラバスに載せ、教科担当者が変わっても維持できるようにし、生徒に基礎基本の学力を定着させる。

No	高等学校名	（課程種別：昼間定時制／夜間定時制／通信制）
2	和歌山県立伊都中央高等学校	昼間定時制／夜間定時制

(1) 学校設定教科「豊かな学び」

国語、数学、英語の３教科について、中学校までの学習を学び直すことにより、基礎学力の確実な定着を図り、高校での円滑な学習につなげることを目的として、学校設定教科「豊かな学び」の中に、学校設定科目として「豊かな学び国語」、「豊かな学び数学」、「豊かな学び英語」をそれぞれ１単位ずつ開設し、入学年次にすべての生徒が学べるようにしている。

(2) 「子どもの社会的スキル横浜プログラム」

「人間関係をうまく築くことができない」、「自分で意思決定ができない」、「自己有用感が低い」など、精神的・社会的な自立が不十分な生徒が少なくないことから、横浜市教育委員会が開発したプログラムを独自にアレンジし、４名程度のグループ活動を通して、人間関係を調整する力やコミュニケーション能力といった生徒の社会的スキルの育成を図っている。

(3) ITO 支援室

心理的な要因等により、登校の意思があるにもかかわらず登校できない状態にある生徒や登校できるもののクラスで他の生徒と共に学ぶことが困難な状況にある生徒に対して、学校生活に適応し、クラスへの復帰を支援・援助して状況の改善を図ることを目的に、別室で学ぶシステムとして、昨年度より適応指導教室（教育支援センター）「ITO 支援室」を開室している。

在室期間は、原則として最長３か月とし、この間に改善が見られ、支援が延長されることで一層の改善が見込めると判断した場合は更に３か月の延長を認めている。

ITO 支援室に１時間以上在室した場合はその日を出席扱いとし、教科の課題に取り組んだ場合は別室授業と認定し、その日の当該教科の授業を出席扱いとする。また、監督はあらかじめ時間割に組み込まれた担当を基本とし、必要に応じて生徒への指導・援助を行う。教科担当は、当該生徒の体調や精神状態等を考慮しながら、空き時間や放課後等を利用して無理のない範囲で補習等を行う。

学習の評価については、定期考査のほか、ITO 支援室での課題への取組の状況、提出された課題の質等により総合的に評価している。

No	高等学校名	（課程種別：昼間定時制／夜間定時制／通信制）
3	和歌山県立伊都中央高等学校	通信制

不登校生徒の全通併修

学習意欲がありながら登校できない生徒が、原級留置、転学、中途退学することなく不登校の状態を解消し、卒業することが可能となるよう、他の全日制課程に在籍している不登校生徒を対象として、本校の通信制課程において開設している科目を履修することができるようにしている。

ただし、この措置は、他校に在籍する不登校生徒が、あくまでも不登校の状態を解消し、卒業することを可能とするということを目的とすることから、学習意欲がない者や不登校の状態が解消する見込みがない者等は対象とはしない。

また、本校の通信制課程において修得した単位数については、36 単位を上限として単位認定を行うことが法的にも認められているが、何単位までを当該不登校生徒の在籍する高等学校の修得単位として認定するかは当該高等学校長が定めることとなる。

（2）特別な支援を必要とする生徒の学習ニーズ

No	高等学校名	（課程種別：昼間定時制／夜間定時制／通信制）
1	和歌山県立きのくに青雲高等学校	昼間定時制

適応障害の生徒について、校内の支援委員会（管理職・カウンセラー・教育相談担当者・スクールソウシャルワーカー・担任）が中心となり対応を考えた。後、医師とのケース会議をもって、PTSD の診断書が提出されたので、出席等について保護者、本人と話し合い、学校長の判断の下、合理的配慮を行うこととした。

No	高等学校名	（課程種別：昼間定時制／夜間定時制／通信制）
2	和歌山県立伊都中央高等学校	昼間定時制／夜間定時制／通信制

ユニバーサルデザインの視点を取り入れた教育環境の整備

発達障害等のある生徒一人一人の特性に応じた適切な指導や必要な支援を行い、教育環境を整えていくこと、なかでも、１日の大半を過ごす授業場面における学習方法の工夫など、日々の学習環境を整え、授業場面での「分かる」、「できる」という満足感や達成感を与えることはとても重要である。

このため、県教育委員会の「学習指導支援員派遣事業」を活用して外部講師を招聘し、「ユニバーサルデザインの視点を取り入れた支援や指導の在り方について」をテーマに、年間 10 回程度の校内研修を計画・実施している。

加えて、通信制課程では、「環境調整（校舎や教室掲示の示し方の工夫）」と「レポートのユニバーサルデザイン化」について取り組んでいる。

No	高等学校名	（課程種別：昼間定時制／夜間定時制／通信制）
3	和歌山県立伊都中央高等学校	昼間定時制／夜間定時制／通信制

重層的な支援体制の構築

(1) 一次的支援（特別支援教育コーディネーター（教諭）をトップとする「教育相談担当者会」による支援）

特別支援教育コーディネーター、担任、養護教諭、SC、SSW 等による情報交換の機会を定期的に持ち、情報・課題の共有等を行い、早期支援につなげる。

(2) 二次的支援（教頭をトップとする「支援委員会」による支援）

教育相談担当者会において、個別の支援が必要と判断した生徒についての情報を支援委員会に報告し、必要に応じて外部の専門機関とも連携し、アセスメントに基づいたケース会議を開催し、当面の支援計画を検討する。策定した支援計画については、職員会議等全体の場で情報共有し、学校全体として行っていく。

(3) 三次的支援（校長をトップとする「いじめ防止等対策委員会」による支援）

支援委員会において、外部と連携した継続的な支援が必要と判断した生徒については、校長をトップとする「いじめ防止等対策委員会」において支援計画を検討することとしている。

その際、児童相談所、市町村福祉担当課、青少年補導センター、要保護児童対策地域協議会等の担当者にも出席してもらい、情報や考え方の共有、具体的な支援計画の検討を行っている。

【鳥取県】

（1）不登校生徒、中途退学を経験した生徒の学習ニーズ

No	高等学校名	（課程種別：昼間定時制／夜間定時制／通信制）
1	鳥取緑風高等学校	昼間定時制

○１年次で国語総合・基礎数学（学校設定科目）・コミュニケーション英語基礎、２年次で数学Ⅰ・コミュニケーション英語Ⅰの授業で４展開の習熟度別クラス編成を実施し、その中の１クラスで主に振り返り学習を行っている。
○１年次の選択科目で基礎国語と基礎英語を学校設定科目として設定し、振り返り学習に対応している。

No	高等学校名	（課程種別：昼間定時制／夜間定時制／通信制）
2	鳥取緑風高等学校	夜間定時制

○少人数での授業展開により、わからない点を丁寧に指導したり、理解が円滑な生徒には別教材を準備するなど、個のニーズに応じた学習指導を行ったりしている。
○中学校まで不登校で、人数が多い授業への参加が困難な生徒に対しては、教員がそばに付き添ったり、座席を配慮したりする等、安心して授業に取り組めるように工夫している。

No	高等学校名	（課程種別：昼間定時制／夜間定時制／通信制）
3	鳥取緑風高等学校	通信制

○規定のスクーリング日以外にも登校を促し、理解不足の教科の個別指導を行っている。

No	高等学校名	（課程種別：昼間定時制／夜間定時制／通信制）
4	米子東高等学校	夜間定時制

○１年次の国語総合、数学Ⅰ、コミュニケーション英語Ⅰで、習熟度別授業を実施しており、特に、成績下位クラスの授業では、年度当初から中学の内容の学び直しを中心とした授業を行っている。
○定通教育充実事業により「米東サポーター」に委嘱した、高い専門性を有する島根大学の大学院生が、授業で理解の遅い生徒、集中できない生徒に声かけや質問に答える等の支援を行っている。

No	高等学校名	（課程種別：昼間定時制／夜間定時制／通信制）
5	米子白鳳高等学校	昼間定時制

○国語・数学・理科・社会・英語・家庭・情報では１年次の１クラスを２つに分けて一部習熟度別も含めて展開授業を行っている。

（2）特別な支援を必要とする生徒の学習ニーズ

No	高等学校名	（課程種別：昼間定時制／夜間定時制／通信制）
1	鳥取緑風高等学校	昼間定時制

○１年次の一部の授業で、特別支援教育支援員が支援を必要としている生徒に対して授業の補助を行っている。
○必要に応じて教材や考査において漢字にルビをふったり、ひらがなを多用したりするなどの配慮・支援を行っている。

No	高等学校名	（課程種別：昼間定時制／夜間定時制／通信制）
2	鳥取緑風高等学校	夜間定時制

○メモ・絵図・写真、実物等での視覚的支援を工夫している。
○必要に応じて、授業が空いている教員が他の授業にサポートに入っている。
○英語・体育では、緑風ソシオ（大学生による授業サポート）を活用し生徒の学習サポートを行っている。
○必要に応じて、主治医やスクールカウンセラー等の助言を受けている。

No	高等学校名	（課程種別：昼間定時制／夜間定時制／通信制）
3	鳥取緑風高等学校	通信制

○ディスレクシア（識字障がい）を有する生徒に対して、授業資料、レポート、考査問題などにすべてルビを振ったものを使用すると共に、個別指導を行っている。
○障害者手帳（精神）を持つ生徒に対して、キャリアアドバイザー、県の組織（障害者就業・生活支援センターおよび鳥取県障害者職業センター）などと連携・協力し、キャリア教育や就職試験に向けた面接指導などを行い、就業に繋げた。

No	高等学校名	（課程種別：昼間定時制／夜間定時制／通信制）
4	米子東高等学校	夜間定時制

○漢字を読むことが困難な生徒が在籍したため、配布文書や考査問題などにふりがなをつけた。
○統合失調症の診断を受けた生徒に、「障害者就業・生活支援センターしゅーと」に相談することを勧め、その後、「就労移行支援事業所クロスジョブ」でアセスメントを受け、就労継続支援B型事業所への通所を開始した。

No	高等学校名	（課程種別：昼間定時制／夜間定時制／通信制）
5	米子白鳳高等学校	昼間定時制

○入学者に対して中学校からの情報の引き継ぎを依頼。本人・保護者からの承諾を取り、特定の日にまとめて申し送りを受ける。
○自閉症、注意欠如多動性障害の診断のある生徒について、「通級による指導」を実施。（２，３年次生対象に年間２単位）
○心理学専攻の大学院生を授業中の学習支援に導入。（「白鳳サポーター」と呼称、週３回１名ずつ来校）
○特別支援教育支援員の導入。（１名、週３０時間勤務で、授業中の学習支援を担当）

No	高等学校名	（課程種別：昼間定時制／夜間定時制／通信制）
6	米子白鳳高等学校	通信制

○島根大学で心理学を学ぶ大学院生と連携し、スクーリングでの生徒の学びをサポートしている。
○支援が必要な生徒に対し、合格発表後、中学校からの情報の引き継ぎ会を持って、指導や支援の充実に努めている。

（4）経済的に困難を抱える生徒の学習ニーズ

No	高等学校名	（課程種別：昼間定時制／夜間定時制／通信制）
1	鳥取緑風高等学校	昼間定時制

○生活困窮家庭に対して、SSW を通して、要保護児童対策地域協議会と連携しながら、生活保護の認定やその他の手続きについて、学校事務職員とともにサポートしている。また、借家から退去を迫られている生徒家庭に対して、SSW を通して、パーソナルサポートセンターと連携しながらサポートしている。

No	高等学校名	（課程種別：昼間定時制／夜間定時制／通信制）
2	鳥取緑風高等学校	夜間定時制

○SSW と事務担当が保護者面談を行い実態等を把握するとともに、生徒が安心して学校生活を送れるように関係機関と連携している。
○SSW と事務担当を中心に、就学支援金等の説明を行ったり、学校徴収金の支払い方法や自動車学校通学のための資金調達、住宅確保などをはじめ、経済的課題について保護者にアドバイスしたり、関係機関とつないだりしている。
○家庭での食事提供がままならない生徒や孤食の生徒に対して、子ども食堂などを紹介して少しでも元気に登校できるようにサポートしている。
○生徒の学校生活への意欲喚起のため、今年度 PTA と協力して「緑風応援食堂」を３回開催した。おかわり自由のカレーライスを生徒に提供して、生徒が少しでも学習を頑張ろうと思ってくれるように実施した。

3	米子東高等学校	夜間定時制
○授業料、就学支援金等の手続きが滞る生徒に、　と連携し手続きを促した。		
4	米子白鳳高等学校	昼間定時制
○スクールソーシャルワーカーの配置、外部関係機関と本校職員との連携等を担当		

（5）非行・犯罪歴を有する生徒の学習ニーズ

No	高等学校名	（課程種別：昼間定時制／夜間定時制／通信制）
1	鳥取緑風高等学校	昼間定時制
○SSW を通して児相などの校外機関と連携し、生徒の様々な背景を理解した上で、学習意欲が高まるように保護者や生徒に助言をする等の働きかけを行っている。 ○１日おきに来校する SC との面談を必要に応じて行い、学習への意欲を喚起している。 ○可能な限り出身中学校と情報交換の場を持ち、生活指導も含め生徒への適切な学習指導・進路指導を行っている。		

【島根県】

（1）不登校生徒、中途退学を経験した生徒の学習ニーズ

No	高等学校名	（課程種別：昼間定時制／夜間定時制／通信制）
1	島根県立松江工業高等学校	（夜間定時制）
	・必要な生徒には、始業前にソーシャル・スキル・トレーニング（SST）を行い、学校生活でのルールの徹底や学習方法の支援を行っている。	
2	島根県立宍道高等学校	（昼間夜間定時制　３部制）
	・学校設定科目に「国語入門」、「数学入門」、「英語入門」、「漢字チャレンジ」、「社会生活基礎」を開講し、学び直しを図っている。また、「ガーデンライフ」（野菜・花卉栽培など）や「ものづくり」（高等技術校での木工やハウスアートなどの体験）の授業を通して、自己有用感を高めている。	
3	島根県立宍道高等学校	（通信制課程）
	・学校設定科目に「国語入門」、「数学入門」、「英語入門」を開講し、学び直しを図っている。	

（2）特別な支援を必要とする生徒の学習ニーズ

No	高等学校名	（課程種別：昼間定時制／夜間定時制／通信制）
1	島根県立松江工業高等学校	（夜間定時制）
	・生徒の支援を一元的に扱う分掌としてサポート部があり、定期的なサポート委員会や日々の連携などによって生徒に関する情報を共有し、支援に当たっている。 ・教育相談の充実のため、県の事業分（７０時間）に加えて、ＰＴＡの負担で４４時間分のカウンセリングを追加している。新入生全員にＳＣに会う時間を設け、その後は定期的に予定を入れ、ＳＣと協力して生徒の状態把握に努めている。	
2	島根県立浜田高等学校	（昼間定時制）
	・就職試験の際、受験先の企業へ受験者本人の特性（書字に難があること）を伝え、作文試験でのPC利用を許可していただいた。 ・特性があり特別な支援を要する受験生への対応経験が少ない大学に対し、生徒の特性（広汎性発達障害）を説明し、受験に際し合理的配慮（別室受験、聴覚過敏のため静かな環境、聴覚情報だけでなく視覚情報の提示、終了時間等の見通しがもてる掲示物）を実施していただいた。	
3	島根県立宍道高等学校	（昼間夜間定時制　３部制）
	・車イス使用の生徒用に専用の机を準備した。 ・障がいのある生徒を支援する福祉サービス事業所と連携し、車イス使用生徒のスクーリングの際、担当職員が該当生徒の送迎やトイレの介助を行った。	
4	島根県立宍道高等学校	（昼間夜間定時制　３部制）（通信制課程）
	・発達障害者支援センターと連携し、月１回、教育相談を行っている。	

（3）外国籍生徒、日本語の指導が必要な生徒の学習ニーズ

No	高等学校名	（課程種別：昼間定時制／夜間定時制／通信制）
1	島根県立宍道高等学校	（昼間夜間定時制　３部制）
	・保護者面談日やオープンスクールにおいて、必要に応じて通訳を準備している。	

（4）経済的に困難を抱える生徒の学習ニーズ

No	高等学校名	（課程種別：昼間定時制／夜間定時制／通信制）
1	島根県立松江工業高等学校	（夜間定時制）
	・松江工業高校定時制教育後援会支援事業として奨学金制度（給付型毎年10名以内、一人10,000円）がある。	
2	島根県立浜田高等学校	（昼間定時制）
	・母一人子一人の母子家庭生徒の母親が脳卒中で倒れ収入がなくなり家賃支払いが滞り借家からの退去を求められたが、県からの特別派遣ＳＳＷの働きで、生活保護費の受給が可能になり学習を続けることができた。	
3	島根県立宍道高等学校	（昼間夜間定時制　３部制）（通信制課程）
	・必要に応じて本校配置のＳＳＷが家庭訪問を行い、相談や行政へつないだりしている。	

【岡山県】

（1）不登校生徒、中途退学を経験した生徒の学習ニーズ

<table>
<tr><th>No</th><th>高等学校名</th><th>（課程種別：昼間定時制／夜間定時制／通信制）</th></tr>
<tr><td>1</td><td>岡山県立岡山操山高等学校</td><td>通信制</td></tr>
<tr><td colspan="3">中学校までの基礎的な学習内容を取り扱う「数学入門」「英語入門」を、学校設定科目として開講している。</td></tr>
<tr><td>2</td><td>岡山県立岡山操山高等学校</td><td>通信制</td></tr>
<tr><td colspan="3">ホームページに『科目の部屋』を設け、家庭科の被服実習についての作業動画や、各科目の授業プリント、レポート解説プリントを掲載し、自学自習を支援している。</td></tr>
<tr><td>3</td><td>真備陵南高等学校</td><td>昼間定時制</td></tr>
<tr><td colspan="3">取組の概要…学校設定教科・科目「わかたけ」（漢字・計算・日常生活の３分野）を１年次生全員が履修する。内容は小学校から中学校までの基礎基本。教材は、校内でプリント作成、生徒の状況に応じて更新。入学時と１年次終了時に、漢字と計算の分野で基礎力テストを実施し、変化を分析する。
成果と課題…学び直し科目として単位認定するため、基礎学力の低い生徒も学習しやすい環境となっている。２年次以降の学び直し科目がないこと、系統的なソーシャルスキルトレーニングの内容が導入されていないので、専門的な視点での科目の見直しが必要である。</td></tr>
<tr><td>4</td><td>岡山理科大学附属高等学校</td><td>通信制</td></tr>
<tr><td colspan="3">学校設定科目：数学入門、英語入門を開講している。</td></tr>
<tr><td>5</td><td>倉敷市立精思高等学校</td><td>夜間定時制</td></tr>
<tr><td colspan="3">不登校経験生徒が約６割、中途退学経験生徒が約３割在籍しており、学び直しが必要な者が多い。習熟度授業やＴＴによる授業を実施し、きめ細かな指導を行っている。</td></tr>
<tr><td>6</td><td>岡山県立烏城高等学校</td><td>昼夜間定時制</td></tr>
<tr><td colspan="3">・学び直しの学校設定科目「国語基礎」「数学入門」「英語基礎」を、３年修了の１年生が選択履修できるよう配置している。</td></tr>
<tr><td>7</td><td>倉敷翔南高等学校</td><td>昼夜間２部定時制</td></tr>
<tr><td colspan="3">学校設定科目ベーシック英語、ベーシック数学、ベーシック国語を設け基礎的な内容の学習を行っている。</td></tr>
<tr><td>8</td><td>興譲館高等学校</td><td>通信制</td></tr>
<tr><td colspan="3">小学校、中学校、共に学校に通えてなく授業が受けられていない生徒に関しては、小学校からの勉強が出来るように動画を配信している。また、人と接するのが苦手な生徒に関してスクーリングでの対応を極力少人数での対応にしている。</td></tr>
<tr><td>9</td><td>備前市立片上高等学校</td><td>夜間定時制</td></tr>
<tr><td colspan="3">多様な学習歴に配慮し、ＴＴを導入するとともに、ＩＣＴを活用した視覚的に分かりやすい授業を展開している。基礎学力の充実を目指し、外部業者の基礎学力診断テストで生徒の学力を客観的に把握したうえ、本校で設定した「卒業時の学習到達目標」の達成に向けた段階的な学習活動に取り組んでいる。また、タブレットを使った学び直しにも取り組んでいる。</td></tr>
</table>

（2）特別な支援を必要とする生徒の学習ニーズ

<table>
<tr><th>No</th><th>高等学校名</th><th>（課程種別：昼間定時制／夜間定時制／通信制）</th></tr>
<tr><td>1</td><td>岡山県立岡山操山高等学校</td><td>通信制</td></tr>
<tr><td colspan="3">療育手帳を有する生徒の就職のため、ハローワークや障がい者就業・生活支援センターとの連携を図った。その後、生徒は障害者合同面接会に参加し無事内定した。</td></tr>
<tr><td>2</td><td>岡山県立岡山操山高等学校</td><td>通信制</td></tr>
<tr><td colspan="3">保護者等の同伴登校により、単独行動が多くなりがちな登校時の行動を支援していただくように配慮している。</td></tr>
<tr><td>3</td><td>岡山県立岡山操山高等学校</td><td>通信制</td></tr>
<tr><td colspan="3">入学した生徒の情報について、保護者はもとより、出身中学校、前籍校にも文書による情報提供を依頼し、得た情報を学習指導、進路指導等に活用している。</td></tr>
<tr><td>4</td><td>真備陵南高等学校</td><td>昼間定時制</td></tr>
<tr><td colspan="3">取組の概要…発達障害の生徒は約４割在籍している。入学前に全生徒の支援を要する状況の聞き取りを中学校訪問で直接行う。教職員には、ユニバーサルデザインの環境づくりや授業展開の声かけをしている。特別支援コーディネーターを通じて、ＳＣやＳＳＷと連携した相談を行っている。地域の福祉専門機関による教員研修を２回実施した。</td></tr>
<tr><td>5</td><td>倉敷市立精思高等学校</td><td>夜間定時制</td></tr>
<tr><td colspan="3">数名の生徒が定期的にスクールカウンセラーによるコミュニケーショントレーニングを受けている。
岡山県が特別支援学校に配置している就労コーディネーターをサテライト的に定時制高校へも割り当てており、特別な支援を必要とする生徒の就労の相談を受けてもらっている。</td></tr>
<tr><td>6</td><td>岡山県立烏城高等学校</td><td>昼夜間定時制</td></tr>
<tr><td colspan="3">・月２回臨床心理士のスクールカウンセラーが来校、週１回大学院生のカウンセラーが来校し、希望生徒や保護者にカウンセリングを行っている。緊急対応等の状況に応じて、臨床心理士と連携を図り、医療機関へつないでいる。</td></tr>
<tr><td>7</td><td>倉敷翔南高等学校</td><td>昼夜間２部定時制</td></tr>
<tr><td colspan="3">スクールカウンセラーに授業参観してもらい、支援についての助言を受けている。
就業支援コーディネーターに個別対応をしてもらっている。</td></tr>
<tr><td>8</td><td>興譲館高等学校</td><td>通信制</td></tr>
<tr><td colspan="3">漢字が読めない、読みにくい生徒に関してフリガナを打ち対応している。資格修得にも対応し出来る範囲の資格修得をめざしている。スクーリングに関しても十分に指導できるよう少人数での対応を極力している。</td></tr>
<tr><td>9</td><td>備前市立片上高等学校</td><td>夜間定時制</td></tr>
<tr><td colspan="3">授業のＵＤ化（すべての授業で板書の形式を統一、ＩＣＴの活用、授業における導入のルーティーン）</td></tr>
</table>

（3）外国籍生徒、日本語の指導が必要な生徒の学習ニーズ

<table>
<tr><th>No</th><th>高等学校名</th><th>（課程種別：昼間定時制／夜間定時制／通信制）</th></tr>
<tr><td>1</td><td>真備陵南高等学校</td><td>昼間定時制</td></tr>
<tr><td colspan="3">取組概要…数人在籍している。生徒本人の日本語指導は必要でないが、保護者と面談する際には、通訳が必要。特別な取組はなし。</td></tr>
<tr><td>2</td><td>岡山県立烏城高等学校</td><td>昼夜間定時制</td></tr>
<tr><td colspan="3">・必要に応じて、学習に用いるプリントや定期考査の問題の漢字にふりがなを付けている。
・担任との面談の際に、電子辞書を使用させている。</td></tr>
</table>

（4）経済的に困難を抱える生徒の学習ニーズ

<table>
<tr><th>No</th><th>高等学校名</th><th>（課程種別：昼間定時制／夜間定時制／通信制）</th></tr>
<tr><td>1</td><td>真備陵南高等学校</td><td>昼間定時制</td></tr>
<tr><td colspan="3">取組状況…就学支援金や教育給付金の手続きを丁寧に繰り返し行っている。特別な取組はない。
成果と課題…手続きの申請書を提出するのも困難な家庭が多いため、事務的にも手が回らない。
全体的には、アルバイトやインターンシップなどの就労支援を進めている。</td></tr>
<tr><td>2</td><td>倉敷翔南高等学校</td><td>昼夜間２部定時制</td></tr>
<tr><td colspan="3">スクールソーシャルワーカーに相談し、適切な外部機関につないでもらっている。</td></tr>
<tr><td>3</td><td>興譲館高等学校</td><td>通信制</td></tr>
<tr><td colspan="3">インターネット視聴の際のタブレットの貸し出しを行っている。</td></tr>
<tr><td>1</td><td>備前市立片上高等学校</td><td>夜間定時制</td></tr>
<tr><td colspan="3">入学者選抜受検料、教科書代、補食費の自己負担なし</td></tr>
</table>

（5）非行・犯罪歴を有する生徒の学習ニーズ

<table>
<tr><th>No</th><th>高等学校名</th><th>（課程種別：昼間定時制／夜間定時制／通信制）</th></tr>
<tr><td>1</td><td>興譲館高等学校</td><td>通信制</td></tr>
<tr><td colspan="3">出来るだけイベントごと参加やボランティア活動参加を促している。また、出来るだけ多くの人との接する機会を増やし、自然との触れ合いもしている。</td></tr>
</table>

【広島県】

<table>
<tr><th colspan="3">（1）不登校生徒、中途退学を経験した生徒の学習ニーズ</th></tr>
<tr><th>No</th><th>高等学校名</th><th>（課程種別：昼間定時制／夜間定時制／通信制）</th></tr>
<tr><td>1</td><td>広島県立福山誠之館高等学校</td><td>夜間定時制</td></tr>
<tr><td colspan="3">・１年次に学校設定科目「数学入門」を設置して，中学校から高校への橋渡しをしている。
・１年次の国語，数学，英語，情報においてティーム・ティーチングを実施して，学習でつまずく生徒のケアを行っている。
・１，２年次の体育，３年次の調理実習においてティーム・ティーチングを実施して，けが等の未然防止に配慮して授業を展開している。</td></tr>
<tr><td>2</td><td>広島県立可部高等学校</td><td>夜間定時制</td></tr>
<tr><td colspan="3">・前授業において，進学希望生徒と就職希望生徒との授業内容を分け，希望進路に対して柔軟に対応しながら進路の保障を目指している。
・長期休業中の補習や個人指導を充実させ，年間を通じて各種資格試験や検定試験，進学に向けた模擬試験の受験を積極的に推進している。</td></tr>
<tr><td>3</td><td>広島県立福山葦陽高等学校</td><td>昼間定時制</td></tr>
<tr><td colspan="3">１年次生は，授業は午前中のみとし，１クラス募集ではあるが，不安定な生徒が多く，学校生活が継続できる環境をつくるために，便宜上習熟度別クラスとして２クラスに分けてホームルーム・授業展開を行っている。実習・実技の得意な生徒のニーズに答え，実技科目を多く配置し，学習意欲の向上を図っている。</td></tr>
<tr><td>4</td><td>広島県立廿日市高等学校</td><td>夜間定時制</td></tr>
<tr><td colspan="3">学校設定科目「基礎数学」を１年次に開講して振返り学習を行っている。</td></tr>
<tr><td>5</td><td>広島県立福山工業高等学校</td><td>夜間定時制</td></tr>
<tr><td colspan="3">通常の授業が少人数指導となっており，個別の生徒に応じて補習等を実施している。加えて，学校設定科目である教科国語の「言語生活」，教科数学の「数学応用」，教科外国語「英語応用」を設定し，基礎学力の定着を図っている。</td></tr>
<tr><td>6</td><td>広島県立松永高等学校</td><td>夜間定時制</td></tr>
<tr><td colspan="3">・非常勤講師を活用して，ＴＴでの授業を行っている。
・スライドやカード等視覚的支援を充実させ，生徒の興味・関心を引出するようにしている。</td></tr>
<tr><td>7</td><td>三次高等学校</td><td>夜間定時制</td></tr>
<tr><td colspan="3">数学Ⅰ（標準単位数３），コミュニケーション英語Ⅰ（標準単位数３）を，それぞれ５単位と４単位に増単して，基礎を振り返る時間を確保している。</td></tr>
<tr><td>8</td><td>広島市立大手町商業高等学校</td><td>（昼夜間定時制）</td></tr>
<tr><td colspan="3">国・英・数の３教科において習熟度別の少人数クラスを編成し、基礎クラスでは義務教育段階の学び直しを授業に取り入れている。</td></tr>
<tr><td>9</td><td>広島県立呉工業高等学校</td><td>夜間定時制</td></tr>
<tr><td colspan="3">・１年次には，基礎学習の充実を図るため，基礎科目をカリキュラムに取り入れている。
・SHR 前に登校させ数学等の補習(中学校の振り返り)を行っている。
・生徒状況連絡会(中高連携)を設け，中学校での学びについて詳しく連携し，授業展開を工夫している。</td></tr>
<tr><td>10</td><td>広島県立西高等学校</td><td>通信制</td></tr>
<tr><td colspan="3">○　平成 29 年度までは，学校設定科目として，英語入門・数学入門を実施。今年度からは，新規入学生の募集停止を受け，廃止。
○　レポート作成を支援する教科別教室，コミュニケーション力等が不足している生徒へのサポート教室を組織的に開設している。
○　「学びの変革」アクションプランに基づき，自校の「目指す生徒像」「育てたい生徒像」を明確にし，生徒の基礎・基本的な学びに加え主体的・能動的で深い学びにつなげるための取組・工夫を推進した。すべての教科において，生徒の思考力・判断力・表現力を育むレポートづくりに取り組むとともに，能動的な学び，学習者基点の学び，深い学びを中心に据えて，授業づくりに取り組んだ。
○　すべての教科において，ＩＣＴ機器・拡大投影機等を活用するなど，視覚的支援を念頭に置きつつ授業づくりに工夫を凝らした面接指導を実施し，教科の枠を超えて広く公開した。また，生徒の思考力・判断力・表現力を育むレポートづくりに取り組み，能動的な学び，学習者基点の学び，深い学びを中心に据えた。
○　生徒との人間関係構築をめざし，担任・教科担当者による粘り強く丁寧な指導を継続することにより，生徒の学習意欲を高めた。
成果　◎　単位修得率の向上
課題　●　学習意欲が全くない生徒への指導
　　　●　閉校間近にあり，卒業が見込めそうにない生徒への指導</td></tr>
<tr><td>11</td><td>広島県立　因島　高等学校</td><td>夜間定時制</td></tr>
<tr><td colspan="3">入学後すぐに学力確認テストを実施し，基礎基本の定着度，つまずき具合，学習課題を分析する。分析結果をもとに分かりやすい授業に努める。年度末に再度，学力確認テストを実施し，生徒の学力の伸びを測るとともに，取組を振り返り次年度の授業に反映させている。</td></tr>
<tr><td>12</td><td>広島県立　因島　高等学校</td><td>夜間定時制</td></tr>
<tr><td colspan="3">合格発表から入学式の間に，前籍校（新卒は中学校，高校中退者には高校にも）と連携をとり，生徒の生活課題や学習課題を明らかにしておく。</td></tr>
<tr><td>13</td><td>呉三津田高等学校</td><td>夜間定時制</td></tr>
<tr><td colspan="3">全校 26 名であることから，年度当初より，全校合同授業（保健体育等）を実施して，横の関係で緊張感を強いられてきた生徒達に，縦（同じ経験を乗り越えた先輩）の存在を知らせ，希望を持たせる。</td></tr>
<tr><td>14</td><td>呉三津田高等学校</td><td>夜間定時制</td></tr>
<tr><td colspan="3">少人数であることから，授業中，国・数・英では個別のプリントで指導する。また，単元毎に，最低基準となる課題を用意し，できた生徒ができていない生徒に教えるという仕組みを作っている。</td></tr>
<tr><td>15</td><td>呉三津田高等学校</td><td>夜間定時制</td></tr>
<tr><td colspan="3">スクールカウンセラーによる全員面接で，それぞれの課題を明確にし，全教職員で共有し，指導する。</td></tr>
</table>

<table>
<tr><th colspan="3">（2）特別な支援を必要とする生徒の学習ニーズ</th></tr>
<tr><th>No</th><th>高等学校名</th><th>（課程種別：昼間定時制／夜間定時制／通信制）</th></tr>
<tr><td>1</td><td>広島県立宮島工業高等学校</td><td>（夜間定時制）</td></tr>
<tr><td colspan="3">発達障害の専門医を年３回招聘し，１年生を中心に行動観察及び面談を実施した後，専門医が講師となり，全教職員を対象に生徒個々の効果的な対応等について校内研修会を行っている。</td></tr>
<tr><td>2</td><td>広島県立可部高等学校</td><td>夜間定時制</td></tr>
<tr><td colspan="3">・ＡＤＨＤ等により支援が必要な生徒に対して，スクールカウンセラーや療育センターとも連携しながら個別支援計画を作成し，定期的に情報交換会や教育相談委員会を開催し，学習活動に係る支援策も検討しつつ，進路の保障を目指している。</td></tr>
</table>

3	広島県立福山葦陽高等学校	昼間定時制
	授業においては，学び直しを主とした基礎学力の定着を図る授業の展開をバランスに配慮しながら実践している。授業では，「本時のめあて」「ながれ」「まとめ」のカードを使用し，今何をやっているかが見える形での授業展開を行っている。また，手帳を持っている生徒の就業体験等ハローワークや作業所と連携する中で，体験を実施している。	
4	広島県立廿日市高等学校	夜間定時制
	特別支援コーディネータが中心となって，特別支援学校やスクールカウンセラーと連携し，支援方法や支援体制を検討し，生徒への対応について全教職員が共通認識を持てるように研修会を実施している。	
5	尾道市立広島県尾道南高等学校	夜間定時制
	尾道市が配置する非常勤職員（17:00～21:00 勤務）の特別支援教育支援員２名及び教科アシスタント２名を，原則として１年生から４年生の各授業に位置付け，様々な困難性や特性を有する生徒を中心に指導・支援して，授業の中で『集団への指導』と『個別の支援』がバランス良く配置され教育効果を上げる取組を推進している。 また，『支援室』という名称で，授業中に興奮したり指導が難しくなったりした生徒のクールダウン等に活用する部屋を設け活用している。ここでも，上記の特別支援教育支援員や教科アシスタントの機能化を図り，臨機応変に対応している。	
6	広島県立広島観音高等学校	昼間定時制
	発達障害のため特別な支援が必要な生徒に対し，社会福祉法人広島障害者就業・生活支援センターと連携し，応募前企業見学，就労体験を行っている。その結果，本人の希望に沿う就職ができた。	
7	広島県立福山工業高等学校	夜間定時制
	特別支援教育コーディネータを設置し，通級に係る対応等の研修を実施している。また，生徒指導主事から発達障害や学習障害等の特別な支援を要する生徒の対応のため，参考となるテレビ放送や資料等を教職員に情報提供している。	
8	広島県立松永高等学校	夜間定時制
	・毎日の連絡会の中で，前日のすべての授業における生徒の様子の報告し，生徒状況の情報共有を行っている。	
9	広島市立大手町商業高等学校	（昼夜間定時制）
	広島市の制度である「特別支援教育アシスタント」を昼間部、夜間部それぞれ１名ずつ４時間配置し、授業中を中心に発達に課題のある生徒の個別支援を行っている。	
10	広島県立呉工業高等学校	夜間定時制
	・数学を強く拒む生徒については，保護者と連携し，段階的に教室に入れるように配慮している。	
11	広島県立西高等学校	通信制
	○　すべての教科において，ＩＣＴ機器・拡大投影機等を活用するなど，視覚的支援を念頭に置きつつ授業づくりに工夫を凝らした面接指導を実施し，教科の枠を超えて広く公開した。また，生徒の思考力・判断力・表現力を育むレポートづくりに取り組み，能動的な学び，学習者基点の学び，深い学びを中心に据えた。 ○　様々な状況を抱える生徒に対し的確に対応するとともに，特別支援教育の視点に立った教育を推進するため，スクールカウンセラーを交えた特別支援教育・いじめ防止委員会を開催し，協議内容を全教職員で共有し，生徒の指導に生かしている。 ○　ユニバーサルデザインを意識した環境づくり（拡大印刷物掲示，教室内掲示）。 ○　ケース会議・事例を挙げての校内研修会の実施。スクールカウンセラーを講師に招へいしての，特別支援教育研修会の実施。 ○　保健体育科の評価方法について 「見学」による授業参加を行わせ，「見学カード」を提出することで，出席扱いとしている。 成果　◎　登校した生徒にとって，学習に対する障害となるものはない。 ◎　発達障害等への教職員の理解が深まった。 課題　●　スクールカウンセラーによる短期間のカウンセリングでは，なかなか成果が現れない。	
12	広島県立　因島　高等学校	夜間定時制
	ＩＣＴ機器（電子黒板，書画カメラ，プロジェクター，パソコン等）の活用。	
13	広島県立　因島　高等学校	夜間定時制
	発表用の小型ホワイトボードを生徒全員分用意して，フリップ方式の授業展開を研究している。授業への参加意識の向上，他者からの認知，達成感の高揚等の効果が期待される。	
14	広島県立　因島　高等学校	夜間定時制
	授業や教室のユニバーサルデザイン化。プリント，板書，掲示物等。	
15	広島県立　因島　高等学校	夜間定時制
	特別支援学校との連携（ＳＳＮ：しまなみサポートネットワーク　職員研修，特別な支援，合理的な配慮，個別支援計画の作成等について）	
16	呉三津田高等学校	夜間定時制
	特別支援教育コーディネータ（広島県では各校に１名，県教委が承認する）を中心に特別支援教育委員会を定期的に開き，支援の必要な生徒の個別の支援計画を作成し，全教職員で，合理的配慮に努める。作成については，特別支援学校の包括的なコーディネータに指導助言を受ける。	

（3）外国籍生徒、日本語の指導が必要な生徒の学習ニーズ

No	高等学校名	（課程種別：昼間定時制／夜間定時制／通信制）
1	広島県立海田高等学校	夜間定時制
	総合的な学習の時間に「日本語講座」を開講している。外国籍生徒３名に受講させ，特別非常勤講師による日本語指導を行い（年間 10 時間程度），日本語能力試験の受験を目指して取り組ませている。 また，全教科で，授業ではルビ付きプリントを使用し，定期試験でもルビ付きで試験問題等を作成している。理科では，英語に訳したプリントと，そこで使用される英単語とそれを母国語の単語に変換したものを一覧にしたプリントを配付している。	
2	広島県立西高等学校	通信制
	○　担任による個別指導。 ○　指導要録確認による外国籍生徒の状況把握と情報共有。 △　担任による日本語指導は，長期間を要するため，単位修得への道のりは長い。 課題　●　外国籍生徒に特化した組織的な取組はない。	
3	広島県立福山工業高等学校	夜間定時制
	教職員対象に「わかりやすい日本語講座」という研修会を実施し，授業や生徒・保護者への配付物及びホームページ等を日本語がわかりやすいように配慮している。また，定期考査においては，ベトナム語や中国語を簡易に使用するなど，問題を理解しやすいように努めている。	
4	広島県立松永高等学校	夜間定時制
	・生徒の教材には，必要に応じてルビをふっている。	

（4）経済的に困難を抱える生徒の学習ニーズ

No	高等学校名	（課程種別：昼間定時制／夜間定時制／通信制）
1	広島県立可部高等学校	夜間定時制
	・生活リズムを確立させ，学習意欲を喚起させる目的で生徒の就労活動を勧め，ハローワーク可部とも連携して就労支援を行っている。	

・給付型の奨学金受給の案内を積極的に紹介し，修学に困難を抱える生徒に対しては個別に担任から申請するよう指導している。

2	広島県立福山葦陽高等学校	昼間定時制

修学給付金の手続きを丁寧に取り組んでいる。現在の給付割合は，２８％で学年諸費等に当てている。また，２年次生以上にはハローワークと連携し，アルバイト等の就業を推進し，７０％以上の生徒が学校終了後アルバイトで学費，生活費を稼いでいる。

3	広島県立福山工業高等学校	夜間定時制

在学中での就労活動を推奨しており，社会に必要とされる基本的な資質・能力の育成を図るとともに，スクールカウンセラーを活用し，修学における経済的な不安の解消に努めている。

4	広島県立松永高等学校	夜間定時制

・1 年時から就労支援を積極的に行っている。
・就学奨励費や就学給付金等の支給により，支援が行われている。

5	広島県立西高等学校	通信制

・就学支援金（受講料補助）　約 200 人
・修学奨励金（勤労者に貸付　14,000 円／月）　2 人
・教科書補助（教科書代全額補助）　約 40 人
・奨学金制度の紹介。

6	広島県立　因島　高等学校	夜間定時制

生徒の勤務先，アルバイト先との連携を綿密に行っている。

7	呉三津田高等学校	夜間定時制

修学奨励金や奨学金など，公的な支援に関して，保護者にも再三説明して，利用を促す。

（5）非行・犯罪歴を有する生徒の学習ニーズ

No	高等学校名	（課程種別：昼間定時制／夜間定時制／通信制）
1	広島県立可部高等学校	夜間定時制

・該当生徒は存在しないが，広島県安佐北警察署生活安全課長に学校評議員として多様な意見を幅広く求め、学校運営の状況などを周知して、支援・協力を得ている。

2	広島県立福山工業高等学校	夜間定時制

入学後，県立の児童自立支援施設と生徒・保護者，担任，生徒指導主事，管理職と数回にわたり連携を行い，規則正しい集団生活を通して，健全なる社会の一員として自立できるように支援している。

また，広島県警福山東署と連携し，全校生徒対象に犯罪の未然防止研修会を毎年実施し，生徒の規範意識の向上に努めている。

3	広島県立西高等学校	通信制

○　警察との連携。県教委への報告。平成 29 年度　12 件，平成 30 年度（10 月末まで）5 件。
○　警察関係者を招聘しての教職員研修会の実施。
○　毎月の問題行動数報告（県教委へ，問題行動数・転退休学者数）
○　新規入学生募集があったころには，中学校・保護司連携。
○　家庭連携，反省文・説諭等。
課題　●　問題行動生徒は，学校に位置づいていない場合が多く，指導が困難である。

【山口県】

<table>
<tr><th colspan="3">（2）特別な支援を必要とする生徒の学習ニーズ</th></tr>
<tr><th>No</th><th>高等学校名</th><th>（課程種別：昼間定時制／夜間定時制／通信制）</th></tr>
<tr><td>1</td><td>徳山高等学校</td><td>夜間定時制</td></tr>
<tr><td colspan="3">合意的配慮協力員に、週１回その関係生徒の授業に参加してしてもらっている。</td></tr>
<tr><td>2</td><td>山口高等学校</td><td>夜間定時制</td></tr>
<tr><td colspan="3">生徒支援部を新たに立ち上げ、研修を含む特別支援教育に関する連絡・調整を行っている。
通級指導は週１回０次限目を設定し、単位認定をすることとしている。
通級担当教員と一緒に、全教員一人ずつが通級の授業に参加して、「通級による指導」についての理解を深めている。</td></tr>
<tr><td>3</td><td>岩国商業東分校高等学校</td><td>昼夜間２部制定時制</td></tr>
<tr><td colspan="3">生徒が、いらいらしたり、感情が高ぶったりしたときに、落ち着かせるためのクールダウン部屋を準備している。</td></tr>
</table>

<table>
<tr><th colspan="3">（3）外国籍生徒、日本語の指導が必要な生徒の学習ニーズ</th></tr>
<tr><th>No</th><th>高等学校名</th><th>（課程種別：昼間定時制／夜間定時制／通信制）</th></tr>
<tr><td>1</td><td>宇部中央高等学校</td><td>夜間定時制</td></tr>
<tr><td colspan="3">入学前に中学校の教員等とケース会議を実施。その後、生徒の状態、家庭状況等を踏まえて、市こども・若者応援課、児童相談所、家庭児童相談所、施設の家庭支援センター、市生活支援課などとケース会議や要保護対策協議会等を開催している。</td></tr>
</table>

<table>
<tr><th colspan="3">（4）経済的に困難を抱える生徒の学習ニーズ</th></tr>
<tr><th>No</th><th>高等学校名</th><th>（課程種別：昼間定時制／夜間定時制／通信制）</th></tr>
<tr><td>1</td><td>小野田工業高等学校</td><td>夜間定時制</td></tr>
<tr><td colspan="3">SSWとの連携（SSWを通して医療、福祉等とも連携）、担任から定期的に食生活についての情報収集、機会を捉えて保護者との面会、自炊に向けた調理等の指導（計画中）、機会を捉えて養護教諭等から適切な栄養摂取の必要性について指導している。</td></tr>
</table>

【香川県】

（1）不登校生徒、中途退学を経験した生徒の学習ニーズ

<table>
<tr><th>No</th><th>高等学校名</th><th>（課程種別：昼間定時制／夜間定時制／通信制）</th></tr>
<tr><td>1</td><td>香川県立三木高等学校</td><td>夜間定時制</td></tr>
<tr><td colspan="3">学校設定科目：英語基礎、基礎数学を開講して、中学校の振返り学習を行っている。</td></tr>
<tr><td>2</td><td>香川県立高松高等学校</td><td>夜間定時制</td></tr>
<tr><td colspan="3">○標準単位数より多く授業時間を確保して、中学校の内容を復習しながら履修させている。例えば、数学Ⅰ（標準単位数３）を５単位、国語総合（標準単位数４）を５単位にして履修させている。</td></tr>
<tr><td>3</td><td>香川県立高松工芸高等学校</td><td>夜間定時制</td></tr>
<tr><td colspan="3">成績不振生徒に対して考査後も継続して指導を行い、遅れを取り戻せるように指導している。</td></tr>
<tr><td>4</td><td>香川県立丸亀高等学校</td><td>夜間定時制</td></tr>
<tr><td colspan="3">低年次の英語・数学で、少人数指導を実施。また、組織的な対応ではないが、極端に学力が低い生徒には、始業前等に個人指導を実施している。</td></tr>
<tr><td>5</td><td>高松中央高等学校</td><td>通信制</td></tr>
<tr><td colspan="3">学校設定科目として、国語入門、数学入門、英語入門を開講し、戻り学習を行っている。</td></tr>
</table>

（2）特別な支援を必要とする生徒の学習ニーズ

<table>
<tr><th>No</th><th>高等学校名</th><th>（課程種別：昼間定時制／夜間定時制／通信制）</th></tr>
<tr><td>1</td><td>香川県立小豆島中央高等学校</td><td>夜間定時制</td></tr>
<tr><td colspan="3">知的障害が疑われる生徒に対して、始業前の時間に小学校からの算数の振り返りの課題をさせる個別指導を行っている。また、定期考査前には、テスト対策の個別指導を行っている。</td></tr>
<tr><td>2</td><td>香川県立三木高等学校</td><td>夜間定時制</td></tr>
<tr><td colspan="3">車イス生徒（現在は在籍なし）のために、エレベーターの使用を認めている。</td></tr>
<tr><td>3</td><td>香川県立高松高等学校</td><td>夜間定時制</td></tr>
<tr><td colspan="3">○年度当初、生徒と保護者からの要望を聞きとり職員共通理解のもと指導している。</td></tr>
<tr><td>4</td><td>香川県立高松商業高等学校</td><td>夜間定時制</td></tr>
<tr><td colspan="3">不定期ではあるが、SSW や SC に発達障がいの診断がある生徒の在籍するクラスの授業観察を行ってもらっている。その生徒と他の生徒の人間関係や授業中の様子を観察していただき、教員に助言をお願いしている。ADHD を持つ生徒には、面接と SST を実施し、生徒本人の学校生活をサポートしていただいている。コミュニケーション能力や情緒のコントロールなど生徒がとても成長した様子を見せている。また、個々の支援を必要とする生徒の指導計画を作成し、卒業後の進路実現や他機関への円滑な移行を目指している。</td></tr>
<tr><td>5</td><td>香川県立高松高等学校</td><td>通信制</td></tr>
<tr><td colspan="3">歩行が不自由な生徒のためにエレベーターを設置している。</td></tr>
<tr><td>6</td><td>香川県立丸亀高等学校</td><td>通信制</td></tr>
<tr><td colspan="3">・添削指導における報告課題について、ユニバーサルデザインの観点からフォントや文字の大きさ及び記入欄の工夫をしている。
・平日に補助スクーリングと称して初級講座と進学講座に分けて実施している。今年度からは初級講座の数学において、より小人数での学習ができるよう２講座に分けて実施している。</td></tr>
</table>

（3）外国籍生徒、日本語の指導が必要な生徒の学習ニーズ

<table>
<tr><th>No</th><th>高等学校名</th><th>（課程種別：昼間定時制／夜間定時制／通信制）</th></tr>
<tr><td>1</td><td>香川県立高松高等学校</td><td>夜間定時制</td></tr>
<tr><td colspan="3">○外国籍の生徒には、難解な言葉の意味を英語で説明したり、漢字にはルビを入れたりして個別対応している。</td></tr>
</table>

（4）経済的に困難を抱える生徒の学習ニーズ

<table>
<tr><th>No</th><th>高等学校名</th><th>（課程種別：昼間定時制／夜間定時制／通信制）</th></tr>
<tr><td>1</td><td>香川県立高松高等学校</td><td>夜間定時制</td></tr>
<tr><td colspan="3">○各奨学金の紹介をしている。
○ジョブサポートティーチャと連携してアルバイト先の紹介を行なっている。</td></tr>
<tr><td>2</td><td>香川県立丸亀高等学校</td><td>夜間定時制</td></tr>
<tr><td colspan="3">４人の子どもを持つ父子家庭に対して、SSW を通して、市役所と情報交換をしている。</td></tr>
</table>

（5）非行・犯罪歴を有する生徒の学習ニーズ

<table>
<tr><th>No</th><th>高等学校名</th><th>（課程種別：昼間定時制／夜間定時制／通信制）</th></tr>
<tr><td>1</td><td>香川県立高松高等学校</td><td>夜間定時制</td></tr>
<tr><td colspan="3">○生徒本人が責任感や自己肯定感（誇り）を持って、仕事や授業に参加できるよう職員の共通理解のもと指導する。毎週、職員ミーティングで生徒情報交換を行ない指導方法の共有を行なう。必要に応じて、保護者、関係機関と連携する。</td></tr>
</table>

【愛媛県】

（1）不登校生徒、中途退学を経験した生徒の学習ニーズ

<table>
<tr><th>No</th><th>高等学校名</th><th>(課程種別：昼間定時制／夜間定時制／通信制)</th></tr>
<tr><td>1</td><td>愛媛県立川之江高等学校</td><td>夜間定時制</td></tr>
<tr><td colspan="3">定期考査期間中は、開校１時間前から全生徒対象に質問の時間を設けている。今年度は 73 歳の高齢の生徒が在籍しているので、毎日２時間の補講（自主的）を行っている。また、定期考査で欠点科目取得の生徒については、長期休業中に１週間の補講を行い学習習慣が身に付くように指導を行っている。</td></tr>
<tr><td>2</td><td>愛媛県立新居浜西高等学校</td><td>夜間定時制</td></tr>
<tr><td colspan="3">英語科(コミュニケーション英語基礎・英語Ⅰ)、数学科(数学Ⅰ)において習熟度別授業を行っている。夏季休業中に、希望者対象の補習授業を 10 日程度行っている。</td></tr>
<tr><td>3</td><td>愛媛県立西条高等学校</td><td>夜間定時制</td></tr>
<tr><td colspan="3">高校入学後から、新しい自分を求めて頑張る生徒が多い。約３時間前から登校する生徒もおり、職員室で勉強できる環境を整えている。放課後も、勉強して帰る生徒が数名おり、適宜質問等に応じている。</td></tr>
<tr><td>4</td><td>愛媛県立今治西高等学校</td><td>夜間定時制</td></tr>
<tr><td colspan="3">早く登校した生徒のために職員室の一部を開放して机、椅子を設置し、自主学習や交流の場として活用している。また、校務に支障がない場合は、職員室内にある応接室も同様の目的で開放し、必要があれば個別指導するなど、生徒の学習ニーズに応えている。</td></tr>
<tr><td>5</td><td>愛媛県立松山商業高等学校</td><td>夜間定時制</td></tr>
<tr><td colspan="3">・ 休みがちな生徒や理解が十分でない生徒について、長期休業中を利用して、数学・英語・商業科目（簿記や情報処理）の個別の補習指導を実施している。
・ 家庭との情報共有を図り、一人一人の生徒の実態に合わせた指導を工夫している。生徒が、登校できるように家庭との連携を密接にしている。</td></tr>
<tr><td>6</td><td>愛媛県立松山南高等学校</td><td>夜間定時制</td></tr>
<tr><td colspan="3">「基礎学力を養いたい」「大学進学を目指した学力を身に付けたい」などの生徒のニーズに応えるため、始業前（14 時頃から 17 時頃）には進路指導室を毎日開放し、ここで 10 名程度の生徒が自身の学習したい科目に取り組んでおり、質問事項があるときにはいつでも各科目の担当教員が対応できる体制を取っている。また、コミュニケーション英語Ⅰ（週３時間）及びⅡ（週４時間）では、習熟度別授業を実施している。更に、長期休業中には「中学数学」など、基礎を学び直す講座も開講し、生徒のニーズに対応している。</td></tr>
<tr><td>7</td><td>愛媛県立松山工業高等学校</td><td>夜間定時制</td></tr>
<tr><td colspan="3">全教職員に個々の生徒の状態や性格を入学の際に連絡・報告し、全教職員が情報を共有して一人一人に対応している。</td></tr>
<tr><td>8</td><td>愛媛県立大洲高等学校肱川分校</td><td>昼間定時制</td></tr>
<tr><td colspan="3">・ 学校設定科目「産業社会と人間」において、漢字の基礎を学習し、個にあった漢字検定を受験させている。
・ 数学、英語については、「T・T」で授業を行いサポートしている。
・ 中学時代から、不登校生徒を対象とした「おおずふれあいスクール」「うちこふれあいスクール」に在籍していた生徒もおり、本校に入学後も「ふれあいスクール」と連携し、継続指導を行っている。
・放課後等を利用して、個別指導を行っている。
・長期休業中に補習を設定するなどして、補充している。</td></tr>
<tr><td>9</td><td>愛媛県立八幡浜高等学校</td><td>夜間定時制</td></tr>
<tr><td colspan="3">全校生徒のうち、不登校生徒、中途退学経験生徒のほうが多いので、どの授業も生徒の習熟度に合わせたものにしている。</td></tr>
<tr><td>10</td><td>今治精華高等学校</td><td>通信制課程</td></tr>
<tr><td colspan="3">平日登校を促し、自習室での基礎的な学習指導を行っている。</td></tr>
</table>

（2）特別な支援を必要とする生徒の学習ニーズ

<table>
<tr><th>No</th><th>高等学校名</th><th>(課程種別：昼間定時制／夜間定時制／通信制)</th></tr>
<tr><td>1</td><td>愛媛県立川之江高等学校</td><td>夜間定時制</td></tr>
<tr><td colspan="3">年度初めに、全職員参加のもと支援会議を開催している。中学校からの引継ぎや、保護者からの希望により対象生徒について、本校職員、保護者、市教育委員会、ジョブアシスト等が参加し一人当たり２時間の話し合いを行い、全職員が共通理解のもと効果的な教育活動に取り組めるようにしている。また、緊急な対応については、特別支援コーディネーターを中心にミーティングを適宜開き、対応している。</td></tr>
<tr><td>2</td><td>愛媛県立新居浜西高等学校</td><td>夜間定時制</td></tr>
<tr><td colspan="3">知的支援が必要な生徒について、個別の教育支援計画、個別の指導計画を作成し、全教職員が共通理解のもと、指導を行っている。昨年度は支援学校の就労支援コーディネーターと連携し、生徒の進路実現につながる支援を行った。</td></tr>
<tr><td>3</td><td>愛媛県立西条高等学校</td><td>夜間定時制</td></tr>
<tr><td colspan="3">西条市の適応指導教室や支援センターに協力してもらい、個別の指導計画の作成からアドバイスをいただいている。しかし、４年次に不登校が再発するなど、まだまだ課題も多い。</td></tr>
<tr><td>4</td><td>愛媛県立松山南高等学校</td><td>夜間定時制</td></tr>
<tr><td colspan="3">支援が必要と認められる場合には、保護者と連携し特別支援コーディネーターを中心に全教職員で情報共有を行うとともに、その後の支援方針について協議している。なお、必要に応じて、特別支援学校のコーディネーターにも支援を要請し教育計画を立てるなど、個に応じた取組を行っている。</td></tr>
<tr><td>5</td><td>愛媛県立松山工業高等学校</td><td>夜間定時制</td></tr>
<tr><td colspan="3">入学の際に、中学校や保護者から対応方法を聞いて対応していく。また、保護者や担当医師との連携も行った。それを全教職員で共有し対応していく。生徒の現状や成長状況を学年ごとに調査した。</td></tr>
<tr><td>6</td><td>愛媛県立大洲高等学校肱川分校</td><td>昼間定時制</td></tr>
<tr><td colspan="3">・数学、英語については、「T・T」で授業を行いサポートし、教科によっては実習助手を配置している。
・療育手帳を所持し、希望した生徒はジョブカフェ愛 Work と連携し、進路指導を行っている。
・放課後等を利用して、個別指導を行っている。
・長期休業中に補習を設定するなどして、補充している。
・療育手帳を所持している生徒は、教科書無償制度の利用を促している。</td></tr>
<tr><td>7</td><td>愛媛県立八幡浜高等学校</td><td>夜間定時制</td></tr>
<tr><td colspan="3">該当生徒２名について、指導計画を作成する予定である。</td></tr>
<tr><td>8</td><td>今治精華高等学校</td><td>通信制課程</td></tr>
<tr><td colspan="3">自分の手で書くことが難しい生徒のために、各教科レポートの作成に関して、パソコンでの記入を認めている。</td></tr>
</table>

（3）外国籍生徒、日本語の指導が必要な生徒の学習ニーズ

<table>
<tr><th>No</th><th>高等学校名</th><th>（課程種別：昼間定時制／夜間定時制／通信制）</th></tr>
<tr><td>1</td><td>愛媛県立新居浜西高等学校</td><td>夜間定時制</td></tr>
<tr><td colspan="3">外国籍生徒が１名在籍しているが、日本語の理解が十分にできており、特別な日本語指導は行っていない。授業において不明な点はその都度分かりやすく説明を行うようにしている。（上記(2)に該当）</td></tr>
<tr><td>2</td><td>愛媛県立宇和島東高等学校</td><td>夜間定時制</td></tr>
<tr><td colspan="3">各教科やホームルーム活動、特別活動等様々な場面で支援を行っている。教科においては、特に国語や地歴公民で不便を感じているため、国語の一部の授業では英語科教員が横に座り TT の形をとり支援、地歴公民では教科書に振り仮名を打つことで支援、他の教科でも放課後や長期休暇を利用し個別に指導したり、仲の良い生徒数名にサポートさせたりしている。また、各種アンケートなどは英語バージョンを作成し支援している。
対象生徒は「学校が支援してくれている」という気持ちを強く持ち、「それに応えなければ」という思いから努力し、成果も上がっている。また、周りの生徒を巻き込むことで、国際理解や人権意識の向上にもつながった。</td></tr>
<tr><td>3</td><td>愛媛県立西条高等学校</td><td>夜間定時制</td></tr>
<tr><td colspan="3">本年度、学校設定教科「Japan」を設定した。日本に関する知識・理解を深め、高校生活を円滑に送るための一助とすることを目標としている。現在、外国籍生徒２名（ペルー、中国）に対して、０限に授業を行い、教科横断的にすべての定時制教員が項目ごとに担当している。「Japan A」を３単位で、この科目を履修・習得した後、より高度な「Japan B」を３単位で受講できるようにした。今後、ますます外国籍の生徒たちが増えることを想定しての実施である。</td></tr>
<tr><td>4</td><td>今治精華高等学校</td><td>通信制課程</td></tr>
<tr><td colspan="3">中国籍の生徒が１名いるが、基本的な読み書きが出来だしたので、現在は特別な指導はしていない。</td></tr>
</table>

（4）経済的に困難を抱える生徒の学習ニーズ

<table>
<tr><th>No</th><th>高等学校名</th><th>（課程種別：昼間定時制／夜間定時制／通信制）</th></tr>
<tr><td>1</td><td>愛媛県立川之江高等学校</td><td>夜間定時制</td></tr>
<tr><td colspan="3">授業料免除や奨学金等により対応している。本年度、母親が亡くなり一人で生活している生徒が在籍しているが、アルバイトの斡旋や定期的な家庭訪問・電話連絡等で、担任を中心に全職員で対応している。</td></tr>
<tr><td>2</td><td>愛媛県立松山工業高等学校</td><td>夜間定時制</td></tr>
<tr><td colspan="3">キャリア教育の推進も含め、入学後に生活が落ち着いたら、アルバイトの実施を促している。</td></tr>
<tr><td>3</td><td>愛媛県立大洲高等学校肱川分校</td><td>昼間定時制</td></tr>
<tr><td colspan="3">・条件が満たす生徒については、教科書無償制度の利用を促している。
・該当するであろう奨学金の情報提供に努めている。
・ハローワークからの情報を随時提供し、進路実現を見据え、アルバイトを推奨している。</td></tr>
<tr><td>4</td><td>愛媛県立西条高等学校</td><td>夜間定時制</td></tr>
<tr><td colspan="3">入学以来、校納金が入金されない家庭に対しては、事務室と連携して、事務長に保護者面談をしてもらった。少しずつ、返済していく計画を立てているが、なかなか現実は厳しい。</td></tr>
</table>

（5）非行・犯罪歴を有する生徒の学習ニーズ

<table>
<tr><th>No</th><th>高等学校名</th><th>（課程種別：昼間定時制／夜間定時制／通信制）</th></tr>
<tr><td>1</td><td>愛媛県立川之江高等学校</td><td>夜間定時制</td></tr>
<tr><td colspan="3">問題行動による謹慎期間中の指導は、校内で行っている。謹慎期間中は教職員が付き添い、生活指導や学習指導を行い、謹慎解除後の学習に支障のないようにしている。</td></tr>
<tr><td>2</td><td>愛媛県立西条高等学校</td><td>夜間定時制</td></tr>
<tr><td colspan="3">不登校の生徒は多く入学しているが、非行歴のある、あるいはその傾向の強い生徒はここ数年減少している。昨年、今年と特別指導は現在まで０で、特に対策はしていない。</td></tr>
<tr><td>3</td><td>愛媛県立松山工業高等学校</td><td>夜間定時制</td></tr>
<tr><td colspan="3">入学後、非行歴などを全教職員が共有して、性格など把握して対応し、卒業できるよう指導している。施設にいた生徒は、施設の職員とも連携した。</td></tr>
</table>

【高知県】

<table>
<tr><th colspan="3">（1）不登校生徒、中途退学を経験した生徒の学習ニーズ</th></tr>
<tr><th>No</th><th>高等学校名</th><th>（課程種別：昼間定時制／夜間定時制／通信制）</th></tr>
<tr><td>1</td><td>高知北高等学校</td><td>通信制</td></tr>
<tr><td colspan="3">・新入生に対してスクーリング、レポートの作成・提出、通信制の学校生活等が理解できるように入学式でＤＶＤを配布し、単位修得や中退防止に努めている。
・ピアサポーター（高知大学生）による生徒の悩み相談や学習支援。</td></tr>
</table>

<table>
<tr><th colspan="3">（2）特別な支援を必要とする生徒の学習ニーズ</th></tr>
<tr><th>No</th><th>高等学校名</th><th>（課程種別：昼間定時制／夜間定時制／通信制）</th></tr>
<tr><td>1</td><td>高知北高等学校・太平洋学園</td><td>通信制／定時制・通信制</td></tr>
<tr><td colspan="3">・学習障害の生徒のレポートや定期試験にルビを付けている。</td></tr>
<tr><td>2</td><td>中芸高等学校</td><td>昼間部</td></tr>
<tr><td colspan="3">・１年次生全員を対象にソーシャルスキルアップトレーニング（学校設定科目）を置き、コミュニケーションの向上を図っている。
・中芸タイム（学校設定科目）を設け、教員と生徒の対話を重視した授業を実施。</td></tr>
<tr><td>3</td><td>中芸高等学校・高知商業高等学校</td><td>昼間部／定時制</td></tr>
<tr><td colspan="3">・生徒対象の「カウンセラーだより」を発行している。</td></tr>
<tr><td>4</td><td>高知商業高等学校</td><td>定時制</td></tr>
<tr><td colspan="3">・スクールカウンセラーによる入学後の新入生の全員面接を実施している。</td></tr>
<tr><td>5</td><td>中芸高等学校</td><td>昼間部</td></tr>
<tr><td colspan="3">・敷地内に特別支援学校の分校が同居し、生徒や教員の交流が行われている。通級指導についても特別支援学校の教員と一緒に授業作りに取り組んでいる。</td></tr>
<tr><td>6</td><td>高知北高等学校</td><td>昼間部・夜間部・通信制</td></tr>
<tr><td colspan="3">・月１回、医療アドバイザー（大学教授）のカウンセリングを受けることができる。</td></tr>
</table>

<table>
<tr><th colspan="3">（4）経済的に困難を抱える生徒の学習ニーズ</th></tr>
<tr><th>No</th><th>高等学校名</th><th>（課程種別：昼間定時制／夜間定時制／通信制）</th></tr>
<tr><td>1</td><td>高知北高等学校</td><td>昼間部</td></tr>
<tr><td colspan="3">・家庭環境が厳しい生徒や母子家庭に対して、スクールソーシャルワーカーが市役所や外部機関との交渉に立ち会い、サポートしている。</td></tr>
</table>

<table>
<tr><th colspan="3">（5）非行・犯罪歴を有する生徒の学習ニーズ</th></tr>
<tr><th>No</th><th>高等学校名</th><th>（課程種別：昼間定時制／夜間定時制／通信制）</th></tr>
<tr><td>1</td><td>高知工業高等学校</td><td>定時制</td></tr>
<tr><td colspan="3">・問題行動で謹慎指導になった生徒へのカウンセリングをスクールカウンセラーやスクールショーシャルワーカーが実施している。</td></tr>
</table>

【福岡県】

（1）不登校生徒、中途退学を経験した生徒の学習ニーズ

<table>
<tr><th>No</th><th>高等学校名</th><th>（課程種別：昼間定時制／夜間定時制／通信制）</th></tr>
<tr><td>1</td><td>福岡県立浮羽工業高等学校</td><td>夜間定時制</td></tr>
<tr><td colspan="3">授業においては授業担当者が個別に学習支援を行うとともに、毎考査前の補講を各教科で実施し、学力の向上を図っている。</td></tr>
<tr><td>2</td><td>福岡県立朝倉高等学校</td><td>夜間定時制</td></tr>
<tr><td colspan="3">学習面でのサポートとして各定期考査の後に補講を実施し、生徒のつまずきについて理解、学習支援を行っている。
課題としては、授業をカットしての補講となっているため、授業時数の確保という観点からみると問題が残る。</td></tr>
<tr><td>3</td><td>福岡県立福島高等学校</td><td>夜間定時制</td></tr>
<tr><td colspan="3">義務教育課程での学習内容が定着していないので、各科目振り返り学習を中心としている。また授業開始前の時間を利用した個別対応を行っている。</td></tr>
<tr><td>4</td><td>福岡県立三池工業高等学校</td><td>夜間定時制</td></tr>
<tr><td colspan="3">１学期中間考査までの導入期の指導において、１年生のクラスを二分割し、国語や数学の習熟度に応じた学び直しの指導を行っている。</td></tr>
<tr><td>5</td><td>福岡県立大川樟風高等学校</td><td>夜間定時制</td></tr>
<tr><td colspan="3">積極的に声掛けを行うとともにＳＣ、ＳＳＷと連携を図っている。また、個別の指導も行っている。</td></tr>
<tr><td>6</td><td>福岡県立嘉穂東高等学校</td><td>夜間定時制</td></tr>
<tr><td colspan="3">教室の座席を詰めると、不安定になる生徒がいるため、生徒間を出来るだけあける工夫を行っている。</td></tr>
<tr><td>7</td><td>福岡県立嘉穂東高等学校</td><td>夜間定時制</td></tr>
<tr><td colspan="3">学力差が大きいため、プリントを中心に学習を進めている。</td></tr>
<tr><td>8</td><td>福岡県立嘉穂東高等学校</td><td>夜間定時制</td></tr>
<tr><td colspan="3">教室の授業においては、全教員が電子黒板を活用している。</td></tr>
<tr><td>9</td><td>福岡県立東鷹高等学校</td><td>夜間定時制</td></tr>
<tr><td colspan="3">・少人数授業の展開。
・個別に教材プリントや課題の提供を行い、事後の手厚い指導を実施。</td></tr>
<tr><td>10</td><td>福岡県立京都高等学校</td><td>夜間定時制</td></tr>
<tr><td colspan="3">不登校生生徒に限らず、学習経験のない生徒がほとんどである。授業では、基礎的な知識・技能をプリント学習で習得させている。板書の際も、丁寧にゆっくり書くようにしている。</td></tr>
<tr><td>11</td><td>福岡県立小倉南高等学校</td><td>夜間定時制</td></tr>
<tr><td colspan="3">ICT を活用して授業に参加する姿勢を養い、できたときには褒めることで学びに対してのモチベーションを高めている。また授業を補助する学習プリント等で基礎基本の徹底を図り、基礎学力を身につけさせている。</td></tr>
<tr><td>12</td><td>福岡県立ひびき高等学校</td><td>Ⅲ部制　定時制課程　単位制</td></tr>
<tr><td colspan="3">国語と数学に「入門国語」「数学入門」も講座を開講して、義務教育段階の学力定着を図っている。また、同一講座名であっても、難易度の異なる次のような講座を設置して、生徒に自由に選択させている。基礎（就職・専門学校）　→　標準（専門学校・短期大学）　→　発展（短期大学・大学）　→　応用（センター試験）</td></tr>
<tr><td>13</td><td>福岡県立若松高等学校</td><td>夜間定時制</td></tr>
<tr><td colspan="3">定期考査時の前後の空き時間を利用した、補充授業や質問教室などを設定。</td></tr>
<tr><td>14</td><td>福岡県立八幡中央高等学校</td><td>夜間定時制</td></tr>
<tr><td colspan="3">・１年生数学ⅠはＴＴで個別対応ができる授業を行っている。
・集団に不適応な生徒が、考査を受験する際や全校での行事に参加の際は、別室対応等を配慮できる態勢を整えている。
・考査問題における基礎的な問題の充実</td></tr>
<tr><td>15</td><td>福岡県立博多青松高等学校</td><td>Ⅲ部制　定時制課程　単位制</td></tr>
<tr><td colspan="3">科目に「基礎」「標準」「発展」という難易度を付している。授業の内容・進度や毎日の課題等が異なる。よって。進路希望や得意・不得意に応じていずれかを選択できる。単位制であるため、前籍校の単位を引き継いだり、技能検定、定通併修により修得した単位も組み入れることができる。</td></tr>
<tr><td>16</td><td>福岡県立博多青松高等学校</td><td>通信制課程　単位制</td></tr>
<tr><td colspan="3">平成９年度の学校開設時からＳＣ及びＳＳＷが配置され、生徒の多様な相談に対応している。</td></tr>
<tr><td>17</td><td>福岡県立福岡工業高等学校</td><td>夜間定時制課程</td></tr>
<tr><td colspan="3">・定通併修により修得した単位も組み入れることができる。
・ＳＣ及びＳＳＷを利用した生徒の多様な相談に対応している。
・実習科目を中心としたものづくりによる学習意欲の喚起。</td></tr>
<tr><td>18</td><td>福岡県立糸島高等学校</td><td>夜間定時制課程</td></tr>
<tr><td colspan="3">・基礎基本の（誰でも時間をかければやり遂げられる）プリント課題を作成して、平常点で評価できるようにしている（学び直しの取組）。
・教材作成の際、日常使用する語句をおりまぜ、教科書の内容を簡略化したり、図式化するなどして視覚的に見やすい工夫をしている（ＩＣＴの活用等）。
・基礎的な内容（中学校の復習等）を中心とした授業展開をしている。授業中に各生徒の到達度に合わせた個別指導を行っている（個別指導の取組、一人ひとりの生徒への配慮）。
・配布したプリントの字が読めず、そのことで学習に対する意欲がなくなる生徒もいるので、できるだけ漢字に読み仮名を記入し、学習意欲を維持させるよう工夫している。</td></tr>
<tr><td>19</td><td>福岡県立筑紫中央高等学校</td><td>夜間定時制課程</td></tr>
<tr><td colspan="3">・全教室にＩＣＴを活用するための機材が設置されており、ほぼ全ての教員がＩＣＴを活用した授業を行っている。また、学力に差が大きく見られがちな数学の授業は、習熟度のクラス編成を行い、生徒の学力に応じた授業を実施している。教科によっては、個別対応も行っている。</td></tr>
<tr><td>20</td><td>福岡県立明善高等学校</td><td>夜間定時制課程</td></tr>
<tr><td colspan="3">数学の授業は、習熟度のクラス編成を行い、生徒の学力に応じた授業を実施している。教科によっては、個別対応も行っている。</td></tr>
</table>

（2）特別な支援を必要とする生徒の学習ニーズ

<table>
<tr><th>No</th><th>高等学校名</th><th>（課程種別：昼間定時制／夜間定時制／通信制）</th></tr>
<tr><td>1</td><td>福岡県立浮羽工業高等学校</td><td>夜間定時制</td></tr>
<tr><td colspan="3">特別支援コーディネーターを中心に個別の教育支援計画を全校生徒分作成し、全職員で加筆等を行いながら情報を共有している。また、週の初めに毎週生徒情報交換会を行い、前週の生徒の様子を全職員で確認している。</td></tr>
<tr><td>2</td><td>福岡県立朝倉高等学校</td><td>夜間定時制</td></tr>
<tr><td colspan="3">支援を必要とする生徒に対し、補講を行って理解度を高めるようにしている。SSW との連携により、特に保護者の疑問や課題についてアドバイスを頂いたり直接話して頂いたりして、改善の</td></tr>
</table>

<table>
<tr><td>3</td><td>福岡県立福島高等学校</td><td>夜間定時制</td></tr>
<tr><td colspan="3">車いす等を利用する生徒のために、校内にエレベーターを設置している。（今までに在籍者なし）また、SCや訪問相談員等と連携し、対応している。</td></tr>
<tr><td>4</td><td>福岡県立三池工業高等学校</td><td>夜間定時制</td></tr>
<tr><td colspan="3">教育相談を主管する校務分掌として、生徒支援部を設置している。個別の事案に応じてＳＳＷを招聘し、児童相談所とも連携を取っている。</td></tr>
<tr><td>5</td><td>福岡県立大川樟高等学校</td><td>夜間定時制</td></tr>
<tr><td colspan="3">特別支援コーディネーターを中心に個別の支援計画を作り全職員で取り組んでいる。</td></tr>
<tr><td>6</td><td>福岡県立鞍手高等学校</td><td>夜間定時制</td></tr>
<tr><td colspan="3">発達障害が疑われる生徒へは、保護者の承諾を得てSCへ繋ぎ、学校として出来得る合理的配慮を検討し全職員へ周知している。残念ながら合理的配慮が、学力向上となかなか結びついていない現状である。また、手帳取得等は、保護者の理解が得られていない。</td></tr>
<tr><td>7</td><td>福岡県立鞍手高等学校(豊翔館)高等学校</td><td>分校・昼間定時制</td></tr>
<tr><td colspan="3">事故を起こし、脳を損傷、高次脳機能障害（第二種知的障害者）と認定された生徒の指導について、本人、母親、担任と大学病院主治医、リハビリテーション科作業療法士、高次脳機能障害支援コーディネーター、障害者基幹相談支援センター相談員の７者で協議を進め、できるだけの支援を行った。</td></tr>
<tr><td>8</td><td>福岡県立嘉穂高等学校</td><td>夜間定時制</td></tr>
<tr><td colspan="3">発達障がいの疑いのある生徒に対して、ＳＳＷ、市役所子育て支援課、心療内科、障がい者就業・生活支援センター、大学（学生ボランティア）等の関係機関と連携しながら、ケース会議を基に、卒業後の就業支援を継続的に行っている。</td></tr>
<tr><td>9</td><td>福岡県立嘉穂東高等学校</td><td>夜間定時制</td></tr>
<tr><td colspan="3">教室の授業において、共通して授業の導入時に「本時のめあて」を板書し、めあての説明と本時の授業内容（進め方）について説明している。</td></tr>
<tr><td>10</td><td>福岡県立東鷹高等学校</td><td>夜間定時制</td></tr>
<tr><td colspan="3">・スクールカウンセラーやスクールソーシャルワーカーの活用。
・個別の指導計画を作成し、全職員で共通した学習への支援を実施。</td></tr>
<tr><td>11</td><td>福岡県立京都高等学校</td><td>夜間定時制</td></tr>
<tr><td colspan="3">・理解できないと不安げな表情をするので指示や説明は簡潔にわかりやすく伝えている。
・ノートを取るのがあまり得意ではないので、板書のスピードに配慮している。
・すぐに集中力がなくなるので、こまめに声をかけて、今何をすべきか伝えるようにしている。</td></tr>
<tr><td>12</td><td>福岡県立小倉南高等学校</td><td>夜間定時制</td></tr>
<tr><td colspan="3">・エレベーターの設置。
・発達障がい等、配慮を要する生徒の情報交換会（２ヶ月に１回程度・全職員参加）の実施と、個別の支援計画の作成。
・ＳＣによる１年生全生徒の個別カウンセリング。</td></tr>
<tr><td>13</td><td>福岡県立ひびき高等学校</td><td>Ⅲ部制　定時制課程　単位制</td></tr>
<tr><td colspan="3">・選択制緘黙の生徒：授業中でのホワイトボードの持参・使用
・集団で極度の緊張、後方から視線が気になる：座席の位置（後方座席）
・学習障害（聴くと書くが同時にできず、書写が困難）：デジカメ、ボイスレコーダーの利用
・視覚過敏　：　サングラスの常時着用</td></tr>
<tr><td>14</td><td>福岡県立若松高等学校</td><td>夜間定時制</td></tr>
<tr><td colspan="3">障がいの内容や程度に合わせ、入学時の聞き取りから得た要望をもとに個別に対応。</td></tr>
<tr><td>15</td><td>福岡県立八幡中央高等学校</td><td>夜間定時制</td></tr>
<tr><td colspan="3">・市の発達障害支援機関との連携。
・拡大プリント等。</td></tr>
<tr><td>16</td><td>福岡県立博多青松高等学校</td><td>Ⅲ部制　定時制課程　単位制</td></tr>
<tr><td colspan="3">・聴覚過敏やアスペルガーの生徒に対してデジタル耳栓を使用させている。
・すべて移動教室、座席も個人の特性に応じてほとんどが自由に座れる。すべての教室は物や注意力散漫になるような書籍類や掲示物が一切ない。基本、机と椅子と黒板と時計のみ。
・突然の変化に対応しづらい生徒のために、基本的に時間割変更は一切ない。
・SCとのケース会議の際に、授業での留意事項を確認して、各教科担当者に周知をしている。
・書字障害やアスペルガー等、個々の生徒に対する配慮すべき事項を医療関係者やSCと協議をして、教科担当者に周知をしている。
・通級による指導の拠点校として取り組んでいる。通級担当教員２名（教諭）と通級指導教員２名（非常勤講師）による指導。</td></tr>
<tr><td>17</td><td>福岡県立博多青松高等学校</td><td>通信制課程　単位制</td></tr>
<tr><td colspan="3">定時制と同じ。</td></tr>
<tr><td>18</td><td>福岡県立福岡工業高等学校</td><td>夜間定時制課程</td></tr>
<tr><td colspan="3">・職員研修の際に、授業での留意事項を確認して、各教科担当者に周知をしている。
・通級による指導を利用して拠点校との連携を図りながら対象生徒の指導を行っている。</td></tr>
<tr><td>19</td><td>福岡県立糸島高等学校</td><td>夜間定時制課程</td></tr>
<tr><td colspan="3">・在籍時には段差のあるところに仮設のスロープを設置したり、教室移動時間や課題の提出期限に時間的配慮を申し合わせて対応した。
・教室前方の掲示物を減らし、視覚的情報の簡素化に努めている。また、考査でのルビ打ち等生徒の学力に応じた配慮を行っている。考査点だけでなく、授業中の取組を評価に生かしている。
・実習など進み具合に差が出そうな場合は、個別に対応し、自分で進めることができるようプリントや課題を工夫している。</td></tr>
<tr><td>20</td><td>福岡県立筑紫中央高等学校</td><td>夜間定時制課程</td></tr>
<tr><td colspan="3">定期的に生徒支援会議を行い、ＳＳＷの助言・指導の下に情報共有や、個別の支援方法等について取組を行っている。昨年度まではこうした取組は行われていなかったため、現在試行錯誤しながら取組を深めている。</td></tr>
<tr><td>21</td><td>福岡県立明善高等学校</td><td>夜間定時制</td></tr>
<tr><td colspan="3">・エレベーターの設置。
・発達障がい等、配慮を要する生徒の情報交換会（毎週１回程度・全職員参加）の実施。</td></tr>
</table>

（3）外国籍生徒、日本語の指導が必要な生徒の学習ニーズ

<table>
<tr><th>No</th><th>高等学校名</th><th>（課程種別：昼間定時制／夜間定時制／通信制）</th></tr>
<tr><td>1</td><td>福岡県立小倉南高等学校</td><td>夜間定時制</td></tr>
<tr><td colspan="3">今年度外国籍の生徒が入学してきた。国語、英語、現社の３教科・科目に関しては、内容を理解するために英語のサポートが必要との判断から、TTを組んで授業を行っている。</td></tr>
<tr><td>2</td><td>福岡県立ひびき高等学校</td><td>Ⅲ部制　定時制課程　単位制</td></tr>
<tr><td colspan="3">今年の２月に帰国した生徒が、在籍している。日本語の理解ができなかったため、学力検査の国語や数学は、ほとんど白紙の答案であった。１０月になり、簡単な日常会話ができる程度の理解力が身についてきたが、一斉授業では十分な理解まで至っていない。そのため、県教育委員会が実施している「県立高等学校等特別支援教育ボランティア活用事業」を希望する予定である。近隣の大学に在籍する学生に、授業等における教員の指導補助の支援を考えている。</td></tr>
<tr><td>3</td><td>福岡県立若松高等学校</td><td>夜間定時制</td></tr>
<tr><td colspan="3">授業開始の前に特別時間割を組んで指導を行っている。教科指導とともに、日本語指導も並行して行い、授業の理解度を上げる取り組みを行っている。</td></tr>
</table>

（4）経済的に困難を抱える生徒の学習ニーズ

<table>
<tr><th>No</th><th>高等学校名</th><th>（課程種別：昼間定時制／夜間定時制／通信制）</th></tr>
<tr><td>1</td><td>福岡県立浮羽工業高等学校</td><td>夜間定時制</td></tr>
<tr><td colspan="3">アルバイト等の就労を推奨している。年に一度職場を訪問し、雇用主と勤務や通学の情報交換を行い、学校行事等で通学時間が変わる場合は協力をお願いする文書を学校より発出するなど就労継続に向けた支援を行っている。</td></tr>
<tr><td>2</td><td>福岡県立朝倉高等学校</td><td>夜間定時制</td></tr>
<tr><td colspan="3">対象生徒について、ＳＳＷを通して、事務職員のアプローチの方法を相談したり、保護者とも面談をするなどして支払い計画を策定したりしてサポートしている。</td></tr>
<tr><td>3</td><td>福岡県立福島高等学校</td><td>夜間定時制</td></tr>
<tr><td colspan="3">入学時に働くこと、学ぶことの重要性を伝え、地域のハローワーク等からの情報を提供し、働くことを推進している。また、地域の子育て支援課と連携して、家族状況等も情報収集し、対応している。</td></tr>
<tr><td>4</td><td>福岡県立三池工業高等学校</td><td>夜間定時制</td></tr>
<tr><td colspan="3">始業時間をアルバイトの終業時間に合わせて遅らせるなど、就学・就業しやすい環境を作っている。市内の関係機関による子ども支援ネットワーク個別ケース会議に出席し、情報共有と協働を図っている。</td></tr>
<tr><td>5</td><td>福岡県立大川樟風高等学校</td><td>夜間定時制</td></tr>
<tr><td colspan="3">ハローワークの担当者との連携を密にし、就業支援を行っている。また、随時職場訪問を行っている。</td></tr>
<tr><td>6</td><td>福岡県立嘉穂高等学校</td><td>昼間定時制</td></tr>
<tr><td colspan="3">校納金未納者に対して、本人・保護者との面談による督促をはじめ、４者面談（本人・保護者・担任・事務担当者）による完納計画書の作成及び担任と事務担当者による家庭訪問を行い、サポート・督促を行っている。</td></tr>
<tr><td>7</td><td>福岡県立嘉穂東高等学校</td><td>夜間定時制</td></tr>
<tr><td colspan="3">アルバイト等の斡旋と奨学金の活用等。</td></tr>
<tr><td>8</td><td>福岡県立東鷹高等学校</td><td>夜間定時制</td></tr>
<tr><td colspan="3">・就学支援金制度や給食費補助及び各種奨学金の案内。
・ＳＳＷが当該生徒の家庭と福祉を結びつけながらベストな方向性を見出している。</td></tr>
<tr><td>9</td><td>福岡県立京都高等学校</td><td>夜間定時制</td></tr>
<tr><td colspan="3">ＳＳＷを通して、市役所と連携し児童扶養手当等の手続きを行い、学校事務は校納金未納の保護者に対して支払い計画を策定している。</td></tr>
<tr><td>10</td><td>福岡県立小倉南高等学校</td><td>夜間定時制</td></tr>
<tr><td colspan="3">・就学支援金、奨学給付金、夜食費補助、就学奨励金の公的な機関のものだけである。
・民間企業等が行う給付型の奨学金に関しては、在籍する生徒の家庭情報を集め、経済的に厳しい家庭を推薦するようにしている。
・アルバイトはできるだけ行うよう勧めているが、斡旋等はしていない。</td></tr>
<tr><td>11</td><td>福岡県立ひびき高等学校</td><td>Ⅲ部制　定時制課程　単位制</td></tr>
<tr><td colspan="3">ＳＳＷと連携しながら、校納金等の支払い計画を策定して、サポートしている。</td></tr>
<tr><td>12</td><td>福岡県立若松高等学校</td><td>夜間定時制</td></tr>
<tr><td colspan="3">様々な支援策を事務室との協働により取り組んでいる。学校ＯＢが営む企業でのアルバイトや様々な支援制度の活用により、学校を続けられる環境づくりを行っている。</td></tr>
<tr><td>13</td><td>福岡県立博多青松高等学校</td><td>Ⅲ部制　定時制課程　単位制</td></tr>
<tr><td colspan="3">SSW の拠点校である。SSW を有効活用している。</td></tr>
<tr><td>14</td><td>福岡県立博多青松高等学校</td><td>通信制課程　単位制</td></tr>
<tr><td colspan="3">今年度より、経済的な理由での６ヶ月間（半期・１回限り）の休学を許可</td></tr>
<tr><td>15</td><td>福岡県立福岡工業高等学校</td><td>夜間定時制課程</td></tr>
<tr><td colspan="3">ＳＳＷと協議して小中学校や行政との連携を図っている。</td></tr>
<tr><td>16</td><td>福岡県立糸島高等学校</td><td>夜間定時制課程</td></tr>
<tr><td colspan="3">該当する生徒には、事務室からきめ細やかな案内がされている。また、就労している全ての生徒の職場訪問を実施し、雇い主との連携が取れるようにしている。
求人情報を生徒に紹介したり、掲示したりしている。また、授業料等を滞納している家庭とは電話連絡や家庭訪問で連絡を密にし、コミュニケーションをとっている。</td></tr>
<tr><td>17</td><td>福岡県立筑紫中央高等学校</td><td>夜間定時制課程</td></tr>
<tr><td colspan="3">・学費の長期滞納者に対しては、教務主任及び事務担当者が中心となって、電話連絡や、場合によっては家庭訪問などの督促を行っているが、これといった解決策が見いだせていない状況にある。
・奨学金や支援金については、全生徒に対して丁寧な案内を行っている。</td></tr>
<tr><td>18</td><td>福岡県立明善高等学校</td><td>夜間定時制</td></tr>
<tr><td colspan="3">ハローワークの担当者との連携を密にし、就業支援を行っている。また、年に数回職場訪問を行っている。</td></tr>
</table>

（5）非行・犯罪歴を有する生徒の学習ニーズ

<table>
<tr><th>No</th><th>高等学校名</th><th>（課程種別：昼間定時制／夜間定時制／通信制）</th></tr>
<tr><td>1</td><td>福岡県立朝倉高等学校</td><td>夜間定時制</td></tr>
<tr><td colspan="3">地域や出身中学校職員との生徒情報交換の会議において、過去の非行等の情報を得ているが、偶然犯罪歴を知ることができた対象生徒に対して、定期的な面談を行って指導した。また、各定期考査後に行う補講によって学習支援を行った。対象生徒は、3 年生の進級に向けた 3 学期になって、進路変更を申し出てきた。学習意欲が低く、新しい友人関係もうまく構築できていなかったため、在学が続かなかった。学習支援と合わせ、コミュニケーションスキル向上のためのプログラム等の実施が必要ではないか。さらには、家庭環境の改善は特に大きな課題であった。</td></tr>
<tr><td>2</td><td>福岡県立嘉穂東高等学校</td><td>夜間定時制</td></tr>
<tr><td colspan="3">情報交換会を適宜行い、問題行動未然防止のための積極的生徒指導を実践している。</td></tr>
<tr><td>3</td><td>福岡県立東鷹高等学校</td><td>夜間定時制</td></tr>
<tr><td colspan="3">サポート制度に則り、所轄警察署との連携を通して、可能な限り進級・卒業へ向けて当該生徒への学習支援を実施。（逮捕事案については自主退学していくケースが多い）</td></tr>
<tr><td>4</td><td>福岡県立博多青松高等学校</td><td>Ⅲ部制　定時制課程　単位制</td></tr>
<tr><td colspan="3">特にないが、本校は単位制であり、在籍期間が最長 6 年であるので、本人のペースに合わせた学習が保障できる。定時制課程での学習が困難な場合は本校通信制課程への編入学等をすすめる場合もある。</td></tr>
<tr><td>5</td><td>福岡県立福岡工業高等学校</td><td>夜間定時制課程</td></tr>
<tr><td colspan="3">非行や犯罪歴のある生徒も受け入れて、保護監察官・警察から情報を受け指導している。</td></tr>
</table>

【佐賀県】

（1）不登校生徒、中途退学を経験した生徒の学習ニーズ

No	高等学校名	（課程種別：昼間定時制／夜間定時制／通信制）
1	唐津商業高等学校	夜間定時制

○生徒の理解度に応じた学習プリントを作成するなど、指導方法の工夫に努めている。
授業の前後及び長期休業中に補充授業や個別指導を行うなど、生徒の多様な学力レベルに合わせた指導を行っている。
○文字力テスト、計算力テストを年間各７回実施し、勉強する姿勢を養っている。
○養護教諭が、不登校経験生徒等への教育相談的役割も果たしている。

No	高等学校名	（課程種別：昼間定時制／夜間定時制／通信制）
2	敬徳高等学校	通信制

学校設定科目：基礎国語、基礎数学、基礎英語の３科目を開講して、振返り学習を行っている。

No	高等学校名	（課程種別：昼間定時制／夜間定時制／通信制）
3	佐賀工業高等学校	夜間定時制

当該生徒の状況について、全体で共有し、各教科担当で教材作成を行い対応している。

No	高等学校名	（課程種別：昼間定時制／夜間定時制／通信制）
4	佐賀商業高等学校	夜間定時制

目的に応じて、授業時間外での個別対応、個別指導を行っている。生徒の学習意欲向上に一定の効果があると考えている。

No	高等学校名	（課程種別：昼間定時制／夜間定時制／通信制）
5	鳥栖工業高等学校	夜間定時制

○中学校で学習する基礎的なことを十分に学んでいない生徒が多いので、週に１回、全校生徒に計算力ＵＰトレーニングを実施している。基礎学力向上のため、加減乗除の計算から始めて、自分のペースでステップアップしていけるような教材を教務で準備した。
○小学校や中学校で学習した内容を未だ理解出来ていないことがあるので、義務教育で学習した内容も復習させながら、授業を展開している。生徒への発問を多用して、現在の学習到達度を確認しながら、教材の選択の段階で工夫し、分かりやすい授業に努めている。
○電子黒板に投影する板書面と同一形式のプリントを配付して、生徒が聞き取りや思考することに集中できる環境を提供した。また、教科書を電子黒板に投影し、生徒の授業の進行からの逸脱を防いだ。

No	高等学校名	（課程種別：昼間定時制／夜間定時制／通信制）
6	有田工業高等学校	夜間定時制

専門教科科目では、全ての生徒が一からの学習になる為、特に対応はしていないが、普通教科での授業においてゆっくり丁寧に学習内容の指導に当たっている。また、編入学の生徒に対しては、専門教科科目の修得に当たり学年を超えた時間割等によりできる限り本校での在学期間が最短になるように配慮している。

（2）特別な支援を必要とする生徒の学習ニーズ

No	高等学校名	（課程種別：昼間定時制／夜間定時制／通信制）
1	唐津商業高等学校	夜間定時制

人工心臓を体に埋め込んだ生徒がおり、バッテリーが入ったキャリーケースを引きながら学校生活を送っている。該当生徒への対応のため、次のような取り組みを行っている。
○職員への周知
大学病院のスタッフに来校を依頼し、全日制の職員を含めた研修会を４月１日に実施し、職員の意識徹底を図った。主治医からは緊急対応等の説明が行われた。
○生徒への周知
全校生徒に対し、廊下等の移動に伴う注意と、対象生徒の状態や、緊急対応策を説明し、協力を求めた。全日制の生徒との交流もあるため、全日制の生徒にも全校集会で周知を図った。
「廊下は走らず、絶対に、ぶつかったりしない」等。落ち着いた生活をし、助け合うことを呼びかけた。
○対象生徒への支援
・特別支援教育支援員を配置し、常に生徒に付き添ってもらっている。
・多目的トイレを対象生徒専用として使用している。
・車いすを、常時、対象生徒の近くに準備し、体調不良になった時のために備えた。
・大学病院の医師並びにスタッフと連絡・情報交換は養護教諭を中心に行った。
・必要に応じ、教頭、担任、養護教諭、保健部職員が直接大学病院に出向き、現状の問題点の解決策を協議し、緊急時の体制や、注意点等、事細かに確認を行った。
○課題
現在は、対象生徒が入院・検査が頻繁になり、欠席が続いている。そのため、単位修得が難しい状況である。また、夜間定時制のため、支援員を継続的に雇用するのが困難である。

No	高等学校名	（課程種別：昼間定時制／夜間定時制／通信制）
2	佐賀工業高等学校	夜間定時制

特別支援コーディネーターを中心に、外部機関との連携を行っている。

No	高等学校名	（課程種別：昼間定時制／夜間定時制／通信制）
3	鳥栖工業高等学校	夜間定時制

○一人ひとりの生徒が抱えている困難な状況について、教職員で共通理解を図るようにし、ケースによっては、スクールカウンセラーの協力も仰ぎながら、生徒の個性に配慮しつつ、日々の授業や行事を展開している。
○発達障害とはいえないが、知的にやや劣る生徒がいる。アルバイトをしても長続きはせず、家庭での親子関係も複雑で、家出の経験もある。現在、スクールカウンセラーの支援を受けながら本人をサポートしている。

No	高等学校名	（課程種別：昼間定時制／夜間定時制／通信制）
4	有田工業高等学校	夜間定時制

○校内に特別支援教育委員会を設置し、発達障害等を持つ生徒について「個別の教育支援計画」、「個別の指導計画」を作成することで生徒の実態把握及び支援につなげている。
○必要に応じて、県の学校生活支援事業を活用した巡回相談員や専門家の派遣を依頼したり、市町の福祉関係や就労支援センター等と連携することにより、生徒のニーズに合わせた支援を行っている。

（3）外国籍生徒、日本語の指導が必要な生徒の学習ニーズ

No	高等学校名	（課程種別：昼間定時制／夜間定時制／通信制）
1	佐賀工業高等学校	夜間定時制

校内での研修会、外部機関との連携を行っている

（4）経済的に困難を抱える生徒の学習ニーズ

No	高等学校名	（課程種別：昼間定時制／夜間定時制／通信制）
1	唐津商業高等学校	夜間定時制

○給付型奨学金の紹介
通常の奨学金は、返還義務が生じるため、給付型奨学金の案内に力を入れている。
○アルバイトの就労支援
未納の続いている生徒には、ハローワークとの連携により、アルバイト情報の提供を行い、就労を奨励している。
また、修学旅行代金だけでもと、アルバイトの為の面接指導や事業所の紹介を行った。

<table>
<tr><td colspan="3">○補助金の利用
未納家庭において、少しでも保護者負担の削減として、「定時制課程夜食費補助」の申請を促した。県の単独事業として、前年度９０日以上の勤務実績を条件に、夜食費補助・教科書無償給与が行われている。
○家庭からの自立
基本的に、経済的困難者で保護者納付金未納がある家庭は、両親ともに無職の家庭が多い。未納の多い生徒に関しては、学費は親に頼らずアルバイトするよう声かけをしている。</td></tr>
<tr><td>2</td><td>佐賀工業高等学校</td><td>夜間定時制</td></tr>
<tr><td colspan="3">各種奨学金制度を生徒と保護者に周知し、経済的負担の軽減につとめている。</td></tr>
<tr><td>3</td><td>佐賀商業高等学校</td><td>夜間定時制</td></tr>
<tr><td colspan="3">家庭状況に応じて、奨学金や就学支援金の案内、SSW との連携、関係機関との連携などを図り、生徒ができるだけ不利益を受けることがないようにサポートしている。</td></tr>
<tr><td>4</td><td>鳥栖工業高等学校</td><td>夜間定時制</td></tr>
<tr><td colspan="3">生徒がアルバイトをしている事業所には、必ず年に１回訪問し、始業時間や学校行事などを確認し学校生活に支障がないように協力をお願いしている。また、定期考査及び休日に実施する行事等については、1月前に考査に伴う自宅学習の時間確保、行事に参加できるよう各事業所へ文書でお願いしている。</td></tr>
<tr><td>5</td><td>有田工業高等学校</td><td>夜間定時制</td></tr>
<tr><td colspan="3">○日本教育公務員弘済会より、向学心に富み学費支弁が困難な生徒に対し５万円を１回のみ支給。返済義務なし。（定時より１名推薦）
○現在、佐賀県育英会より２名、長崎県育英会より１名の貸付。
○来年度は佐賀県高等学校定時制課程及び通信制課程修学奨励金の貸付を予定。これは卒業によって返済免除となる。（今年度は貸付対象者なし）
○就労支援の方法として、地元の公共職業安定所と連携している。求人の最新情報を印刷物として毎週いただき、教室掲示により生徒へ案内している。（現在、本校では８割以上の生徒が就労している。）
○定時制には成人した生徒も在籍するが、そのような成人した生徒が経済的に困難を抱えていたケースでは、スクールソーシャルワーカーや県の生活自立センター等と連携し対応を行った事例があった。</td></tr>
</table>

（５）非行・犯罪歴を有する生徒の学習ニーズ

<table>
<tr><th>No</th><th>高等学校名</th><th>（課程種別：昼間定時制／夜間定時制／通信制）</th></tr>
<tr><td>1</td><td>鳥栖工業高等学校</td><td>夜間定時制</td></tr>
<tr><td colspan="3">地区の中高連絡協議会や本人との面談により把握し、友人関係や言葉遣いなど日常生活を観察しながらそのつど注意して、担任や生徒指導職員と面談している。</td></tr>
<tr><td>2</td><td>有田工業高等学校</td><td>夜間定時制</td></tr>
<tr><td colspan="3">非行を有する生徒には発達障害がある場合もあり、特別支援教育担当と連携して、指導を行っている。</td></tr>
</table>

【長崎県】

<table>
<tr><th colspan="3">（2）特別な支援を必要とする生徒の学習ニーズ</th></tr>
<tr><th>No</th><th>高等学校名</th><th>（課程種別：昼間定時制／夜間定時制／通信制）</th></tr>
<tr><td>1</td><td>鳴滝高等学校高等学校</td><td>通信制</td></tr>
<tr><td colspan="3">社会不安症の生徒に対して、授業中の保護者同席を許可している。</td></tr>
<tr><td>2</td><td>鳴滝高等学校高等学校</td><td>通信制</td></tr>
<tr><td colspan="3">車いす利用の生徒は、1階の教室で授業が受けられるよう教室配置を配慮する。上の階を使用する場合もエレベーターを使用して、移動に支障がないようにしている。</td></tr>
<tr><td>3</td><td>鳴滝高等学校高等学校</td><td>通信制</td></tr>
<tr><td colspan="3">授業時の板書では、後方からでも充分見れるように文字を大きめに書くように心がけている。色使いもできるだけ明るめなものを使い、見やすいものを利用している。</td></tr>
<tr><td>4</td><td>鳴滝高等学校高等学校</td><td>通信制</td></tr>
<tr><td colspan="3">視力の弱い生徒に対して、リポートや試験問題を拡大コピーして渡している。</td></tr>
<tr><td>5</td><td>鳴滝高等学校高等学校</td><td>通信制</td></tr>
<tr><td colspan="3">ラッセルシルバー症候群で体力がなく体調の維持が難しいため度々大学病院に入退院を繰り返す生徒について以下の取組みをしている。
①登下校時の保護者による送迎、②校内での保護者による介助、③職員間での情報共有
④授業時の簡易ベッドや車いすの使用、⑤試験時の保健室受験、⑥体調維持のため冷暖房の使用。特に寒さに弱いため、冬の定期試験時はエアコンの暖房以外に湯たんぽやファンヒーターなどの利用</td></tr>
</table>

【熊本県】

（1）不登校生徒、中途退学を経験した生徒の学習ニーズ

No	高等学校名	（課程種別：昼間定時制／夜間定時制／通信制）
1	熊本県立湧心館高等学校	定時制

・国語・数学・英語においては、１年次に習熟度別指導を導入し、個別指導を充実させ、基礎学力の定着を図り、高校での学習活動に必要な知識や能力を身に付ける。
全教科において義務教育段階の振り返りを行い、教科・科目の興味・関心を高める取組を行っている。さらに、学習の深化を図るために多様な選択科目を設け、学習意欲を持続させるようなカリキュラムになっており、進路選択にも結び付けることができる。
・中途退学者に対しては編入学があり、「退学してから６ケ月経過し、願書提出時点よりさかのぼり３ケ月以上の就職期間があること。」としている。前在籍校から、引き続き学習できるよう柔軟に対応するが、受け入れた年次で実施されている授業を受けることになる。
・編入学の対象者は、「帰国子女および高等学校等の第一学年以上の課程を修了以後中途退学した者」で「退学後、少なくとも半年程度仕事継続していること」。昨年度は前籍校（全日制）を第２学年まで終了し、１年後、４学年次に編入してきた生徒がいたが、履修科目の調整が大変だった経緯がある（英語、地理、商業の単位は履修済みで、他学年の世界史は未履修等）。
・二年次への編入になるため、19単位以上の単位を修得していること。工業高校であるため、安全教育の実施の必要性から履修には順序がある。そのため、編入後スムースに卒業に必要な単位修得をさせるためには、時間割上の配慮が必要になる。複数生徒がいる場合には、時間割の制約により配慮ができないことがある。単位が未修得（0単位）であれば、１年次の新入学として受け入れる。単位修得していれば、前籍校で取得した単位数及び高卒認定試験合格科目により、相当年次に入る事ができる。本校の教育課程にない専門科目の単位については、10単位を上限として卒業単位（74単位）に含める。
・編入学は、高等学校の第１学年以上の課程を修了後に中途退学した者で、原則として中途退学後３カ月以上継続して就労した者を審議の対象とする。

2	熊本県立湧心館高等学校	通信制

学校設定科目「湧通入門」を開講し、義務教育段階の学習内容を振り返りながら、英語分野と社会分野における基礎的な能力を養い、高校における、より高度な学習活動に必要な能力を身につけさせる。

（2）特別な支援を必要とする生徒の学習ニーズ

No	高等学校名	（課程種別：昼間定時制／夜間定時制／通信制）
1	熊本県立湧心館高等学校	定時制

・年１回の生徒理解研修や月１回の教育相談・特別支援会議、月１回の職員会議における生徒状況把握等で細かに生徒の情報交換を行い、全職員で支援を行っている。
バリアフリー化がなされており、車いす等での校内移動が円滑にできるよう配慮がなされている。また、教室棟や特別教室棟にはエレベーターがそれぞれ設置されている。ＳＣやＳＳＷ、特別支援教育支援員が配置されており、計画に基づき学習支援を行っている。
・本校では、新入生徒の出身中学校への聞き取りを行っている。また、希望があれば入学前説明会において、保健主事と特別支援コーディネーター」で入学前面談を実施している。それらの情報をもとに、担任の先生にフェイスシートを作成する。（本校は全員分のフェイスシートを作成）また、必要な生徒には支援計画、指導計画を作成し、生徒理解研修での職員周知や、文書セキュアへのアップにより、ＰＣで閲覧し授業等へ生かしている。
・生徒の実態を把握して、生徒理解のための研修を行い、職員間での指導方針の共通理解を図っている。難聴の生徒に対して、座席を指定したり、小さい文字が見えにくい生徒が在籍しているクラスに対して、クラス全体に拡大したりプリントを配布している。
・現状としては、視力と聴力等に問題を持つ生徒がおり、ＴＴをつけて、毎時間生徒の隣に座り補助をしている。また窓側のカーテンを閉めたり、椅子の脚部の防音対策としてテニスボールを装着したり、教科書やプリント類はＡ４用紙をＡ３用紙に拡大している。教室に入れない生徒や合同集会等に入れない生徒もいたりして、授業の空いている教職員で付き添うようにしている。
・１年次生徒の授業は全てＴＴで対応している。また授業に入れない生徒への対応として、全時間にフリーで対応する職員を必ず１人。「生徒理解研修で情報を職員間で共有している。授業での対応はＵＤ化を始めとし、わかる授業づくりと称し、工夫できることを合理的な支援の範囲で取り組んでいる。
・独自の問題で国語・数学・英語の新入生考査を実施し、その結果から担当者が分析を行い、生徒個人の実態、授業に受講する集団としての実態を、全職員で把握する機会を作っている。月に１度、生徒理解研修を行い、全生徒の現状について全職員で把握している。各教科担当はその情報をもとに、「分かる授業」を目標に教材研究を行っている。 ＩＣＴ機器を用い興味・関心を高め、視覚的な情報を基に伝えることと、映像を見た後、同じ内容を繰り返し説明することで学習の学習の深化を図っている。
・頻繁に生徒の状況を確認し合い、共通理解のもとに保健室や保護者、ＳＳＷ等とも連携しながら支援に努めている。授業中の説明や言葉遣いに留意し各授業時間のねらいや流れを明確に示したり、テストでは分かり易い表現や必要に応じ平易な漢字を使用する等の配慮は既に心掛けている。

2	熊本県立湧心館高等学校	通信制

高い学習意欲を有しながら、障がいや精神的な疾患等により、通常教室における多人数でのスクーリングを受けることが困難な生徒に対する合理的配慮の一つとして、「少人数もしくは個別でのスクーリング（特別スクーリング）」を実施することができるものとする。
ＳＣやＳＳＷ、特別支援教育支援員が配置されている（平成30年度）。特別支援教育支援員は、教室移動の際の付き添いや見守りなどを行っている。
エレベータが２基整備されており、段差はほとんどない。

（4）経済的に困難を抱える生徒の学習ニーズ

No	高等学校名	（課程種別：昼間定時制／夜間定時制／通信制）
1	熊本県立湧心館高等学校	定時制

・教科書無償制度や就学奨励資金を周知しており、教科書無償制度では65%程度、就学奨励資金では11人の生徒が活用している。アルバイト等を行っていない生徒については、校内ジョブサポーター制度を導入し就労支援を行っている。
・ＳＳＷに個別対応をしてもらっても応じようとしない保護者もおられるが、その後の対応までは進んでいない。
・ＳＳＷによる本人、担任への面談において現状把握の努力をしている。保護者に対しては、家庭訪問を行ったが、改善が難しい場合もあり、就労を優先して登校が困難な生徒もいる。
・児童相談所や社会福祉協議会、出身中学校等に協力を依頼するようにしている。

【宮崎県】

（1）不登校生徒、中途退学を経験した生徒の学習ニーズ

No	高等学校名	（課程種別：昼間定時制／夜間定時制／通信制）
1	宮崎東　高等学校	昼間定時制
	・今年度の後期から「ベーシック」という学校設定科目を開講し、学力レベルに応じてクラス分けした上で国語と数学の基礎的事項等を確認するテストや解説を行っている。 ・昨年度から中学校時代の基礎・基本を学び直すための補習授業を、夏季及び冬季休業中の午前中に設定し一部生徒へ実施している。	
2	宮崎東　高等学校	夜間定時制
	・「総合的な学習の時間」の１年次のメニューとして、数学・国語の学び直しを導入している。また、数学に関して１学級を２つに分け、少人数指導を実施している。	
3	宮崎東　高等学校	通信制
	・本校生徒については常時レポート作成に関する支援指導を校内で行っている。協力校生徒については年間10回各地区の公民館等を借用してレポート作成を支援する学習会を行っている。	
4	宮崎工業　高等学校	夜間定時制
	・学校設定科目：文計基礎を開講し、振返り学習を行っている。	
5	延岡青朋　高等学校	昼夜開講型定時制
	・中高連絡会で、中学時代の情報を得ている。 ・学校設定科目として「国語入門」、「数学入門」を開設して、高校学校での学習に導入している。	
6	延岡青朋　高等学校	通信制
	・本校では、７年前より学習・人間関係のスキルなどで困っている生徒を対象に「チャレンジスクール」という取り組みを行っている。対象生徒としては前籍校からの引き継ぎや中学校新入生の状況（不登校傾向、特別支援学級在籍者など）を調べて、個別的に声かけをし、また全体にもこのような活動がある旨を入学の段階で伝えて、声かけした生徒と共にオリエンテーションを実施しておおむね年間１０名以上が参加している。 実施方法は、レポートの支援を軸にしてレポートの締め切り曜日の火曜日に生徒を集め、教科別に教室に振り分けて、個に応じた学習スタイル（基礎基本がわからない生徒には細かく、特性上集中力が持続しにくい生徒や過集中してしまう生徒には時間に区切りをつけるなど）でレポートを完成させるようにしている。（時間はおおむね９：３０～１２：３０の３時間程度）。	
7	都城泉ヶ丘　高等学校	夜間定時制
	・定期考査前の学習指導の実施。 ・希望者を対象とした夏季休業中の特別講座の実施	

（2）特別な支援を必要とする生徒の学習ニーズ

No	高等学校名	（課程種別：昼間定時制／夜間定時制／通信制）
1	宮崎東　高等学校	昼間定時制
	・昨年度は通級指導の研究指定校、今年度からは通級拠点校となったことから、次年度の本格的実施に向け対象生徒の絞り込みと、自立支援としてソーシャルスキルを身につけるための授業等を放課後の時間帯に対象生徒７人に対し試行的に実施している。 ・教職員互助会からスクールカウンセラーを月１回派遣してもらっているが、教育相談部がその窓口になって特別な支援を必要とする生徒等には声かけをして定期的に相談を受けさせている。	

No	高等学校名	（課程種別：昼間定時制／夜間定時制／通信制）
	・通級指導の対象生徒に限らず、全生徒にシステム手帳を持たせ、スケジュールや提出物等の管理をさせている。 ・発達障害の診断は出ていないがグレーゾーンで卒業後の就職が心配される生徒は、地域若者サポートステーションによる出前相談に参加させ、同機関での履歴書の書き方など職業指導に加え企業見学やアルバイト等を体験させて就職に繋げる取組を１０月から始めた。	
2	宮崎東　高等学校	夜間定時制
	・発達障害等、特性のある生徒のキャリア支援として、「若者サポートステーション」と連携をし、月１回のペースで出張相談を実施している。	
3	宮崎東　高等学校	通信制
	・平成 29 年度の新入学生徒・保護者から「書字障がい」に対しての「合理的配慮」の要望がありＰＣタブレットを使用しての受検やレポート作成について許可した。	
4	宮崎工業　高等学校	夜間定時制
	・ＡＤＨＤの生徒に対しては、教科担任会を行い共通理解を図り、組織的な指導を行っている。	
5	延岡青朋　高等学校	昼夜開講型定時制
	・月水金の夜間に非常勤の生徒相談員が４階相談室に常駐し、相談を受けている。 ・相談係（教諭、常勤講師）が１７時以降に１階相談室に交替で常駐し、相談を受けている。 ・児童発達支援施設と協力して指導計画を作成し、支援を行っている。	
6	延岡青朋　高等学校	通信制
	・上記（１）の「チャレンジスクール」では、学習後１時間程度、コミュニケーションの能力を育成するための SST や社会と個人の繋がりが分かるような体験的な学習（学校周辺のゴミ拾い）自然とのふれあいや自立への支援（畑での作物作り、収穫した作物での料理作り、田植えや稲刈り、餅つき、買い物学習）などを実施している。また、特別支援学校との交流を年に２回実施している。 連携先としては、生活上の困りの解消については「生活相談・支援センター」、発達障がい精神障がいなどを含む障がいをともなう支援については「特別支援学校」「障がい者雇用支援センター」「障がい者相談・支援センター」「地域のコーディネーター」、就労関係（含む卒業生）は「若者サポートステーション」と連携をしている。特別支援コーディネーターや教育相談部で繋ぎの対応をしている。	
7	都城泉ヶ丘　高等学校	夜間定時制
	・教育相談室の一角に、特に支援が必要な生徒の専用スペースを設けている。そこでは非常勤のハートサポーターが常駐し支援や教育相談を行っている。	

（4）経済的に困難を抱える生徒の学習ニーズ

No	高等学校名	（課程種別：昼間定時制／夜間定時制／通信制）
1	宮崎東　高等学校	昼間定時制
	・生活保護を受けている家庭の生徒には、就学支援金だけでなく、奨学給付金の手続きを積極的に勧めている。	
2	宮崎東　高等学校	夜間定時制
	・貧困の実態をさらに認識し職員の支援する意識を高めるため、２月に子供の貧困問題を中心とした職員研修を開催する予定である。	

3	宮崎東　高等学校	通信制
・事務部担当者より「就学支援金」「教科書・学習書無償給与」「県定通修学奨励資金」等の情報提供を行って対応している。		
4	宮崎工業　高等学校	夜間定時制
・各種奨学金等の確実な申請を担任、事務一体となって進めている。福祉課にも連絡を取り、相談に行くように、保護者へ連絡している。		
5	延岡青朋　高等学校	昼夜開講型定時制
・特に支援は行っていない。		
6	延岡青朋　高等学校	通信制
・校納金は前受けしているので休学・退学願いについては問題ない。しかし奨学金や支援金の応募者は多く、担当がきめ細かい説明等を行っている。		
7	都城泉ヶ丘　高等学校	夜間定時制
・母子家庭で本人を含めて４人の子どもがいる世帯に対して、児童相談所・市の福祉部子ども課・市の社会福祉協議会と連携しながら指導に当たっている。市の社会福祉協議会からは食糧の支援を受けたこともある。 ・本校生徒の所在地である市町から支援金をいただいている。その使途については、生徒の資格取得の際の半額免除の資金に充てている。（試験合格者に対して、予算の範囲内で最大半額を）		

（5）非行・犯罪歴を有する生徒の学習ニーズ

No	高等学校名	（課程種別：昼間定時制／夜間定時制／通信制）
4	宮崎工業　高等学校	夜間定時制
・各種奨学金等の確実な申請を担任、事務一体となって進めている。福祉課にも連絡を取り、相談に行くように、保護者へ連絡している。		
6	延岡青朋　高等学校	通信制
・スクーリングのない「火・水・木」に学習支援会、進学支援学習会を行っている。		

【鹿児島県】

（1）不登校生徒、中途退学を経験した生徒の学習ニーズ

No	高等学校名	（課程種別：昼間定時制／夜間定時制／通信制）
1	開陽高等学校	通信制
・学校設定科目：理科入門を開講。理科の計算が苦手と感じている生徒向け科目として対策。 ・ベーシックスタディ教室：スクーリングとは別に，不登校などで基礎学力がない生徒や教室に入れない生徒などを対象に，教師手作りの教材を使用し，数学（算数）・国語・英語の教科を開設し，学習支援をしている。但し，スクーリングの出席としてはみなさない。		

（2）特別な支援を必要とする生徒の学習ニーズ

No	高等学校名	（課程種別：昼間定時制／夜間定時制／通信制）
1	開陽高等学校	通信制
・車イス使用の生徒:エレベーターが設置されているため，校内の移動はどこでも可能である。 ・支援チーム：発達障害や心身の疾病など，「配慮を要する生徒」の一覧をファイル化し，職員で共通理解をしている。また，特段の配慮を必要とする生徒は「水曜スクーリング」で対応し，チームでの支援をしている。その際に，外部との連携（福祉機関・医療機関など）を取りながら対応している。		
2	開陽高等学校	定時制
・長時間座ることが困難な生徒に対して，別に椅子を準備している。		

（4）経済的に困難を抱える生徒の学習ニーズ

No	高等学校名	（課程種別：昼間定時制／夜間定時制／通信制）
1	開陽高等学校	通信制
一般的な就学支援金制度や教科書無償制度，各種奨学金の案内		
2	開陽高等学校	定時制
一般的な就学支援金制度や教科書無償制度，各種奨学金の案内		

【沖縄県】

（1）不登校生徒、中途退学を経験した生徒の学習ニーズ

<table>
<tr><th>No</th><th>高等学校名</th><th>（課程種別：昼間定時制／夜間定時制／通信制）</th></tr>
<tr><td>1</td><td>沖縄県立泊高等学校</td><td>午前定時制</td></tr>
<tr><td colspan="3">・学び直しを実施（英・数・国）・1年の前期に「英語入門」を開設し、学び直しを実施し、選択科目「ステップアップイングリッシュ」でさらに補っている。（英語）
・「数学」履修前に半年間、「数学計算」を開設し、小1～中3までの基礎計算を中心とした学び直しを実施している（数学）</td></tr>
<tr><td>2</td><td>沖縄県立泊高等学校</td><td>夜間定時制</td></tr>
<tr><td colspan="3">・学校設定科目：学び直しの社会、学び直しの数学を開講して、振返り学習を行っている。</td></tr>
<tr><td>3</td><td>沖縄県立泊高等学校</td><td>通信制</td></tr>
<tr><td colspan="3">・学校設定科目　「学び直しの数学」を開講して、基礎的な学習指導を行なっている。
・PC やプロジェクター等を利用し、分かりやすいスクーリング展開に努めている。</td></tr>
<tr><td>4</td><td>沖縄県立北部農林高等学校</td><td>夜間定時制</td></tr>
<tr><td colspan="3">・学び直しを取り入れた普通5教科の学校設定科目「スタディー○○」の実施。
　基礎学力が十分に定着していない現状より、1 学年において生徒へチームティーチングを実践し基礎学力と授業規律の向上を図る</td></tr>
<tr><td>5</td><td>沖縄県立中部農林高等学校</td><td>夜間定時制</td></tr>
<tr><td colspan="3">・県の事業である、教育相談・就学支援員配置事業を活用し、2名の支援員と連携し、生徒の学習面の妨げとなる障害について、手当てをしながら個々のケースに応じた対応を行っている。適切な学習ニーズの把握に繋がっている。</td></tr>
<tr><td>6</td><td>沖縄県立コザ高等学校</td><td>夜間定時制</td></tr>
<tr><td colspan="3">・中途退学対策担当職員を中心に不登校の背景因に応じて、その軽減に取り組む一方、学び直し科目受講の奨励や、対話による個別特性に応じた基礎的学習指導を行っている。</td></tr>
<tr><td>7</td><td>沖縄県立宜野湾高等学校</td><td>通信制</td></tr>
<tr><td colspan="3">・学校設定科目、ベーシック数学を開講し、学び直しを行っている。
・苦手部分の克服のために、基礎ドリルを用意し、自主学習が円滑に進められるよう配慮している。
・学習内容を理解できるよう教材・教具を工夫している。</td></tr>
<tr><td>8</td><td>那覇工業高等学校高等学校</td><td>夜間定時制</td></tr>
<tr><td colspan="3">・基礎学力の低い生徒に対して、授業の板書にルビを振るように努めている。
・不登校の生徒に対し、中途退学対策係を中心に、教育相談係、SC、福祉支援員及び心理支援員のケース会議を持ち、関係職員に情報の共有を行っている。</td></tr>
<tr><td>9</td><td>沖縄県立那覇商業高等学校</td><td>夜間定時制</td></tr>
<tr><td colspan="3">・国語基礎　漢字検定3～4級レベル反復学習　国語応用　毎時異なるテーマで 400～600 字の文書能力を育む　国語総合　作品中に出る漢字の読み書き徹底と音読
・外国語　中学レベルの文法の確認と復習。机間巡視、質問しやすい雰囲気作り。
・数学基礎、数学入門を開講し、振り返り学習。授業の最後に確認テストで学習の定着を図る。</td></tr>
<tr><td>10</td><td>沖縄県立八重山商工高等学校</td><td>夜間定時制</td></tr>
<tr><td colspan="3">・今年度入学生の 59%が中学時に不登校（30 日以上欠席）を経験しており、行事や部活動を活性化し学校生活全般を通して自己肯定感を高めるための取り組みを行っている。
・学校設定科目「ベーシック」を開設し、1年次生徒に対し義務教育段階の基礎・基本の内容を個別に学習する学び直しの授業を展開している。</td></tr>
</table>

（2）特別な支援を必要とする生徒の学習ニーズ

<table>
<tr><th>No</th><th>高等学校名</th><th>（課程種別：昼間定時制／夜間定時制／通信制）</th></tr>
<tr><td>1</td><td>沖縄県立泊高等学校</td><td>午前定時制</td></tr>
<tr><td colspan="3">・特別支援教育支援員（2名）を配置、別室登校生の対応　授業における支援
・通級の実施（H30 より　加配2名、週8時間、「ｷｬﾘｱﾌﾟﾗﾝﾆﾝｸﾞ」「ｿｰｼｬﾙｽｷﾙｱｯﾌﾟ」）</td></tr>
<tr><td>2</td><td>沖縄県立泊高等学校</td><td>夜間定時制</td></tr>
<tr><td colspan="3">・歩行が困難であったり、小さい文字が見えづらかったりする高齢の生徒へは、教室移動に伴う遅刻への配慮や体育の実技における軽スポーツの取り組み、配付プリントの拡大などの工夫をしている。
・発達障害を抱える生徒に対しては、障害の実態把握に努め、保護者との面談やＳＣなどとの面談を通して必要なニーズの把握や職員間での情報共有を行い、授業における学習指導の工夫に努めている。特に支援を要する生徒へは、保護者との合意のもと支援員の配置を希望し、学校生活での個別の支援を行っている。
・家庭との連絡が困難な生徒については、市町村の生活福祉課などとの連絡を取り、生徒の家庭環境などについて情報の収集に努めている。</td></tr>
<tr><td>3</td><td>沖縄県立泊高等学校</td><td>通信制</td></tr>
<tr><td colspan="3">・発達障害と統合失調症をもつ生徒の支援
　保健室に頻繁に来室する生徒に対し、進路指導室や図書室等の居場所作りの拡大に向けて学級担任やスクールカウンセラーなどと連携をとり対応している。主治医と連絡をとりながら、学校生活がスムーズにおくれるような支援策を保護者や本人に提案している。
・識字障害の疑いがある生徒の支援
　テスト問題を色紙に印刷し、本人が読みやすいよう工夫している。</td></tr>
<tr><td>4</td><td>沖縄県立北部農林高等学校</td><td>夜間定時制</td></tr>
<tr><td colspan="3">・COATS 病（滲出性網膜炎）左目に障害を有する生徒への体育、専門実習等での授業範囲の制限
・関係諸機関（市保護児童連絡協議会）との生徒の指導内容の共有と連携
・スクールカウンセラーとの定期的な面談</td></tr>
<tr><td>5</td><td>沖縄県立中部農林高等学校</td><td>夜間定時制</td></tr>
<tr><td colspan="3">・県の事業である、特別支援教育支援員配置事業を活用し、1名の支援員と連携し、主に発達障害を抱える生徒の学習支援を行っている。授業時のつまづき箇所からの修正や学習用具の整理整頓など、個別の支援計画に従いケアを行い学習活動を支えている。</td></tr>
<tr><td>6</td><td>沖縄県立コザ高等学校</td><td>夜間定時制</td></tr>
<tr><td colspan="3">・就学上の困難を克服できるよう学習指導員（心理・福祉）や SC と定期的面談を設定し、教職員と連携を図りつつ、保護者面談等を等して特性理解と支援協力の依頼を行っている。</td></tr>
<tr><td>7</td><td>沖縄県立宜野湾高等学校</td><td>通信制</td></tr>
<tr><td colspan="3">・友人関係や授業への集中度を考慮して、座席の位置を決めている。（軽度発達障がい）
・性同一性障害などへの配慮として、手洗いの際に人目が気にならないよう、手洗い場を別の場所に設置している。</td></tr>
<tr><td>8</td><td>沖縄県立那覇工業高等学校</td><td>夜間定時制</td></tr>
<tr><td colspan="3">・特別な支援を要する生徒に対し、特別支援教育支援員を配置し、個に応じた支援を行っている。また、福祉支援員及び心理支援員の定期的なカウンセリングを行っている。</td></tr>
<tr><td>9</td><td>沖縄県立八重山商工高等学校</td><td>夜間定時制</td></tr>
<tr><td colspan="3">・知的障害の生徒に対し特別支援教育支援員を配置し、個別の支援計画を元に授業、学校行事、進路指導等学校全般にわたって補助的な支援を行っている。
・自閉症スペクトラム生涯、発達性ディスレクシアを抱える生徒に対して特別支援教育支援員を配置し、個別の支援計画を元に授業等で補助を行いながら試験や課題プリント等で拡大配慮を行っている。</td></tr>
</table>

（3）外国籍生徒、日本語の指導が必要な生徒の学習ニーズ

<table>
<tr><th>No</th><th>高等学校名</th><th>（課程種別：昼間定時制／夜間定時制／通信制）</th></tr>
<tr><td>1</td><td>沖縄県立泊高等学校</td><td>午前定時制</td></tr>
<tr><td colspan="3">・外国籍を持つ生徒は３名在籍しているが、３名中２名は日本国籍を有しており、外国語支援員の必要性はない。１名については東南アジアからの一家転住に伴う生徒で、当初は日常生活にも不自由を感じる状況であったが、地域及び友人たちのサポートで現在はほぼ困らない状態である。推薦により H31 年度の大学入学も決めている。</td></tr>
</table>

（4）経済的に困難を抱える生徒の学習ニーズ

<table>
<tr><th>No</th><th>高等学校名</th><th>（課程種別：昼間定時制／夜間定時制／通信制）</th></tr>
<tr><td>1</td><td>沖縄県立泊高等学校</td><td>午前定時制</td></tr>
<tr><td colspan="3">・県の就学支援員配置事業により２名（福祉系、心理系）のＳＳＷが配置されており、家庭訪問で状況を確認し、役所・役場などと連携して、学校へ通えるようにサポートしている。</td></tr>
<tr><td>2</td><td>沖縄県立泊高等学校</td><td>夜間定時制</td></tr>
<tr><td colspan="3">・経済的な困窮からアルバイトを長時間せざるを得ない生徒の多くは、アルバイトの疲労から欠席が続く傾向がある。連絡しても勤怠が改善されない生徒については、中途対策係が家庭訪問をし、保護者や本人との面談を行い、学業とアルバイトの両立の手立ての相談や休学の手続きを取るなどの対応を行っている。
・進路部より奨学金に関する情報が提供され、経済困窮な生徒へ奨学金の呼びかけを行う。１回限りの給付型が主で、平成 30 年度 10 月現在５名に支給ができた。進学のため、卒業後に貸与型の奨学金を申し込んでいる生徒が２名いる。
・実務代替において、就業の一定条件を満たした生徒へ年間２単位、在学期間中に６単位を上限とし、単位の修得を認めている。</td></tr>
<tr><td>3</td><td>沖縄県立泊高等学校</td><td>通信制</td></tr>
<tr><td colspan="3">・一人暮らしで経済的に困窮し、アパートの退去命令が出た生徒に対して、県の児童相談所、市役所（児童家庭課）、市パーソナルサポートセンター、本校のスクールカウンセラー、教育相談・就学支援員と連携してサポートしている。</td></tr>
<tr><td>4</td><td>沖縄県立北部農林高等学校</td><td>夜間定時制</td></tr>
<tr><td colspan="3">・本校同窓生で組織する後援会による資格取得者への受講料補助
・金融機関による職業資格取得等への支援
・地域企業による学費支援
・資格取得を目指す生徒への対策講座の実施
・進路部就職支援員によるアルバイトの情報提供と支援</td></tr>
<tr><td>5</td><td>沖縄県立中部農林高等学校</td><td>夜間定時制</td></tr>
<tr><td colspan="3">・県の事業である、教育相談・就学支援員配置事業を活用し、２名の支援員と連携し、生徒の学習面の妨げとなる障害について、手当てをしながら個々のケースに応じた対応を行っている。アウトリーチ（家庭訪問）を積極的に行い、家庭環境や経済状況の把握と支援について連携しながら対応を行っている。</td></tr>
<tr><td>6</td><td>沖縄県立コザ高等学校</td><td>夜間定時制</td></tr>
<tr><td colspan="3">・就学支援金や給付金制度の周知徹底を図り、学校徴収金の徴収では分割や延納等事案に応じて弾力的に対応し、福祉担当の就学支援員等と連携して市町村連携を図っている。</td></tr>
<tr><td>7</td><td>沖縄県立宜野湾高等学校</td><td>通信制</td></tr>
<tr><td colspan="3">・病院受診する際に、保健証がなく支払いが高額になる生徒に対し、支払いの方法等について就学支援員を通して専門機関に確認し、相談に応じている。</td></tr>
<tr><td>8</td><td>沖縄県立那覇工業高等学校</td><td>夜間定時制</td></tr>
<tr><td colspan="3">・福祉支援員を介して、各市町村にある NPO 法人から非常食を提供してもらい、経済的に困難を抱える生徒に不定期に配布している。</td></tr>
<tr><td>9</td><td>沖縄県立那覇商業高等学校</td><td>夜間定時制</td></tr>
<tr><td colspan="3">・経済的に困難を抱える生徒への対応　給付型奨学金への応募（教職員共済会・学生支援機構・教職員弘済会・定時制通信制教育振興会等）</td></tr>
<tr><td>10</td><td>沖縄県立八重山商工高等学校</td><td>夜間定時制</td></tr>
<tr><td colspan="3">・SSW による就労支援（アルバイトの斡旋や面接指導）による自立活動の後押しや、福祉課と連携した家庭支援をおこなっている。</td></tr>
</table>

（5）非行・犯罪歴を有する生徒の学習ニーズ

<table>
<tr><th>No</th><th>高等学校名</th><th>（課程種別：昼間定時制／夜間定時制／通信制）</th></tr>
<tr><td>1</td><td>沖縄県立泊高等学校</td><td>午前定時制</td></tr>
<tr><td colspan="3">・過去の犯罪歴から、現在保護観察中の生徒も数名在籍している。保護師との連携や、犯罪心理学専門とする S･C との面談により、生活指導と心理面での安定に取り組んでいる。</td></tr>
<tr><td>2</td><td>沖縄県立泊高等学校</td><td>夜間定時制</td></tr>
<tr><td colspan="3">・問題行動に対する懲戒指導を実施するとともに、教育相談係と連携し、就学支援員やスクールカウンセラーによる面談の計画を行う。
・学習指導に関しては、通常の授業に欠席せず、しっかり参加するよう促している。</td></tr>
<tr><td>3</td><td>沖縄県立北部農林高等学校</td><td>夜間定時制</td></tr>
<tr><td colspan="3">・関係機関への連絡と情報共有</td></tr>
<tr><td>4</td><td>沖縄県立中部農林高等学校</td><td>夜間定時制</td></tr>
<tr><td colspan="3">・学習活動を支える学ぶ意欲や態度の育成を図ることが、生活面の指導が優先される。特別な学習面での対応は行っていない。</td></tr>
<tr><td>5</td><td>沖縄県立コザ高等学校</td><td>夜間定時制</td></tr>
<tr><td colspan="3">・中学校や警察等と連携を図り、社会規範の浸透を図りながら、個人の背景や状況に応じて超過負担とならないよう配慮しながら、積極的な声かけ等を用いた学習指導や協働学習への参加を促している。</td></tr>
<tr><td>6</td><td>沖縄県立八重山商業高等学校</td><td>夜間定時制</td></tr>
<tr><td colspan="3">・狭い地域のため警察も状況をよく把握しており地域の少年課と連携し、情報を共有しながら学校での指導方法、指導の在り方を検討している。</td></tr>
</table>

「生徒の多様な学習ニーズに応える特色ある取組」に関する調査を踏まえた私見

日本大学商学部非常勤講師　田中　幸治

本調査研究は下記の調査研究課題名にあるように定時制・通信制で学ぶ生徒に視点を当てる研究であること。そして、全国的な規模のデータをもとに優れた指導法などを紹介並びに確立して、これを冊子にまとめ配布することにより全国的な規模での普及（共有）をねらいとする研究であることが特色である。従って、この研究は全国定時制通信制高等学校長会という組織の特性を生かしたものであり、当該校長会に与えられた使命でもあるといえる。

以上の点から、この研究の成果は他では得られない貴重なものとなり、その普及並びに活用により、全国の学校教育の活性化に貢献することが期待できる。

調査研究課題名

「定時制・通信制課程における多様なニーズに応じた指導方法などの確立・普及」

なお、事業計画書の調査研究課題名には次の二点についての調査研究を実施することが付記されている。

・特別な支援を要する生徒や外国人生徒及び経済的な困難を抱える生徒の実態と学習ニーズの調査、並びに非行・犯罪歴を有する生徒などの実態調査と指導例の収集

・生徒の多様なニーズに応じた指導方法の確立と普及

そして、この調査研究課題に沿って各都道府県の理事宛にアンケート調査が依頼され、その回答という形で各都道府県別に多様な実践事例がまとめられ、報告がなされた。

そこで、このアンケート調査の記述内容を参考にして私見をまとめてみた。

アンケート調査を踏まえた私見

全国へ実際に配布したアンケートでは（1）不登校生徒、中途退学を経験した生徒の学習ニーズ、（2）特別な支援を必要とする生徒の学習ニーズ、（3）外国籍生徒、日本語の指導が必要な生徒の学習ニーズ、（4）経済的に困難を抱える生徒の学習ニーズ、（5）非行・犯罪歴を有する生徒の学習ニーズの５項目による調査がなされた。

その５項目に対する回答内容は、日々変化する在学生の実態や近年変革が進む学校制度などに応じたものとなっており、どれもが創意工夫に溢れた指導・支援となっていた。また、その指導・支援には各地区や各教育委員会の特色が顕著に見受けられるものもあった。これらの実践事例（方法）や各地区の特色に応じた指導などは、全国の各学校において日々の指導・支援に大いに参考となるのではないかと感じた。

次に、この調査に記された数多くの実践事例のうち、いくつかを取り上げ、以下に示した観点からまとめてみた。なお、まとめるにあたっては（1）～（5）の各ニー

ズにできる限り共通する内容を取り上げた。

1　学校経営の側面から

（1）「チームとしての学校」による対応が必須となる。

① 学校内の全教職員による共通理解と協働（校長のリーダーシップのもと、教職員相互の専門性や得意分野の活用と情報の共有、また一人で抱え込まない、見て見ぬふりをしないなど）

② 学校内外の人材の確保・連携、学校内の施設設備の拡充と学校外の教育の場の確保と開拓（地域の教育施設や地元企業との連携など）

③ 異校種間・異学科間や特別支援学校を含む学校間連携の強化

④ 後ろ盾となる教育予算などの制度の拡充及び各種奨学制度の拡充・活用、必要に応じた生活保護の申請

（2）経営的側面から考察する場合、次に挙げる視点からの内容を取り入れる必要があると考える。

① 一人ひとりの生徒のニーズに応える指導の徹底を期す校内組織の構築（重層構造による手厚い支援や特別な指導を要する生徒にも対応できる組織の体系化と校務分掌組織の創造、情報交換や研修の場の設定の他、関係機関等とのネットワークの構築など）

② 評価の拡充（形式的な評価からPDCAサイクルをもとに中・長期的に各教育活動を捉えて実効性のある評価を探究する評価方法の改善など）

（3）各学校の生徒の実態に即した特色ある教育課程の編成（学校の教育計画には教育課程の編成と各種指導別に作成する指導計画とがある。そこで、各学校の教育の特色は教育課程の編成と指導計画によって明らかになるものといえる。（2）の②でも記したように実効性のある評価方法により抽出された諸課題とその改善策をもとに、次期の目標を設定し、各種方策を実行する。この計画を実行するための基盤となるものが教育課程の編成と指導計画であることを再度確認する必要がある。なお、学校教育法施行規則第140条の規定による「特別の教育課程」についての理解や次期学習指導要領を踏まえた新たな教育課程の編成にあたっての検討が重要である。）

2　各種指導の側面から

（1）まさに定時制・通信制課程においては（1）～（5）に挙げた生徒など多様な生徒が学んでいるので、一人ひとりの特性を踏まえた個別指導計画が必置である。=少数多様化に対する方策は個別指導の充実である。（すでに多くの学校では一人ひとりの生徒の個性の伸長や基本的生活習慣及び社会的生活習慣の確立など、生徒の特性の伸長と生活習慣の改善のため個別指導計画表を作成・活用している。この個別指導計画表などをもとに活用が容易で実効性並びに共有性に富んだ標準的な個別指導計画表を当該校長会などが開発し、全国の各学校に提示する。この提示された標準的な個別指導計画表をもとに、各学校では課程種ごとに実態に応

じて、計画表を使い勝手の良いフォームに改良して使用することができ、一人ひとりの生徒のニーズに応える指導の基盤として活用することが期待できる。なお、文部科学省をはじめ各地区の教育委員会においてはこの分野の方策について既に示されているところもある。)

(2)生徒の特性の早期把握とガイダンスの充実(生徒の能力、適性、興味・関心、得意分野、進路希望などについて診断的評価を早期に実施し、学力などを把握する。と同時に面接・観察、諸検査、アンケートなどを丁寧に実施して、生徒の特性などの情報を適正に入手することが重要となる。その際、中学校や転出先から送付される指導要録や健康診断表などからの情報をはじめ、必要に応じて中学校などへ直接聴取に出向き、連携の強化にも努める。その他、保護者面談からの各種情報も有用となる。また一方、高校生活や将来の進路に対する目標の構築のために必要となるガイダンスを生徒の実態に応じて工夫改善、充実して実施する。その際、在校生や卒業生、地域の人材や近隣の大学生の他、校医やSC・YSWなどの専門家の活用も視野に入れて実施することも考える。なお、卒業生が勤務する職場などへの見学や就業体験、卒業生が進学した学校等への見学(学校説明会への参加など)を実施して具体的な進路のイメージ(目的意識の高揚)を持たせる。その他、ガイダンスなどの実施にあたっては必要に応じて生徒の特性ごとに少人数で実施すると共に、ガイダンス終了後には個別相談などの機会を設定し、生徒のニーズに応え実効性を高めるなどの工夫も必要となる。特に、生徒の特性の把握やガイダンスは入学時に充実させるべきである。)→ 生徒の状況・変化を2の(1)の個別指導計画表へ記録すると共に、専門家などからのアドバイスも記録する。

(3)少人数・習熟度別クラス編制の推進(予算との兼ね合いもあるが、複数クラス同時開講や無学年制などを活用することにより、夜間定時制など小規模な課程でも、より生徒のニーズに応える指導が可能となる。)→クラス編制に際しては生徒の実態を踏まえたものとなるように2の(1)の個別指導計画表を活用して個々の生徒のニーズを把握する。

(4)多様な科目の設置(各学校の規模により上限はあるものの可能な限り生徒のニーズに応じた多様な教科・科目の設置が必要である。例えば、実務的・体験的科目を多く設置する。教科「芸術」や専門学科において開設されている各教科・科目の設置などにより生徒の得意分野における能力の開発や職業的自立を支える能力(職業資格の取得など)の獲得を推進していく。この授業によって生徒に達成感、満足感、充実感などを体感させる方策は、自己肯定感(自信)とその後の学習意欲の源泉となり得ると考える。そのために、学校独自に設置する学校設定教科・科目や他校との連携による相互履修制度などの開発、さらに実務代替なども積極的に取り入れていく必要がある。その他、道徳性や倫理観などの育成を目指す教科・科目を設置し、一人ひとりの実態に応じた指導・支援を推進して個々に社会性の向上を図る。)→科目の設置に当たっては、生徒の実態を踏まえたものとなるように2の（1）の個別指導計画表を活用して個々の生徒のニーズを把握する。

（5）プログラム学習の拡充（一人ひとりの学力差や学びのスピード差に応じた指導を可能とするために有効となる形態としてPCやプリントなど活用したプログラム学習を取り入れることは得策である。この形態は教材づくりに労力を要するため全国的な規模を生かして当該校長会などが中心となり、基本的な問題（義務教育課程の段階）から大学入試レベルの問題までを作成し、全国の定通各校において必要に応じて使用できるようなシステムを構築する。また、すべての教科・科目を対象とすることはできないが、このプログラム学習などの進捗状況による学習評価基準を設定することにより、一人ひとりの進捗状況に応じた度数（度合）を成績評価の一部として活用することも可能となると共に、最低学力保障の基準の設定も可能となるのではないか。しかし、この学力保障の基準の設定には賛否がある。なお、この分野についての支援は各地区の教育委員会や教育関係の各業者からの方策（提案）もなされている。）→ 生徒の実態を踏まえたものとなるように2の（1）の個別指導計画表を活用し、個々の生徒の学習進捗状況を記録して、これをもとに指導・支援に努める。

（6）教材・教具の開発（教科書の内容の簡略化・図式化、ルビの記入の他、拡大プリントやICTの活用（情報機器の利用、遠隔教育の推進など）など、一人ひとりのニーズに応じた教材・教具を開発し、学力や障害などの程度に応じたよりきめ細かな指導を可能とする。）→ 生徒の実態を踏まえたものとなるように2の（1）の個別指導計画表を活用して個々の生徒のニーズを把握する。

（7）複数教員による手厚い支援と指導（教科担当（取り出し指導への対応も含む）やHR担任など、複数の教員により生徒を支援指導する体制をつくり、生徒の学習面・生活面での適応をサポートする手厚い体制を構築する。また、ボランティア大学生による支援も活用する。）→ 生徒の状況・変化を2の（1）の個別指導計画表へ記録し、これらをもとに不登校や中退を防ぐセーフティネットの改善に努める。

（8）授業外での指導・支援の機会の設定（各課程によっても異なるが、始業前及び放課後の時間帯や長期休業期間中などを利用して一人ひとりのニーズに応えた指導を行う。具体的には、この時間帯に実施する「心の居場所」づくりとしての第二HRの設置の他、この時間帯や長期休業期間を活用した「総合的な学習（探究）の時間」（必履修とは別に）の設置なども考えられる。）→ 生徒の状況・変化を2の（1）の個別指導計画表へ記録・活用する。

（9）各種指導における明確な到達目標の設定と、当該目標の到達度を見極め、指導法などを評価・改善する手法の構築（高校の卒業資格のみが目的ではなく、「何を理解し、何ができるようになるか」という具体的な到達目標を一人ひとりの特性に応じて全生徒に明確に持たせ、その達成を支援していく手法と体制を構築する。＝診断・形成・総括の各評価の活用の推進・徹底など）→ 生徒の進捗状況・変化を2の（1）の個別指導計画表へ記録・活用する。

(10) 特別活動（ホームルーム活動、生徒会活動、学校行事）の充実及び部活動への参加（望ましい集団活動を通して、各活動から得られる成果物を一人ひとりに授け人間形成の一助とする。また、自らの特技や趣味などを生かし、自己存在感や有用感を自覚させることの他、各種競技会やコンクールなどへの参加により、自らの視野を広げ、自らにチャレンジする意欲と行動力を育てる。）→ 生徒の活動の状況・変化を2の（1）の個別指導計画表へ記録・活用する。

(11) 卒業後、社会において自立できる生徒の育成（職業の三要素として知られている要素をもとに考えると、自立できる収入を得ること。社会的義務と責任を果たし社会を支えること。自らの個性を生かすこと。などを基本として一定の職業に就く指導を推進する。＝キャリア教育の充実）→ 生徒の状況・変化を2の（1）の個別指導計画表へ記録・活用する。

卒業後、引きこもりなど非社会的な行動や反社会的な組織に利用されるなどの課題を解決するためにも、入学後の各種指導（学習指導、生徒指導[1]、進路指導、職業指導[2]、相談・支援指導など）により、一定の職業に就き、必要に応じて学ぶ＝生涯学習、キャリアアップを自らの意思で行うなどの能力や態度を育成する教育課程を開発する。なお、生徒の発達段階や実態を踏まえ、ボランティア活動や就業体験を実施する際には一括的な体験学習ではなく、可能な限り一人ひとりのニーズや状況に応じた学習となるよう努める必要がある。この配慮がないと当該学習の効果は半減してしまうことになる。

1）通常、生徒指導の概念には進路指導が含まれている。しかし、ここで記した生徒指導はあえて生徒指導から進路指導を切り離して、進路指導を独立させ、重視すべきであると考えたからである。生徒一人ひとりに入学時から自己の特性を理解する機会を可能な限り設定し、自己理解の深化を徹底させると共に、各学年別に目標を持たせてスモールステップ法により、小さな自己実現を体験させていくプロセスを組織的に構築するためである。

2）職業指導については、卒業後社会において自立し、社会参加に向けた主体的な態度や意欲を育てるための指導を徹底するものである。

(12) 各地区の教育委員会などの特色ある指導・支援の活用（各地区により教育委員会からの指導・支援内容には異なるものが見受けられる。これらの内容を全国に紹介し、各学校ではその指導・支援内容を参考に、学校の実態に応じて地元の教育委員会と協議し、同様の指導・支援の制度を導入する。また、各地区で実施している学習指導要領の弾力的な取扱いについての事例などの紹介も有効であると考える。）→ 生徒の実態を踏まえたものとなるように2の（1）の個別指導計画表を活用して個々の生徒のニーズを把握する。

以上に記した内容は、もちろん全国のどの学校でも実施すべきという内容ではない。昼間定時制と夜間定時制並びに通信制の各課程では、課程種別の制度、生徒の実態、組織の人的・物的規模、地域などにより状況は異なる。各学校・各課程の実情に応じて、教育改善（教育の質の確保・向上）の一助となれば幸いであると考え、本調査の内容を参考にさせていただき、まとめたものである。

執筆者一覧

巻頭言

横倉　　久　　国立特別支援教育総合研究所　上席総括研究員

Ⅰ　調査研究にあたって

奥村　英夫　　全国定時制通信制高等学校長会　理事長
（東京都立荻窪高等学校長）

Ⅱ　調査研究への取組について

渡邊　範道　　全国定時制通信制高等学校長会　教育課程委員長
（東京都立南葛飾高等学校長）

Ⅲ　実践報告

岡　　達三　　宮城県美田園高等学校長

佐藤　成美　　埼玉県立戸田翔陽高等学校長

林　　眞司　　東京都立六本木高等学校長

染田　祥孝　　愛媛県立松山南高等学校長

小田　史郎　　宮崎県立延岡青朋高等学校長

飛内　文代　　青森県立北斗高等学校長

森川　幸彦　　新潟県立出雲崎高等学校長

林　　雅浩　　岐阜県立華陽フロンティア高等学校長

門前　秀文　　福井県立大野高等学校長

石川　照子　　兵庫県立西宮香風高等学校長

尾原　周治　　兵庫県立阪神昆陽高等学校長

佐藤　昌弘　　札幌市立札幌大通高等学校長

竹澤　　敦　　群馬県立太田フレックス高等学校長

土井千佳子　　静岡県立浜松大平台高等学校長

江坂　嘉彦　　愛知県立刈谷東高等学校長

橋本　一哉　　三重県立飯野高等学校長

稲垣　　靖　　大阪府立桃谷高等学校　定時制の課程　多部制単位制Ⅲ部　准校長

古田　嘉博　　鳥取県立鳥取緑風高等学校長

下地　　隆　　沖縄県立泊高等学校長

小笠原健一郎　岩手県立杜陵高等学校長

村山　二郎　　栃木県立宇都宮高等学校長

太田　道章　　長野県松本筑摩高等学校長

Ⅳ　調査研究のまとめ

渡邊　範道　　全国定時制通信制高等学校長会　教育課程委員長
（東京都立南葛飾高等学校長）

Ⅴ　参考資料

田中　幸治　　日本大学商学部非常勤講師

（所属・役職は平成30年度）

MEXT3-1901
文部科学省平成30年度委託調査研究報告書

定時制・通信制課程における多様なニーズに応じた指導方法等の確立・普及のための調査研究

令和元年11月16日　発行
令和3年6月6日　オンデマンド版発行
■著作権所有　文部科学省
■編　著　全国定時制通信制高等学校長会
〒101-0051　東京都千代田区神田神保町1-37番地 友田三和ビル503
電話・FAX　03-6206-1546
■発行所　株式会社ジアース教育新社
■発行人　加藤　勝博
〒101-0054　東京都千代田区神田錦町1-23宗保第2ビル
TEL　03-5282-7183　FAX　03-5282-7892
E-mail:info@kyoikushinsha.co.jp
URL:http://www.kyoikushinsha.co.jp

■表紙デザイン・DTP　株式会社彩流工房
Printed in Japan
ISBN978-4-86371-515-8
○定価はカバーに表示してあります。